Herausgegeben von
Dr. Thomas Berger-v. d. Heide
Prof. Dr. Hans-Gert Oomen

Geschichte   Differenzierende Ausgabe

entdecken und verstehen

2

**Von der Reformation
bis zur Weimarer Republik**

Herausgegeben von
Prof. Dr. Hans-Gert Oomen

Bearbeitet von
Dr. Thomas Berger-v. d. Heide
Elisabeth Herkenrath
Wolfgang Humann
Prof. Dr. Hans-Gert Oomen
Jürgen Schöll
Dr. Birgit Wenzel

Inhaltsverzeichnis

Reformation – Bauernkrieg – Dreißigjähriger Krieg　8

Darum geht es …　10

Am Vorabend der Reformation　12

Welche Sorgen hatten
die Menschen um 1500?　12

Worin bestand Luthers Kritik
an der Kirche?　14

Die Reformation beginnt　16

Warum stellte sich Luther gegen
den Papst?　16

Schauplatz
Luther in Worms　18

Wie konnte sich die neue Lehre
ausbreiten?　20

Methode
Flugblätter als Propagandamittel　22

Von der Reformation zum Bauernkrieg　24

Welche Ziele verfolgten
die Bauern?　24

Welches Ergebnis hatte der
Bauernkrieg?　26

Der Dreißigjährige Krieg　28

Warum kam es zum
Dreißigjährigen Krieg?　28

Wie wirkte sich der Krieg auf
die Menschen aus?　30

entdecken
Das Leben der Söldner im
Dreißigjährigen Krieg　32

Geschichte vor Ort
Göttingen im 16. und
17. Jahrhundert　34

Welches Ergebnis
hatte der Krieg?　36

Zusammenfassung　37

Das kann ich …　38

Die Französische Revolution　40

Darum geht es …　42

Ludwig XIV. – „Der Staat bin ich!"　44

Was verstand Ludwig XIV. unter
absoluter Herrschaft?　44

Wie lebte der König im Schloss
Versailles?　46

entdecken
Wie kam es zu Hunger und Armut
in Frankreich?　48

Wie festigte Ludwig XIV. seine
Macht?　50

Das Zeitalter der Aufklärung　52

Was forderten die Aufklärer?　52

Wie wirkte sich Aufklärung
in Preußen aus?　54

Die Revolution beginnt　56

Warum geriet der Absolutismus
in die Krise?　56

Methode
Karikaturen entschlüsseln　58

Wie begann die Französische
Revolution?　60

Wie wurden Bürgerinnen und
Bürger politisch aktiv?　62

Für wen galten
die Menschenrechte?　64

Schauplatz
Frauen aus Paris auf dem Weg
zum König nach Versailles　66

Die Industrielle Revolution 88

Darum geht es ...   90

Frankreich wird Republik   68

Wie wurde Frankreich eine
Republik?   68

Methode
Ein Verfassungsschema lesen
und verstehen   70

Darf man einen König
zum Tode verurteilen?   72

Wie kam es zur blutigen
Terrorherrschaft?   74

Methode
Strukturskizzen erläutern   76

Kaiserreich Frankreich   78

Warum wurde ein
General Kaiser?   78

Wie wollte Napoleon über
Europa herrschen?   80

Das Erbe der Französischen
Revolution   82

Welche Auswirkungen zeigen
sich bis heute?   82

Die französische Nationalhymne   84

Zusammenfassung   85

Das kann ich ...   86

Anfänge der industriellen
Produktion   92

Wie kam es zur Industriellen
Revolution?   92

Was bewirkte die Erfindung der
Dampfmaschine?   94

Industrialisierung
in Deutschland   96

Wie begann die Industrialisierung
in Deutschland?   96

Welche Rolle spielten Kohle und
Eisen?   98

Schauplatz
Das Eisenwalzwerk   100

Geschichte vor Ort
Industrialisierung
in Niedersachsen   102

Methode
Besuch eines
Industriemuseums   104

Ist der Industrialisierungsprozess
zu Ende?   106

Die Welt der Fabrik   108

Wie sahen die
Arbeitsbedingungen aus?   108

Welche Folgen hatte die
Kinderarbeit?   110

entdecken
Alltagsprobleme von
Arbeiterinnen und Arbeitern   112

Methode
Fotos analysieren   114

Die Gesellschaft
verändert sich   116

Warum entstanden neue
Gesellschaftsschichten?   116

Warum und wie organisierten
sich die Arbeiter?   118

Welche Lösungsversuche
gab es?   120

Warum schuf die
Reichsregierung Sozialgesetze?   122

Warum entstanden
Frauenbewegungen?   124

Welche Folgen gab es für Mensch
und Natur?   126

Wie wurde die Industrielle
Revolution beurteilt?   128

Zusammenfassung   129

Das kann ich ...   130

Inhaltsverzeichnis

Die „Deutsche Frage" und der monarchistische Nationalstaat 132

Darum geht es ... 134

Wiener Kongress und Deutscher Bund 136

Was geschah nach der Niederlage Napoleons? 136

Methode
Ein Projekt planen und durchführen 138

Wogegen protestierten die Menschen? 140

Geschichte vor Ort
Die Göttinger Sieben 142

Wie zeigte sich der Rückzug ins Private? 144

Die Revolution von 1848/1849 146

Warum ging das Volk auf die Barrikaden? 146

Schauplatz
Barrikadenkämpfe in Berlin 148

Wie sah die Verfassung für alle Deutschen aus? 150

Wie beendeten die Fürsten die Revolution? 152

Den Wahrheitsgehalt von Bildquellen überprüfen 154

Das deutsche Kaiserreich 156

Wie entstand 1871 das Deutsche Reich? 156

Wie wurde das Deutsche Reich gegründet? 158

Deutschland über alles? 160

entdecken
Gesellschaft im Kaiserreich 162

Die deutsche Nationalhymne 164

Zusammenfassung 165

Das kann ich ... 166

Imperialismus und Erster Weltkrieg 168

Darum geht es ... 170

Streben nach Weltherrschaft 172

Warum teilten die Industriestaaten die Welt auf? 172

Welche alten Kulturen gab es in Afrika? 174

Wie wurde der Imperialismus gerechtfertigt? 176

Wie kam es zum Völkermord in „Deutsch-Südwest"? 178

entdecken
Kann man Weltreiche vergleichen? 180

Methode
Arbeitsergebnisse präsentieren 182

Die Weimarer Republik 208

Darum geht es … 210

Der Weg in den Ersten Weltkrieg 184

Warum rüstete Deutschland auf? 184

War der Friede noch zu retten? 186

Warum konnte der Krieg nicht verhindert werden? 188

Der Erste Weltkrieg 190

Welche Ziele verfolgten die Kriegsgegner? 190

Wie sah der Kriegsalltag an der Front aus? 192

Was dachten Generäle und Soldaten? 194

Schauplatz
Weihnachten 1914 an der Front 196

entdecken
Wie war der Kriegsalltag in der Heimat? 198

Methode
Propagandapostkarten und -plakate untersuchen 200

Wie ging der Erste Weltkrieg zu Ende? 202

Geschichte vor Ort
Kriegerdenkmäler 204

Zusammenfassung 205

Das kann ich … 206

Die Errichtung der Weimarer Republik 212

Was wird aus Deutschland? 212

Wie kam es zur Gründung der Republik? 214

Brachten die Friedensverträge von 1919 Frieden? 216

Wie sah die neue demokratische Ordnung aus? 218

Wer trägt die Republik? 220

Methode
Wahlplakate untersuchen 222

Stärken und Schwächen der Republik 224

Welche Krisen mussten 1923 bewältigt werden? 224

entdecken
Wie veränderte sich das Leben von Frauen? 226

Welche sozialen Verbesserungen gab es? 228

Gelang die Aussöhnung mit den Nachbarn? 230

Das Ende der Weimarer Republik 232

Welche Folgen hatte die Wirtschaftskrise 1929/1930? 232

Schauplatz
Arbeitsamt Hannover (1930) 234

Methode
Statistiken untersuchen 236

Warum setzten sich die Gegner der Republik durch? 238

Wer unterstützte die Machtübertragung an Hitler? 240

Welche politischen Systeme gab es in Europa? 242

Zusammenfassung 243

Das kann ich … 244

Anhang

Methodenglossar
Gewusst wie …
arbeiten mit Methode 246

Lexikon 256

Aus dem Grundgesetz 261

Zum Weiterlesen
Jugend- und Sachbücher 262

Register 264

Textquellenverzeichnis 268

Bildquellenverzeichnis 270

Impressum 272

„entdecken und verstehen"

Liebe Schülerinnen, liebe Schüler,
wir möchten euch auch für diesen Band die verschiedenen Seiten dieses Buches vorstellen.

Auftaktseiten

Jedes Kapitel startet mit einem großen Bild, auf dem es viel zu entdecken gibt. Ihr könnt Eindrücke sammeln und Vorwissen zusammentragen.

Darum geht es …

Hier könnt ihr euch einen zeitlichen und räumlichen Überblick verschaffen. Ihr erfahrt außerdem, um welche thematischen Schwerpunkte es im Kapitel geht und was ihr am Ende wissen und können sollt.

Das kann ich …

Am Ende des Kapitels könnt ihr euer Wissen und Können testen. Wenn ihr mit einzelnen Aufgaben noch Schwierigkeiten habt, könnt ihr im Kapitel noch einmal nachsehen.

Methode

Hier könnt ihr Schritt für Schritt wichtige Methoden für das Fach Geschichte erlernen, zum Beispiel „Karikaturen erschließen", „ein Projekt planen und durchführen" oder „Statistiken untersuchen".
Eine Übersicht der Methoden findet ihr im Anhang.

Wie begann die Industrialisierung in Deutschland?

1 – Entwicklung der Industrialisierung in Deutschland 1830–1914.

Industriegebiete:
- um 1830
- Ausweitung bis 1850
- Ausweitung bis 1914

— wichtige Eisenbahnlinien um 1914

Städte nach Einwohnerzahl um 1914:
- mehr als 1 Million
- 500 000 – 1 Million
- 100 000 – 500 000
- weniger als 100 000

— Staatsgrenzen 1914
— Grenze des Deutschen Reiches seit 1871

2 – Die Strecke von Nürnberg nach Fürth war die erste Eisenbahnlinie Deutschlands. Lithografie von C. Trummer, 1836.

Grenzen überall

Im Unterschied zu England zerfiel Deutschland in 39 Einzelstaaten (vgl. S. 137).

Q1 Der Wirtschaftswissenschaftler **Friedrich List (1789–1846) schrieb dazu 1819:**

... 38 Zolllinien in Deutschland lähmen den Verkehr im Inneren und bringen ungefähr dieselbe Wirkung hervor, wie wenn jedes Glied des menschlichen Körpers unterbunden wird, damit das Blut ja nicht in ein anderes überfließe.

Um von Hamburg nach Österreich, von Berlin in die Schweiz zu handeln, hat man zehn Staaten zu durchschneiden, zehn Zollordnungen zu studieren, zehnmal Durchgangszoll zu bezahlen. ... Trostlos ist dieser Zustand für Männer, welche wirken und handeln möchten. ...

Die unterschiedlichen Gewichts- und Maßeinheiten erschwerten zusätzlich den Handel in den einzelnen Ländern.

❶ Erläutert die Klagen von Friedrich List.

Zollschranken fallen

1834 wurde der Deutsche Zollverein gegründet. Damit wurde eine wichtige Voraussetzung für den Weg Deutschlands zu einem Industriestaat geschaffen: Preußen und einige mittel- und süddeutsche Staaten bildeten nun ein einheitliches Wirtschaftsgebiet und die Zollschranken zwischen ihnen wurden aufgehoben. Fast alle deutschen Staaten traten dem Deutschen Zollverein bis 1854 bei.

Die Regierungen der einzelnen Staaten einigten sich auch darauf, das Münz-, Maß- und Gewichtssystem zu vereinheitlichen. Alle diese Maßnahmen führten dazu, dass Waren innerhalb Deutschlands jetzt viel schneller und günstiger transportiert werden konnten. Die Einwohner der Gebiete des Deutschen Zollvereins konnten sich jetzt auch in jedem Mitgliedsland des Zollvereins Arbeit suchen.

❷ Erklärt die Behauptung: „Die wirtschaftlichen Erfordernisse förderten die deutsche Einheit."

Die Eisenbahn – Motor der Industrialisierung in Deutschland

❸ Benennt mithilfe der Karte 1 industrielle Zentren in Deutschland um 1830. Gebt Gründe an, warum sie gerade dort entstanden. Beachtet dazu die Legende zur Karte.

❹ Beschreibt die Eisenbahnwagen und ihre Ausstattung (Bild 2). Worin unterscheiden sie sich?

In England hatte die Industrialisierung in der Textilindustrie begonnen. In Deutschland trieb die Eisenbahn die Industrialisierung voran.

Deutschlands „erste Eisenbahn mit Dampf" fuhr nur knapp zwei Jahre, nachdem der Deutsche Zollverein gegründet worden war. Sie legte am 7. Dezember 1835 die sechs Kilometer lange Strecke von Nürnberg nach Fürth zurück (siehe auch Bild 4 S. 91). Drei Jahre später wurde die Linie Potsdam–Berlin in Betrieb genommen.

In den folgenden Jahren wurde in vielen deutschen Staaten das Schienennetz ausgebaut, von etwa 550 Kilometern im Jahre 1840 auf ungefähr 34 000 Kilometer im Jahre 1880.

Aufschwung der Industrie

Zahlreiche Stahlwerke wurden für den Lokomotiven- und Wagenbau sowie den Bau von Gleisanlagen errichtet. In diesen Werken waren Arbeiterinnen und Arbeiter beschäftigt. Sie kamen in großer Zahl vom Land in die Stadt und brauchten Wohnungen. Deshalb wurden große Mietshäuser und Arbeitersiedlungen errichtet. Neben den Wohnhäusern mussten auch zahlreiche Bahnhöfe, Lokomotiven- und Wagenhallen gebaut werden. Darum erzielte das Baugewerbe hohe Gewinne.

Eine wichtige Rolle spielte die Eisenbahn auch im Güterverkehr. Kohle und Eisenerze aus Oberschlesien, dem Ruhrgebiet oder dem Saarland konnten jetzt schnell und preiswert zu den sich entwickelnden Industriezentren gebracht werden (Karte 1). So wurde es erst möglich, dass neue industrielle Standorte in der Eisen- und Stahlindustrie entstehen und ausgebaut werden konnten.

❺ Begründet mithilfe des Textes die Bedeutung der Eisenbahn für die Industrialisierung in Deutschland. Vergleicht mit der Industrialisierung in England.

entdecken und verstehen

Ⓐ Schreibt den Text von Q1 fort und verweist auf das Beispiel England.

Ⓑ Erkundigt euch nach im Heimatmuseum nach der Geschichte der Eisenbahn in eurem Wohn- oder Schulort. Haltet darüber in der Klasse ein kurzes Referat.

Webcode: EV648894-97 ❻

Inhaltsseite

Oben auf der linken Seite findet ihr eine Frage, um die es auf dieser Doppelseite geht.

Texte aus früheren Zeiten, die so genannten Quellen, sind mit einem **Q** und einer blauen Klammer gekennzeichnet. Texte heutiger Forscher sind durch ein **M** markiert.

Weiter findet ihr auf jeder Inhaltsseite Bilder und Schaubilder. Alle Materialien könnt ihr mithilfe der Fragen erarbeiten.

Mit dem Webcode könnt ihr im Internet weiterarbeiten. Ihr könnt den Webcode auf der Seite www.cornelsen.de/entdecken-verstehen oben rechts eintragen und bekommt dann weiterführende Links und Tipps.

Differenzierungsangebot

Auf den Seiten **entdecken** und **Schauplatz** gibt es weiterführende und vertiefende Materialien zu einem Unterthema des Kapitels.

Zusätzlich gibt es auf jeder Doppelseite unten rechts in roter Schrift den Kasten **entdecken und verstehen**. Hier stehen umfangreichere **Lernaufgaben**, mit denen ihr das Thema vertiefen könnt. Ihr solltet entscheiden, welche Aufgaben ihr übernehmt und ob ihr euch in Gruppen aufteilt.

Reformation – Bauernkrieg – Dreißigjähriger Krieg

Das Bild „Die Menschenfischer" malte der niederländische Maler A. van de Venne 1641. Es zeigt die Christenheit, die durch einen breiten Fluss gespalten ist. Katholische und protestantische Geistliche versuchen, möglichst viele Menschen in ihre Boote zu ziehen. Der Regenbogen, der den gemeinsamen christlichen Glauben darstellt, wird übersehen.

Reformation – Bauernkrieg – Dreißigjähriger Krieg

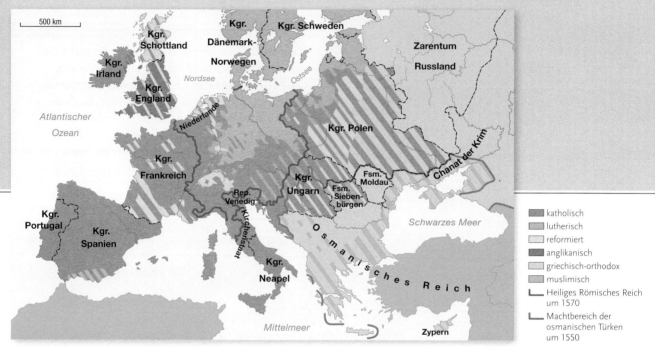

katholisch
lutherisch
reformiert
anglikanisch
griechisch-orthodox
muslimisch

Heiliges Römisches Reich um 1570

Machtbereich der osmanischen Türken um 1550

1 – Konfessionen in Europa um 1570.

Das 15. und 16. Jahrhundert – es war eine Zeit des Umbruchs: Kolumbus hatte Amerika entdeckt. In der Renaissance hatten die Menschen gelernt, dass sie sich auf ihren eigene Beobachtungen und Erfahrungen verlassen sollten. Sie erkannten, dass die Welt nicht im Mittelpunkt des Universums stand, wie es die Kirche bislang gelehrt hatte. Die kirchliche Lehrmeinung und damit die Kirche überhaupt gerieten in die Kritik. Deutlich wurde dies vor allem seit dem Auftreten des Mönchs und Theologieprofessors Martin Luthers.

In diesem Kapitel könnt ihr euch mit folgenden Fragen beschäftigen:

- Was kritisierten die Menschen um 1500 an der Kirche?
- Wie kam es zu neuen christlichen Religionsgemeinschaften?

- Wie konnte es unter Berufung auf die Religion zu kriegerischen Auseinandersetzungen zwischen Bevölkerungsgruppen und Staaten kommen?
- Wie nutzten die Fürsten im Deutschen Reich die religiösen Streitigkeiten, um ihre eigene Macht auszubauen?
- Außerdem lernt ihr, welche Rolle zeitgenössische Flugblätter bei diesen Auseinandersetzungen spielten und wie man Flugblätter aus dieser Zeit verstehen kann.

❶ Nennt die Informationen, die ihr der Karte entnehmen könnt.

❷ Bringt die Bilder 2–5 in die richtige zeitliche Reihenfolge. Begründet eure Entscheidung.

1517

1525

1555

**1618 bis
1648**

1648

Beginn der
Reformation

Bauernkrieg

Augsburger
Religionsfrieden

Westfälischer
Frieden

Dreißigjähriger
Krieg

2 – **Ein aufständischer Bauer.** Kolorierter
Holzschnitt, von einem unbekannten
Künstler, 1522.

3 – **Luther verteidigt seine Lehre auf dem Reichstag zu Worms im Jahre 1521.** Schon
einige Jahre zuvor hatte er gesagt: „Ein Christenmensch ist ein freier Herr aller Dinge
und niemandem untertan."

4 – **Katholische und evangelische Heere
zerstören Dörfer und Städte während des
Dreißigjährigen Krieges.** Farbabdruck
nach Aquarell, von F. Beyle, 1954.

5 – **Vertreter der Religionen beim Weltgebetstreffen 2011 in Assisi.** Foto, 2011.

Am Vorabend der Reformation

Welche Sorgen hatten die Menschen um 1500?

1 – Das Weltgericht. Jesus richtet die aus ihren Gräbern auferstehenden Menschen. Maria und Johannes der Täufer sind Fürsprecher. Mitteltafel des Weltgerichtsaltars aus der Laurentiuskirche in Köln. Gemälde von Stefan Lochner, um 1435.

※ **Jüngstes Gericht**
Begriff aus der Bibel für das Weltgericht Gottes. Es soll am Ende der Welt mit der Auferstehung der Toten und der Vergeltung der guten und bösen Taten erfolgen.

Höllenangst und Todesfurcht

Das 15. Jahrhundert war eine Zeit der Unsicherheit, weil Kriege, Pest, Seuchen und Missernten die Menschen bedrohten. Besonders zu leiden hatten in dieser Zeit die Bauern: Da der Handel mit den Kaufleuten immer mehr zunahm, wurde Geld immer wichtiger. Deshalb sollten die Bauern die Abgaben an ihre Herren nicht mehr in Naturalien wie Getreide, Eier usw. entrichten, sondern mit Geld. Geld aber hatten sie nicht. Weil sie somit ihre Abgaben nicht mehr bezahlen konnten, wurden sie oft zur Strafe von ihrem Hof vertrieben. Armut und Hunger waren die Folge.

Der Hunger gehörte, vor allem auf dem Land, zum Alltag. Der Tod war allgegenwärtig. Die Geistlichen erklärten den Menschen, dass dies alles die Strafe von Gott für ein sündiges Leben sei. Prediger verkündeten das Ende der Welt und das „※Jüngste Gericht" (Bild 1). Sie forderten die Gläubigen auf, ihr Leben zu ändern. Sonst – so

drohten sie – würde man von Gott schreckliche Höllenstrafen erhalten. Aus Angst pilgerten die Menschen zu den christlichen Wallfahrtsorten oder sie schenkten der Kirche Geld. Für diese Spenden sollten Mönche, Nonnen oder Priester für ihr Seelenheil beten. Die Menschen glaubten, dass solche Spenden zur Vergebung ihrer Sündenstrafen beitragen würden und sie dadurch sicherer in den Himmel kommen könnten.

❶ Ordnet in Bild 1 folgende Bildelemente zu: Christus, Maria und Johannes der Täufer als Fürsprecher, gerettete Seelen im Himmel, Seelen in der Hölle.

❷ Beschreibt mit eigenen Worten die Bildaussage und stellt einen Zusammenhang zur Situation der Menschen um 1500 her.

Reaktionen der Kirche

In ihrer Not erwarteten die Menschen Trost und Hilfe von der Kirche. Doch viele Priester vernachlässigten ihre Aufgaben.

2 – Nonnen und ein Abt überqueren auf dem Heimweg von einem Trinkgelage einen zugefrorenen See. Auf dem Spruchband rechts oben steht: „Geschwollen und voll". Die Personen im Vordergrund fordern noch mehr zu trinken. Holzschnitt, um 1450.

Q1 In einer Schrift der Herzöge von Bayern, Wilhelm IV. und Ludwig X., heißt es 1523:

... Vor allem die Bauern auf dem Lande drohen in aller Öffentlichkeit, sie wollten alle *Pfaffen totschlagen. Sie sagen, dass die Priester so unpriesterlich und unordentlich leben, dass es wider den christlichen Glauben wäre, sie länger zu ertragen. Die Priester – so heißt es – liegen Tag und Nacht in den öffentlichen Wirtshäusern, trinken ... und lassen sich volllaufen. ... Oftmals gehen sie nach solchem Trinken und Lärmen ... zum Altar, um die *Messe zu lesen. ...

M1 Der Theologe Hans Kühner schrieb 1973 über Papst Leo X. (1513–1521):

... Leos Hofstaat mit 683 Menschen, vom Erzbischof bis zu den Hofnarren, erforderte Unsummen. Oft war Leo wochenlang auf Jagden, an denen bis zu 2000 Reiter teilnahmen, darunter Kardinäle, Spaßmacher und Hofschauspieler. ... Und im Karneval von 1521 wurden alle Regierungsgeschäfte

überhaupt eingestellt, weil die Aufführung eines Balletts wichtiger war. ...

Die Menschen fragten sich: Konnten solche Priester überhaupt für ihr Seelenheil sorgen?
Aber auch aus der Geistlichkeit selbst kam Kritik am Zustand der Kirche, weil es immer schwieriger wurde, die zweifelnden Gläubigen zu überzeugen.
Der Ruf nach einer Erneuerung (Reform) der Kirche wurde immer stärker.

❸ Fertigt eine Liste von Beschwerden an, die gegen die Geistlichen vorgebracht wurden (Q1, M1, Bild 2). Einigt euch in Partnerarbeit auf die drei wichtigsten Beschwerden.

entdecken und verstehen

Ⓐ Überlegt, was ihr auf ein Bild malen würdet, das die Ängste der heutigen Menschen darstellen soll. Besprecht euch mit eurem Nachbarn und notiert eure Ergebnisse.

Ⓑ Schreibt aus der Sicht der Bauern einen Beschwerdebrief an den Bischof, in dem ihr die Missstände benennt und außerdem sagt, welche Veränderungen ihr fordert.

* Pfaffen
Abwertender Ausdruck für Priester.

* Messe lesen
Gottesdienst abhalten.

Worin bestand Luthers Kritik an der Kirche?

1 – Ablasshandel. Kolorierter Holzstich, Straßburg, 1557.

※ **Beichte**
In der Beichte bekennt man einem Priester seine Sünden. Wenn der Büßende aufrichtig bereut, kann der Priester ihm im Namen Gottes die Sünden vergeben.

※ **Fegefeuer**
Ein Ort zwischen Himmel und Hölle, an dem die Seelen der Verstorbenen auf den Himmel vorbereitet werden.

Der Papst braucht Geld

Es gab auch noch zahlreiche andere Ärgernisse für die Gläubigen. Im Jahr 1506 hatte der Papst in Rom mit dem Bau der Peterskirche begonnen. Sie sollte an Größe und Reichtum alle anderen Kirchen übertreffen. Um diesen Bau bezahlen zu können, schrieb der Papst einen Ablass aus. Mit einem Ablass werden nach katholischer Lehre die Strafen für begangene Sünden erlassen. Was aber bedeutet das? Einem Christen werden seine Sünden vergeben, wenn er in der ※Beichte seine Sünden bekennt, aufrichtige Reue zeigt und bereit ist, Buße zu tun. Das konnte eine Wallfahrt oder eine gute Tat sein. Seit dem 11. Jahrhundert setzte sich der Brauch durch, anstelle dieser Buße eine bestimmte Geldsumme an die Kirche zu bezahlen. Wer diese Geldbuße leistete, erhielt den Ablassbrief. Oft wurden auch Ablässe für Verstorbene verkauft, die gar nicht mehr bereuen konnten.

Q1 Johann Tetzel, ein Dominikanermönch, soll in einer Predigt 1517 über den Ablass gesagt haben:

… Wisse, dass ein jeder, der gebeichtet, bereut und Geld in den Kasten getan hat, eine volle Vergebung seiner Sünden haben wird. Habt ihr nicht die Stimmen eurer Verstorbenen gehört, die rufen: „Erbarmt euch, denn wir leiden unter harten Strafen und Foltern, von denen ihr uns gegen eine geringe Gabe loskaufen könnt." …

Bald hieß es im Volk nur noch: „Wenn das Geld im Kasten klingt, die Seele aus dem ※Fegefeuer springt."

❶ Schreibt auf, was sich die Menschen vom Kauf eines Ablassbriefes erhofften.

❷ Erklärt anhand der Bilder 1 und 2, wie Lucas Cranach über den Ablasshandel urteilt.

Martin Luther – Mönch und Theologe

Nicht alle Geistlichen waren mit den Reden Tetzels einverstanden. Auch der Mönch und *Theologieprofessor Martin Luther gehörte zu den Gegnern Tetzels. Luther war im Jahr 1505 in das Kloster der Augustinermönche in Erfurt eingetreten. Er glaubte, nur als Mönch ein Leben führen zu können, das Gott gefiel. Er fand jedoch auch dabei keine Ruhe, weil er sich immer wieder die Frage stellte: Wird Gott mir Sünder gnädig sein?

Q2 Luther schrieb im Jahre 1535:
… Ich wurde von Kindheit auf so gewöhnt, dass ich erblassen und erschrecken musste, wenn ich den Namen Christus auch nur nennen hörte; denn ich war nicht anders unterrichtet, als dass ich ihn für einen gestrengen und zornigen Richter hielt. …

Luther verurteilt den Ablasshandel

Seit 1512 lebte Luther als Theologieprofessor in Wittenberg. Hier sah er, welchen Einfluss Tetzels Predigten auf die Menschen hatten.

Q3 Der Mönch Myconius, der sich Luther anschloss, schrieb 1527:
… 1517 kamen etliche mit den gekauften Ablassbriefen zu Martin … und beichteten. Als sie dabei aber sagten, dass sie weder von Ehebruch, Wucher noch unrechtem Gut und dergleichen Sünde und Bosheit ablassen wollten, da sprach sie Martin Luther nicht frei von ihren Sünden. … Da beriefen sie sich auf die Ablassbriefe. Diese wollte Luther nicht anerkennen. Er berief sich auf die Aussagen der Bibel: Wenn ihr eure Sünden nicht bereut und Buße tut, werdet ihr alle umkommen. …

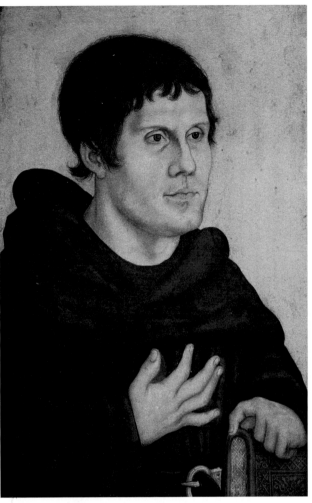

2 – Der Augustinermönch Martin Luther. Gemälde von Lucas Cranach dem Älteren, 1522/1524.

③ Arbeitet die Aussagen von Q2 heraus. Was für eine Vorstellung von Gott hat Luther?

④ Lest Q3. Erläutert, warum Luther die Ablassbriefe nicht anerkennen wollte.

* Theologieprofessor
Lehrer für Bibelauslegung an einer Universität.

entdecken und verstehen

Ⓐ Recherchiert im Internet und stellt eine Biografie Luthers zusammen, die ihr in der Klasse aushängen könnt.

Ⓑ Erkundigt euch bei eurem Religionslehrer, aber auch in Zeitungen, Bibliotheken und im Internet, ob es auch heute noch Kritik an den Kirchen gibt.

Die Reformation beginnt

Warum stellte sich Luther gegen den Papst?

1 – Luthers Thesenanschlag an der Schlosskirche zu Wittenberg. Historiker sind sich heutzutage weitgehend einig, dass der so nicht stattgefunden hat. Gemälde von Julius Hübner, 1878.

✱ Autorität
Ansehen, Einfluss.
Die Autorität des Papstes
bedeutet, dass der Papst
in Glaubensfragen das
letzte Wort hat.

Luthers 95 Thesen

Q1 Am 31. Oktober 1517 veröffentlichte Luther in Wittenberg eine Schrift über den Ablasshandel:

… 21. Es irren die Ablassprediger, die da sagen, dass durch des Papstes Ablässe der Mensch von aller Sündenstrafe losgesprochen und erlöst werde. …
27. Eine falsche Lehre predigt man, wenn man sagt: Sobald das Geld im Kasten klingt, die Seele aus dem Fegfeuer springt. …
32. Wer glaubt, durch Ablassbriefe das ewige Heil erlangen zu können, wird auf ewig verdammt werden samt seinen Lehrmeistern. …
36. Jeder Christ, der wahrhaft Reue empfindet, hat einen Anspruch auf vollkommenen Erlass der Schuld auch ohne Ablassbrief. …
43. Man soll die Christen lehren, dass, wer den Armen gibt und dem Bedürftigen leiht, besser tut, als wer Ablassbriefe kauft. …

❶ Beschreibt die Reaktionen der Zuschauer auf Bild 1. Was könnten sie gesagt haben?

❷ Erstellt eine Tabelle: Tragt in die linke Spalte ein, was Luther verurteilt, in die rechte, was er fordert.

Luther wollte mit seinen 95 Thesen keine neue Glaubenslehre aufstellen, sondern Missstände in der Kirche abstellen.
Erst in den folgenden Streitgesprächen mit anderen Theologen zeigte sich, dass Luther nicht nur den Ablasshandel verurteilte. Als man ihn aufforderte, die *✱Autorität* des Papstes in Glaubensfragen anzuerkennen, lehnte er das ab. Er sagte, dass Päpste sich schon geirrt hätten. Deshalb sei für einen Gläubigen nur verpflichtend, was Christus in der Bibel gesagt habe. Folglich könne der Papst keine endgültigen Entscheidungen in Glaubensfragen treffen.

Der Papst verhängt den Kirchenbann

Luthers Aussagen verbreiteten sich innerhalb kürzester Zeit. Das war möglich, weil es in vielen Orten Druckereien gab, die Luthers Schriften immer wieder nachdruck-

2 – Luther verbrennt die Bannbulle. Gemälde von Paul Thurmann, 1872. Daraufhin wurde Luther 1521 vom Papst gebannt.

ten. In einem Schreiben vom Juni 1520 verurteilte Papst Leo X. (1475–1521) die Lehre Luthers und forderte ihn auf, sie innerhalb von 60 Tagen zu widerrufen. Anderenfalls werde über ihn der Kirchenbann verhängt.

Q2 Luther äußerte kurz darauf:
... Was mich angeht, so sind die Würfel gefallen. Ich will nie und nimmer Versöhnung oder Gemeinschaft mit ihnen. Mögen sie meine Schriften verdammen und verbrennen, ich meinerseits werde das päpstliche Recht öffentlich verbrennen. ...

Am 10. Dezember 1520 versammelten sich vor der Stadtmauer Wittenbergs Studenten und Professoren zusammen mit Martin Luther um einen brennenden Scheiterhaufen. In das Feuer warfen sie das Schreiben des Papstes, in dem er Luther mit dem Kirchenbann gedroht hatte.

Der Kaiser verhängt die Reichsacht
Eigentlich war Kaiser Karl V. (1520–1556) verpflichtet, nach dem Kirchenbann sofort die *Reichsacht über Luther zu verhängen. Aber er hatte bei seiner Wahl versprochen, nichts Wichtiges ohne die Fürsten zu entscheiden. Jedoch waren einige Fürsten in der Zwischenzeit Luthers Anhänger gewor-

den. Deshalb zwangen sie den Kaiser, Luther die Gelegenheit zu geben, sich zu verteidigen. Luther wurde daher auf einen Reichstag nach Worms eingeladen.
Auf der Reise nach Worms erhielt Luther viel öffentlichen Beifall – die Menschen stimmten ihm zu. Am 18. April 1521 stand Luther vor dem Kaiser und den Fürsten und verteidigte seine Lehre. Er lehnte es wiederum ab zu widerrufen, weil er sich nur seinem Gewissen verpflichtet fühlte.
Am 8. Mai 1521 verhängte der Kaiser die Reichsacht über Luther. Seine Schriften wurden verboten und er durfte nicht mehr öffentlich seine Meinung vertreten.

❸ Beschreibt Bild 2 und notiert euch Sätze, die Luther hierbei gesagt haben könnte.

❹ Erklärt, warum Luther dem Kaiser den Gehorsam verweigerte.

* Reichsacht
(Verb: ächten).
Die Reichsacht bedeutete, dass der so Verurteilte aus der Gemeinschaft ausgestoßen wurde. Jeder hatte nun das Recht, ihn zu töten.

entdecken und verstehen

Ⓐ Verfasst einen Brief aus der Sicht des Papstes an den Kaiser, in dem er den Kirchenbann über Luther begründet.

Ⓑ Entwickelt ein Rollenspiel, in dem sich Luther mit Professoren und Studenten seiner Universität darüber berät, wie er auf die Androhung des Kirchenbanns durch den Papst reagieren soll.

Luther in Worms

Schauplatz Geschichte

Vor dem Kaiser, den Reichsfürsten und Vertretern der Kirche erhielt Luther noch einmal die Gelegenheit, sich zu verteidigen und seine Lehre zu widerrufen.

❶ Beschreibt das Bild und erklärt, welche Stimmung es ausdrückt. Beachtet dabei Haltung und Gesichtsausdruck der anwesenden Personen.

❷ Notiert stichwortartig, was Luther in dieser Situation empfunden haben könnte.

❸ Schreibt mithilfe dieses Bildes einen Bericht über Luthers Auftreten an den Papst in Rom.

1 – Luther vor dem Reichstag in Worms. Wandmalerei von Hermann Wislicenus. 1879/1897.

Wie konnte sich die neue Lehre ausbreiten?

1 – Die Wartburg in Eisenach. Foto 2012.

Landesherren werden Landesbischöfe

Auf dem Reichstag von Worms hatte man Luther noch drei Wochen lang freies Geleit für seine Rückkehr zugesichert, danach galt er als „vogelfrei". Auf seiner Rückreise nach Wittenberg wurde er auf Anweisung des sächsischen Kurfürsten Friedrich des Weisen zum Schein entführt und auf die einsam gelegene Wartburg bei Eisenach (s. Bild 1) in Sicherheit gebracht.

Seinen Aufenthalt auf der Wartburg nutzte Luther, um das Neue Testament aus dem Lateinischen in die deutsche Sprache zu übersetzen. Der Gottesdienst fand nur noch in deutscher Sprache statt. Eine einheitliche deutsche Sprache gab es zu dieser Zeit noch nicht, sondern nur verschiedene Mundarten. Luther gelang es, für seine Übersetzung eine Sprache zu finden, die alle verstanden. Mithilfe des Buchdrucks wurde die Bibel zum meist gelesenen Buch in Deutschland.

Kaiser Karl V. (1500–1558) war ein entschiedener Gegner Luthers und seiner Lehre. Er sah die Einheit des Reiches bedroht, wenn es die Einheit im Glauben nicht mehr geben würde.

Langjährige Kriege gegen Frankreich und die Türken hatten jedoch dazu geführt, dass er sich nur noch selten im Deutschen Reich aufhielt und sich kaum um die Reformation kümmern konnte.

Diese Situation nutzten zahlreiche Fürsten aus, um ihre eigene Macht zu stärken. Als immer deutlicher wurde, dass es keine einheitliche Kirche mehr geben würde, übernahmen sie mit Einwilligung Luthers in ihren Ländern auch die Aufsicht über die Kirchen. Als Landesherren waren sie somit zugleich auch Landesbischöfe. Seit dieser Zeit gibt es die evangelischen Landeskirchen.

Die evangelischen Landesherren kümmerten sich um die Neugestaltung des Gottesdienstes, die Versorgung der Pfarreien mit gut ausgebildeten Pfarrern und um die Erneuerung des Schulwesens.

Um ihre Reformen bezahlen zu können, beschlagnahmten sie alle Klöster mit ihrem Grundbesitz, die von Nonnen und Mönchen verlassen worden waren.

❶ Beschreibt, wie es den evangelischen Landesherren während der Reformation gelang, ihre Machtstellung auszubauen.

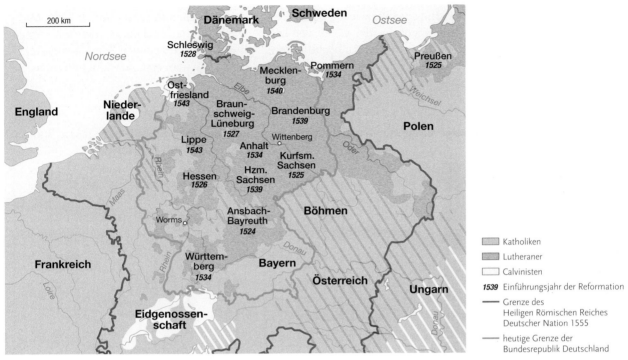

2 – Konfessionen in Deutschland und Mitteleuropa 1555.

Map labels: 200 km; Dänemark; Schweden; Ostsee; Nordsee; Schleswig 1528; Pommern 1534; Preußen 1525; Ost-friesland 1543; Mecklenburg 1540; Elbe; Weichsel; England; Nieder-lande; Braun-schweig-Lüneburg 1527; Brandenburg 1539; Wittenberg; Polen; Lippe 1543; Anhalt 1534; Kurfsm. Sachsen 1525; Oder; Hessen 1526; Hzm. Sachsen 1539; Worms; Ansbach-Bayreuth 1524; Böhmen; Frankreich; Rhein; Maas; Loire; Rhein; Württem-berg 1534; Bayern; Donau; Österreich; Ungarn; Donau; Eidgenossen-schaft

Legend:
- Katholiken
- Lutheraner
- Calvinisten
- *1539* Einführungsjahr der Reformation
- Grenze des Heiligen Römischen Reiches Deutscher Nation 1555
- heutige Grenze der Bundesrepublik Deutschland

Der Augsburger Religionsfrieden

Die Erfolge der Reformation veranlassten die katholische Kirche zu Gegenmaßnahmen. 1545 berief der Papst eine große Kirchenversammlung, ein Konzil, nach Trient ein. Hier wollte man über Maßnahmen zur „Ausrottung der Irrlehren" Luthers beraten. Als sich die evangelischen Reichsfürsten weigerten, an dem Konzil teilzunehmen, entschloss sich der Kaiser zum militärischen Eingreifen. Bei Mühlberg in Sachsen konnte er die evangelischen Reichsfürsten zwar besiegen, doch sie lehnten eine Rückkehr zum katholischen Glauben auch weiterhin ab. Erst nach langen Verhandlungen wurde schließlich 1555 auf dem Augsburger Reichstag folgende Einigung erzielt:
- Das katholische und lutherische Bekenntnis sind gleichberechtigt.
- Die evangelischen Fürsten dürfen die beschlagnahmten Güter behalten.
- Die Landesherren und Reichsstädte können frei wählen, ob sie katholisch bleiben oder evangelisch werden möchten.
- Die Untertanen müssen den Glauben ihres Landesherren annehmen. Ansonsten müssen sie auswandern.

Karl V. hatte die Einheit der Christenheit nicht bewahren können. Krank und enttäuscht dankte er 1556 ab.

2 Beschreibt mithilfe von Karte 2 die Folgen des Augsburger Religionsfriedens.

3 Legt ein Portfolio zum Thema „Die Reformation und ihre Folgen" an. Schreibt hierfür mithilfe der Seiten 16–21 eine Zusammenfassung der Ereignisse von Luthers Thesenveröffentlichung bis zum Augsburger Religionsfrieden.

entdecken und verstehen

A Diskutiert, ob Luthers Forderung nach Gewissensfreiheit mit den Beschlüssen im Augsburger Religionsfrieden vereinbar ist.

B Auch heute gibt es sowohl in Deutschland als auch in vielen anderen Ländern der Welt immer wieder Berichte über Probleme beim Zusammenleben von Mitgliedern verschiedener Glaubensbekenntnisse. Sammelt dazu Nachrichten in Zeitungen oder im Internet und berichtet darüber in der Klasse.

Methode

Flugblätter als Propagandamittel

Flugblätter während der Reformation

Flugblätter sind so etwas wie die Vorläufer unserer Zeitungen. Ihr Ziel war es, den Leser mit Bildern und Texten zu beeinflussen, durch die der Gegner verspottet und lächerlich gemacht wurde. Während der Reformationszeit erschienen zahllose Flugblätter von evangelischer und katholischer Seite. Manche kann man auch heute noch gut verstehen, andere verwenden Symbole und Hinweise, die man erst entschlüsseln muss.

Folgende drei Schritte zeigen euch, wie man Flugblätter „lesen" kann:

Schritt 1 **Fragen zum Verfasser**	■ Wer ist der Verfasser oder Auftraggeber? (Katholik oder Protestant, Kaiser oder Landesfürst?) ■ Versucht der Verfasser sachgerecht über den eigenen Standpunkt zu informieren oder geht es ihm vor allem darum, den Gegner lächerlich zu machen?
Schritt 2 **Fragen zum Thema**	■ Welche Personen sind auf dem Flugblatt zu erkennen? ■ Ist ein bestimmter Ort oder ein bestimmtes Ereignis dargestellt? ■ Was bedeutet die Legende zu diesem Flugblatt?
Schritt 3 **Fragen zur Gestaltung**	■ Wie werden die einzelnen Personen dargestellt? ■ Welche Symbole wurden verwendet? ■ Wurden Tierdarstellungen verwendet, um menschliche Eigenschaften, Stärken oder Schwächen, auszudrücken? ■ Wie sind die Größenverhältnisse? Was steht im Vordergrund, was tritt in den Hintergrund?
Schritt 4 **Fragen zur Intention des Plakates**	■ Was ist die „Botschaft" der Flugschrift? ■ An wen ist sie gerichtet? Mit welcher Absicht?

❶ Seht euch zunächst Bild 1 genau am und berichtet, was euch daran besonders auffällt.

❷ Überprüft euren ersten Eindruck mithilfe der Musterlösung.

❸ Wertet jetzt in gleicher Weise Bild 2 aus.

Das siebenhabtig Pabstier Offenbarung Johannis Tessaloni. 2. Cap.

Vmb gelt ein sack vol ablas.

Regnum.   Diaboli.

1 – „Das siebenköpfige Papsttier". Flugblatt eines unbekannten Künstlers von 1530, koloriert im 16. Jahrhundert. „Regnum diaboli" heißt übersetzt „Das Reich des Teufels".

2 – Luther, des Teufels Dudelsack. Holzschnitt von Erhard Schoen, um 1530.

Lösungsbeispiele zur Abbildung 1:

Zum Schritt 1: Der Künstler ist nicht bekannt. Man kann aber an der Art der Darstellung erkennen, dass er ein Anhänger der Reformation ist.

Zum Schritt 2: Zu erkennen ist in der Mitte mit der dreifachen Krone der Papst, umgeben von Kardinälen, Bischöfen und Äbten. Sie sitzen auf einer Geldtruhe, die als „Reich des Teufels" (regnum diaboli) bezeichnet wird. Auf der Geldtruhe, die wie ein Altar aussieht, steht ein Kreuz. An dem Kreuz hängt aber nicht Jesus, sondern ein Ablassbrief mit der Inschrift „Für Geld ein Sack voll Ablass".

Zum Schritt 3: Papst, Kardinäle, Bischöfe und Äbte schauen nicht zum Kreuz, sondern haben es sich auf der Geldtruhe bequem gemacht, unter der der Teufel liegt, dargestellt als Drache. Rechts und links vom Papst die päpstlichen Banner, das Kreuz selber tritt deutlich in den Hintergrund.

Zum Schritt 4: Dieses Flugblatt will zeigen, dass Papst und Bischöfe – die katholische Kirche damals insgesamt – dem Reich des Teufels angehören, sie sind nur an Geld und Reichtum interessiert.

Von der Reformation zum Bauernkrie

Welche Ziele verfolgten die Bauern?

1 – Bauern beim ✴Frondienst in der Scheune eines Grundherren. Kalenderbild für den Monat August von Hans Wertinger, um 1525. Lithografie, 1835.

✴ **Frondienst**
Persönliche Dienstleistungen der Bauern für ihre Grundherren für eine festgelegte Zahl von Tagen im Jahr. Dies konnten die verschiedensten Tätigkeiten sein wie z. B. das Feld pflügen oder Unkraut jäten.

Die Lage der Bauern

Zur Zeit Luthers lebten im Deutschen Reich etwa 16 Millionen Menschen. Davon waren mehr als 12 Millionen Bauern.

Q1 Der Geschichtsschreiber Johannes Boemus schildert 1520 die Situation der Bauern:

… Sie führen ein elendes und hartes Leben. … Ihre Wohnungen sind aus Lehm und Holz errichtete und mit Stroh bedeckte Hütten, die nur wenig über dem Erdboden hervorragen.
Hausbrot, Haferbrei, gekochtes Gemüse sind ihre Speisen; Wasser und geronnene Milch ihre Getränke, ein leinener Kittel, ein Paar Stiefel, ein farbiger Hut ihre Kleidung. Die Leute stecken alle Zeit in Arbeit, Unruhe und Dreck. In die benachbarten Städte schleppen sie zum Verkauf, was sie von ihren Feldern und ihrem Vieh gewinnen. …
Den Herren müssen die Bauern oftmals im Jahr dienen: das Feld beackern, säen, ernten und die Frucht in die Scheuern bringen, Holz fällen, Häuser bauen, Gräben ausheben. Es gibt nichts, wovon die Herren nicht behaupten, dass das geknechtete und arme Volk es ihnen nicht schulde. Die Leute können auch nicht wagen, einen Befehl nicht auszuführen, da sie dann schwer bestraft werden. …

Als Adam grub und Eva spann, …

1520 veröffentlichte Luther eine Schrift mit dem Titel: „Von der Freiheit eines Christenmenschen". Darin stand, dass der Christ im Glauben nur an Gottes Wort gebunden sei. Sonst sei er frei und niemandem untertan. Diese religiöse Aussage bezogen die unterdrückten Bauern auf ihr eigenes Leben. Wie Luther wollten sie nur gelten lassen, was in der Bibel stand. Sie fragten sich: „Als Adam grub und Eva spann, wo war denn da der Edelmann?"
Die Bauern forderten nun mit Nachdruck, dass nicht nur die Kirche reformiert, sondern auch ihre Lebensbedingungen verbessert werden.

2 – Aufrührerische Bauern umringen einen Ritter. Holzschnitt, 1532.

❶ Beschreibt Tätigkeiten und Haltung der Bauern und des Grundherrn in Bild 1.

❷ Besprecht, welche Bedingungen den Bauern wohl besonders missfielen.

❸ Erklärt das Sprichwort: „Als Adam grub und Eva spann, wo war denn da der Edelmann?"

Der Krieg bricht aus

Die Bauern waren schwer belastet, weil sie Abgaben an die Grundherren zahlen und Dienste für sie leisten mussten. Im Sommer 1524 kam es in Süddeutschland zu Aufständen, die sich schnell über weite Teile des Deutschen Reiches ausdehnten. Die adligen Grundherren wurden von den Aufständen der Bauern überrascht. Um Zeit zu gewinnen, forderten sie die Bauern auf, ihre Forderungen schriftlich vorzulegen.

Q2 Der Kürschnergeselle Sebastian Lotzer fasste im Februar 1525 die wichtigsten Forderungen in 12 Artikeln zusammen.

1 Zum ersten ist unser demütig Bitte und Begehr ..., dass die ganze Gemeinde ihren Pfarrer selbst wählen ... und auch wieder absetzen (kann). ...

2. Den *Kornzehnten wollen wir gern geben, doch wie sich's gebührt. ... Er gebührt einem Pfarrer, so er das Wort Gottes klar verkündet. Was übrig bleibt, soll man teilen mit armen Bedürftigen. ... Den kleinen Zehnt (Viehzehnt) wollen wir nicht geben, denn Gott, der Herr, hat das Vieh frei dem Menschen geschaffen; ...

3 Zum dritten ist es bisher Brauch gewesen, uns als *Leibeigene zu halten, was zum Erbarmen ist. ... Es ergibt sich aus der Schrift, dass wir frei sind, und wir wollen es sein. Nicht, dass wir völlig frei sein und keine Obrigkeit haben wollen; das lehrt uns Gott nicht. ...

Sollte eine der Forderungen der Heiligen Schrift widersprechen, wollten die Bauern sie sofort fallen lassen.

❹ Gebt mit eigenen Worten die Forderungen der Bauern wieder.

❺ Nennt die Formulierungen in Q2, an denen ihr Luthers Einfluss erkennen könnt. Begründet eure Meinung.

✳ Zehnt
Bezeichnung für eine Abgabe in Höhe von etwa 10 Prozent der Ernteerträge oder Einkünfte an den Grundherrn.

✳ Leibeigene
Eigentumsrecht eines Grundherrn an Bauern, die auf seinem Grundbesitz leben. Der Grundherr durfte seine Leibeigenen verkaufen oder vermieten und in vielen Fragen ihres persönlichen Lebens über sie bestimmen.

entdecken und verstehen

Ⓐ Spielt ein Streitgespräch zwischen einem Bauern und einem Adligen. Der Bauer fängt an und sagt: Als Adam grub und Eva spann, wo war denn da der Edelmann?

Ⓑ Entwerft ein Protestplakat mit den Forderungen der Bauern.

Welches Ergebnis hatte der Bauernkrieg?

1 – Plünderung des Klosters Weißenau. Federzeichnung von Jakob Murer, 1525/1526.

Die Bauern lehnen sich auf

Als die Bauern merkten, dass die adligen Herren nicht ernsthaft mit ihnen verhandeln wollten, bewaffneten sie sich. Der Reformator Thomas Müntzer führte in Thüringen ca. 6000 Bauern an. In Franken sammelten sich ca. 12 000 Bauern. In Süddeutschland waren insgesamt ca. 32 000 Bauern in drei Verbänden an den Aufständen beteiligt.

Q1 Mit Flugblättern und Liedern warben die Bauern für ihren Kampf – wie in diesem Lied aus dem Jahre 1525:

Aufstehlied

Steh auf, gemeiner Mann!
Der Winter, der ist um.
Jetzt musst du ran, ran!
Jetzt hilft nicht – Bitten, hilft nicht – Beten,
Gerechtigkeit marschiert voran.
Steh auf, gemeiner Mann!
Da geht ein Frühlingswind.
Jetzt musst du ran, ran.
Dies ist des Glücksrads Stund und Zeit,
Gott weiß, wer oberst bleibt.

Luther ergreift Partei

Lange warteteten die Bauern auf ein Wort Luthers.

Q2 Endlich äußerte Luther sich im April 1525 zu den 12 Artikeln:

... Die 12 Artikel handeln alle von weltlichen, zeitlichen Dingen. Ihr sagt, dass ihr nicht länger Unrecht leiden wollt. Das Evangelium handelt nicht von diesen weltlichen Dingen. Ihr Bauern habt gegen euch die Heilige Schrift und die Erfahrung, dass ein Aufruhr noch nie ein gutes Ende genommen hat. Denkt an das Wort der Bibel (Matth. 26, 52): Wer das Schwert nimmt, soll durch das Schwert umkommen. ...

❶ Beschreibt die Stimmung der Bauern, wie sie im Aufstehlied (Q1) deutlich wird.

❷ Betrachtet Bild 1 und beschreibt die Vorgänge einmal aus der Sicht eines Bauern und einmal aus der Sicht eines Mönches und vergleicht beide miteinander.

❸ Erarbeitet aus Q2, welche Partei Luther ergreift und wie er seine Meinung begründet.

Es kam zu weiteren bewaffneten Zusammenstößen zwischen adligen Grundherren und Bauern. Im Mai 1525 veröffentlichte Luther eine zweite Schrift: „Wider die räuberischen und mörderischen Rotten der Bauern". Darin forderte er die Herren zu rücksichtslosem Vorgehen auf.
Viele Herren beriefen sich bei den nun folgenden Kämpfen auf diese Worte Luthers.

Die Herren schlagen zurück

Die Bauern brannten mehr als tausend Klöster, Burgen und Schlösser nieder. Sie plünderten und raubten sie aus. Über 150 Städte und Ortschaften konnten sie erobern. Doch die Antwort der Herren ließ nicht lange auf sich warten. Kaum hatten sie sich vom ersten Schrecken erholt, führten sie den Gegenschlag.

Q3 Ein unbekannter Adliger meinte 1525:
… Der Bauern brüderliche Liebe ist mir ganz und gar zuwider. Ich habe mit meinen natürlichen und leiblichen Geschwistern nicht gern geteilt – geschweige denn mit Fremden und Bauern. … Die Bauern sind Ungeheuer: Ich habe um meine Lachsforellen Sorge. Sonst kümmert mich ihr Vorhaben nicht. Es muss gestraft und hart gestraft werden. Wer die Bauern verschont, der zieht seinen Feind groß. …

Der ungleiche Kampf dauerte nur wenige Wochen. Trotz verzweifelter Gegenwehr wurden die Bauern in mehreren Schlachten vernichtend geschlagen. Sie unterlagen vor allem, weil ihre Heere einzeln gegen die vereinten Truppen der Herren kämpften. Der Aufstand brach völlig zusammen. Das Strafgericht der Herren war hart.

Die Folgen des Krieges

Etwa 70 000 Bauern waren in den Kämpfen gefallen oder auf der Flucht umgekommen. Die überlebenden Bauern mussten an die Herren eine hohe Entschädigung zahlen, die Anführer der Bauern wurden hingerichtet.

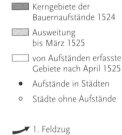

Kerngebiete der Bauernaufstände 1524

Ausweitung bis März 1525

von Aufständen erfasste Gebiete nach April 1525

● Aufstände in Städten

○ Städte ohne Aufstände

↗ 1. Feldzug gegen die Bauern März/April 1525

↗ 2. Feldzug gegen die Bauern Mai – Juli 1525

x Siege der Fürstenheere

2 – Bauernaufstände und Bauernkrieg 1524/1525.

Noch Jahre nach dem Bauernkrieg trieben die Herren die Strafgelder der Bauern ein. Aber die Herren wollten neue Aufstände verhindern. Deshalb ließen sie die Forderungen der Bauern untersuchen und die schlimmsten Missstände abstellen. Schiedsgerichte sollten die Streitigkeiten zwischen Herren und Bauern schlichten. Auf dem Reichstag in Speyer 1526 wurden die Herren ermahnt, die Bauern so zu behandeln, wie es mit „Gewissen, göttlichem Recht und Billigkeit" zu vereinbaren sei.

④ Sucht und benennt anhand von Karte 2 die drei Hauptgebiete der Aufstände.

entdecken und verstehen

Ⓐ Diskutiert folgende Aussage: Die aufständischen Bauern waren nichts anderes als gewalttätige Aufrührer. Sie wurden zu Recht streng bestraft. Begründet eure Meinung.

Ⓑ Entwerft ein Denkmal oder einen Text für eine Gedenktafel für die Opfer des Bauernkrieges.

Der Dreißigjährige Krieg

Warum kam es zum Dreißigjährigen Krieg?

1 – Der Prager Fenstersturz am 23. Mai 1618. Gemälde von Wenzel v. Brozik, 1889.

✱ **Söldner**
Soldat, der von einem Heerführer oder Fürsten nur für einen bestimmten Krieg eingesetzt und danach entlassen wird. Einen Söldner interessiert weder Religion noch Politik. Für ihn ist Krieg nur Broterwerb. Er wechselt oft die Seiten und lässt sich von dem anwerben, der ihm am meisten bezahlt.

Kriegsausbruch

Lutheraner und Katholiken wurden im Frieden von Augsburg 1555 (s. S. 21) als gleichberechtigt anerkannt. Doch das Misstrauen blieb auf beiden Seiten bestehen. Deshalb schlossen sich die evangelischen Fürsten 1608 zur Verteidigung ihrer Interessen in einem Bündnis, der Union, zusammen. Nur ein Jahr später bildeten die katholischen Fürsten ein Gegenbündnis: die Liga. Katholische und evangelische Fürsten standen sich nun tief verfeindet gegenüber. Beide Bündnisse stellten Heere auf und suchten nach Verbündeten: Das katholische Frankreich unterstützte die Union, weil es sich vor dem deutschen Kaiser fürchtete. Spanien war mit Frankreich verfeindet und unterstützte die Liga.
Im Jahr 1617 ereignete sich in Prag ein belangloser Zwischenfall: Protestanten errichteten eine Kirche auf einem Grundstück, das Katholiken gehörte. Es kam zu einem Prozess, den die Protestanten verloren. Die Kirche wurde abgerissen. Daraufhin drangen protestantische Adlige voller Empörung in die königliche Burg, den Hradschin, ein und warfen vor Zorn zwei hohe Beamte und ihren Sekretär aus dem Fenster auf einen Misthaufen.
Dieser Vorfall heizte die äußerst gespannte Stimmung zwischen Protestanten und Katholiken im Reich weiter an. Nur ein Jahr später war es so weit. Kaiser Ferdinand II. (1619–1637), der zugleich auch König von Böhmen war, schränkte die Glaubensfreiheit der protestantischen Adligen in Böhmen erheblich ein. Daraufhin setzten die böhmischen Adligen Ferdinand als König ab. An seiner Stelle wählten sie Kurfürst Friedrich von der Pfalz, den Führer der evangelischen Union, zu ihrem König. Kaiser Ferdinand wollte aber auf die Herrschaft in Böhmen nicht verzichten. Mit dem Kampf um die Vorherrschaft in Böhmen begann ein Krieg, der dreißig Jahre dauern sollte.

❶ Beschreibt mit eigenen Worten, wie es zum Kriegsausbruch kam. Unterscheidet dabei zwischen Auslöser und tieferliegender Ursache.

Die Materialien der folgenden Seite zeigen, was Wissenschaftler aus Quellen erarbeitet haben.

Ich kann nicht zulassen, dass die Fürsten immer mächtiger werden. Zuerst wollen sie über die Religion alleine bestimmen und demnächst wollen sie selbstständig sein. Da wird mein großes Reich, das ich von meinen Vätern geerbt habe, schnell auseinanderfallen. Denen muss ich ein für alle Mal zeigen, dass der Kaiser das Sagen hat. Ein Kaiser – eine Religion!

2 – Kaiser Ferdinand II.

Bisher war Ferdinand König von Böhmen. Aber der kümmerte sich nicht darum, dass die Adligen in Böhmen das Recht hatten, bei der Regierung kräftig mitzubestimmen.
Er hat sogar die Bauern auf seinen Gütern gezwungen, den katholischen Glauben anzunehmen. Da haben die böhmischen Adligen mich zu ihrem König erwählt. Diese Chance lasse ich mir nicht entgehen.

3 – Friedrich von der Pfalz.

Wir Schweden werden in den deutschen Krieg eingreifen. Schließlich müssen wir unsere Glaubensbrüder, die Protestanten, unterstützen. Und außerdem ist das eine gute Gelegenheit, ein Stück Land dazuzubekommen. Wir sind an Norddeutschland interessiert.

4 – König Gustav Adolf von Schweden.

Dieser Krieg ist für Frankreich eine gute Gelegenheit, dafür zu sorgen, dass die Familie Ferdinands, die Habsburger, ihre Macht in Europa nicht noch weiter ausbauen. Für uns ist es günstig, wenn wir uns mit Schweden zusammentun. Der Gustav Adolf ist zwar Protestant, aber was soll's. Vielleicht können wir ja das Gebiet am Rhein erobern.

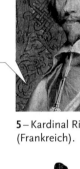

5 – Kardinal Richelieu (Frankreich).

Mein Mann war Händler. Er ist auf dem Weg nach Koblenz von Soldaten totgeschlagen worden. Die Waren und seinen Geldbeutel haben sie mitgenommen. Ich stehe jetzt mit meinen sieben Kindern ganz alleine da und weiß nicht, wie es weitergehen soll.

6 – Eine Bürgerin.

Ich will keinen Krieg! Wir Bauern wollen nur in Ruhe unsere Felder bestellen. Die Soldaten nehmen uns alles, die Vorräte und das Vieh. Viele von uns verhungern. Der Krieg wird auf unseren Rücken ausgetragen. Wir sind es doch, die die Zeche der hohen Herren bezahlen müssen.

7 – Ein Bauer.

Für mich ist es gut, wenn es Krieg gibt. Viele Eroberungen bedeuten viel Beute und deshalb gutes Einkommen. Schließlich muss der Krieg den Krieg ernähren. Ich bete nur immer, dass ich nicht verletzt werde, denn dann sorgt keiner für mich.

8 – Ein *Söldner.

---

❷ Untersucht die Texte 2 bis 8 und stellt fest, welches Kriegsziel jeweils genannt ist bzw. welche Einstellung zum Krieg deutlich wird.

❸ Erklärt die Aussage, dass es sich bei dem Dreißigjährigen Krieg nicht nur um einen Glaubenskrieg handelte.

Wie wirkte sich der Krieg auf die Menschen aus?

1 – Söldner plündern einen Bauernhof. Gemälde von Sebastian Vrancx, um 1620.

Krieg und Elend überziehen das Land

Fast 30 Jahre lang zogen deutsche, schwedische und französische Truppen durch Deutschland. Sie plünderten, folterten und mordeten, steckten Dörfer und Städte in Brand. Die Soldaten handelten nach der Divise „Nehmen wir's nicht, so nimmt's der Feind". Darum verwüsteten, zerstörten oder schleppten sie hinweg, was immer sie bekommen konnten.

Das Leiden der Bevölkerung

Q1 Jakob Christoffel von Grimmelshausen, der selbst Soldat gewesen ist, beschrieb 1668 in seinem Buch „Simplicissimus", wie es zuging, wenn ein Dorf überfallen wurde:
... Das Erste, was die Reiter in dem ... Zimmer meines Vaters anfingen, war, dass sie ihre Pferde einstellten; hernach hat jeder seine besondere Arbeit zu verrichten. ... Einige machten von Tuch, Kleidung und Hausrat große Päck zusammen, etliche schütteten Federn aus den Betten und füllten Speck, Dörrfleisch und anderes Gerät hinein, andere schlugen Ofen und Fenster ein; Bettladen, Tisch, Stühl und Bänke verbrannten sie. Den Knecht legten sie gebunden auf die Erd, steckten ihm Sperrholz ins Maul und schütteten ihm einen Melkkübel voll garstig Mistlachenwasser in den Leib, das nannten sie Schwedischen Trunk. Dann fing man an, die Steine von den Pistolen und stattdessen die Daumen der Bauern draufzuschrauben und die armen Schelme so zu foltern. Einem machten sie ein Seil um den Kopf und drehten es mit einem Stock so zusammen, dass ihm das Blut zu Mund, Nas und Ohren heraussprang. ...

Q2 Ein Kinderlied aus dem Dreißigjährigen Krieg drückt die Gefühle der Menschen aus:
Maikäfer, flieg!
Dein Vater ist im Krieg.
Mutter ist im Pommerland,
Pommerland ist abgebrannt.
Maikäfer, flieg.
Der Schwed is komme,
Hat alles mitgenomme,
Hat d'Fenster eingeschlage
Und's Blei davontrage,

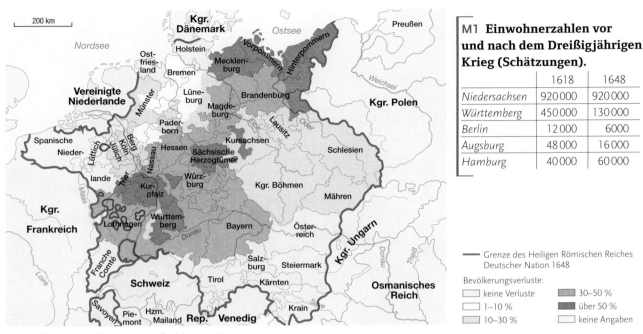

M1 Einwohnerzahlen vor und nach dem Dreißigjährigen Krieg (Schätzungen).		
	1618	1648
Niedersachsen	920 000	920 000
Württemberg	450 000	130 000
Berlin	12 000	6 000
Augsburg	48 000	16 000
Hamburg	40 000	60 000

—— Grenze des Heiligen Römischen Reiches Deutscher Nation 1648

Bevölkerungsverluste:

keine Verluste	30–50 %
1–10 %	über 50 %
10–30 %	keine Angaben

2 – Bevölkerungsverluste im Dreißigjährigen Krieg.

Hat Kugle draus gosse
und d'Bauer tot gschosse.
Bet, Kindle, bet,
Jetzund kommt der Schwed ...

Die Not der Menschen

Die Verwüstung der Felder bei den Dörfern, die Plünderung der Wintervorräte und des Saatguts hatten eine unbeschreibliche Hungersnot zur Folge. Von ihr waren vor allem die Städte betroffen. Von Augsburg wurde berichtet, dass die Bürger jeden Vogel abschossen, der in die Stadt flog. Weil es an jeglicher Nahrung mangelte, wurde Fleisch von Hunden und Katzen verkauft. Da für viele Bewohner auch dieses Fleisch zu teuer war, verzehrten sie in ihrer Not Ratten und Mäuse, sogar bereits faulendes Aas und in einzelnen Fällen auch das Fleisch von Verstorbenen. Zusätzlich musste die Bevölkerung unter der Pest leiden, die von den Landsknechten eingeschleppt worden war. Es gab Tage, an denen mehrere hundert Menschen starben. Die Toten blieben unbeerdigt mehrere Tage lang in den Häusern und auf den Straßen liegen. Über den Städten lag deshalb ein furchtbarer Gestank.

Manche Menschen begingen Selbstmord, um dem Hungertod oder dem furchtbaren Sterben an der Seuche zu entgehen. Man schätzt heute, dass auf dem Land etwa 40 Prozent der Dorfbewohner dem Krieg, Hunger und Seuchen zum Opfer fielen. Von einigen Städten in Süddeutschland weiß man, dass hier die Bevölkerungszahl um 70 bis 80 Prozent zurückging. Wahrscheinlich gelten diese Zahlen auch für viele andere Städte im Deutschen Reich.

❶ Benennt mithilfe der Materialien dieser Doppelseite die Leiden der Bevölkerung und wodurch sie hervorgerufen wurden.

❷ Nennt mithilfe der Karte 2 die Gebiete in Deutschland, die die höchsten Bevölkerungsverluste hatten.

entdecken und verstehen

Ⓐ Schreibt einen Text zur Überschrift: Die Auswirkungen des Dreißigjährigen Krieges auf die Menschen.

Ⓑ Informiert euch in Zeitungen und im Internet, wo heute Menschen unter den Auswirkungen eines Krieges leiden. Erstellt eine Wandzeitung zu einem dieser Länder.

Das Leben der Söldner im Dreißigjährigen Krieg

1 – Truppe/Tross des Söldnerführers Ernst von Mansfeld auf dem Vormarsch. Gemälde aus dem 19. Jahrhundert.

Der tägliche Kampf ums Überleben

M1 Über den alltäglichen Kampf des Söldners ums Überleben heißt es in einer Darstellung:

… Der überwiegende Anteil der Söldner hatte … höchstwahrscheinlich nie direkt gegen einen Gegner gekämpft, sondern war irgendwo entlang der Marschstraßen oder in einem schlechten Winterlager verhungert, erfroren oder einer banalen Krankheit erlegen. Durch mangelnde Ernährung und schlechte Kleidung wurden die Truppen besonders anfällig für Seuchen. So soll das kaiserliche Heer 1620 in Böhmen fast 50 % von 27 000 Mann wahrscheinlich durch Hungertyphus verloren haben. Viele Söldner gingen barfuß, hatten keine Mäntel und übernachteten in Strohhütten oder Erdlöchern …

An ein Entrinnen aus dieser Misere war kaum zu denken. Natürlich gab es immer wieder zahlreiche *Deserteure … Doch wohin sollten sie gehen, von was leben? Überall gab es Banden verelendeter Bauern, die Deserteuren auflauerten, um ihnen Sold und Beute abzunehmen. Einzelne hatten kaum eine Chance durchzukommen …

Der Tross – eine riesige Karawane

M2 Die Archäologin S. Eickhoff schrieb:

… Der Tross war der Begleitzug der Heere. Er bestand aus militärisch notwendigen Handwerkern wie Schmieden und Wagenführern sowie Köchen, Predigern und Feldchirurgen.

Eine zweite große Gruppe bildeten die Familien der Soldaten und Offiziere sowie deren Dienstpersonal. Wichtig im Tross waren Marketender, also Händler, und Sudler, die Betreiber der Garküchen. Darüber hinaus gab es eine größere Anzahl an Gauklern, Wahrsagern und Prostituierten.

Einen immer größeren Anteil hatten letztlich Glaubensflüchtlinge, Hunger leidende Zivilisten, sozial Entwurzelte, Invaliden, Soldatenwitwen und Kriegswaisen. …

So meldete Feldmarschall Jost von Gronsfeld dem bayerischen Kurfürsten Maximilian I. im März 1648, dass die Armee 180 000 Menschen umfasse. Darunter befänden sich aber nur 40 000 richtige Soldaten. Die übrigen seien „Jungen, Feuerknechte, Weiber und Kinder". …

ent tdecken

2 – Lagerleben im Dreißigjährigen Krieg. Farblithographie aus der Serie Ad. Lehmann's kulturgeschichtliche Bilder, um 1890.

Frauen im Dreißigjährigen Krieg

**M3 Über die Rolle der Frauen heißt es bei
S. Eickhoff weiterhin:**

… In Zeiten fehlender systematischer Sicherung des
Nachschubs leisteten die Frauen den Großteil der
alltäglichen Versorgung – dabei hatten sie keinen
Anspruch auf eine eigene Verpflegungsration.
Ohne die Frauen hätte kein neuzeitliches Heer einen
Feldzug bestreiten und gewinnen können. Auf den
Märschen schleppten sie das gemeinsame Hab und
Gut – selten unter fünfzig oder sechzig Pfund. Im
Lager zogen sie die Kinder auf, kochten, pflegten ihre
Männer bei Krankheiten und Verwundungen. … Sie
arbeiteten als Mägde …, halfen beim Beutemachen
und plünderten die Toten auf dem Schlachtfeld.
Aus dem Tagebuch des Söldners Peter Hagendorf
erfahren wir Details über die Lebensverhältnisse der
Frauen und Kinder … Im Tross marschierte seit 1628
seine erste, seit 1635 seine zweite Frau mit. Die erste
Frau Anna Stadtler brachte in fünf Jahren vier Kinder
zur Welt, die alle nur kurze Zeit lebten. Sie selbst starb
im Alter von nicht einmal 30 Jahren während eines langen Marsches in einem Spital in München an Überan-
strengung. …

Teilt euch in Gruppen auf und
bearbeitet jeweils eines der drei
Themen:

Der tägliche Kampf ums
Überleben

❶ Schreibt mithilfe der Bilder 1
und 2 und M1 eine Erzählung
unter der Überschrift: Ein
Söldner berichtet von seinem
Leben im Dreißigjährigen
Krieg.

Der Tross – eine riesige
Karawane

❷ Erstellt mithilfe von Bild 1
und M2 eine Liste: In die
linke Spalte schreibt ihr die
Gruppen, die im Tross mitzie-
hen. In die rechte Spalte mögliche Gründe, die diese Menschen gehabt haben könnten,
sich einem Heer anzuschließen.

Frauen im Dreißigjährigen
Krieg

❸ Schreibt auf, welche Pflichten
Frau und Kinder eines Söldners hatten.

❹ Erklärt folgende Behauptung:
„Ohne Frauen wäre der Dreißigjährige Krieg nicht zu führen gewesen."

✷ Deserteure
Fahnenflüchtlinge

**3 – Darstellung eines
deutschen Söldners.**
Lithographie, 1867.

Geschichte vor Ort

Göttingen im 16. und 17. Jahrhundert

1 – Paulinerkirche Göttingen. Blick in den historischen Bibliothekssaal der Paulinerkirche, die heute zur Bibliothek der Universität gehört. Foto, 2013.

Verspätete Reformation

Auch zwölf Jahre nach dem Beginn der Reformation (1517) war Göttingen noch immer rein katholisch. Zahlreiche Prozessionen prägten das kirchliche und öffentliche Leben der Stadt. Die reformatorische Predigt war durch den Rat der Stadt verboten worden. Bewohner, die Schriften Luthers kauften und lasen, wurden vom Rat streng verwarnt oder aus der Stadt entfernt.

Das änderte sich allerdings schlagartig, als im August 1529 eine Gruppe von Handwerkern, die „neuen Wollenweber", eine vom Rat angeordnete Prozession mit dem Lutherlied „Aus tiefer Not schrei ich zu dir" störten. Trotz strenger Ermahnungen durch den Stadtschreiber verspotteten sie bis zum Ende der Prozession an der Paulinerkirche die Teilnehmer.

Religiöse und politische Reformen

Diese Protestaktion war der Auslöser der Reformation in Göttingen. Die „neuen Wollenweber" forderten vom Rat der Stadt, die Predigt des evangelischen Geistlichen Friedrich Hüventhal zuzulassen, eines früheren Dominikanermönches. Der Rat lehnte ab. Seine Drohung, die Anhänger Hüventhals enthaupten zu lassen, löste fast eine Rebellion aus. Der Kampf um die Reformation wurde nun gleichzeitig zum Kampf um eine neue städtische Verfassung, in der die Handwerker mehr Mitspracherecht erhalten sollten.

Nach zähen Verhandlungen zwischen zehn Sprechern, die von den Bürgern gewählt worden waren, und dem Rat konnte am 24. Oktober 1529 in der Paulinerkirche der erste reguläre evangelische Gottesdienst gefeiert werden. Am Palmsonntag 1530 wurde in allen Göttinger Kirchen eine neue Kirchenordnung verkündet. Seit dieser Zeit kann man Göttingen evangelische Stadt bezeichnen.

Gleichzeitig wurde auch die Stadtverfassung geändert. Die alten Ratsfamilien büßten ihre Vormachtstellung ein und die Gilden wurden ihnen gleichgestellt.

Göttingen im Bauern- und Dreißigjährigen Krieg

Natürlich hörte man auch in Göttingen von den Bauernaufständen, die es in der weiteren Umgebung gab. So flüchteten z. B. die Mönche des Klosters Walkenried, das von Bauern überfallen und geplündert worden war, nach Göttingen. Die Stadt selber aber blieb von den Unruhen des Bauernkrieges weitgehend verschont. Dafür traf sie die Schrecken des Dreißigjährigen Krieges umso mehr.

2 – Das Lager des Feldherrn Tilly vor der Stadt Göttingen. Gemälde 1626.

M1 Über den Dreißigjährigen Krieg in Göttingen heißt es in einem Text des Stadtarchivs Göttingen:

… Die größte Katastrophe für die Menschen des 17. Jahrhunderts war der Dreißigjährige Krieg zwischen 1618–1648. Nachdem die ersten Jahre für Göttingen noch vergleichsweise ruhig verlaufen waren, stiegen Belastungen und Bedrohungen seit 1625 drastisch an und erreichten in der Belagerung durch den kaiserlichen Feldherrn Johann Graf Tilly einen ersten Höhepunkt.

Um den hartnäckigen Widerstand der Garnison zu brechen, ließ Tilly u. a. durch Harzer Bergleute die Leine umleiten und die Stadt über längere Zeit beschießen, bevor er am 2. August 1626 siegreich einmarschieren konnte.

Eine zweite Belagerung, Erstürmung und Plünderung mit wohl noch härteren Folgen musste die Stadt im Februar 1632 durch den in schwedischen Diensten stehenden Herzog Wilhelm von Sachsen-Weimar erdulden. Diesmal kam es zu heftigen Straßenkämpfen, die kaiserlichen Truppen zogen sich unter energischem Widerstand in das Rathaus zurück und ergaben sich dort erst nach harten Gefechten, an die heute noch der Name der „Blutkammer", eines Raumes über der Rathausstube erinnert. … Am Ende des Krieges waren zahlreiche Häuser in Göttingen schwer beschädigt oder gar völlig zerstört, die Einwohnerzahl war zwar nicht allzu sehr gesunken, dafür waren die Menschen vielfach gesellschaftlich entwurzelt, seelisch gezeichnet und wirtschaftlich in den Ruin getrieben.

❶ Erkundigt euch im Stadtarchiv oder in der Stadtbücherei über Darstellungen zur Geschichte eures Ortes im 16. und 17. Jahrhundert.

❷ Fertigt ein Plakat für euer Klassenzimmer an, auf dem ihr die wichtigsten Ereignisse eures Ortes in dieser Zeit mit Bildern und Texten darstellt.

Welches Ergebnis hatte der Krieg?

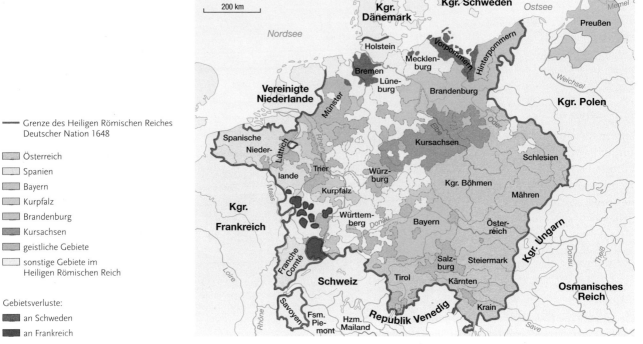

Grenze des Heiligen Römischen Reiches
Deutscher Nation 1648

- Österreich
- Spanien
- Bayern
- Kurpfalz
- Brandenburg
- Kursachsen
- geistliche Gebiete
- sonstige Gebiete im
  Heiligen Römischen Reich

Gebietsverluste:

- an Schweden
- an Frankreich

1 – Das Heilige Römische Reich nach dem Westfälischen Frieden 1648.

Westfälischer Frieden

Den Krieg auf den Schlachtfeldern konnte keine Partei, die am Krieg beteiligt war, gewinnen. Das Land war ausgeblutet, die Heere erschöpft. Endlich begannen im Jahr 1643 die Friedensverhandlungen in den westfälischen Städten Münster und Osnabrück. Der Friedensvertrag wurde erst 1648 unterzeichnet. Dieser Frieden hatte für das Deutsche Reich tiefgreifende Folgen:

- Die Rechte des Kaisers wurden stark eingeschränkt. Wenn der Kaiser im Reich neue Gesetze erlassen oder Steuern erheben wollte, dann brauchte er dazu die Zustimmung der Fürsten.
- Die Fürsten wurden politisch völlig selbstständig. Damit zerfiel das Deutsche Reich in 300 Einzelstaaten.
- Wenn ein Fürst die Religion wechselte, dann mussten ihm die Untertanen nicht mehr folgen.
- Die Schweiz und die Niederlande wurden selbstständig.
- Frankreich und Schweden erhielten Gebiete des Deutschen Reiches.

Die Nachricht vom langersehnten Frieden nach dreißig Jahren Krieg wurde mit Festen und Feuerwerken begrüßt. Der Westfälische Frieden beendete die Religionskriege in Europa. Es begann eine Zeit des Friedens, die in Deutschland fast 150 Jahre dauerte. Als Folge des Westfälischen Friedens zerfiel das Deutsche Reich in zahlreiche Einzelstaaten und war dadurch politisch geschwächt.

❶ Beurteilt die Ergebnisse des Westfälischen Friedens aus der Sicht des Kaisers, der deutschen Fürsten und der Bevölkerung. Beachtet auch die Aussagen auf Seite 29.

❷ Sucht im Museum eures Heimatortes nach Spuren des Dreißigjährigen Krieges und berichtet in der Klasse.

❸ Erklärt mithilfe der Karte, warum das Heilige Römische Reich Deutscher Nation schwierig zu regieren war.

Zusammenfassung

Reformation und Glaubenskriege

Die Reformation

In den Jahrzehnten vor der Reformation war das Lebensgefühl der Menschen von Angst geprägt. In ihrer Not erwarteten sie Trost und Hilfe von der Kirche. Doch viele Priester kümmerten sich nicht um die Sorgen der Menschen. Ihr zügelloses Leben und der Handel mit Ablassbriefen empörte viele Gläubige. Die Kritik Martin Luthers richtete sich zunächst gegen den Ablasshandel. Dadurch wurde die Reformation eingeleitet.

Im Jahr 1521 belegte ihn der Papst mit dem Kirchenbann, ein halbes Jahr später verhängte Kaiser Karl V. die Reichsacht über ihn. Der Kaiser sah die Einheit des Reiches durch die Reformation gefährdet. Seine Maßnahmen konnten aber nicht verhindern, dass sich die neue Lehre ausbreitete: Der Gebrauch der deutschen Sprache im Gottesdienst und Luthers Übersetzung der Bibel ins Deutsche bewirkten, dass sich viele Menschen der Lehre Luthers anschlossen. Zahlreiche Landesfürsten unterstützten Luther, um ihre eigene Unabhängigkeit vom Kaiser zu vergrößern.

1517

Luthers Thesenanschlag an der Schloss-kirche zu Wittenberg.

Der Bauernkrieg

Luthers Schrift „Von der Freiheit eines Christenmenschen" weckte bei den Bauern die Hoffnung, bessere Lebensbedingungen schaffen zu können. Ihre zahlreichen Klagen und Forderungen wurden in 12 Artikeln zusammenge-fasst. Sie beriefen sich dabei auf die Bibel. Luther, der zunächst Verständnis für die Bauern zeigte, verurteilte aber die Gewaltanwendung und wandte sich schließlich doch gegen sie. Er forderte die Fürsten auf, die Bauern zu unter-werfen. 1525 wurden die Bauern in wenigen Wochen vernichtend geschlagen.

1524–1525

Bauernkrieg.

Der Augsburger Religionsfrieden

Alle Anstrengungen Kaiser Karls V., die Einheit der Christen zu bewahren, scheiterten am Widerstand der Landesfürsten. Auf dem Reichstag zu Augs-burg im Jahr 1555 wurde schließlich die Gleichberechtigung der katholischen und der lutherischen Konfession beschlossen. Außerdem legte man fest, dass die Untertanen entweder den Glauben des jeweiligen Landesherrn annehmen oder das Land verlassen mussten.

1555

Augsburger Religionsfrieden.

Der Dreißigjährige Krieg

Trotz des Augsburger Religionsfriedens blieb das Misstrauen auf beiden Seiten. Deshalb schlossen sich die protestantischen Fürsten in der Union, die katholischen in der Liga zusammen. Die Spannungen zwischen den bei-den Lagern wurden immer größer, bis 1618 der Prager Fenstersturz zum offenen Krieg führte. Der Krieg war zugleich ein Religionskrieg und ein Machtkampf um die Vorherrschaft in Europa.

Die Bevölkerung hatte unter den Kriegsereignissen furchtbar zu leiden; die Bevölkerungszahl sank in manchen Gebieten bis um 70 Prozent. Erst 1648 kam es zum Friedensschluss. Die Bestimmungen des Augsburger Religions-friedens wurden bestätigt. Das Deutsche Reich wurde durch eine Zersplitte-rung in über 300 selbstständige Territorien geschwächt.

1618–1648

Der Dreißigjährige Krieg in Europa.

Das kann ich …

1 – Luther schlägt seine Thesen an der Schlosskirche zu Wittenberg an. Gemälde von Julius Hübner, 1878.

2 – Ein bewaffneter Bauer stellt seinem Grundherrn, einem Ritter, Forderungen. Holzschnitt aus der Liebfrauenkirche in Oberwesel, um 1500.

3 – Freud- und Friedenbringender Postreiter. Flugblatt 1648. Rechts oben sieht man Merkur, den römischen Gott des Handels, mit einem Brief in der Hand und dem Wort „PAX" = Frieden.

Verstehen

M1 Bei einer Diskussion über den Bauernkrieg äußerten Schülerinnen und Schüler folgende Meinungen:

Sven: Die Bauern waren nichts anderes als gewalttätige Aufrührer, die zu Recht streng bestraft wurden.

Carolin: Die Bauern haben richtig gehandelt, wenn sie ihre Forderungen mit Gewalt durchsetzen wollten. Schließlich kämpften sie für eine gerechte Sache.

Volker: Die Bauern haben zwar für eine gerechte Sache gekämpft, aber sie waren von Anfang an hoffnungslos unterlegen. Deshalb war es eigentlich unverantwortlich, sich gegen die Adeligen zu erheben. Die Opfer waren sinnlos.

M2 In einem Text über die Zeit von der Reformation bis zum Dreißigjährigen Krieg heißt es:

... Die zunächst auf die Missstände der Kirche bezogene Reform (Luthers) führte bald zu gravierenden sozialen Unruhen. Im Jahr 1524 kommt es in Deutschland zu Bauernaufständen. Die ... schwer leidende bäuerliche Bevölkerung erkennt in Luthers Bewegung die Chance, sich von den Übergriffen der hohen Adligen zu befreien. ...

Als sich abzeichnete, dass sich die Reform politisch nicht durchsetzen ließ, bediente sich Luther der Fürsten. Er hielt diese an, die Reformation mit allen Mitteln voranzutreiben. Die Idee der grundlegenden Erneuerung der Kirche wurde schnell zum Spielball politischer Interessen. ...

Im 17. Jahrhundert eskalierten die Konflikte zwischen Protestanten und Katholiken in ganz Europa. Der daraus resultierende Dreißigjährige Krieg wurde vor allem auf deutschem Boden ausgetragen – und verwüstete dabei ganze Landstriche.

Wichtige Begriffe

Ablasshandel

Martin Luther

95 Thesen

Konfession

Bauernkrieg

Augsburger Religionsfrieden

Dreißigjähriger Krieg

Westfälischer Frieden

Wissen und erklären

❶ Erklärt euch gegenseitig die wichtigen Begriffe (oben) und schreibt die Bedeutung in euer Geschichtsheft.

❷ Nennt anhand von Bild 1 einige wichtige Thesen Luthers zu seiner Lehre.

❸ Schreibt auf, welche Forderungen der Bauer an seinen Grundherrn stellt (Bild 2).

❹ Beschreibt Bild 3, indem ihr versucht, möglichst viele Details zu erklären.

❺ Nennt mithilfe von M2 die Folgen der Reformation.

Anwenden

❻ Schreibt mithilfe der Bilder und M2 eine kurze Darstellung der Zeit vom Beginn der Reformation bis zum Westfälischen Frieden.

❼ Der Friedensreiter auf Bild 3 erklärt einem Jugendlichen, der 1632 geboren wurde, was Frieden bedeutet. Was könnte er gesagt haben?

❽ Bearbeitet das Flugblatt (Bild 3) mithilfe der Methodenseiten 22/23.

Beurteilen und handeln

❾ Schreibt mithilfe von Bild 2 und M2 eine kurze Darstellung des Bauernkrieges und nehmt dabei Stellung zu den in M1 genannten Urteilen. Begründet eure Stellungnahme.

❿ Notiert mithilfe von Internet oder den Berichten in einer Tageszeitung, wie Kriege heute gerechtfertigt werden. Vergleicht diese Gründe mit den Rechtfertigungen aus dem Bauernkrieg und dem Dreißigjährigen Krieg.

Die
Französische Revolution

Am 14. Juli 1789 zogen rund 7000 bewaffnete Männer und Frauen durch Paris. Sie forderten „Freiheit, Gleichheit, Brüderlichkeit". Sie stürmten das verhasste Staatsgefängnis, die Bastille. Dies war der Anfang vom Ende der tausendjährigen Königsherrschaft in Frankreich.

Die Französische Revolution

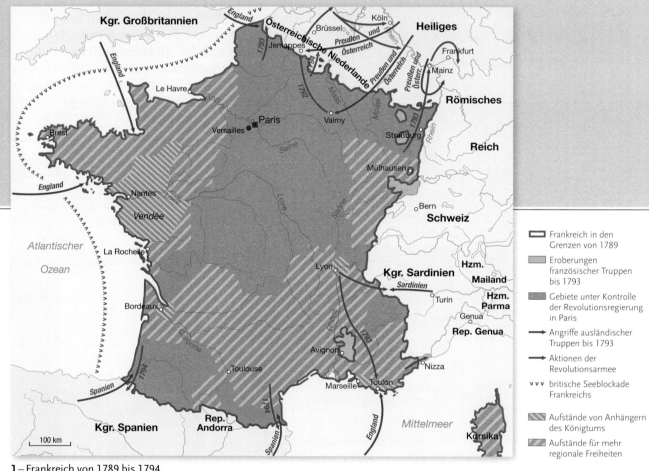

1 – Frankreich von 1789 bis 1794.

Map legend:
- Frankreich in den Grenzen von 1789
- Eroberungen französischer Truppen bis 1793
- Gebiete unter Kontrolle der Revolutionsregierung in Paris
- Angriffe ausländischer Truppen bis 1793
- Aktionen der Revolutionsarmee
- v v v britische Seeblockade Frankreichs
- Aufstände von Anhängern des Königtums
- Aufstände für mehr regionale Freiheiten

Fast uneingeschränkt herrschten die französischen Könige über ihr Land. Doch 1789 brach eine Revolution aus. In ganz Frankreich kam es zu Aufständen gegen den König und seine absolute Herrschaft.

Bei der Arbeit mit diesem Kapitel könnt ihr euch mit folgenden Fragen beschäftigen:

- Was versteht man unter einer absoluten Herrschaft?
- Was forderten die Kritiker des Absolutismus, die Aufklärer?
- Wie kam es zur Französischen Revolution und zur Errichtung der französischen Republik?
- Wie lauten die Menschen- und Bürgerrechte?

- Welche Verfassungen der Republik gab es?
- Warum scheiterte die Republik?
- Wie kam es, dass mit Kaiser Napoleon wieder ein Alleinherrscher die Frankreich regierte?
- Außerdem lernt ihr, wie man Karikaturen entschlüsseln und verschiedene Verfassungen lesen kann.

① Beschreibt die Karte 1. Zählt auf, wodurch die Revolution bedroht war.

② Stellt mithilfe von Bild 2 Vermutungen auf, warum der 14. Juli in Frankreich bis heute eine so große Bedeutung hat.

1789

Sturm auf
die Bastille

1791

Verkündung der
Menschenrechte.
Frankreich erhält
eine Verfassung.

1793

Hinrichtung
des franzö-
sischen Königs
Ludwig XVI.

1804

Kaiserkrönung
Napoleons

1815

Ende der
Herrschaft
Napoleons

3 – Das Erwachen des dritten Standes. Karikatur, 1789.

2 – Feiern zum Französischen Nationalfeiertag am
14. Juli des Jahres. Foto, 14.7.2011.

4 – Demonstration zum Tag der Menschenrechte am 10. Dezember. Foto, 2010.

Was verstand Ludwig XIV. unter absoluter Herrschaf

1 – Ludwig XIV. (1643–1715) und die königliche Familie. Der französische König ließ sich und seine Familie in den Gestalten antiker Götter malen. Gemälde von Jean Nocret, um 1670.

„Die Sonne" – Sinnbild für die Herrschaft Ludwigs XIV. Detail am Schlosstor von Versailles, der Residenz Ludwigs XIV.

❶ Schreibt auf, welchen Eindruck der König Ludwig XIV. auf den Bildern 1 und 2 auf euch macht.

❷ Stellt anhand der Bilder Vermutungen über das Verhältnis des Königs zu seinen Untertanen an.

Ludwig XIV. als Alleinherrscher

Im Jahre 1643 kam der fünfjährige Ludwig XIV. auf den Thron. Solange er noch ein Kind war, führte für ihn Kardinal Mazarin die Regierungsgeschäfte. Der Kardinal starb am 9. März 1661.

Bereits am folgenden Morgen, um 7.00 Uhr früh, rief Ludwig XIV. den Staatsrat zusammen. Er erklärte den Ministern, dass ab jetzt nichts mehr ohne seinen Willen geschehen dürfe. Er allein werde in Zukunft die Befehle erteilen. Es sei die Sache der Minister und Beamten, diese Befehle auszuführen.

Damit beanspruchte der König die absolute Macht im Staat, d. h., er war nicht an die Gesetze gebunden. Weil er der Meinung war, dass er von Gott seine Macht direkt erhalten hatte, musste er sich nur vor Gott verantworten.

Q1 Im Jahre 1671 schrieb Ludwig XIV. über sich selbst:

... Ich entschloss mich, keinen „Ersten Minister" mehr in meinen Dienst zu nehmen. Denn nichts ist unwürdiger, als wenn man auf der einen Seite alle Funktionen, auf der anderen Seite nur den leeren Titel eines Königs bemerkt.

Ich wollte die oberste Heeresleitung ganz allein in meiner Hand zusammenfassen. ... Ich bin über alles unterrichtet, höre auch meine geringsten Untertanen an, weiß jederzeit über Stärke und Ausbildungszustand meiner Truppen und über den Zustand meiner Festungen Bescheid.

Ich gebe unverzüglich meine Befehle zu ihrer Versorgung, verhandle mit fremden Gesandten, empfange und lese die Nachrichten und entwerfe teilweise die Antworten, während ich für die übrigen meinen Sekretären das Wesentliche angebe.

Ich regle Einnahmen und Ausgaben des Staates und lasse mir von denen, die ich mit wichtigen Ämtern betraue, persönlich Rechenschaft geben. ...

❸ Schreibt aus Q1 die Aufgabenbereiche heraus, um die sich der König selber kümmerte.

❹ Erläutert anschließend seine Vorstellungen von der Regierung eines absoluten Herrschers.

Ludwig XIV.: „Der Staat – das bin ich!"

Diese angebliche Aussage des Königs entsprach seiner Vorstellung von einer *absoluten Herrschaft. Diese Auffassung drückte sich sichtbar in dem von ihm ausgewählten Symbol der Sonne aus (Randspalte S. 44).

Q2 Ludwig XIV. schrieb 1668 in Aufzeichnungen für seinen Sohn, den Thronfolger:

... Man wählte daher als Figur die Sonne, die ... durch ihre Einzigartigkeit, durch den Glanz, der sie umgibt, durch das Licht, das sie den anderen, sie wie ein Hofstaat umgebenden Sternen mitteilt, ... durch das Gute, das sie allerorten bewirkt, indem sie unaufhörlich ... Leben, Freude und Tätigkeit weckt, ... sicher das lebendigste und schönste Sinnbild eines großen Herrschers darstellt. ...

❺ Zählt die einzelnen Eigenschaften auf, die Ludwig XIV. der Sonne in Q2 zuschreibt. Welche Botschaft möchte er damit seinen Untertanen mitteilen?

Q3 Bischof Jacques Bossuet (1627– 1704), Hofprediger und Erzieher des Thronfolgers, schrieb für diesen 1682:

... Die Fürsten handeln als Gottes Diener und Statthalter auf Erden. Durch sie übt er (Gott) seine Herrschaft aus. ... Deshalb ist ... der königliche Thron nicht der Thron eines Menschen, sondern Gottes selber. ... Aus alledem ergibt sich, dass die Person des Königs geheiligt ist; ... Der König muss über seine Befehle niemandem Rechenschaft geben. ...

2 – Ludwig XIV. Gemälde von Hyacinthe Rigaud, 1701. Es ist 2,8 m hoch und 1,9 m breit.

❻ Gebt Q3 mit eigenen Worten wieder.

❼ Erklärt, was Bossuet in Q3 zum Ausdruck bringen wollte.

❽ Ordnet das Porträt Ludwigs XIV. und das Motiv in der Randspalte S. 44 einer Quellenart zu.

* absolute Herrschaft/ Absolutismus
Leitet sich ab von dem Wort „absolut" (= losgelöst, nicht mehr gebunden an die Gesetze des Staates).

entdecken und verstehen

Ⓐ Ein Hofbeamter schreibt einem Bürger, warum er sich dem Befehl des Königs nicht widersetzen darf. Berücksichtigt bei eurer Antwort die Materialien dieser Doppelseite.

Ⓑ Beurteilt den Satz „Der Staat bin ich" aus heutiger Sicht und vergleicht ihn mit Artikel 20 unseres Grundgesetzes „Alle Staatsgewalt geht vom Volke aus.".

Wie lebte der König im Schloss Versailles?

1 – Schloss Versailles, Blick aus dem königlichen Schlafzimmer. Gemälde von Jean-Baptiste Martin, 1688.

Ein Schlafzimmer im Zentrum des Schlosses

Q1 **Prinzessin Liselotte von der Pfalz (1652–1722), die mit einem Bruder des Königs verheiratet war, schrieb 1672:**
... Es herrscht hier in Versailles eine Pracht, die du dir nicht ausdenken kannst. An Marmor und Gold wurde nicht gespart. Edelsteine, Spiegel, Edelhölzer, Teppiche, wohin du nur schaust. Köstliche Gemälde und Statuen an den Wänden.
Und erst die Springbrunnen, Wasserkünste und Pavillons in dem riesigen Park. Denke dir nur, alle Alleen, Wege und Wasserläufe sind auf das Schlafzimmer des Königs, das im Zentrum des Schlosses liegt, ausgerichtet. ...

Versailles liegt ungefähr 15 km von Paris entfernt und war ursprünglich eine sumpfige Einöde. Ein Zeitgenosse berichtete, dass der König, in einem „Sumpf, in dem Nattern, Kröten und Frösche hausten", das Jagdschlösschen seines Vaters zur glanzvollen Residenz ausbauen wollte. Von 1661 bis 1689 bauten bis zu 36 000 Arbeiter und

Handwerker an der Schlossanlage, die alles bisher Bekannte übertraf: Die Gartenfront des Schlosses besaß eine Länge von 580 m und hatte 375 Fenster. Es gab mehr als 2000 Räume, dazu riesige Säle. Mehr als 10 000 Personen fanden in diesem Schloss Platz. Hier lebten viele Adlige unter der steten Aufsicht des Königs, arbeiteten die Minister, fanden die rauschenden Feste statt.
Ein Besuch beim König verlief nach strengen Regeln. Wenn man die vielen Treppen zu ihm emporstieg, dann durfte man keinem Bild des Königs den Rücken zuwenden. Man musste den Hut absetzen und auch im leeren Schlafzimmer des Königs eine Kniebeuge machen.
Dieser Kult um den König diente allein dazu, allen Untertanen stets seine absolute Macht zu zeigen.

❶ Erklärt mithilfe von Q1, Bild 1 und dem Text, mit welchen Mitteln Ludwig XIV. seine absolute Macht zeigen wollte.

Wer darf dem König beim Anziehen helfen?

Dem König beim morgendlichen Aufstehen zusehen zu dürfen, galt als eine besondere Ehre.

Q2 Der Herzog von Saint-Simon (1675–1755), der seit 1691 in Versailles lebte, berichtete in seinen Erinnerungen, die er zwischen 1740 und 1745 verfasste:

... Morgens weckt den König der erste Kammerdiener. Dann treten der Reihe nach fünf verschiedene Gruppen von Menschen in das Schlafzimmer.
Zuerst kommt die „vertrauliche Gruppe": Das sind seine Kinder, der erste Arzt und der erste Chirurg. Es folgt die „große Gruppe": Zu ihr gehören der Meister der Garderobe, Friseure, Schneider, verschiedene Diener und die Kammerdamen der Königin. Man gießt dem König aus einer vergoldeten Schale Franzbranntwein über die Hände. Dann bekreuzigt sich der König und betet. Anschließend erhebt er sich aus dem Bett und zieht die Pantoffeln an. Der Großkämmerer reicht ihm den Schlafrock.
In diesem Augenblick wird die dritte Gruppe hereingelassen: verschiedene Diener, weitere Ärzte und Chirurgen und die königlichen Nachttopfträger. Der Kammer-Edelmann nennt dem König die Namen der vor der Tür wartenden Edelleute.
Diese treten als vierte Gruppe ein: Es sind dies die Mantel- und Büchsenträger, Kaplan und Hofprediger, Hauptmann und Major der Leibgarde, der Oberjägermeister, ... Gesandte und Minister.
Der König wäscht sich jetzt die Hände und zieht sich aus. Zwei Pagen ziehen ihm die Pantoffeln aus. Das Hemd wird beim rechten Ärmel vom Großmeister der Garderobe, beim linken Ärmel vom ersten Diener der Garderobe entfernt. Ein anderer Diener trägt ein frisches Hemd herbei.
In diesem ... Augenblick wird die fünfte Gruppe hereingelassen, die einen großen Teil der übrigen Hofgesellschaft umfasst. Diener bringen dem König jetzt die Kleider. In einem Körbchen werden ihm verschiedene Halsbinden gezeigt, von denen er eine auswählt. Der Vorstand der Taschentücher-Abteilung bringt auf einem silbernen Teller drei Taschentücher zur Auswahl. Schließlich überreicht ihm der Garderobenmeister Hut, Stock und Handschuhe. ...

2 – Der König wird angekleidet. Farblithografie von Maurice Leloir, 19. Jahrhundert.

❷ Teilt Q2 in verschiedene Abschnitte ein. Formuliert Überschriften für die einzelnen Abschnitte.

entdecken und verstehen

Ⓐ Spielt Q2 und Bild 2 nach. Versetzt euch dabei in eine der dargestellten Personen und erzählt, was sie dabei gedacht oder empfunden haben könnte.

Ⓑ Zeichnet maßstabsgerecht die Länge der Gartenfront des Schlosses von Versailles in euer Geschichtsheft (1 cm = 30 m). Tragt darin die Längsfront eurer Schule ein und vergleicht.

Webcode: EV644605-047 ❶

Wie kam es zu Hunger und Armut in Frankreich?

1 – „Das Austernfrühstück". Ölgemälde von Jean-François de Troy, 1735.

Der König

Q1 Der französische Finanzminister Colbert schrieb am 22. Juli 1666 an Ludwig XIV.:

... Wenn Eure Majestät Ihre und der Königin Spielverluste, die Feste, Gastmähler und außerordentlichen Banketts in Betracht ziehen, werden Sie finden, dass dieser Posten nochmals über 300 000 Livres (französisches Geld) beträgt, dass alle Könige, Ihre Vorgänger, solche Ausgaben nicht gekannt haben und dass sie keineswegs notwendig sind. Auch die Ausgaben für Mobiliar steigen ständig ... und erreichen beträchtliche Summen. Auch zahlen Eure Majestät viele Pensionen und Geschenke, die für Ihren Ruhm nutzlos sind ...

M1 Der französische Staatshaushalt 1680:

Einnahmen:	61 500 000 Livres
Baukosten des Schlosses	76 000 000 Livres
Hofhaltung	29 000 000 Livres

Der Jahreslohn eines Maurers betrug bei einem 13-Stunden-Arbeitstag: 180 Livres

Der Adel

Q2 Liselotte von der Pfalz, verheiratet mit einem Bruder des Königs, schrieb über das Leben des Adels 1672:

... Vom Morgen bis drei Uhr nachmittags waren wir auf der Jagd. Als wir von der Jagd kamen, kleideten wir uns um und gingen hinauf zum Saal mit den verschiedenen Spielen. Hier blieben wir bis sieben Uhr abends. Anschließend gingen wir in ein Theaterstück, das um halb elf aus war. Als dann ging man zum Nachtessen, vom Nachtessen zum Ball, welcher bis drei Uhr morgens dauerte, und dann zu Bett ...

Alle Montag, Mittwoch und Freitag versammeln sich alle Frauen um 18.00 Uhr in der Kammer der Königin. Dann gehen alle miteinander in einen Raum, wo die Violinen spielen für die, die tanzen wollen. Von da geht man in einen Salon, wo des Königs Thron ist. Da gibt es Musik, Konzerte und Gesang. Von da geht es in einen Saal, wo mehr als 20 Spieltische stehen. Dies alles dauert von 18.00–22.00 Uhr, dann geht man zum Nachtessen ...

ent tdecken

2 – Eine Bauernfamilie. Gemälde von Louis Le Nain, 1642.

Leben auf dem Land

Q3 Der französische General und Festungsbaumeister Vauban (1633–1707) schrieb 1689:

Ich fühle mich nach Ehre und Gewissen verpflichtet, Eure Majestät vorzustellen, dass es mir von jeher geschienen hat, dass man zu wenig Rücksicht auf die kleinen Leute genommen hat. ... Es ist der niedere Teil des Volkes, der durch seine Arbeit und seinen Handel und durch das, was er dem König zahlt, dessen Reichtum ... vergrößert. ... Die Einkommenssteuer ist eine der Ursachen des Übels. ... Es ist gar nichts Ungewöhnliches, wenn man bei der Steuereintreibung nach Verkauf der Hauseinrichtung auch noch die Türen aushängt und die Balken abmontiert, die man dann zu einem Fünftel oder Sechstel des Wertes verkauft (um davon die Steuern zu zahlen). ... Deshalb lebt er (der Bauer) mit seiner Familie in größter Armut und geht fast nackt umher. ...

Teilt euch in Gruppen auf und bearbeitet jeweils eines der drei folgenden Themen:

Der König

❶ Schreibt mithilfe von Q1 und M1 einen Brief an den König aus der Sicht eines Maurers, der seine Familie kaum ernähren kann.

Der Adel

❷ Eine Dienerin erzählt abends zu Hause vom Leben des Adels am Königshof. Notiert stichwortartig anhand von Q2, was sie erzählt haben könnte.

Die Bauern

❸ Fertigt mithilfe von Bild 1 und 2 sowie Q3 und Q4 ein Plakat an, auf dem Bauern Forderungen an den König stellen.

Q4 Ein Herzog schrieb 1675 an den Finanzminister Colbert:

Ich darf nicht unterlassen, das Elend zu schildern, in das ich diese Provinz versinken sehe. Der Handel hat in ihr völlig aufgehört. Von allen Seiten kommt man zu mir mit der Bitte, dem König vorzustellen, wie man ganz außerstande ist, die Abgaben zu bezahlen. Es ist sicher, und ich spreche davon, weil ich es genau weiß, dass der größte Teil der Einwohner unserer Provinz während des Winters nur von Eichel- und Wurzelbrot gelebt hat und dass man sie jetzt das Gras der Wiesen und die Rinde der Bäume essen sieht. ...

Wie festigte Ludwig XIV. seine Macht?

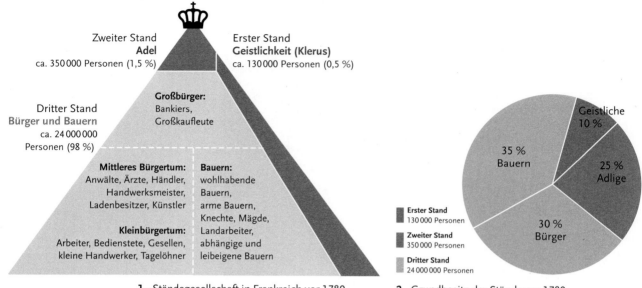

1 – Ständegesellschaft in Frankreich vor 1789.

2 – Grundbesitz der Stände vor 1789.

✳ Stände
Gesellschaftliche Gruppen, die sich voneinander durch Herkunft, Beruf und eigene Rechte abgrenzen.

Die ✳ständische Gesellschaft

Die französische Gesellschaft untergliederte sich vom 15. bis 18. Jahrhundert in mehrere Stände.

❶ Erklärt anhand der Grafik 1 den Aufbau der französischen Ständegesellschaft.

Die Angehörigen des ersten und zweiten Standes genossen alle Vorrechte: Sie mussten kaum Steuern zahlen und wurden bei der Vergabe hoher Ämter in Armee, Verwaltung und Kirche bevorzugt. Die Bauern mussten ihnen Abgaben zahlen. Damit bezahlten sie ihren aufwändigen Lebensstil. Der König verlangte, dass die Adligen sich an seinem Hof in Versailles aufhielten.

Q1 Der Herzog von Saint-Simon äußerte sich in seinen zwischen 1740–1745 verfassten Erinnerungen hierzu:

... Um ihm (dem König) zu gefallen, stürzte man sich in Riesenausgaben für festliche Gelage, Gewänder, Pferde, Karossen und verausgabte sich bei der Errichtung von Bauwerken und beim Spiel. ... Was der König damit in Wirklichkeit erstrebte und auch erreichte, war, die Geldmittel der

Adligen zu erschöpfen. Indem er den Luxus zur Ehrenpflicht und teils zur Notwendigkeit machte, wollte er allmählich jedermann in vollkommene Abhängigkeit von seinen Gunstbezeugungen und Zuwendungen bringen. ...

❷ Beurteilt anhand des Textes sowie der Grafiken 2 und 3 die Lage des dritten Stands.

❸ Welches Ziel verfolgt Ludwig XIV. laut Aussage des Herzogs (Q1)?

❹ Stellt Vermutungen an, ob der dritte Stand die Vorrechte des ersten und zweiten Stands richtig fand. Welche Forderungen könnte er gestellt haben? Vergleicht eure Vermutungen mit Q2 und Q3 sowie dem Text auf Seite 52.

Die Macht der königlichen Beamten

Um seinen Willen im ganzen Land durchzusetzen, verpflichtete der König in allen Provinzen Beamte, die er bezahlte. Diese Beamten überwachten die Steuereinziehung, die Gerichte, die Polizei, das Militär und die Religionsgemeinschaften. Sie sammelten überall Informationen. Wer den König kritisierte, wurde schwer bestraft.

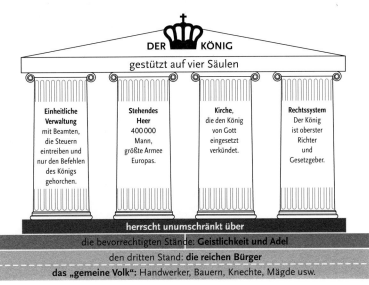

3 – Diagramm zur Steuerbelastung der Stände vor 1789.

4 – Säulen der absolutistischen Herrschaft.

Ein König, ein Gesetz, ein Glaube

Zur Zeit Ludwigs XIV. war jeder zehnte Franzose ein Hugenotte, also ein Protestant. Die Hugenotten durften seit 1598 ihre Religion frei ausüben. Aber Ludwig XIV. verbot diesen Glauben und ließ protestantische Kirchen zerstören.

Viele Hugenotten traten aus Angst zum katholischen Glauben über oder flohen ins Ausland. Königliche Beamte übernahmen jetzt die Aufsicht über die katholische Kirche. Die katholischen Geistlichen mussten in den Gottesdiensten die Anordnungen des Königs verkünden. Die Bischöfe ernannte der König selbst. Die katholische Kirche wurde somit zur Staatskirche.

5 Erklärt die Aussage: „Ein König, ein Gesetz, ein Glaube".

Das stehende Heer

Frühere Kriege hatten gezeigt, dass *Söldnerheere unzuverlässig waren. Daher schuf Ludwig XIV. ein „stehendes" Heer, d. h., die Soldaten wurden für mindestens drei Jahre gegen einen festen Sold angeworben und waren ständig einsatzbereit. Seit 1688 musste jede kleine Gemeinde einen Soldaten stellen. Wenn sich kein Freiwilliger fand, wurde ein Soldat ausgelost.

So wurde Frankreich schon bald zur stärksten Militärmacht Europas. Dieses Heer war die wichtigste Basis für die Herrschaft des Königs.

6 Beschreibt das Schaubild 4. Nennt die Aufgaben der einzelnen Bereiche.

Wer soll das bezahlen?

Der Unterhalt für das stehende Heer und die Besoldung der Beamten kosteten viel Geld. In Friedenszeiten war das 1/3 der Staatseinnahmen, im Krieg betrug die Summe sogar über 2/3. Hinzu kamen die riesigen Summen für die Hofhaltung und den Unterhalt des Schlosses in Versailles.

Das Ziel des Königs war es daher, die Staatseinnahmen weiter zu erhöhen. Also wurden Bauern und Bürger mit noch höheren Steuern belastet.

✳ Söldnerheer
Bestand aus Männern, die für die Dauer eines Krieges, also zeitlich begrenzt, gegen Bezahlung als Soldaten dienten.

entdecken und verstehen

A Erläutert mithilfe dieser Doppelseite in einem Sachtext, wie Ludwig XIV. seine Herrschaft ausübte.

B Unter den Einwohnern einer Gemeinde soll ein Soldat ausgelost werden. In einem Brief an den König bittet ihr darum, dass euer Ort keinen Soldaten stellen muss.

Das Zeitalter der Aufklärung

Was forderten die Aufklärer?

1 – *Salon von Madame Geoffrin, 1775. Gemälde von Anicet Lemonnier, 1812.

✳ Salon
Als Salon bezeichnete man vom 17. bis zum 19. Jahrhundert Gesellschafts- bzw. Empfangszimmer, in denen sich Bürgerinnen und Bürger, Gelehrte und Künstler regelmäßig trafen und über politische und kulturelle Themen sowie die Ideen der Aufklärung diskutierten.

Der Mensch: Bürger oder Untertan?

Q1 Der Hofprediger Ludwigs XIV., Bossuet, schrieb 1682:
… Die Menschen werden allesamt als Untertanen geboren. … Der Fürst blickt von einem höheren Standpunkt aus. Man darf darauf vertrauen, dass er weiter sieht als wir. Deshalb muss man ihm ohne Murren gehorchen. … Derjenige, der dem Fürsten den Gehorsam verweigert, wird als Feind der menschlichen Gesellschaft zum Tode verurteilt. …

War diese Auffassung wirklich richtig? Mit dieser Frage begannen sich Anfang des 18. Jahrhunderts vor allem französische Dichter, Schriftsteller und Philosophen auseinanderzusetzen. Das Zeitalter der Aufklärung begann.

Q2 Der Philosoph Denis Diderot (1713–1784) schrieb 1751:
… Kein Mensch hat von der Natur das Recht erhalten, über andere zu herrschen. Die Freiheit ist ein Geschenk des Himmels, und jedes Mitglied des Menschengeschlechtes hat das Recht, sie zu genießen, sobald es Vernunft besitzt. …

Auch andere Gelehrte betonten, dass alle Menschen von Natur aus frei und gleich sind. Diese Freiheit ist aber immer dann bedroht, wenn zu viel Macht in der Hand eines Einzelnen vereint ist.

Q3 Der Philosoph Charles de Montesquieu (1689–1755) schrieb 1748 in seinem Buch „Vom Geist der Gesetze":
… In jedem Staat gibt es drei Arten von Gewalten: die gesetzgebende, die ausführende und die richterliche Gewalt. …
Wenn die gesetzgebende Gewalt mit der ausführenden Gewalt in einer Person vereinigt ist, dann gibt es keine Freiheit.
Es gibt keine Freiheit, wenn die richterliche Gewalt nicht von der gesetzgebenden und von der ausführenden Gewalt getrennt ist.
…

❶ Vergleicht die Auffassung des Hofpredigers (Q1) mit der des Philosophen (Q2).
❷ Erläutert, welche Folgen sich aus den Aussagen in Q2 und Q3 für die absolute Herrschaft des französischen Königs ergeben.
❸ Untersucht die Grafiken 2 und 3. Erklärt, wie die Macht jeweils verteilt ist.
❹ Recherchiert, welche Institutionen in unserem Staat die gesetzgebende, die ausführende und die richterliche Gewalt ausüben.

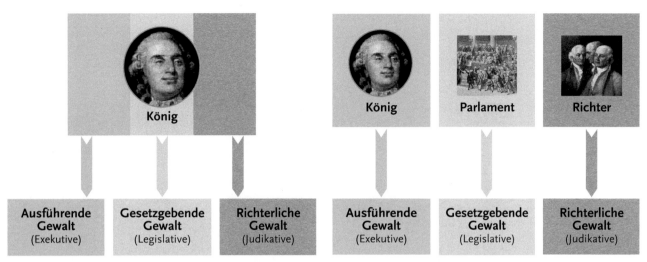

2 – Staatsordnung des Absolutismus. Schaubild.

3 – Staatsordnung nach Montesquieu. Schaubild.

Beweise statt Glauben

Die Aufklärer stellten nicht nur die Macht des Königtums infrage, sondern auch den Anspruch der Kirche, zu bestimmen, was wahr oder falsch ist. Damit stellte sich die Frage, worauf man eigentlich noch vertrauen kann. Die Gelehrten sagten, dass man nur dem Verstand und der Natur vertrauen kann. Wenn man Vorgänge in der Natur genau beobachtet und aus diesen Beobachtungen mit dem Verstand vernünftige Schlüsse zieht, dann kann man erkennen, was wahr oder falsch ist.

Q4 Der deutsche Philosoph Immanuel Kant (1724–1804) beschrieb die Aufklärung 1784 folgendermaßen:
... Aufklärung ist der Ausgang des Menschen aus seiner selbst verschuldeten Unmündigkeit. Selbst verschuldet ist diese Unmündigkeit, wenn die Ursache derselben nicht am Mangel des Verstandes, sondern am Mangel des Mutes liegt. ... Habe den Mut, dich deines Verstandes zu bedienen! ist also der Wahlspruch der Aufklärung. ...

⑤ Erklärt die Aufforderung Kants: „Habe den Mut, dich deines Verstandes zu bedienen!"

Bildung und Erziehung

Die Aufklärer waren davon überzeugt, dass man alle Menschen durch Bildung und Erziehung dazu anleiten könne, die Vernunft und den Verstand richtig zu gebrauchen.

Q5 Der Philosoph Jean-Jacques Rousseau (1712–1778) schrieb 1762:
... Das Kind weiß etwas nicht deshalb, weil man es ihm vorsagt, sondern weil das Kind es selbst herausgefunden hat. Es lernt keine Wissenschaft, sondern findet sie heraus. Würde man die Autorität an die Stelle der Vernunft setzen, wäre das Kind nur ein Spielball fremder Meinungen. ...

⑥ Erklärt euch gegenseitig, warum es notwendig ist, dass Kinder selber „forschen" und man ihnen nicht alles vorgeben darf.

⑦ Beschreibt Bild 1 und stellt anschließend mithilfe der Informationen dieser Doppelseite dar, inwiefern es sich um ein Bild der Aufklärung handelt.

entdecken und verstehen

Ⓐ Notiert euch mithilfe der Materialien dieser Doppelseite Schlüsselbegriffe der Aufklärung. Gebt mit den gefundenen Begriffen eine Antwort auf die Frage „Was forderten die Aufklärer?".

Ⓑ Spielt folgende Situation: Bürger fordern von ihrem König, ebenfalls im Staat mitbestimmen zu können.

Wie wirkte sich die Aufklärung in Preußen aus?

1 – „Der König überall". Hier kümmert sich der König um die Förderung des Kartoffelanbaus, um Hungersnöten in seinem Land vorzubeugen. Gemälde von Robert Warthmüller, 1886.

„Der erste Diener des Staates"

Es war das Jahr 1740, als Kronprinz Friedrich II. (1712–1786) im Alter von 28 Jahren zum König gekrönt wurde. Sein Vater, Friedrich Wilhelm I. hatte Preußen noch wie ein absolutistischer Herrscher regiert. Es wäre für den jungen König das einfachste gewesen, alles bei Alten zu belassen. Doch Friedrich II., der ebenfalls ein absoluter Herrscher war, zeigte sich zugleich offen für die Ideen der Aufklärung.

Q1   Noch vor seiner Krönung schrieb er:
... Der Fürst von echter Art ist nicht da zum Genießen, sondern zum Arbeiten. ... Ich frage mich, was einen Menschen dazu bringt, sich größer zu machen, und aus welchem Grunde er den Plan fasst, seine Macht über dem Unglück und der Vernichtung anderer Menschen zu verrichten. ... Die Gerechtigkeit muss die Hauptsorge eines Fürsten sein, das Wohl des seines Volkes muss jedem anderen Interesse vorangehen. Der Herrscher, weit entfernt, der uneingeschränkte Herr seines Volkes zu sein, ist selbst nichts anderes als sein erster Diener.
...

❶ Notiert anhand von Q1, worin sich die Auffassungen Friedrichs II. von jenen Ludwigs XIV. (s. S. 44) unterscheiden.

❷ Ergänzt eure Notizen mithilfe der Bilder 1–3. Wie wird Friedrich II. hier als Herrscher dargestellt, wie ließ sich Ludwig XIV. malen?

„Ohne Ansehen der Person"

Eine der ersten Maßnahmen Friedrichs II. bestand darin, die Folter abzuschaffen. Noch wichtiger aber war ihm eine unabhängige Rechtsprechung.

Q2   In seinem 1752 verfassten Testament schrieb er:
... Ich habe mich entschlossen, niemals in den Lauf des gerichtlichen Verfahrens einzugreifen, denn in den Gerichtshöfen sollen die Gesetze sprechen und der Herrscher schweigen. ...

Nur ein einziges Mal verstieß der König gegen diesen Entschluss. Anlass war der „Fall Müller Arnold". Der Landrat von Gerstorf hatte 1779 dem Müller Arnold das Wasser abgegraben, durch das die Mühle angetrie-

2 – Ein Kind will seinen Ball zurück haben. Kupferstich aus der Regierungszeit Friedrich II.

3 – In seinem Hut bietet ein Offizier dem König Wasser zum Trinken. Kupferstich aus der Regierungszeit Friedrich II.

ben wurde. Der Müller weigerte sich daraufhin, noch länger eine Pacht zu zahlen. Ein Gericht verurteilte ihn deshalb zu einer Gefängnisstrafe, die Mühle sollte zwangsversteigert werden. Der Müller wandte sich an den König, der die Richter absetzen und ins Gefängnis werfen ließ.

Q3 In der Zeitung vom 14. 12. 1779 ließ er folgenden Text veröffentlichen:

... Sie (die Richter) müssen nur wissen, dass der geringste Bauer, ja was noch mehr ist, der Bettler, ebenso wohl ein Mensch ist wie seine Majestät. ... Vor der Justiz sind alle Leute gleich, es mag sein ein Prinz, der gegen einen Bauern klagt, oder umgekehrt. ... Bei solchen Gelegenheiten muss nach Gerechtigkeit verfahren werden, ohne Ansehen der Person. ...

Der Text verbreitete sich in ganz Europa wie ein Lauffeuer. In Berlin zogen Tausende von Bauern vor das Schloss mit Bittbriefen in den Händen und dem Ruf: „Es lebe der König, der dem armen Bauern hilft."

„Alle Religionen müssen ⁕toleriert werden."

Der preußische König war Protestant und protestantisch war auch der größte Teil der Bevölkerung.

Q4 Auf die Anfrage, ob auch ein Katholik das Bürgerrecht erwerben könne, schrieb der König 1740:

... Alle Religionen sind gleich und gut, wenn nur die Leute, die sie bekennen, ehrliche Leute sind. Und wenn Türken und Heiden kämen und wollten sich in diesem Land niederlassen, so wollen wir ihnen Moscheen und Kirchen bauen. Ein jeder kann bei mir glauben, was er will, wenn er nur ehrlich ist. ...

③ Erklärt, inwiefern die in Q3 geäußerten Meinungen des Königs den Forderungen der Aufklärer entsprechen.

⁕ Toleranz
Eine Haltung, die Ansichten wie Handlungen Andersdenkender anerkennt und gelten lässt.

entdecken und verstehen

Ⓐ Erklärt folgende Aussage: „Die Sonne der Aufklärung ging nicht mehr in Paris sondern in Berlin auf."

Ⓑ Lest den Text (Q4) zuhause und im Bekanntenkreis vor. Notiert, welche Meinungen es dazu gibt und tragt sie in der Klasse vor.

Die Revolution beginnt

Warum geriet der Absolutismus in die Krise?

1 – Ludwig XVI. wird nie satt! Karikatur, 1791.

❶ Beschreibt die Karikatur 1. Wie bringt der Karikaturist die Maßlosigkeit des Königs zum Ausdruck?

König Ludwig XVI. – unersättlich

Im Jahr 1774 wurde Ludwig XVI. König von Frankreich. Er übernahm von seinen Vorgängern einen völlig verschuldeten Staat. Deshalb hofften viele Franzosen, dass der König das verschwenderische Leben am Hofe beenden und die Steuern senken würde. Aber sie sahen sich getäuscht.
Auch er gab das Geld wie seine Vorgänger mit vollen Händen aus und der Adel tat es ihm nach. Dagegen hatte er keinerlei Interesse an Fachgesprächen mit seinen Ministern.

Die *Privilegien von Geistlichkeit und Adel

Bezahlen mussten den Luxus ihres Königs die Angehörigen des dritten Standes, also Bauern und Bürger. Hinzu kamen die Kosten für die Armee und die zahllosen Kriege – sie betrugen in Friedenszeiten ein Drittel, im Krieg über zwei Drittel der Staatseinnahmen.

Die Steuern, die der dritte Stand aufzubringen hatte, reichten dafür schon lange nicht mehr aus. Deshalb wollte der König im Jahre 1776 auch vom ersten und zweiten Stand Steuern erheben.

Q1 Vertreter des ersten und zweiten Standes nahmen zu den geplanten Steuern 1776 Stellung:
… Die Garantie der persönlichen Steuerfreiheit und die Auszeichnung, die der Adel zu allen Zeiten genossen hat, sind Eigenschaften, die den Adel besonders hervorheben; sie können nur dann angegriffen werden, wenn die Auflösung der allgemeinen Ordnung erstrebt wird.
Diese Ordnung hat ihren Ursprung in göttlichen Institutionen: Die unendliche und unabänderliche Weisheit hat Macht und Gaben ungleichmäßig verteilt. Die französische Monarchie besteht deshalb aus verschiedenen und getrennten Ständen. …

❷ Erläutert mithilfe von Q1, wie der Adel seinen Anspruch auf Privilegien rechtfertigt.

❸ Beschreibt Bild 2 und erklärt, wogegen der Zeichner protestiert.

2 – Der dritte Stand trägt die Lasten. Auf dem Stein steht: Steuern und Fronarbeit. Zeitgenössische Darstellung.

Der Adel in der Kritik

Immer häufiger erschienen in Frankreich Flugblätter, die sich gegen die Vorherrschaft des Adels und dessen Privilegien richteten.

Q2 In einer Flugschrift aus Paris aus dem Jahr 1788 stand geschrieben:

… Steht auf gegen den Klerus, den Adel. Duldet nicht, dass ungefähr 600 000 Menschen vierundzwanzig Millionen das Gesetz aufzwingen! Völker, denkt an die Lasten, die ihr tragt! Schaut euch um nach den Palästen, den Schlössern, die gebaut sind mit eurem Schweiß und euren Tränen! Vergleicht eure Lage mit der dieser *Prälaten und Großen. Sie nennen euch Gesindel! Lasst sie erkennen, dass Gesindel diejenigen sind, die auf eure Kosten leben und sich mästen an eurer Arbeit. …

Q3 In einer anderen Flugschrift aus dem Jahre 1788 heißt es:

… Eigentlich gibt es in Frankreich nur zwei Stände, den Adel und das Volk. Ich für meinen Teil … behaupte, dass der Adel ein Nichts ist. Auf den Adel kann der König verzichten, nicht aber auf das Volk. … Vom Volk empfängt der Staat Unterhalt und Wohlstand, im Volk bestehen seine Kraft und sein Ruhm. …

Verdreifachte Schuldenlast

Der französische König Ludwig XVI. stand im Jahr 1788 vor einer katastrophalen Situation. Denn die Schuldenlast des Staates hatte sich in den letzten 15 Jahren verdreifacht. Sie betrug nun fünf Milliarden *Livres. Ludwig versuchte, neue Steuern beim Adel oder dem hohen Klerus einzutreiben. Aber er scheiterte am entschlossenen Widerstand der Adligen und Reichen. Sie bestanden auf ihrem Privileg, keine Steuern zahlen zu müssen.

Zu Beginn des Jahres 1789 herrschte in Frankreich eine große Hungersnot. Unruhen brachen aus. In den Städten plünderten die Einwohner die Bäckerläden. – Wie sollte es jetzt weitergehen?

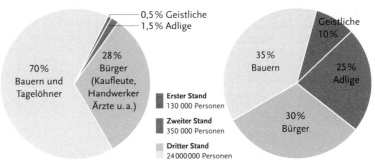

3 – Die Gliederung der Bevölkerung Frankreichs nach Ständen und die Verteilung des Grundbesitzes um 1780.

4 Gebt in eigenen Worten wieder, was in Q2 und Q3 kritisiert wird. Nennt die entscheidenden Unterschiede zur Sichtweise des Adels in Q1.

5 Schildert mit euren Worten die Lage in Frankreich 1788/1789. Nehmt dazu die Karikaturen und die Schaubilder zu Hilfe.

* Prälat
Hoher kirchlicher Würdenträger, z. B. Bischof oder Kardinal.

* Livres
Damalige französische Währung.

entdecken und verstehen

A Entwerft ein Flugblatt, in dem ihr aus der Sicht eines einfachen Bauern Forderungen an den französischen König stellt.

B Verfasst ein Streitgespräch zwischen einem Adligen und einem Angehörigen des dritten Standes. Führt das Streitgespräch in der Klasse vor.

Methode

Karikaturen entschlüsseln

Zur Zeit der Französischen Revolution konnten die meisten Menschen weder lesen noch schreiben. Die „Botschaften" von Karikaturen, die zu dieser Zeit weit verbreitet waren, wurden jedoch von fast allen Menschen verstanden.

Karikaturen zeigen Personen, Ereignisse oder Situationen in einer häufig übertriebenen Darstellung. Sie haben oft nur einen kurzen oder gar keinen Text. Meistens kritisiert der Karikaturist etwas mit seiner Zeichnung.

Folgende vier Schritte helfen euch, Karikaturen zu entschlüsseln:

Schritt 1 **Die Karikatur beschreiben**	Der erste Eindruck: ■ Welche Personen, Tiere, Gegenstände sind zu sehen? ■ Wie sind sie dargestellt? (realistisch, übertrieben, lächerlich, aggressiv, gefährlich ...) ■ Gibt es einen Text zu der Karikatur? ■ Notiert, was euch beim Betrachten zuerst auffällt. ■ Beschreibt so genau wie möglich, welche Personen und Sachverhalte abgebildet sind: Achtet auf Gesichtsausdruck, Körperhaltung, Kleidung, Gegenstände. Ferner auch auf Texte und die Bildunterschrift.
Schritt 2 **Die Bedeutung verstehen**	■ Welche Bedeutung haben die dargestellten Personen, Tiere oder Gegenstände? ■ Welches Problem oder welche Situation ist dargestellt?
Schritt 3 **Den Zusammenhang und die Absicht des Karikaturisten benennen**	■ In welchem Zusammenhang ist die Karikatur zu sehen? ■ Was muss man wissen, um die Karikatur zu verstehen? (geschichtliches Hintergrundwissen) ■ Was will der Zeichner verdeutlichen und eventuell kritisieren?
Schritt 4 **Die Karikatur beurteilen**	■ Welche Position bezieht der Karikaturist? ■ Haltet ihr die Karikatur für gelungen? ■ Stimmt ihr der Kritik des Karikaturisten zu?

❶ Entschlüsselt die Karikatur in Bild 1 mithilfe der Schritte 1 bis 4.

❷ Wendet die Methode auch bei der Karikatur Bild 2 an.

1 – „So kann es nicht weitergehen." Zeitgenössische Karikatur.

2 – „Hoffentlich ist bald Schluss". Kolorierte Radierung, 1789.

Lösungsansätze zum Bild 1:

Zum Schritt 1:

Es sind drei Personen zu sehen. Außerdem sieht man zwei Hunde und einen Affen. Zwei Personen stehen auf einem Podest aus Stein. Die dritte Person trägt einen großen Korb auf dem Rücken, der übervoll beladen ist. Sie ist gerade dabei, sich auf den Weg …
Der Text zur Karikatur lautet: …

Zum Schritt 2:

Die drei Personen stehen für die drei Stände der absolutistischen Gesellschaft: Der schwarz gekleidete Mann steht für den ersten Stand. …
Die Gegenstände in dem Korb symbolisieren die Arbeit und die Verpflichtungen, die auf dem dritten Stand lasten. …

Zum Schritt 3:

Die Karikatur muss im Zusammenhang mit der Krise des Absolutismus gesehen werden. Es wird kritisiert, dass der dritte Stand alle Lasten zu tragen hat, während …

Zum Schritt 4:

Die Karikatur kann als Bildquelle für die Zeit kurz vor der Französischen Revolution dienen, weil sie die Sichtweise vieler Menschen zu dieser Zeit wiedergibt.
Die Kritik an den politischen und sozialen Missständen scheint vor dem historischen Hintergrund berechtigt.

Wie begann die Französische Revolution?

1 – Die Eröffnung der Ständeversammlung am 5. Mai 1789. Ölgemälde von Auguste Couder, Paris um 1840.

✻ Generalstände
Seit dem Beginn des 14. Jahrhunderts die Versammlung der Vertreter der drei Stände von ganz Frankreich. Sie wurden zur Zeit des Absolutismus nicht einberufen. Die Generalstände hatten vor allem das Recht der Steuerbewilligung.

Der König ruft die ✻Generalstände zusammen

Der dritte Stand verarmt, das Land dem Bankrott nahe, Aufstände in vielen Teilen des Landes – das war die Situation Frankreichs zu Beginn des Jahres 1789.
In dieser verzweifelten Lage beschloss Ludwig XVI., die Vertreter der drei Stände nach Versailles einzuberufen. Am 5. Mai – so ließ er im ganzen Land von den Kanzeln verkünden – sollten sie spätestens in Versailles eintreffen. Es kamen:
- 300 Abgeordnete des ersten Standes (120 000 Geistliche)
- 300 Abgeordnete des zweiten Standes (350 000 Adlige)
- 600 Abgeordnete des dritten Standes (24 Millionen Bürger und Bauern)

Gemeinsam sollten sie – das erhoffte sich zumindest der König – neue Steuern beschließen.
In ihrem Gepäck führten die Vertreter des dritten Standes Beschwerdehefte mit, zusammengestellt von Bauern, Bandwerkern, Landarbeitern und armen Landpfarrern; 60 000 Hefte waren es insgesamt. Alle enthielten immer wieder die gleichen Klagen: die Abgaben sind zu hoch, die Bauern werden von ihren Grundherren wie Sklaven behandelt, viele sind dem Verhungern nahe.

Der erste revolutionäre Schritt

Voller Spannung warteten die Vertreter des dritten Standes, was der König zu den Beschwerden sagen würde. Doch Ludwig XVI. ging mit keinem Wort auf die Nöte des Volkes ein. Stattdessen sprach er ausschließlich über neue Steuern. Die Generalstände sollten getrennt darüber beraten und abstimmen. Jeder Stand sollte eine Stimme haben.
Die Vertreter des dritten Standes verlangten eine gemeinsame Beratung aller drei Stände und eine Abstimmung nach Köpfen.
Doch das lehnten der König und die beiden anderen Stände ab.
Daraufhin erklärten sich die Vertreter des dritten Standes zur Nationalversammlung. Einige Vertreter des ersten und zweiten Standes schlossen sich dem dritten Stand an.

2 – Am 20. Juni 1789: Der Schwur im Ballhaus. Gemälde von I. Louis David, um 1790.

Q1 **Der Geistliche Emmanuel Joseph Graf Sieyes gehörte eigentlich zum ersten Stand, Er schlug sich aber auf die Seite des dritten Standes und erklärte am 17. Juni 1789:**
Wir sind die Vertreter von 24 Millionen Franzosen. Wir sind die einzigen und wahren Vertreter des französischen Volkes. Deshalb geben wir unserer Versammlung den Namen „Nationalversammlung". Wir werden Frankreich eine Verfassung geben, die allen Franzosen die gleichen Rechte garantiert.

❶ Nennt die Erwartungen des Königs und die Erwartungen der Vertreter des dritten Standes an die Versammlung der Generalstände.

❷ Erklärt mithilfe von Q1, warum die Abgeordneten des dritten Standes beanspruchten, die ganze Nation zu vertreten.

Der Ballhausschwur

Als der König von der Nationalversammlung erfuhr, ließ er den Versammlungsraum schließen. Die Abgeordneten versammelten sich darauf in einer Ballspielhalle, dem „Ballhaus". Dort leisteten sie einen Eid: Sie schworen feierlich, nicht eher auseinanderzugehen, bis Frankreich eine Verfassung besitzt, die allen Franzosen die Bürgerrechte garantiert. Niemand sollte sie daran hindern! Als ein hoher Beamter auf Befehl Ludwigs den Versammlungssaal räumen lassen wollte, erklärten die Abgeordneten: „Die versammelte Nation empfängt keine Befehle." Von der Entschlossenheit des dritten Standes beeindruckt, gab der König nach. Er forderte die beiden anderen Stände auf, sich der Nationalversammlung anzuschließen. Das war das Ende der Generalstände.

❸ Erläutert, warum das Verhalten des dritten Standes und der Schwur im Ballhaus als „erster revolutionärer Schritt" bezeichnet werden können.

entdecken und verstehen

🅐 Fertigt eine Zeittafel als PowerPoint-Präsentation über die Ereignisse von 1774 bis zum Eid im Ballhaussaal an. Erklärt dabei die von euch verwendeten Bilder.

🅑 „Majestät! Ungeheuerliches hat sich heute zugetragen" könnte ein Hofbeamter dem König berichtet haben. Setzt seinen Bericht über die Nationalversammlung fort.

Wie wurden Bürgerinnen und Bürger politisch aktiv?

1 – Der Sturm auf die Bastille am 14. Juli 1789. Kupferstich von J. B. Laminit, um 1790.

Eine blau-weiß-rote Kokarde, das Abzeichen der Revolutionäre.

Der Sturm auf die Bastille

Voller Ungeduld verfolgte die Pariser Bevölkerung die Ereignisse im nahen Versailles. Endlich gab es Männer, die bereit waren, die Interessen des ganzen Volkes gegenüber dem König zu vertreten.

Umso größer war die Wut in der Bevölkerung, als sie erfuhr, dass der König heimlich Truppen um Paris zusammenzog, fast 20 000 Mann. Sie würden, so hieß es, die Abgeordneten bald vertreiben.

In ganz Paris ertönte daher der Schrei: Zu den Waffen! Man brach die Läden der Waffenhändler auf. Alle Glocken läuteten Sturm. Mit Stühlen, Tischen, Fässern und Pflastersteinen wurden Barrikaden errichtet.

Am 14. Juli 1789 versammelte sich die Menge vor der Bastille, dem verhassten Staatsgefängnis. Man forderte den Kommandanten zur Übergabe auf. Er lehnte ab und ließ sofort das Feuer eröffnen. Mehr als einhundert Belagerer wurden getötet. Das steigerte aber nur die Wut der Menge, die jetzt Kanonen herbeischleppte und zum Angriff überging und die Bastille in kurzer Zeit eroberte. Die Häftlinge wurden befreit, der Kommandant sofort hingerichtet. Seinen Kopf spießte man auf eine Stange und trug ihn im Triumphzug durch die Stadt.

Als der König von einem Herzog über die Ereignissen unterrichtet wurde, sagte er: „Das ist ja eine Revolte." – „Nein Majestät", erwiderte der Herzog, „das ist eine Revolution."

Ludwig XVI. zog seine Truppen vollständig aus Paris ab. Am 17. Juli kam er selbst nach Paris. Im Rathaus heftete er sich das Abzeichen der Revolutionäre an, die blau-weiß-rote Kokarde. Blau und Rot waren die Farben der Stadt Paris, weiß die Farbe des Königshauses. Dies – so versicherte der König – sei ein Zeichen für den ewigen Bund zwischen ihm und dem Volk.

Die Trikolore, die Staatsfahne Frankreichs, trägt noch heute diese Farben. Der 14. Juli ist der Nationalfeiertag Frankreichs.

2 – Das Erwachen des dritten Standes. Karikatur, 1789.

3 – Überstürzte Flucht von Adligen, deren Schloss angezündet wird. Stich um 1800.

❶ Stellt mithilfe des Textes fest, welche Situation bei dem Sturm auf die Bastille Bild 1 zeigt.

❷ Erklärt, welche Absicht der Maler hatte, wenn er die Bastille als eine fast uneinnehmbare Festung darstellte.

Die Revolution ergreift das Land
Die Nachricht von der Erstürmung der Bastille verbreitete sich wie ein Lauffeuer in ganz Frankreich. Sie löste vor allem bei den Bauern große Freude aus. Seit Monaten hatten sie auf die Beantwortung ihrer Beschwerdehefte gewartet (s. S. 62). Nichts war geschehen. Die Erstürmung der Bastille war für sie das Zeichen, jetzt ebenfalls zu handeln. Bewaffnet mit Sensen, Dreschflegeln, Mistgabeln und Jagdgewehren drangen sie gewaltsam in die Schlösser ihrer Grundherren ein.

Q1 Voller Empörung schrieb ein Graf an die Nationalversammlung:
Am 29. Juli 1789 tauchte ein Haufen fremder Straßenräuber zusammen mit den mir unterstellten Bauern in meinem Schloss auf. Es waren fast 200 Mann. Sie brachen die Schlösser der Schränke auf, in denen die Urkunden aufbewahrt wurden. Einen Großteil dieser Urkunden, in denen meine

Rechte und ihre Pflichten verzeichnet sind, nahmen sie mit und verbrannten sie im Walde neben meinem Schloss. ... Ich rufe ihre Klugheit an, damit von der Nationalversammlung irgendein Mittel ausfindig gemacht wird, mir meinen Verlust zu ersetzen.

Um die Bauern zu beruhigen, beschloss die Nationalversammlung in einer Nachtsitzung vom 4./5. August:
– die Abschaffung der Leibeigenschaft, Frondienste und Gerichtsbarkeit der Grundherren.
– die Ablösung des Zehnten durch eine einmalige Geldzahlung an den Grundherrn.
– die Zulassung aller Bürger zu allen Ämtern im Staat und im Heer.

❸ Beschreibt mithilfe des Textes die Darstellungen auf dem Bild 3.

entdecken und verstehen
Ⓐ Entwerft einen Text: Ein Abgeordneter der Nationalversammlung antwortet dem Grafen.
Ⓑ Erläutert folgende Aussage: Die Beschlüsse der Nationalversammlung waren die Sterbeurkunde für die alte Gesellschafsordnung.

Für wen galten die Menschenrechte?

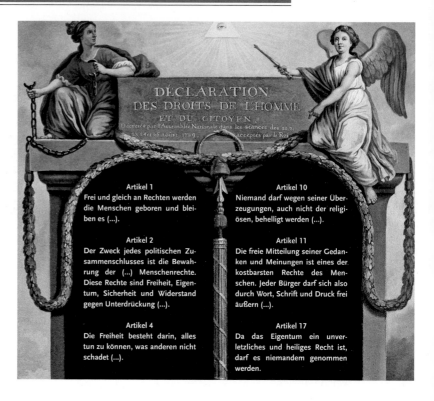

1 – Der Engel rechts oben deutet auf ein gleichseitiges Dreieck – vielleicht ein Symbol für die Gleichrangigkeit der drei Stände – und auf das „Auge der Vernunft". Der Spieß in der Mitte ist ein Zeichen für die Wehrhaftigkeit, die rote Mütze steht für „Freiheit". Die Person links oben stellt die französische Nation dar. Gemälde von Le Barbier aus dem Jahre 1790 mit dem Text der „Erklärung der Menschen- und Bürgerrechte". An Stelle der 17 Artikel in französischer Sprache wurden hier einige Artikel in deutscher Sprache eingesetzt.

DÉCLARATION DES DROITS DE L'HOMME ET DU CITOYEN
Décrétés par l'Assemblée Nationale dans les séances des 20,21, 23,24 et 26 aoûst 1789, acceptés par le Roi

Artikel 1
Frei und gleich an Rechten werden die Menschen geboren und bleiben es (...).

Artikel 2
Der Zweck jedes politischen Zusammenschlusses ist die Bewahrung der (...) Menschenrechte. Diese Rechte sind Freiheit, Eigentum, Sicherheit und Widerstand gegen Unterdrückung (...).

Artikel 4
Die Freiheit besteht darin, alles tun zu können, was anderen nicht schadet (...).

Artikel 10
Niemand darf wegen seiner Überzeugungen, auch nicht der religiösen, behelligt werden (...).

Artikel 11
Die freie Mitteilung seiner Gedanken und Meinungen ist eines der kostbarsten Rechte des Menschen. Jeder Bürger darf sich also durch Wort, Schrift und Druck frei äußern (...).

Artikel 17
Da das Eigentum ein unverletzliches und heiliges Recht ist, darf es niemandem genommen werden.

Freiheit – Gleichheit – Brüderlichkeit

So lautete die Parole der Französischen Revolution und diese Forderung sollte möglichst bald für alle Menschen gelten. Für die baldige Verwirklichung dieser Forderung setzte sich auch der Adelige Marquis de Lafayette (1757–1834) ein, der sich auf die Ideen der Aufklärer (s. S. 52–53) berief. Als Abgeordneter der Nationalversammlung brachte er einen Antrag für die Erklärung der Menschen- und Bürgerrechte ein, die am 26. August 1789 von der Nationalversammlung beschlossen wurde.

Q1 Die Erklärung der Menschen- und Bürgerrechte beginnt mit den Worten:
Die Vertreter des französischen Volkes ... haben unter der Berücksichtigung, dass die Unkenntnis, die Achtlosigkeit oder die Verachtung der Menschenrechte die einzigen Ursachen der öffentlichen Missstände und der Verderbtheit der Regierungen sind, beschlossen, die natürlichen, unveräußerlichen und heiligen Rechte der Menschen in einer feierlichen Erklärung darzulegen. ...

1. Die Menschen werden frei und gleich an Rechten geboren und bleiben es. ...
2. Der Zweck jeder politischen Vereinigung ist die Erhaltung der natürlichen und unantastbaren Menschenrechte. Diese sind das Recht auf Freiheit, das Recht auf Eigentum, das Recht auf Sicherheit und das Recht auf Widerstand gegen Unterdrückung.
3. Der Ursprung jeder Souveränität liegt ihrem Wesen nach beim Volk. Keine Körperschaft, kein Einzelner kann eine Gewalt ausüben, die nicht ausdrücklich von ihm ausgeht.
4. Die Freiheit besteht darin, alles tun zu dürfen, was einem anderen nicht schadet. ...
5. ... Da alle Bürger vor ihm (dem Gesetz) gleich sind, sind sie alle ... zu allen öffentlichen Würden, Ämtern und Stellungen zugelassen.
10. Niemand soll wegen seiner Anschauungen, selbst religiöser Art, belangt werden, solange deren Äußerung nicht die durch das Gesetz begründete Ordnung stört.
11. Die freie Äußerung von Meinungen ist eines der kostbarsten Menschenrechte. ...

2 – Die Königsfamilie wird von Versailles nach Paris gebracht.

---

❶ Stellt mithilfe von Q1 fest, in welchen Punkten die Bürger- und Menschenrechte den Vorstellungen einer absolutistischen Herrschaft widersprachen.

❷ Beschreibt Bild 2. Welcher Eindruck soll beim Betrachter dieses Bildes entstehen?

Frauen werden aktiv

Die Nationalversammlung forderte den König auf, die Erklärung der Menschenrechte mit seiner Unterschrift zu bestätigen. Aber Ludwig weigerte sich mit der Bemerkung: „Nie werde ich einwilligen, meine Geistlichen und meinen Adel zu berauben." Gleichzeitig ließ er erneut Truppen in der Nähe von Versailles zusammenziehen. Die Menschen in Paris waren enttäuscht und wütend. Hatte sich der König nicht erst wenige Wochen zuvor die blau-weiß-rote Kokarde als Zeichen seiner Verbundenheit mit dem Volk angeheftet (s. S. 62)? Zu Wut und Enttäuschung kam noch der Zorn darüber, dass es nicht genügend zu essen gab. Am Morgen des 5. Oktober 1789 versammelten sich zahllose Frauen vor dem Rathaus von Paris. Sie verlangten Brot, doch es gab keines. Spontan beschlossen sie, nach Versailles zu ziehen (s. S. 66/67). Über 7000 Frauen machten sich schließlich auf den Weg. Brot und Unterschrift – das waren ihre Forderungen.

Am Abend des 5. Oktober erreichten sie Versailles. Am folgenden Morgen drang die Menge in das Schloss ein. Man rief nach dem König und verlangte, er solle nach Paris kommen. Immer lauter wurden die Rufe: „Der König nach Paris!" – Der König gab nach. Abends trafen die Massen mit dem König und seiner Familie in Paris ein. Die Frauen riefen: „Wir bringen den *Bäcker, die Bäckerin und den kleinen Bäckerjungen."

Jetzt unterschrieb Ludwig XVI. die Erklärung der Menschen- und Bürgerrechte.

❸ Besprecht, welche Hoffnungen die Menge mit dem Ruf verband: „Wir bringen den Bäcker?"

✳ **Bäcker**
Das Volk von Paris gab dem König den Spitznamen „der Bäcker", der Königin Marie Antoinette, einer Tochter Maria Theresias, den Spitznamen „die Bäckerin", weil diese auf den Hinweis, dass es in Paris kein Brot mehr zum Essen gebe, gesagt haben soll: „Dann sollen die Leute doch Kuchen essen."

entdecken und verstehen ━━━━━

Ⓐ Führt eure Zeittafel von Seite 61 fort. Findet für die Ereignisse vom August bis Oktober 1789 eine passende Überschrift.

Ⓑ Prüft, welche Bestimmungen der Bürger- und Menschenrechte sich auch im Grundgesetz der Bundesrepublik Deutschland (S. 83) wiederfinden.

Frauen aus Paris auf dem Weg zum König nach Versailles

Schauplatz tZ Geschichte

1 – 5. Oktober 1789: Tausende von Frauen ziehen von Paris nach Versailles. Zeichnung eines unbekannten Künstlers, um 1790.

❶ Beschreibt das Bild. Achtet dabei auf Kleidung, Haltung, Gesichtsausdruck usw.

Wählt eine der Aufgaben 2–4:

❷ Entwerft ein Interview mit einer der Wortführerinnen über die Beweggründe der Frauen, nach Versailles zu ziehen.

❸ Spielt eine Diskussion von Frauen. Denkt dabei an folgende Stichworte: die Versorgung der Pariser Bevölkerung mit Brot, der König soll nach Paris umziehen, der König soll die Beschlüsse der Nationalversammlung mit seiner Unterschrift in Kraft setzen ...

❹ Die Königin sieht den Zug der Frauen vor dem Schloss in Versailles als Erste. Sie eilt zum König und berichtet ihm, was sich draußen abspielt. Sie sagt ...

Frankreich wird Republik

Wie wurde Frankreich eine Republik?

1 – Im Zentrum des Bildes ein Denkmal, erbaut auf den Steinen aus der Bastille. Im Sockel des Denkmals sind einige Namen von Häftlingen in der Bastille zu sehen. Die Frauenfigur oben auf dem Denkmal steht für die Französische Nation; mit dem Zepter gibt sie dem König Anweisungen.

Die Verfassung von 1791

Am 17. Juni 1789 hatten die Abgeordneten des dritten Standes ihre Versammlung zur Nationalversammlung erklärt und beschlossen, Frankreich eine Verfassung zu geben (s. Q1, S. 61). Zwei Jahre lang dauerten die Beratungen. Erst am 3. September 1791 trat die neue Verfassung in Kraft. Vorangestellt wurde ihr die Erklärung der Menschen- und Bürgerrechte von 1789.

Die Verfassung enthielt zwei wichtige Bestimmungen, nämlich über das Wahlrecht der Bürger und die Gewaltenteilung (s. Grafik S. 71)

- Wahlberechtigt waren alle Männer über 25 Jahre ab einem bestimmten Einkommen. Sie wurden als Aktivbürger bezeichnet.
- Die gesetzgebende Gewalt lag allein bei der Nationalversammlung,
- die ausführende Gewalt, die Exekutive, lag beim König,
- die Richter sollten völlig unabhängig sein.

Der Titel für König Ludwig XVI. lautete jetzt: „Durch Gottes Gnade und die Verfassungsgesetze König der Franzosen."
Damit war der König an die Verfassung und die Gesetze gebunden, seine absolute Macht beseitigt. Frankreich war damit eine „konstitutionelle Monarchie", d. h. an die Verfassung gebundene Monarchie.
Die Einschränkung des Wahlrechts führte zu heftigen Auseinandersetzungen.

Q1 In dem Artikel einer Pariser Zeitung hieß es:

... Aber was meint ihr eigentlich mit dem so oft gebrauchten Wort „Aktivbürger"? Die aktiven Bürger, das sind die Eroberer der Bastille, das sind die, welche den Acker bestellen, während die Nichtstuer im Klerus und bei Hofe trotz ihrer Riesenbesitzungen nichts weiter sind als kümmerliche Pflanzen. ...

❶ Die Forderung nach einer Teilung der Gewalten im Staat wurde mit der Verfassung von 1791 erfüllt. Überprüft diese Behauptung mithilfe der Grafik auf Seite 71.

❷ Erstellt eine Tabelle. In die linke Spalte tragt ihr die Rechte eines absolut regierenden Königs von Frankreich ein, in die rechte Spalte seine Rechte aufgrund der Verfassung von 1791.

Erklärung der Rechte der Frau und Bürgerin

Nur wenige Tage nach der Verkündung der neuen Verfassung erschien in Paris eine Schrift mit dem Titel: „Die Rechte der Frau – an die Königin." Verfasserin war die Schriftstellerin Olympe de Gouges (1748–1793).

Q2 Im Vorwort zu dieser Schrift hieß es:
... Mann, bist du fähig, gerecht zu sein? Eine Frau stellt dir diese Frage. ... Sag mir, wer hat dir die selbstherrliche Macht verliehen, mein Geschlecht zu unterdrücken? Extravagant, blind, von den Wissenschaften aufgeblasen und degeneriert, will er in diesem Jahrhundert der Aufklärung ... despotisch über ein Geschlecht befehlen, das alle intellektuellen Fähigkeiten besitzt. ...

Q3 Kernstück der umfangreichen Schrift ist die Erklärung der Rechte der Frau und Bürgerin:
... Die Mütter, die Töchter, die Schwestern die Vertreterinnen der Nation, verlangen in die Nationalversammlung aufgenommen zu werden.
Art. 1: Die Frau ist frei geboren und bleibt dem Manne ebenbürtig in allen Rechten.
Art. 3: Jede Staatsgewalt wurzelt ihrem Wesen nach in der Nation, welche ihrem Wesen nach nichts anderes ist als eine Verbindung von Mann und Frau.
Art. 6: Das Gesetz muss Ausdruck des allgemeinen Willens sein; alle Bürgerinnen und Bürger müssen persönlich oder durch ihre Vertreter an seiner Entstehung mitwirken, es muss für alle gleich sein. ...

2 – Olympe de Gouges präsentiert Marie Antoinette und Ludwig XVI. ihre „Rechte der Frauen". Zeitgenössische allegorische Darstellung.

Art. 16: Eine Verfassung, an deren Ausarbeitung die Mehrheit der Bevölkerung nicht mitgewirkt hat, wird null und nichtig. ...
Art. 17: Eigentum kommt beiden Geschlechtern zu, seien sie vereint oder getrennt.

Nachdrücklich forderte Olymp de Gouges, dass diese Erklärung von der Nationalversammlung verabschiedet werden müsse.

❸ Formuliert zu den Ausführungen in Q2 und Q3 eine passende Überschrift.

entdecken und verstehen

Ⓐ Schreibt einen Artikel über die neue Verfassung und beurteilt mithilfe von Q1–Q3 und der Grafik von Seite 71 ihren Anspruch, die Gleichheit aller Franzosen zu gewährleisten.

Ⓑ Sucht im Internet nach weiteren Informationen zu Olympe de Gouges. Informiert die Klasse durch ein mit Bildern unterstütztes Referat.

Methode

Ein Verfassungsschema lesen und verstehen

Was ist ein Verfassungsschema?
Eine Verfassung regelt die Machtverteilung in einem Staat. Sie ist das grundlegende Gesetz. Anhand eines Verfassungsschemas kann man erkennen, wie ein Land regiert wird.

Es zeigt den Aufbau des Staates und seine wichtigsten Ämter und Einrichtungen (z. B. Präsident, Parlament). Außerdem lässt es erkennen, wer wählen darf oder von Wahlen ausgeschlossen ist und wer die Gesetze beschließt.

Folgende vier Schritte helfen euch, ein Verfassungsschema zu lesen und zu verstehen:

Schritt 1 **Den Aufbau untersuchen**	■ Wie kann man das Schema lesen? Die Pfeile helfen euch. – Von unten nach oben bzw. oben nach unten? – Von links nach rechts bzw. rechts nach links? ■ Was sind wichtige Bestandteile des Schaubildes? ■ Welche Ämter und Einrichtungen gibt es?
Schritt 2 **Aussagen erschließen**	■ Wer darf wählen? ■ Wie kommen Gesetze zustande? ■ Welche Aufgaben haben die Ämter und Einrichtungen?
Schritt 3 **Zusammenhänge herstellen**	■ Wie ist die Macht verteilt? Welches Amt hat besonders viel Macht? ■ Wer kontrolliert wen? Wessen Macht geht auf Wahlen zurück? ■ Wo wird die Einflussmöglichkeit des Volkes erkennbar? ■ Welche Gruppen sind von politischer Mitbestimmung ausgeschlossen?
Schritt 4 **Die Verfassung beurteilen**	■ Fasst noch einmal zusammen, ob und wie die Gewalten geteilt sind. ■ Beurteilt, ob es sich um eine demokratische Verfassung handelt. ■ Beurteilt, ob das Wahlrecht aus heutiger Sicht als demokratisch bezeichnet werden kann.

❶ Analysiert das Schema des Staatsaufbaus von Frankreichs von 1791 (Schaubild 1) mithilfe der vier Schritte.

❷ Vergleicht eure Ergebnisse mit den Lösungsansätzen der Musterlösung auf der rechten Seite.

❸ Vergleicht die Verfassung von 1791 mit der Verfassungsordnung im Absolutismus (S. 53) und zeigt die Unterschiede auf.

Ausführende Gewalt (Exekutive)	Gesetzgebende Gewalt (Legislative)	Richterliche Gewalt (Judikative)
König	**Nationalversammlung**	**Oberstes Gericht**

setzt ein, kontrolliert

Bezirksverwaltungen

kontrolliert

kontrollieren

Gemeindeverwaltungen

wählen

Wahlmänner

wählen

wählen

wählen

Gesetze kommen durch Beschluss der Nationalversammlung zustande. Der König muss ihnen zustimmen.

*Passivbürger   *Aktivbürger   Passivbürger

1 – Der Staatsaufbau Frankreichs nach der Verfassung von 1791. Schaubild.

*Aktivbürger
4 Mio. Männer, die mindestens Steuern im Wert von drei Arbeitstagen zahlen.

*Passivbürger
21 Mio. Bürgerinnen und Bürger ohne Wahlrecht.

2 – Nationalfeiertag 14. Juli.
Am Himmel Kondensstreifen in den Farben der französischen Nationalflagge: Rot und Blau sind die Farben der Hauptstadt Paris, Weiß war die Farbe der königlichen Fahne. Die Anordnung der Farbe bedeutete, dass der König umgeben von seinem Volk ist und beide Hand in Hand gehen.

Lösungsbeispiel:

Zum Schritt 1: Das Schema kann von unten nach oben gelesen werden. Wichtiger Bestandteil ist der graue Kasten unten: Wahlberechtigt sind nur die 4 Mio. Aktivbürger, 21 Mio. Bürgerinnen und Bürger sind von der Wahl ausgeschlossen. Von links nach rechts gelesen, sind drei wichtige Einrichtungen zu sehen: Exekutive (König), Legislative (Nationalversammlung) und Judikative (Richter). ...

Zum Schritt 2: Der graue Kasten unten zeigt, dass 1791 nur Männer, die Steuern zahlen, wahlberechtigt sind. Es wird deutlich, wie der Wille der Wahlberechtigten Einfluss auf die Regierung nimmt. Die Nationalversammlung beschließt die Gesetze. Der König muss ihnen zustimmen, damit sie in Kraft treten.

Zum Schritt 3: Die Macht ist zwischen König und der Nationalversammlung geteilt. Es gibt ein unabhängiges, von der Nationalversammlung gewähltes, oberstes Gericht. Von politischer Mitsprache ausgeschlossen sind die Mehrzahl der Menschen, arme Männer und Frauen insgesamt.

Zum Schritt 4: Die Teilung der Gewalten in Exekutive, Legislative und Judikative sprechen für eine demokratische Verfassung. Aus heutiger Sicht war das damalige Wahlrecht, beschränkt auf Männer, die Steuern zahlen, nicht gerecht.

Darf man einen König zum Tode verurteilen?

1 – Die Verhaftung König Ludwigs XVI. auf der Flucht 1791. Zeitgenössischer Stich eines Unbekannten.

✤ 22. April 1792:
Die französische National-versammlung erklärt den verbündeten europäischen Mächten den Krieg.

Der König auf der Flucht

Schon vor der Verkündigung der neuen Verfassung versuchte der König zusammen mit seiner Familie ins Ausland zu fliehen. Als Kammerdiener verkleidet verließ er am 20. Juni 1791 heimlich Paris. Sein Ziel war die deutsche Grenze. Vor ihm waren schon mehr als 40 000 Adlige ins Ausland geflohen. Sie wollten sich nicht damit abfinden, keine Vorrechte mehr zu haben. Vom Ausland aus bereiteten sie den Kampf gegen die Revolution vor.

Der König wollte sich mit den geflohenen Adligen verbünden. Sein Ziel war es, mit einer Armee nach Paris zurückzukehren und die absolute Macht wieder an sich zu reißen.

Noch am gleichen Abend wurde der König auf der Flucht erkannt und gezwungen, nach Paris zurückzukehren. Als er am 25. Juni wieder in Paris eintraf, war es totenstill. Schweigend standen die Soldaten rechts und links der Straße, die Gewehre nach unten gekehrt.

Q1   Am folgenden Tag hieß es in einer Pariser Zeitung:
... Volk, da hast du die Treue, die Ehre und die Religion der Könige. Misstraue ihren Eiden! In der letzten Nacht hat Ludwig XVI. die Flucht ergriffen. ... Der absolute Macht-

hunger, der seine Seele beherrscht, wird ihn bald zu einem wilden Mörder machen. Bald wird er im Blute seine Mitbürger waten, die sich weigern, sich unter sein tyrannisches Joch zu beugen. ...

❶ Beschreibt die Vorgänge auf der Abbildung 1. Achtet auch auf die Haltung und den Gesichtsausdruck des Königs und der übrigen Personen.

❷ Beschreibt die Gefühle und Stimmungen, die in Q1 und Q2 ausgedrückt werden. Was wird dem König vorgeworfen?

Die Revolution in Gefahr

Die Gefahr für die Französische Revolution war mit der Rückkehr des Königs aber noch nicht beseitigt. Die übrigen europäischen Herrscher fürchteten nämlich, dass die Revolution auch auf ihre Länder übergreifen könnte. Preußen und Österreich schlossen ein Militärbündnis gegen die Revolution. Um ihren Gegnern zuvorzukommen, erklärte die Nationalversammlung am 22. April 1792 den verbündeten europäischen Mächten den Krieg. Die französischen Soldaten zogen mit großer Begeisterung in diesen Krieg, aber sie waren schlecht ausgebildet. Außerdem ließ die Königin den feindlichen Generälen den französischen Feldzugsplan zuspielen. Es kam zu Niederlagen. Die gegnerischen

2 – Auszug der Freiwilligen aus Paris 1792. Gemälde von Edouard Detaille, 1907.

Truppen drangen in Frankreich ein. Die Wut des Volkes gegen den König als einen Feind der Revolution kannte jetzt keine Grenzen mehr. Im August 1792 stürmte die Menge das Schloss. Der König floh in die Nationalversammlung. Hier wurde er für abgesetzt erklärt und verhaftet.

„Ludwig muss sterben, weil das Vaterland leben muss"
Noch am gleichen Tag wurden Neuwahlen ausgeschrieben. Bei dieser Wahl sollten alle Bürger stimmberechtigt sein. Nur einen Monat später, im September 1792, trat die neue Nationalversammlung zusammen. Sie bezeichnete sich jetzt als Nationalkonvent. Den größten Einfluss in diesem Konvent hatte eine Gruppe besonders radikaler Abgeordneter, die Jakobiner*. Einer ihrer mächtigsten Männer war Robespierre. Er wollte die Revolution mithilfe von Terror endgültig durchsetzen. Schon in seiner ersten Sitzung am 21. September verkündete der Nationalkonvent das Ende der Monarchie und den Beginn Frankreichs als Republik*.
Im Dezember befasste sich der Konvent mit dem Schicksal des Königs.

Q2 In einer leidenschaftlichen Rede sagte Robespierre:
... Was mich angeht, so verabscheue ich die Todesstrafe, und für Ludwig habe ich weder Hass noch Liebe, nur seine Missetaten verabscheue ich. Aber ein König, dessen Name allein schon für unsere Nation den Krieg bedeutet, stellt für das öffentliche Wohl eine Gefahr dar. Mit Schmerz spreche ich die verhängnisvolle Wahrheit aus: Es ist besser, dass Ludwig stirbt, als dass 100 000 tugendhafte Bürger umkommen: Ludwig muss sterben, weil das Vaterland leben muss. ...

❸ Erklärt, warum Robespierre die Todesstrafe für den König fordert.

❹ Nehmt Stellung zu der Begründung Robespierres.

Am 17. Januar fällt der Nationalkonvent – so wurde die Nationalversammlung seit 1792 genannt – mit 387 zu 334 Stimmen das Todesurteil. Vier Tage später* wurde Ludwig XVI. hingerichtet.

entdecken und verstehen

Ⓐ Entwerft kurze Redebeiträge für die Debatte im Nationalkonvent zum Schicksal des Königs. Berücksichtigt dabei auch die Menschenrechte (s. S. 64).

Ⓑ Führt eure Zeittafel von Seite 61 fort. Findet für die Ereignisse von 1791 bis Januar 1793 jeweils treffende Bezeichnungen.

* Jakobiner:
Ein politischer Klub während der Französischen Revolution, dessen Mitglieder sich erstmals in dem ehemaligen Pariser Kloster St. Jacob trafen. Nach der Abspaltung der gemäßigten Gruppe der Girondisten (= Abgeordnete aus dem französischen Departement Gironde) wurde der Name nur noch für radikale Republikaner verwendet.

* Republik:
(lat. res publica = die öffentliche Sache). Begriff für eine Staatsform mit einer gewählten Regierung, in der das Volk oder ein Teil des Volkes die Macht ausübt.

* 21. Januar 1793:
Hinrichtung Ludwigs XVI. Frankreich wird Republik.

Wie kam es zur blutigen Terrorherrschaft?

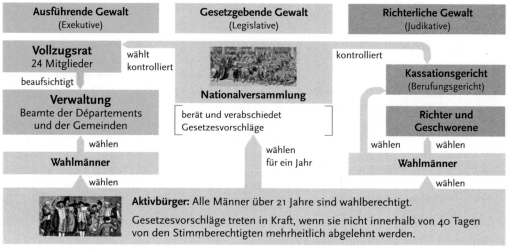

1 – Verfassung von 1793.

Die republikanische Verfassung von 1793

Im Jahre 1791 hatte die Nationalversammlung eine Verfassung verabschiedet, in der dem König bestimmte Aufgaben zugewiesen worden waren. Jetzt, nach der Hinrichtung des Königs, musste diese Verfassung geändert werden.

In einer Volksabstimmung wurde die neue Verfassung mit großer Mehrheit angenommen. Es war die erste republikanische Verfassung in Frankreich; das alte Regierungssystem spielte jetzt gar keine Rolle mehr (s. S. 70/71).

❶ Vergleicht diese Verfassung mit jener von 1791. Nennt die wichtigsten Veränderungen.

Diese zweite Verfassung trat allerdings nie in Kraft. Stattdessen übertrug der Nationalkonvent die Macht auf zwei Ausschüsse:

– Die Mitglieder des Wohlfahrtsausschusses waren für die Versorgung der Bevölkerung, die Errichtung von Rüstungsbetrieben, für das Militär und die Polizei zuständig. Vorsitzender dieses Ausschusses wurde Maximilian Robespierre.

– Der Sicherheitsausschuss hatte die Aufgabe „Feinde der öffentlichen Ordnung" aufzuspüren und verhaften zu lassen.

Beide Ausschüsse wurden von den Jakobinern beherrscht. Unterstützung fanden sie vor allem bei den Kleinbürgern, die man als ✷Sansculotten bezeichnete.

Einige unbedachte Äußerungen genügten bereits, um als Feind der Republik zu gelten. Für eine schnelle Aburteilung sorgten sogenannte Revolutionsgerichte. Wer hier angeklagt wurde, musste mit einem Todesurteil rechnen.

Q1 Auszug aus dem Protokoll eines Revolutionsgerichts:
Vor dem Richter ... und dem Ankläger ... erscheint als erster Monsieur Champagny. Ein kurzer Blick in die Akten. „Seid ihr nicht ein Exadliger?" – „Ja" –, „Das genügt. Der Nächste!" ... „Guidreville, seid ihr nicht ein Priester?" –, „Ja, aber ich habe die Verfassung beschworen." – Habe ich nicht gefragt. Der Nächste! ..." „Vely, wart ihr nicht königlicher Baumeister?" – „Ja, aber schon 1788 in Ungnade." – „Der Nächste ..." „Durfort, wart ihr nicht Leibgardist?" – „Das schon, aber ich bin 1787 freiwillig ausgeschieden, weil ..." – „Schon gut."

2 – Verhör vor dem Revolutionsgericht. Zeitgenössische Darstellung, 1792.

Jedes Mal wurde der Angeklagte zum Tode verurteilt und nur einen Tag später hingerichtet. Insgesamt waren es etwa 40 000 Angeklagte, darunter auch Kinder im Alter von 10–12 Jahren.

Q2 In einem zeitgenössischen Bericht heißt es:
... Der öffentliche Ankläger kommt kaum mehr zu Ruhe. In einem Raum neben seinem Büro wirft er sich nachts für einige Stunden auf die Pritsche, um dann aufgeschreckt wieder an den Schreibtisch zu wanken. ... Es gibt Verhandlungen, wo 100 oder 150 Angeklagte schon vor der Verhandlung als schuldig in die Listen eingetragen wurden.

② Beschreibt die Situation auf Bild 2.

③ Erklärt, welche Kritik mit Bild 2 an den Revolutionsgerichten geübt wird.

④ Diskutiert, ob in Zeiten einer inneren Bedrohung eine Verletzung der Menschenrechte gerechtfertigt ist.

Das Ende des Terrors
Von außen wurde Frankreich weiterhin von den europäischen Monarchien bedroht (s. S. 72). Um sich gegen diese Übermacht zu wehren, wurde die allgemeine Wehrpflicht eingeführt. Im Jahre 1794 konnten die französischen Truppen die Gegner vernichtend zu schlagen und die Grenzen sichern. Die Revolution schien damit endgültig siegreich zu sein. Die Mehrzahl der Abgeordneten im Nationalkonvent sah jetzt in der Fortführung der Schreckensherrschaft keinen Sinn mehr. Am 27. Juli 1794 wurde Robespierre, der Vorsitzende des Wohlfahrtsausschusses verhaftet und bereits einen Tag später zusammen mit 21 seiner Anhänger ohne Gerichtsverfahren durch die Guillotine hingerichtet. Damit war die Zeit des Terrors zu Ende. Wirtschaftlich aber ging es der Bevölkerung weiterhin sehr schlecht. Es kam zu Unruhen. Die allgemeine Ordnung konnte schließlich nur noch durch das Militär aufrechterhalten werden.

⑤ Erläutert, inwiefern die Revolutionsgerichte mit den Menschen- und Bürgerrechten nicht vereinbar waren.

entdecken und verstehen

Ⓐ Verfasst eine Geschichtserzählung; in der ihr von den Zielen der Revolution, der Einführung einer demokratischen Ordnung und der Terrorherrschaft der Jahre 1793/1794 berichtet.

Ⓑ Auch heute noch werden in einigen Staaten die Menschenrechte nicht beachtet. Recherchiert im Internet mit den Suchbegriffen: „Einhaltung der Menschenrechte" und „Diktatur".

Methode

Strukturskizzen erläutern

Eine Strukturskizze hilft, ein historisches Thema übersichtlich vor Augen zu haben. Mit ihrer Hilfe wird etwas Kompliziertes überschaubar, ein Verlauf wird sichtbar oder Ursachen und Folgen werden deutlich. Dafür wird ein Thema, eine Ereigniskette, zunächst in knappe Sätze oder auch Begriffe zerlegt. Diese werden dann in der Skizze mit Symbolen, vor allem Pfeilen, angeordnet. Die Skizze sorgt für Übersicht, stellt zugleich aber auch eine Vereinfachung der Geschichte dar. Sie zu erläutern heißt, über das historische Thema sinnvoll erzählen zu können. Wenn man sich darin geübt hat, eine Strukturskizze zu erläutern, kann der nächste Schritt darin bestehen, selbst eine Skizze zu erstellen.

Folgende Schritte helfen euch, eine Strukturskizze zu erläutern:

Schritt 1 **Den Aufbau untersuchen**	■ Wie heißt das Thema oder die Leitfrage der Strukturskizze? ■ Wie kann man die Strukturskizze lesen? Die Pfeile helfen. – Von oben nach unten? – Von links nach rechts? – Gibt es einen Kreislauf? ■ Welche Bestandteile gibt es und was gehört zusammen?
Schritt 2 **Aussagen treffen und Zusammenhänge herstellen**	■ Entscheidet, mit welchem Teil der Skizze ihr beginnt. ■ Verwendet die Begriffe und Sätze der Skizze für einen zusammenhängenden Bericht, eine Erzählung zum Thema. Beachtet dabei: – Welche Bedeutung haben Zeichen, Pfeile und Symbole (z. B. Krone)? – Was hängt wie zusammen? – Was folgt worauf? – Was sind Ursachen, was sind Folgen?
Schritt 3 **Einen zusammen-fassenden Schluss finden**	■ Was macht die Strukturskizze insgesamt deutlich? ■ Was fehlt oder wurde zur Vereinfachung weggelassen?

❶ Erläutert die Strukturskizze zum Sturm auf die Bastille (S. 77) mithilfe der drei Schritte. Bearbeitet vorher die Seiten 62/63.

❷ Nutzt die Lösungsansätze der Musterlösung auf der rechten Seite.

❸ Einigt euch auf ein Thema, zu dem ihr gemeinsam kurze Sätze und wichtige Begriffe sammelt.

❹ Erstellt in Kleingruppen eine eigene Strukturskizze.
Themenvorschläge: Ursachen für die Krise des Absolutismus, Überblick über die Terrorherrschaft, General Napoleon wird Kaiser.

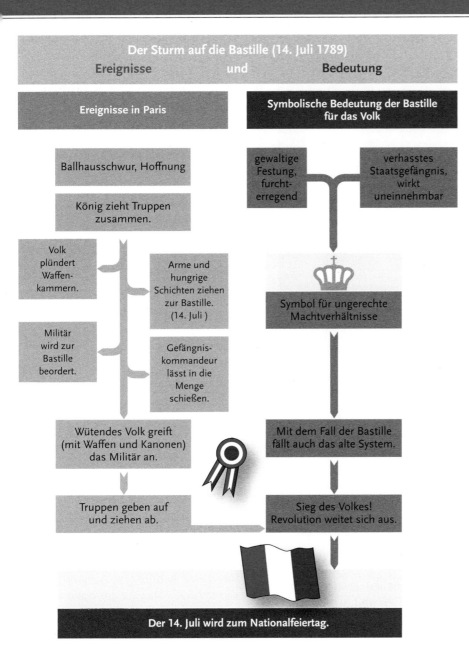

Der Sturm auf die Bastille (14. Juli 1789)
Ereignisse   und   Bedeutung

Ereignisse in Paris

Symbolische Bedeutung der Bastille für das Volk

Ballhausschwur, Hoffnung

gewaltige Festung, furchterregend

verhasstes Staatsgefängnis, wirkt uneinnehmbar

König zieht Truppen zusammen.

Volk plündert Waffenkammern.

Arme und hungrige Schichten ziehen zur Bastille. (14. Juli)

Symbol für ungerechte Machtverhältnisse

Militär wird zur Bastille beordert.

Gefängniskommandeur lässt in die Menge schießen.

Wütendes Volk greift (mit Waffen und Kanonen) das Militär an.

Mit dem Fall der Bastille fällt auch das alte System.

Truppen geben auf und ziehen ab.

Sieg des Volkes! Revolution weitet sich aus.

Der 14. Juli wird zum Nationalfeiertag.

1 – Strukturskizze zum Sturm auf die Bastille 1789.

Musterlösung zur Strukturskizze

Zum Schritt 1: Der Sturm auf die Bastille am 14. Juli 1789 hatte zwei Bedeutungen. Auf der einen Seite kann man über die Ereignisse berichten. Auf der anderen Seite hat die Bastille und ihre Erstürmung auch eine symbolische Bedeutung ...

Zum Schritt 2: Die Menschen in Paris kannten den Ballhausschwur. Sie waren voller Hoffnung. Als die Bevölkerung erfuhr, dass der König Truppen zusammenrief, plünderte das Volk ...

Zum Schritt 3: Mit dem Sieg des Volkes 14. Juli 1789 war die Revolution nicht mehr aufzuhalten ...

Kaiserreich Frankreich

Warum wurde ein General Kaiser?

1 – Die Kaiserkrönung Napoleons. Napoleon krönt seine Frau, nachdem er sich selbst zum Kaiser gekrönt hat. Gemälde von J. Louis David, 1804, Ausschnitt.

* Feudalsystem
Herrschaft von Königen
und Adel.

Napoleon Bonaparte

Nachdem Robespierre gestürzt worden war, kamen die Vertreter des wohlhabenden Bürgertums an die Macht. 1795 wurde eine neue Verfassung ausgearbeitet. Ein Direktorium aus fünf „Direktoren" bildete die Exekutive. Das Wahlrecht bekamen nur wohlhabende Männer. Das Direktorium war nicht fähig, die Not in großen Teilen der Bevölkerung zu beheben. Deshalb kam es wiederholt zu Unruhen und Aufständen von Anhängern des früheren Königtums. Seit 1798 herrschte das Direktorium uneingeschränkt. General Bonaparte war durch militärische Siege bekannt geworden. Er stürzte das Direktorium am 9. November 1799 und setzte sich an die Spitze eines neuen Dreier-Direktoriums. Die Revolution erklärte er für beendet.

Sicherung der Macht

Napoleon sicherte sich 1799 als Erster Konsul die größte Macht in dem Konsulat. Das war ein neues Regierungssystem. Es gab auch eine neue Verfassung. Die Teilung der

Gewalten wurde aufgehoben, freie Wahlen und die Pressefreiheit abgeschafft. Die Verwaltung wurde zentral organisiert und reformiert. Alle Bürger mussten entsprechend ihrem Vermögen Steuern zahlen. Napoleon entschied selbst, wie die höchsten Ämter in der Verwaltung, in der Polizei und in der Armee besetzt wurden.

1802 ließ er sein Konsulat durch einen Volksentscheid auf Lebenszeit verlängern. Einige Rechte aus der Revolutionszeit ließ Napoleon aber unangetastet:
– die persönliche Freiheit,
– die Gleichheit vor dem Gesetz, und
– das Recht auf Eigentum.

❶ Beschreibt mit euren Worten, wie Napoleon an die Macht kam und wie er das Regierungssystem Frankreichs umgestaltete.

Napoleon krönt sich zum Kaiser

Q1 Einer der Vertreter des Bürgertums, der Rechtsanwalt François de Jaubert, der 1789 Mitglied der Nationalversammlung gewesen war, erklärte in einer Rede am 2. Mai 1804:

… Was wollten wir 1789? Das Eingreifen unserer Vertreter bei der Festlegung der Steuern, die Abschaffung des *Feudalsystems, … die Beseitigung der Missbräuche, … die Garantie für den Wohlstand im Inneren und für unsere Achtung im Ausland: das sind die wahren Wünsche der Nation gewesen. …

Ja, wer könnte all die Wunder nennen, die er (Napoleon) seit seinem Aufstieg zum Konsulat vollbracht hat! Betrachten Sie, was vier Jahre hervorgebracht haben: Die Grundlagen der Verwaltung sind festgelegt, in die Finanzen ist Ordnung gebracht, die Armee ist organisiert; … Europa ist befriedet, der Handel in Gang gebracht, die Industrie ermutigt, so auch die Künste und die Wissenschaften; … das staatliche Unterrichtswesen ist neu aufgebaut; gewaltige Arbeiten werden angeordnet und vollendet. …

All diese Leistungen werden den kommenden Jahrhunderten die tiefe Ergebenheit erklären, von der die Franzosen für Napoleon Bonaparte durchdrungen sind, so auch … diesen so stark ausgesprochenen Wunsch: dass jener, dem die Republik so großen Ruhm und so große Wohltaten verdankt, einwilligen möge, ihr Kaiser genannt zu werden und die ausführende Gewalt in seiner Familie festzulegen. …

❷ Untersucht Q1 mithilfe der Methode auf S. 249 im Anhang und erklärt, warum das Bürgertum Napoleon größtenteils unterstützte.

1804 krönte sich Napoleon im Beisein des Papstes selbst zum Kaiser und seine Frau zur Kaiserin der Franzosen.

Der „Code civil"
1804 erschien die erste Ausgabe einer Gesetzessammlung für Frankreich, die „*Code civil" genannt wurde. Die einzelnen Bücher des Code regelten die Rechte der Personen und Fragen des Eigentums. Mit dieser Gesetzessammlung wurde zum ersten Mal ein einheitliches geschriebenes Recht geschaffen, das für ganz Frankreich gültig war. Es löste 300 unterschiedliche Gesetzesbücher ab, die bis dahin galten. Der „Code civil" wurde zum Vorbild für ganz Europa.

Q2 Aus dem „Code civil" von 1804:
… 8. Jeder Franzose soll Bürgerrechte genießen. …
144. Mannspersonen können nicht heiraten, ehe sie das achtzehnte Jahr, Frauenzimmer nicht, ehe sie das fünfzehnte Jahr zurückgelegt haben. …
146. Ohne Einwilligung gibt es keine Ehe.
147. Man kann keine zweite Ehe schließen, ohne dass die erste aufgelöst ist. …
165. Die Ehe soll öffentlich vor dem Civil-Beamten des Ortes … geschlossen werden. …
213. Der Mann ist seiner Frau Schutz und die Frau ihrem Manne Gehorsam schuldig. …

2 – Kaiser Napoleon im Krönungsornat. Gemälde von F. P. Gérad, 1805/1810.

215. Die Frau kann ohne die *Autorisation ihres Mannes nicht vor Gericht stehen, selbst dann nicht, wenn sie öffentlich in ihrem eigenen Namen Handelsgeschäfte treibt, mit ihrem Manne in keiner Gütergemeinschaft lebt oder ihr Vermögen ausschließlich für sich allein genießt. …

* Code civil
  Bürgerliches Gesetzbuch.

* Autorisation
  Erlaubnis.

❸ Nennt die Vorteile, die der „Code civil" für die Rechtsprechung bedeutete.
❹ Beurteilt die Regelungen in Q2 Nr. 213 und 215 im Vergleich mit den Forderungen von Olympe de Gouges (S. 69).

entdecken und verstehen

Ⓐ Untersucht Bild 1. Napoleon soll zu dem Maler David gesagt haben: „Das ist gut, David. Ihr habt vollkommen meine Vorstellungen erahnt." Versucht zu erklären, was Napoleon damit gemeint haben könnte.
Ⓑ Führt ein Streitgespräch: Napoleon – Retter oder Zerstörer der Französischen Revolution?

Wie wollte Napoleon über Europa herrschen?

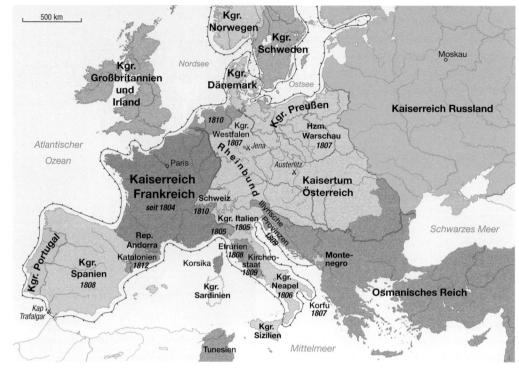

1 – Europa unter der Herrschaft Napoleons 1804–1812.

Legende:
- Frankreich 1804
- Erwerbungen Napoleons bis 1812
- von Napoleon abhängige Staaten
- mit Napoleon 1812 verbündete Staaten
- ✗ bedeutende Schlacht
- ⊶⊶ Kontinentalsperre gegen britischen Handel

Ganz Europa französisch?

Q1 Napoleon äußerte sich 1804 zu seinen außenpolitischen Zielen:

… Europa wird nicht zur Ruhe kommen, bevor es nicht unter einem einzigen Oberhaupte steht, unter einem Kaiser, der Könige als seine Beamte hat und der seinen Generälen Königreiche gibt.
Wir brauchen ein europäisches Gesetz, einen europäischen Gerichtshof, eine einheitliche Münze, die gleichen Gewichte und Maße. Wir brauchen dieselben Gesetze für ganz Europa. … Aus allen Völkern Europas muss ich ein Volk machen und aus Paris die Hauptstadt der Welt. …

❶ Notiert euch, in welchen Bereichen Napoleon eine Vereinheitlichung für ganz Europa anstrebte.

❷ Besprecht, in welchen Bereichen Napoleons Ziele heute schon ganz oder teilweise verwirklicht sind.

Neuordnung der deutschen Staaten

Napoleon führte ständig Krieg und unterwarf – bis auf Großbritannien – fast alle Staaten Europas. Nachdem die französischen Truppen 1806 deutsche Gebiete erobert hatten, wurde Deutschland umgestaltet. Im Jahr 1801 hatten die deutschen Fürsten sich damit einverstanden erklären müssen, dass die Gebiete links des Rheins auf Dauer zu Frankreich gehören sollten. Weitere Änderungen betrafen:

– Geistliche Landesherren, das waren Bischöfe und Kardinäle, wurden enteignet. Die Gebiete verteilte man an weltliche Fürsten.

– Fast alle Reichsstädte und zahllose Kleinstaaten teilte man mächtigeren Landesherren zu.

So wurden etwa 300 kleine Herrschaftsgebiete aufgelöst.
Napoleon brachte nicht nur seine Truppen nach Deutschland, sondern auch viele Reformen. Viele deutsche Staaten führten das „Bürgerliche Gesetzbuch", den Code civil

Grenze des Heiligen Römischen Reiches 1789
Reichsstädte
geistliche Gebiete

2 – Mitteleuropa vor 1789.

Kaiserreich Frankreich unter Napoleon 1812
Rheinbund 1812 (von Napoleon abhängig)
sonstige von Napoleon abhängige Staaten

3 – Mitteleuropa von 1806 bis 1812.

ein (s. S. 79) oder orientierten sich daran. Die Vorrechte der Adeligen wurden weitgehend abgeschafft.

Die Verwaltung wurde neu geordnet: Ähnlich wie in Frankreich wurden Staat und Kirche strikt getrennt. Die Sorge für Arme und Kranke wurde jetzt ebenso eine Aufgabe des Staates wie die Schulerziehung. Eheschließungen, Geburten und Todesfälle wurden jetzt von Verwaltungsbeamten registriert.

❸ Erläutert mit den Karten 2 und 3 die Auswirkungen der Herrschaft Napoleons auf die politische Gliederung Deutschlands.

Ende des Heiligen Römischen Reichs

Im Jahr 1806 schlossen sich unter der Vorherrschaft Napoleons 16 deutsche Fürsten zum ＊Rheinbund zusammen. Sie erklärten gleichzeitig ihren Austritt aus dem Heiligen Römischen Reich Deutscher Nation. Durch diese Nachricht und unter dem Druck Napoleons verzichtete Franz II. auf die deutsche Kaiserkrone und nannte sich nur noch „Kaiser von Österreich". Das war das

Ende des Heiligen Römischen Reiches, das eine fast tausendjährige Geschichte hatte.

Niederlage in Russland

Die Truppen Napoleons überschritten 1812 mit 600 000 Soldaten die russische Grenze. Das Ziel war Moskau. Vor Moskau wurden die Franzosen vom Winter überrascht. Sie mussten den Rückzug antreten, weil es ihnen an Vorräten mangelte. Die russischen Truppen verfolgten und besiegten sie. Deshalb erreichten nur 30 000 französische Soldaten die Heimat. Napoleon erlitt 1815 seine endgültige Niederlage in der Schlacht bei Waterloo, als er gegen britische und preußische Truppen kämpfte. Er wurde auf die Insel St. Helena im Südatlantik verbannt, wo er 1821 starb.

entdecken und verstehen

Ⓐ Erstellt ein Lernplakat: „Die Auswirkungen der Herrschaft Napoleons für Europa".

Ⓑ Die französische Herrschaft in deutschen Gebieten hat sich auch in unserer Sprache niedergeschlagen. Sucht im Internet mit „französische Lehnwörter" nach solchen Wörtern. Listet diejenigen auf, die ihr kennt.

＊ Rheinbund
Im Jahr 1806 traten 16 deutsche Reichsstädte und Fürstentümer aus dem Deutschen Reich aus. Sie gründeten den Rheinbund, dessen Schutzherr Napoleon war.

Welche Auswirkungen zeigen sich bis heute?

1 – Europa. Staaten der EU.

Ein lebendiges Erbe

Napoleon hatte ein geeintes Europa mit Paris als einziger Hauptstadt gefordert. Dieses Ziel hat er nicht erreicht. Doch die Idee eines Vereinten Europas ist bis heute lebendig geblieben, allerdings anders als Napoleon sich dies vorgestellt hatte. Bis zum Jahr 2013 haben sich 27 Staaten Europas freiwillig zu einer Europäischen Union (EU) gleichberechtigter Mitglieder zusammengeschlossen. Sie wollen sich für Frieden, gerechten Handel unter den Völkern und Beseitigung der Armut einsetzen. Eine unabdingbare Voraussetzung für die Mitgliedschaft in der EU ist die Anerkennung der Menschenrechte.

Q1 Im Artikel 1 des Grundgesetzes der Bundesrepublik Deutschland heißt es daher:

Artikel 1

(1) Die Würde des Menschen ist unantastbar. Sie zu achten und zu schützen ist Verpflichtung aller staatlichen Gewalt

(2) Das Deutsche Volk bekennt sich darum zu unverletzlichen und unveräußerlichen Menschenrechten als Grundlage jeder menschlichen Gemeinschaft, des Friedens und der Gerechtigkeit in der Welt. ...

Artikel 2

(1) Jeder hat das Recht auf die freie Entfaltung seiner Persönlichkeit soweit er nicht die Rechte anderer verletzt und nicht gegen die verfassungsgemäße Ordnung oder das Sittengesetz verstößt.

(2) Jeder hat das Recht auf Leben und körperliche Unversehrtheit. Die Freiheit der Person ist unverletzlich. In diese Rechte darf nur auf Grund eines Gesetzes eingegriffen werden.

Artikel 3

(1) Alle Menschen sind vor dem Gesetz gleich.

(2) Männer und Frauen sind gleichberechtigt. ...

❶ Stellt fest, auf welche Bestimmungen der Bürger- und Menschenrechte diese Artikel zurückgehen. An welchen Stellen gibt es Unterschiede?

2 – „Die Freiheit führt das Volk". Gemälde von Eugène Delacroix, 1830.

3 – Demonstration in der DDR im Dezember 1989. Foto.

4 – Demonstranten auf dem Tahir-Platz in Kairo im Herbst 2011. Sie fordern den Rücktritt des Diktators Mubarak und die Einführung einer Demokratie. Foto.

Kampf für die Menschenrechte auf der ganzen Welt

Nicht nur in Europa, auf der ganzen Welt kämpfen Menschen für ihre Rechte und die Einführung einer demokratischen Ordnung. „Freiheit, Gleichheit und Brüderlichkeit" – die Verwirklichung dieser Forderung gehört sicher zum wichtigsten Erbe der Französischen Revolution. Und ebenso aktuell ist die Forderung nach den gleichen Rechten für Männer und Frauen.

Überall, wo Menschen unterdrückt werden, erinnern sie sich an die Französische Revolution von 1789.

❷ Beurteilt mithilfe der Texte und der Bilder die Bedeutung der Französischen Revolution bis heute.

Die französische Nationalhymne

Die erste Strophe der „Marseillaise" auf Deutsch:

Auf, Kinder des Vaterlands!
Der Tag des Ruhmes ist da.
Gegen uns wurde der Tyrannei
Blutiges Banner erhoben.
Hört Ihr auf den Feldern
Das Brüllen der grausamen Krieger?
Sie kommen bis in eure Arme,
Eure Söhne, Eure Frauen zu köpfen!

(*Refrain*):
An die Waffen, Bürger!
Schließt die Reihen,
Vorwärts, marschieren wir!
Damit unreines Blut
unserer Äcker tränkt!

1 – Verfasst hat die Marseillaise im April 1792 Rouget de Lisle (1760–1836). Er wollte damit zum Krieg gegen Preußen und Österreich aufrufen.

2 – Die Trikolore Frankreichs.

Die Marseillaise – Französische Nationalhymne

Bei Staatsempfängen und auch bei großen internationalen Sportveranstaltungen wird die Nationalhymne der beteiligten Nationen gespielt.

M1 In einer Erklärung zur französischen Nationalhymne heißt es:

… Die Marseillaise ist der bekannte französische Freiheits- und Revolutionsgesang …, der während der Französischen Revolution Volk und Soldaten zu wahrer Begeisterung entflammte. …

Das Lied erhielt jedoch seine weitere Verbreitung erst, seit es am 25. Juni 1792 in Marseille auf einem Parteifest der Jakobiner gesungen wurde. Erst jetzt wurde es zum eigentlichen Revolutionslied. Einzeldrucke davon wurden den Freiwilligen, die nach Paris abrückten, geschenkt und von diesen wurde das Lied bei ihrem Einzug in Paris am 30. Juli sowie beim Sturm auf das Königsschloss am 10. August 1792 (s. S. 73) gesungen.

❶ Erklärt mithilfe der Seiten 72/73 die erste Strophe der Marseillaise.

Die Trikolore – die französische Nationalflagge

Jeder Staat hat nicht nur eine Nationalhymne, sondern auch eine Nationalflagge, in Frankreich ist dies die Trikolore.

M2 Folgender Text erklärt die Bedeutung der Trikolore:

… Beide, Nationalflagge als auch Hymne stammen aus der Zeit der Französischen Revolution und sind Symbole für … Freiheit, Gleichheit und Brüderlichkeit. …
Sie (die Nationalflagge) ist in drei senkrecht verlaufende Streifen unterteilt. Die Farben sind Blau, Weiß und Rot. … In Frankreich steht das Weiß für den König, denn dieser hatte in der Regel eine weiße Fahne. …
Die Farben Blau und Rot sind die Farben der Hauptstadt Paris. Sie symbolisieren das Bürgertum. Und die Anordnung soll zeigen, dass der König vom Volk umringt ist, und beide sozusagen „Hand in Hand" gehen … (s. S. 62)

❷ Erstellt ein Plakat mit den Nationalflaggen aller Nationen, die in eurer Klasse vertreten sind. Soweit möglich, schreibt dazu eine kurze Erklärung.

❸ Besprecht, welche Bedeutung nationale Symbole für euch haben.

Zusammenfassung

Die Französische Revolution

Der französische Absolutismus

Ludwig XIV., König von Frankreich, sorgte bei seiner Machtübernahme sofort dafür, dass er die unumschränkte, d. h. die absolute Herrschaft ausüben konnte. Äußeres Zeichen der Machtfülle und herausragenden Stellung des Königs war das Schloss von Versailles.

Der Unterhalt des Schlosses und das aufwändige Leben verschlangen hohe Summen, die die Bevölkerung aufbringen mussten und dadurch immer mehr verarmte.

1774–1789

Ludwig XVI., der letzte absolute König Frankreichs.

Der aufgeklärte Absolutismus

Dichter, Philosophen und Schriftsteller wiesen zu Beginn des 18. Jahrhunderts immer häufiger daraufhin, dass „von Natur aus alle Menschen gleich sind". Die absolute Macht des Königs und die besondere Stellung des Adels wurden damit in Frage gestellt.

Um die Freiheit und Gleichheit aller Menschen vor dem Gesetz zu schützen, forderten sie die Aufteilung der Gewalten in eine: Gesetzgebende, ausführende und richterliche Gewalt.

1789

1789 erklärten sich die Vertreter des dritten Standes zur Nationalversammlung.

Die Französische Revolution

Im Jahre 1789 lud König Ludwig XVI. die Vertreter der drei Stände: Adel, Geistlichkeit und der übrigen Bevölkerung nach Versailles ein, um sich höhere Steuern bewilligen zu lassen. Die Vertreter des dritten Standes erklärten sich hier als die einzigen und wahren Vertreter des Volkes und bezeichneten ihre Versammlung als Nationalversammlung.

Der Sturm auf die Bastille, das berüchtigte Staatsgefängnis in Paris, war das Signal für eine Revolution in ganz Frankreich, um die alte Adelsherrschaft zu beseitigen. Im August 1789 wurden von der Nationalversammlung die Menschenrechte und wenig später eine neue Verfassung verkündet, durch die die Macht der Königs eingeschränkt wurde.

1792–1799

Mit der Hinrichtung des Königs wurde Frankreich zu einer Republik.

Das Kaiserreich Napoleons

Da sich in den folgenden Jahren die wirtschaftliche Lage in Frankreich nicht verbesserte, wurde bei vielen Franzosen der Wunsch nach einem „starken Mann" an der Spitze des Staates immer stärker. Diese Chance nutzte der General Napoleon, der 1799 die Macht an sich riss und sich im Jahre 1804 zum Kaiser krönen ließ.

Unter seiner Führung sollte Europa vereint werden mit der Hauptstadt Paris. Das Deutsche Reich wurde neu gegliedert: über 300 Fürstentümer, Reichritterschatten usw. wurden aufgelöst.

Nach mehreren vernichtenden Niederlagen wurde Napoleon schließlich auf die Insel St. Helena verbannt, wo er 1821 starb.

1804–1815

Napoleon Bonaparte, der seit 1799 Frankreich allein regierte, krönte sich 1804 selbst zum Kaiser.

Das kann ich ...

Die Französische Revolution

Q1 In einer Erklärung des ersten und zweiten Standes hieß es 1776:

... Die französische Monarchie besteht aus verschiedenen und getrennten Ständen. Diese Ordnung hat ihren Ursprung im göttlichen Willen: Die unendliche und unabänderliche Weisheit Gottes hat die Macht und Gaben ungleichmäßig verteilt. ...

... Der besondere Dienst der Geistlichkeit besteht darin, alle Aufgaben zu erfüllen, die sich auf den Unterricht und den religiösen Kult beziehen, und zur Tröstung der Armen durch ihre Almosen beizutragen. Der Adlige weiht sein Blut der Verteidigung des Staates und hilft dem Herrscher mit seinen Ratschlägen. Die letzte Klasse des Volkes, die dem Staat nicht so hervorragende Dienste leisten kann, leistet ihren Beitrag durch die Abgaben, durch Arbeitsamkeit und durch körperliche Dienste. ...

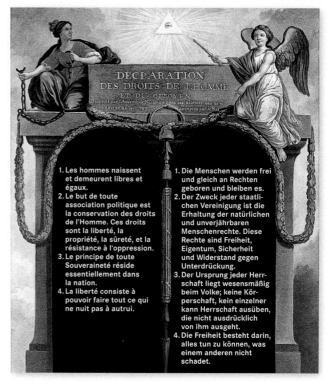

1 – „Die Erklärung der Menschen- und Bürgerrechte". Fotomontage unter Benutzung eines Ölgemäldes von Le Barbier, 1789. Die linke Figur stellt Frankreich, die rechte das Gesetz dar.

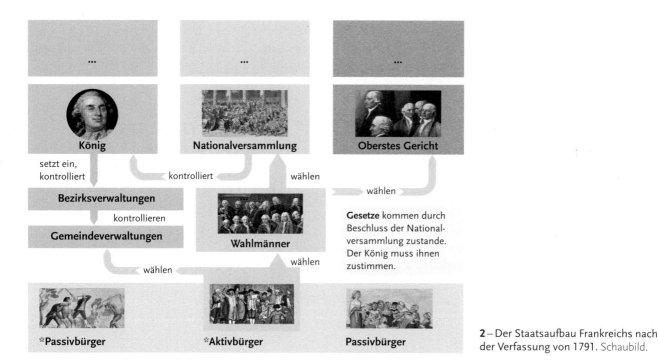

2 – Der Staatsaufbau Frankreichs nach der Verfassung von 1791. Schaubild.

Verstehen

Q2 Im Artikel 1 des Grundgesetzes der Bundesrepublik Deutschland heißt es:

Artikel 1

(1) Die Würde des Menschen ist unantastbar. Sie zu achten und zu schützen ist Verpflichtung aller staatlichen Gewalt.

(2) Das Deutsche Volk bekennt sich darum zu unverletzlichen und unveräußerlichen Menschenrechten als Grundlage jeder menschlichen Gemeinschaft, des Friedens und der Gerechtigkeit in der Welt. ...

Artikel 2

(1) Jeder hat das Recht auf die freie Entfaltung seiner Persönlichkeit soweit er nicht die Rechte anderer verletzt und nicht gegen die verfassungsgemäße Ordnung oder das Sittengesetz ver-stößt.

(2) Jeder hat das Recht auf Leben und körperliche Unversehrtheit. Die Freiheit der Person ist unverletzlich. In diese Rechte darf nur auf Grund eines Gesetzes eingegriffen werden.

Artikel 3

(1) Alle Menschen sind vor dem Gesetz gleich.

(2) Männer und Frauen sind gleichberechtigt. ...

Wichtige Begriffe

Absolutismus

Generalstände

Nationalversammlung

Menschenrechte

konstitutionelle Monarchie

Republik

Frauenrechte

Schreckensherrschaft

Herrschaft Napoleons

Wissen und erklären

❶ Erklärt euch gegenseitig die wichtigen Begriffe (oben) und schreibt die Bedeutung der Begriffe in euer Geschichtsheft.

❷ Lest Q1 und beschreibt mit eigenen Worten wie die gesellschaftliche Ordnung im Absolutismus gerechtfertigt wurde.

❸ Erläutert die Idee der Gewaltenteilung und nennt die drei Gewalten. Zeigt sie im Schaubild 2.

❹ Schreibt Stichworte zu den Ursachen und dem Verlauf der Französischen Revolution auf.

❺ Zeigt die Gemeinsamkeiten zwischen der Erklärung der Menschenrechte von 1789 (rechte Spalte Bild 1) und den Grundrechten des Grundgesetzes (Q2).

❻ Erklärt, wie es zur Schreckensherrschaft kam und welche Folgen diese hatte.

Anwenden

❼ Erläutert mithilfe der Methodenseite S. 70 das Verfassungsschema von 1791 (Schaubild 2) und erklärt die Unterschiede zur Herrschaftspraxis im Absolutismus.

Beurteilen und handeln

❽ Erklärt, warum in einer demokratischen Ordnung staatliche Macht seit 1789 auf der Zustimmung des Volkes durch Wahlen beruhen muss.

❾ Führt ein Streitgespräch über den Satz: „Die Revolution ist kurzfristig gescheitert und hatte doch langwierige Auswirkungen bis heute" (Schaubild 3).

1776 USA	1789 Frankreich	1849 Deutschland Grundrechte des deutschen Volkes
1948 Vereinte Nationen	1949 Deutschland Grundgesetz	1989 Vereinte Nationen Kinderrechte

3 – Die Entwicklung der Menschenrechte von 1776 bis heute. Schaubild.

Die Industrielle Revolution

Aus kleinen Anfängen entstanden im 19. Jahrhundert oft in kürzester Zeit große Industrieanlagen – so auch die Krupp-Werke in Essen. Die hohen Schornsteine galten als Zeichen des Fortschritts. Diese Firmen boten oft tausenden Arbeiterinnen und Arbeitern und Angestellten Arbeit und Verdienst. In den riesigen Werkshallen wurden Produkte in großen Mengen und zu niedrigen Preisen hergestellt.

Die Industrielle Revolution

1 – Wichtige Industrieregionen in Europa um 1850.

Jahrhundertelang hatte sich das Leben der Menschen kaum geändert: Die meisten Menschen lebten in kleinen Dörfern oder verdienten sich ihren Lebensunterhalt als Handwerker und Händler in den Städten. Mit dem Beginn der Industrialisierung änderte sich das Leben der Bevölkerung schlagartig. Man spricht deshalb auch von der „Industriellen Revolution".

Bei der Arbeit mit diesem Kapitel könnt ihr euch mit folgenden Fragen beschäftigen:
- Weshalb begann die Industrialisierung in England?
- Wie verlief die Industrielle Revolution in Deutschland?
- Welche technischen Entwicklungen gab es in dieser Zeit?
- Wie veränderte sich das Leben der Menschen?

- Welche Folgen hatte die Industrialisierung für die Gesellschaft?
- Außerdem lernt ihr, wie man Statistiken untersucht und Industriefotos analysiert.

❶ Schaut euch die Bilder auf der rechten Seite an und erzählt, was ihr bereits über die Industrialisierung wisst.

❷ Zeigt auf der Karte, wo sich in Europa Zentren der Industrialisierung bildeten.

❸ Ordnet die Bilder 2–4 den Ereignissen auf der Zeitleiste zu. Versucht, Unterschiede zum Leben in der heutigen Zeit zu benennen

1769	um 1770	1835	1875	1883–1889
Dampfmaschine von James Watt	Beginn der Industrialisierung in England	Erste deutsche Eisenbahnstrecke Nürnberg – Fürth	Gründung der Sozialdemokratischen Partei Deutschlands	Sozialgesetzgebung in Deutschland

2 – Dampfhammer in einem Stahlwerk in der Nähe Manchesters, 1842. Gemälde von E. Zimmer, 1900.

3 – Kinderarbeit in einem englischen Steinkohlebergwerk. Lithografie, 1884.

4 – Die erste Eisenbahnlinie in Deutschland: Abfahrt des Eröffnungszuges von Nürnberg nach Fürth am 7. Dezember 1835. Lithografie, 1845.

5 – Demonstration für Mindestlöhne in Berlin. Foto, 2011.

Anfänge der industriellen Produktion

Wie kam es zur Industriellen Revolution?

1 – Verarbeitung von Wolle zu Garn 1783. Die Fäden werden zunächst auf dem Spinnrad gesponnen und dann auf eine Garnwinde gewickelt. Illustration.

Die Revolution begann in England

Q1 Friedrich Engels, ein deutscher Fabrikant, schrieb 1845 in seinem Buch „Die Lage der arbeitenden Klasse in England":

... Vor 60/80 Jahren ein Land wie alle anderen, mit kleinen Städten, wenig und einfacher Industrie und einer verhältnismäßig großen Ackerbaubevölkerung. Und jetzt: Ein Land wie kein anderes, mit einer Hauptstadt von dreieinhalb Millionen Einwohnern, mit großen Fabrikstädten, mit einer Industrie, die die ganze Welt versorgt und die fast alles mit den kompliziertesten Maschinen macht, mit einer fleißigen, intelligenten Bevölkerung, von der zwei Drittel von der Industrie in Anspruch genommen werden und die aus ganz anderen Klassen besteht, ja, die eine ganz andere Nation mit anderen Sitten und Bedürfnissen bildet als damals. ...

❶ Notiert, welche Veränderungen Engels in England beobachtet hat.

❷ Erläutert, warum man die Entwicklung, die Engels in Q1 beschrieb, als „Revolution" bezeichnen kann.

Voraussetzungen der Industriellen Revolution

Wie hatte es zu diesen Veränderungen kommen können und warum gerade in England?

– Eine wichtige Voraussetzung war, dass die Ernteerträge durch bessere Anbaumethoden und neue Maschinen gesteigert wurden. So erfand z. B. der Engländer Jethro Tull im Jahre 1701 eine Sämaschine. Man züchtete planmäßig neue Getreidesorten, die höhere Ernteerträge erzielten.

– Es kam zu einer breiteren Versorgung mit Nahrungsmitteln, weil neue Nahrungsmittel wie die Kartoffel aus Südamerika und Erbsen aus Kleinasien hinzukamen.

– Die Gesundheit verbesserte sich und die Lebenserwartung wurde höher, weil die Ernährung besser wurde, mehr Sauberkeit in den Haushalten herrschte und die Medizin Fortschritte machte (z. B. durch diePockenschutzimpfung).

– Die Bevölkerungszahl stieg in England zwischen 1750 und 1850 von 7,4 Millionen auf fast 21 Millionen an.

2 – Die „Spinning Jenny" von 1764. Drehte man das Rad, zogen und drehten die Spindeln die Wolle automatisch zu Fäden. Ein Mensch konnte daran so viel Garn spinnen wie acht Leute mit herkömmlichen Spinnrädern. Kolorierter Stich.

– Dadurch stieg der Bedarf an Kleidung aller Art, vor allem an preisgünstigen Stoffen. Für diese Stoffe produzierten die etwa 700 000 Heimarbeiter/-innen in England (Bild 1) Garn, aber die Produktionsmenge reichte bald nicht mehr aus.

– Großhändler und Unternehmer suchten deshalb nach technischen Möglichkeiten, um die Produktion zu erhöhen und gleichzeitig preiswerte Waren zu produzieren. Denn die Nachfrage nach preisgünstigen Stoffen war sehr groß.

Die „Spinning Jenny"

Im Jahre 1761 schrieb die „Gesellschaft zur Förderung des Handwerks und der Manufakturen" einen Wettbewerb aus. Den ersten Preis sollte derjenige erhalten, dem die Erfindung einer Maschine gelänge, die „sechs Fäden Wolle, Flachs, Hanf oder Baumwolle gleichzeitig spinnt, sodass nur eine Person zur Bedienung nötig ist". Den Preis gewann James Hargreaves (1740–1778). Im Jahre 1764 stellte er seine Maschine vor, die er nach seiner Tochter „Spinning Jenny" nannte. Mit dem Preisgeld richtete er sich eine Werkstatt ein, die aufgebrachte Weber und Spinner der Umgebung jedoch schon bald gewaltsam zer-

störten. Sie verloren ihre Arbeit, weil neue Maschinen eingesetzt wurden.

Aber durch solche Proteste ließ sich die industrielle Entwicklung nicht aufhalten. Die Arbeitswelt in England hatte sich innerhalb von nur zwei Generationen völlig verändert: Von der Heimarbeit, die die Menschen neben der Landwirtschaft ausüben konnten, kam es jetzt zur Vollarbeitszeit in großen Fabriken mit oft mehreren Hundert Arbeiterinnen und Arbeitern.

❸ Beschreibt mithilfe von Q1, den Bildern 1 und 2 sowie des Textes die Veränderungen in der Textilproduktion Englands.

❹ Stellt mithilfe des Textes und der Bilder fest, wie der Einsatz von Maschinen die Berufs- und Arbeitswelt veränderte.

entdecken und verstehen

Ⓐ Heute sprechen wir von einer „Informatisierung" der Arbeitswelt. Findet heraus, was gemeint ist und notiert Merkmale, die für diese Arbeitswelt typisch sind. Ergänzt eure Einschätzung positiv/sinnvoll (+), negativ/schädlich (–) unentschieden/zwiespältig (+/–) und tauscht euch aus.

Ⓑ Weber und Spinner zerstörten die Werkstatt von Hargreaves. – Notiert in euer Geschichtsheft, welche Motive sie dafür angegeben haben könnten.

Ⓒ Legt ein Portfolio zum Thema „Die Industrielle Revolution" an.

Was bewirkte die Erfindung der Dampfmaschine?

1 – Die von James Watt 1769 konstruierte Dampfmaschine. Rekonstruktion im Deutschen Museum in München. Foto, 2009.

2 – James Watt (1736–1819). Gemälde von Friedrich Breck, 1792.

Abschied vom Webstuhl

Mit den neuen Spinnmaschinen, die zudem ständig verbessert wurden, gab es Garn im Überfluss. Daher verlangten die Webereibesitzer nach leistungsfähigeren Webstühlen, um das Garn auch verarbeiten zu können. Edmund Cartwright (1743–1823), konstruierte im Jahr 1785 die ersten mechanischen Webstühle. Sie wurden schon bald von Dampfmaschinen angetrieben. Dampfmaschinen gab es schon seit 1698. Bei geringer Leistung verbrauchten sie aber sehr viel Energie. Den Durchbruch schaffte erst James Watt im Jahr 1769 mit einer Dampfmaschine, die die zehnfache Leistung eines Pferdes erbrachte (10 Pferdestärken – 10 PS). Im Jahr 1810 gab es in England bereits über 5000 Dampfmaschinen. In den Bergwerken wurden sie vor allem für die Pumpen eingesetzt, mit denen die Kohlegruben entwässert wurden. Dampfmaschinen trieben Mühlen und Dreschmaschinen an. Auf den Feldern von großen landwirtschaftlichen Betrieben zogen Lokomobile die schweren Pflüge aus Stahl. Für die in Heimarbeit beschäftigten ländlichen Textilarbeiter und -arbeiterinnen entstand durch die Fabriken eine übermächtige Konkurrenz.

❶ Beschreibt die Entwicklung im Textilgewerbe anhand der folgenden Tabelle.

M1 Entwicklung der Textilproduktion in England 1810–1860. Zahl der ländlichen Weber und Zahl der kraftgetriebenen Webstühle.

	Ländliche Weber	Kraftgetriebene Webstühle
1810	250 000	–
1813	–	2400
1820	250 000	14 150
1829	–	55 500
1833	–	100 000
1850	40 000	250 000
1860	3 000	–

(– = keine Angaben vorhanden)

3 – Dampfpflug im Einsatz. Dieser wird durch Auf- und Abwickeln eines zwischen zwei Lokomobilen gespannten Drahtseils hin- und herbewegt. Holzstich, koloriert, 1890.

Erfinder und Entdecker:

Benz · Edison · Fulton · Daimler · Koch · Liebig · Otto · Pasteur · Siemens · Daguerre

---

Erfindungen und Entdeckungen:

Glühlampe · Bekämpfung der Cholera · Entdeckung der Bakterien · erstes Automobil · Dynamo · Viertaktmotor · Kunstdünger · Benzinmotor · Fotografie · Dampfschiff

4 – Wichtige Erfindungen und Entdeckungen im 19. Jahrhundert.

Mit Volldampf in die Zukunft

Die ersten Dampfmaschinen waren so schwer, dass man sie nicht von der Stelle bewegen konnte. Doch schon bald gelang es englischen Technikern, Dampffahrzeuge zu entwickeln. Dies führte aber zum entschlossenen Widerstand von Fuhrunternehmern, Hufschmieden, Sattlern und Besitzern von Pferdestationen. Als es auch noch zu Verkehrsunfällen und Kesselexplosionen mit Todesopfern kam, erließ das englische Parlament 1836 das „Anti-Dampfwagen-Gesetz". Demnach durften die „pferdelosen-mechanischen" Wagen nicht schneller als vier englische Meilen in der Stunde (6,4 km/h) fahren. Dieses Gesetz galt bis 1895 und verhinderte so die Weiterentwicklung von Straßenfahrzeugen in England.

Erfolgreicher waren die Dampflokomotiven des englischen Konstrukteurs George Stephenson (1781–1848). Die erste Bahnlinie der Welt wurde im Jahre 1825 zwischen den Bergwerken in Darlington und der Hafenstadt Stock-on-Tees eröffnet. Die Lokomotive mit 34 Wagen brauchte für die 15 km lange Strecke 65 Minuten.

Wie keine andere Erfindung dieser Zeit hat die Dampfmaschine die Welt verändert: Menschen und Waren konnten nun in kürzester Zeit über große Strecken transportiert werden. Rohstoffe konnten in die Industriezentren gebracht und die Bevölkerung in den stark wachsenden Städten mit Lebensmitteln versorgt werden.

Der Dampfmaschine folgten im 19. Jahrhundert noch zahlreiche weitere bedeutende Erfindungen und Entdeckungen (s. Übersicht 4).

❷ Erklärt, warum es zur Erfindung von Dampfmaschinen kam und welche Folgen diese Erfindung hatte.

entdecken und verstehen

Ⓐ „Die Dampfmaschine hat die Welt verändert." – Erstellt dazu eine Mindmap.

Ⓑ Ordnet den Erfindungen bzw. Entdeckungen (Übersicht 4) Personen mithilfe eines Lexikons zu. Welche Auswirkungen und Folgen hatten die einzelnen Erfindungen und Entdeckungen?

Ⓒ Erstellt in Partnerarbeit zu heutigen Erfindungen und Entdeckungen „Steckbriefe" und stellt sie aus. Tragt Informationen zusammen: „Was?", „Wer?", „Wann?", „Warum?" (Ursache, Zusammenhang), „Kosten", „beteiligte Wissenschaften/ Gebiete", „Nutzen", „Auswirkungen".

Industrialisierung in Deutschland

Wie begann die Industrialisierung in Deutschland?

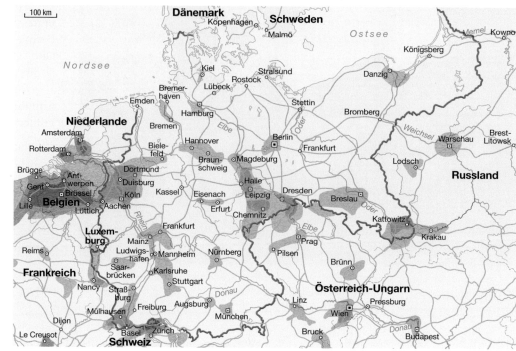

Industriegebiete:

- um 1830
- Ausweitung bis 1850
- Ausweitung bis 1914

— wichtige Eisenbahnlinien um 1914

Städte nach Einwohnerzahl um 1914:

- ▣ mehr als 1 Million
- ◩ 500 000 – 1 Million
- ◉ 100 000 – 500 000
- ○ weniger als 100 000

— Staatsgrenzen 1914

— Grenze des Deutschen Reiches seit 1871

1 – Entwicklung der Industrialisierung in Deutschland 1830–1914.

Grenzen überall

Im Unterschied zu England zerfiel Deutschland in 39 Einzelstaaten (vgl. S. 137).

Q1 **Der Wirtschaftswissenschaftler Friedrich List (1789–1846) schrieb dazu 1819:**

... 38 Zolllinien in Deutschland lähmen den Verkehr im Inneren und bringen ungefähr dieselbe Wirkung hervor, wie wenn jedes Glied des menschlichen Körpers unterbunden wird, damit das Blut ja nicht in anderes überfließe.

Um von Hamburg nach Österreich, von Berlin in die Schweiz zu handeln, hat man zehn Staaten zu durchschneiden, zehn Zollordnungen zu studieren, zehnmal Durchgangszoll zu bezahlen. ... Trostlos ist dieser Zustand für Männer, welche wirken und handeln möchten. ...

Die unterschiedlichen Gewichts- und Maßeinheiten erschwerten zusätzlich den Handel in den einzelnen Ländern.

❶ Erläutert die Klagen von Friedrich List.

Zollschranken fallen

1834 wurde der Deutsche Zollverein gegründet. Damit wurde eine wichtige Voraussetzung für den Weg Deutschlands zu einem Industriestaat geschaffen: Preußen und einige mittel- und süddeutsche Staaten bildeten nun ein einheitliches Wirtschaftsgebiet und die Zollschranken zwischen ihnen wurden aufgehoben. Fast alle deutschen Staaten traten dem Deutschen Zollverein bis 1854 bei.

Die Regierungen der einzelnen Staaten einigten sich auch darauf, das Münz-, Maß- und Gewichtssystem zu vereinheitlichen. Alle diese Maßnahmen führten dazu, dass Waren innerhalb Deutschlands jetzt viel schneller und günstiger transportiert werden konnten. Die Einwohner der Gebiete des Deutschen Zollvereins konnten sich jetzt auch in jedem Mitgliedsland des Zollvereins Arbeit suchen.

❷ Erklärt die Behauptung: „Die wirtschaftlichen Erfordernisse förderten die deutsche Einheit."

2 – Die Strecke von Nürnberg nach Fürth war die erste Eisenbahnlinie Deutschlands.
Lithografie von C. Trummer, 1836.

Die Eisenbahn – Motor der Industrialisierung in Deutschland

3 Benennt mithilfe der Karte 1 industrielle Zentren in Deutschland um 1830. Gebt Gründe an, warum sie gerade dort entstanden. Beachtet dazu die Legende zur Karte.

4 Beschreibt die Eisenbahnwagen und ihre Ausstattung (Bild 2). Worin unterscheiden sie sich?

In England hatte die Industrialisierung in der Textilindustrie begonnen. In Deutschland trieb die Eisenbahn die Industrialisierung voran.

Deutschlands „erste Eisenbahn mit Dampf" fuhr nur knapp zwei Jahre, nachdem der Deutsche Zollverein gegründet worden war. Sie legte am 7. Dezember 1835 die sechs Kilometer lange Strecke von Nürnberg nach Fürth zurück (siehe auch Bild 4 S. 91). Drei Jahre später wurde die Linie Potsdam–Berlin in Betrieb genommen.

In den folgenden Jahren wurde in vielen deutschen Staaten das Schienennetz ausgebaut, von etwa 550 Kilometern im Jahre 1840 auf ungefähr 34 000 Kilometer im Jahre 1880.

Aufschwung der Industrie

Zahlreiche Stahlwerke wurden für den Lokomotiven- und Wagenbau sowie den Bau von Gleisanlagen errichtet. In diesen Werken waren Arbeiterinnen und Arbeiter beschäftigt. Sie kamen in großer Zahl vom Land in die Stadt und brauchten Wohnungen. Deshalb wurden große Mietshäuser und Arbeitersiedlungen errichtet. Neben den Wohnhäusern mussten auch zahlreiche Bahnhöfe, Lokomotiven- und Wagenhallen gebaut werden. Darum erzielte das Baugewerbe hohe Gewinne.

Eine wichtige Rolle spielte die Eisenbahn auch im Güterverkehr. Kohle und Eisenerze aus Oberschlesien, dem Ruhrgebiet oder dem Saarland konnten jetzt schnell und preiswert zu den sich entwickelnden Industriezentren gebracht werden (Karte 1).

So wurde es erst möglich, dass neue industrielle Standorte in der Eisen- und Stahlindustrie entstehen und ausgebaut werden konnten.

5 Begründet mithilfe des Textes die Bedeutung der Eisenbahn für die Industrialisierung in Deutschland. Vergleicht mit der Industrialisierung in England.

entdecken und verstehen

A Schreibt den Text von Q1 fort und verweist auf das Beispiel England.

B Erkundigt euch im Heimatmuseum nach der Geschichte der Eisenbahn in eurem Wohn- oder Schulort. Haltet darüber in der Klasse ein kurzes Referat.

Welche Rolle spielten Kohle und Eisen?

1 – Eine Gruppe von Arbeitern einer Kohlengrube im Ruhrgebiet. Pferde wurden zum Ziehen der schweren Förderwagen eingesetzt. Foto, um 1880.

❶ Beschreibt das Foto 1.
❷ Erläutert die Arbeitsbedingungen für die Bergarbeiter.

Bergbau im Ruhrgebiet

Metalle wurden in der vorindustriellen Zeit mithilfe von Holzkohle aus den Erzen geschmolzen und dann verarbeitet. Die Eisenerzgruben und Eisenhütten deckten hauptsächlich den Bedarf an Eisenwaren in der Umgebung. Aber die Eisenproduktion musste eingeschränkt werden, wenn das Holz aus den vorhandenen Waldbeständen knapp wurde.

Im Tal der Ruhr bauten Bauern lange Zeit Steinkohle im Nebenerwerb ab. Das geschah im Stollenabbau an den Hängen des Ruhrtals. Nach 1815 förderte der preußische Staat in seinen neuen Provinzen Rheinland und Westfalen den Steinkohlenbergbau, z. B. durch die Anwerbung englischer Facharbeiter. Etwa fünfzehn Jahre später gelang der Übergang vom Stollen- zum Schachtbau. Denn erst mithilfe der Dampfmaschinen konnten die tiefen Schächte entwässert werden. 1835 hatten einige bereits eine Tiefe (bergmännisch: Teufe) von über 200 Metern.

Die Bergwerksarbeit wurde zu einer industriellen Arbeit. Sie war besonders hart und anstrengend. Männliche Jugendliche durften erst ab 16 Jahren unter Tage beschäftigt werden. Manche Zechenbesitzer beachteten diese Bestimmung jedoch nicht. Außerdem stellten sie viele Jugendliche ein, weil diese
– sich in den engen Stollen der Bergwerke besser bewegen konnten und
– als Arbeitskräfte billiger waren als die erwachsenen Arbeiter.

M1 Steinkohlenförderung 1860–1910 in Deutschland und der jeweilige Anteil des Ruhrgebietes (in Mio. Tonnen)

	Deutschland	davon: Ruhrgebiet
1860	12,3	4,4
1880	42,2	22,5
1900	109,3	60,1
1910	151,1	89,1

❸ Belegt mithilfe der Tabelle 1 die Bedeutung des Ruhrbergbaus für die wirtschaftliche Entwicklung in Deutschland.

2 – In der Gussstahlfabrik Krupp in Essen. Foto, um 1900.

Eisen und Stahl aus dem Ruhrgebiet

4 Tragt zusammen, welche Arbeitsbedingungen sich aus den Fotos 1 und 2 ableiten lassen.

In England wurde für die Eisen- und Stahlerzeugung inzwischen *Koks als Energiequelle eingesetzt. Dadurch konnten die englischen Metallwaren kostengünstiger und von besserer Qualität hergestellt werden. Deshalb überschwemmten neben englischen Textilwaren jetzt auch auch englische Metallprodukte den europäischen Markt. Daher versuchten Unternehmer aus dem Ruhrgebiet, wie die englischen Konkurrenten ebenfalls Kohle zur Eisen- und Stahlproduktion zu verwenden.

1811 gründete Friedrich Krupp (1787–1826) in Essen eine Gussstahlfabrik. Bei der Londoner Weltausstellung im Jahr 1851 staunten vor allem die englischen Besucher über eine riesige Gussstahlkanone und einen gewaltigen geschmiedeten Stahlblock der deutschen Firma Krupp.

5 Erklärt, warum Kohle, Eisen und Stahl für den Verlauf der Industrialisierung im Ruhrgebiet so wichtig waren.

Kapital für das Ruhrgebiet

Die Unternehmer benötigten viel Geld, um die Steinkohlenförderung und die Eisen- und Stahlproduktion zu steigern. Meist konnte ein einzelner Unternehmer dieses Kapital nicht aufbringen. Deshalb wurden *Aktiengesellschaften gegründet, bei denen viele Kapitalgeber ihr Geld in der Hoffnung auf hohe Gewinne zusammenlegten.

M2 Gründung von Aktiengesellschaften und Banken in Deutschland 1850, 1853 und 1856

	Aktiengesellschaften	Banken
1850	4	2
1853	16	3
1856	90	9

6 Bearbeitet die Tabelle. Was lässt sich aus den Angaben zur Entwicklung der Industrialisierung in Deutschland schließen?

entdecken und verstehen

A Entwickelt mit den Informationen der Seiten 96–101 eine Zeittafel zum Verlauf der Industrialisierung in Deutschland.

B Kohle lieferte die Energie, Eisen und Stahl waren wichtige Materialien und eine Gußstahlkanone ein bewundertes Produkt. Findet Beispiele für moderne Energieerzeugung, neue Werkstoffe und innovative Produkte.

* Aktiengesellschaft
Während bei einem Einzelunternehmer das Betriebskapital aus dem Vermögen des Unternehmers stammt, wird das Betriebskapital bei Aktiengesellschaften dadurch beschafft, dass viele Einzelpersonen oder andere Unternehmen Anteilscheine (Aktien) an dem Unternehmen kaufen.

* Koks
Aus Kohle gewonnener Brennstoff, mit dem höhere Temperaturen erzeugt werden können als mit Holzkohle.

Das Eisenwalzwerk

Schauplatz Geschichte

❶ Der Maler Adolph Menzel hat verschiedene Szenen in einem Eisenwalzwerk dargestellt. Schaut euch das Bild genau an und zählt sie auf. Macht auch Angaben zum Gesamteindruck, zu den Farben, den einzelnen Personen …
(Hinweis: Aus den weißglühenden Eisenstücken wurden Eisenbahnschienen hergestellt.)

❷ Sucht euch eine Person auf dem Gemälde aus. Erarbeitet eine Erzählung zu ihrem Alltag.

1 – Adolph Menzel: „Das Eisenwalzwerk", 1875. Ölbild, 1,58 m x 2,54 m.

Industrialisierung in Niedersachsen

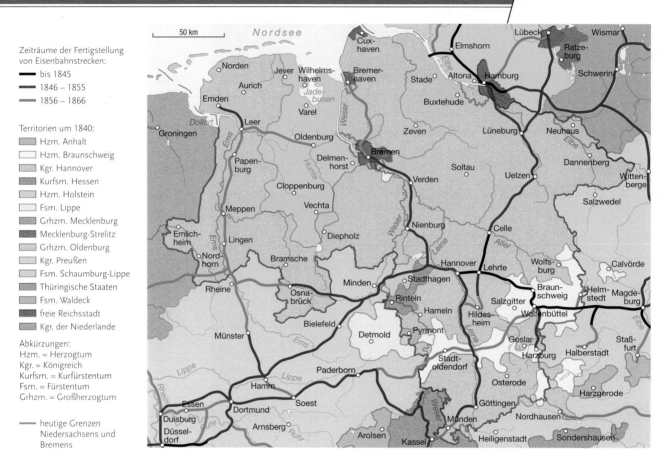

Zeiträume der Fertigstellung
von Eisenbahnstrecken:
— bis 1845
— 1846 – 1855
— 1856 – 1866

Territorien um 1840:
- Hzm. Anhalt
- Hzm. Braunschweig
- Kgr. Hannover
- Kurfsm. Hessen
- Hzm. Holstein
- Fsm. Lippe
- Grhzm. Mecklenburg
- Mecklenburg-Strelitz
- Grhzm. Oldenburg
- Kgr. Preußen
- Fsm. Schaumburg-Lippe
- Thüringische Staaten
- Fsm. Waldeck
- freie Reichsstadt
- Kgr. der Niederlande

Abkürzungen:
Hzm. = Herzogtum
Kgr. = Königreich
Kurfsm. = Kurfürstentum
Fsm. = Fürstentum
Grhzm. = Großherzogtum

— heutige Grenzen
Niedersachsens und
Bremens

1 – Entwicklung des Eisenbahnnetzes in Norddeutschland.

Der Aufbau des Schienennetzes

Durch den Ausbau des Streckennetzes der
Eisenbahn wurde die Industrialisierung auf
dem Gebiet des heutigen Niedersachsen
stark vorangetrieben. Der Aufsplitterung
Norddeutschlands in zahlreiche Kleinstaaten verzögerte aber oftmals die Fertigstellung und führte zu schwierigen Strecken-
führungen, da die Kleinstaaten auf
Sonderwünschen bestanden oder den Bau
ablehnten. Nur auf Drängen Braunschweigs
und Preußens beteiligte sich das Königreich
Hannover am Streckenaufbau. Die Strecke
Braunschweig – Hannover wurde 1844 eröffnet. Frühzeitig erkannte der Unternehmer Egestorff in Hannover den Bedarf an
Lokomotiven und Waggons. Ab 1846 ließ er
in seiner Maschinenfabrik Lokomotiven
bauen. Bis 1868 wurden 323 Lokomotiven
ausgeliefert.

❶ Wertet die Karte 1 aus und listet auf, in
welchem Zeitraum das Streckennetz
zwischen den großen Orten ausgebaut
wurde.

❷ Stellt fest, welche Regionen des heutigen
Niedersachsens nur schlecht an das
Schienennetz angebunden wurden.

Arbeitsplätze entstehen

Der Betrieb und der Ausbau der Bahn schuf
Arbeitsplätze: Es entstanden in Göttingen,
Hannover und Lingen Produktionsstätten
für Lokomotiven und Waggons. Das Eisenbahnausbesserungswerk in Göttingen
wuchs von 55 Mitarbeiter 1855 auf 368 im
Jahre 1895 an. Durch die Eisenbahn wurden
aber nicht nur die damit zusammenhängenden Gewerbe gefördert. Vielmehr zog
die Anbindung heutiger niedersächsischer
Städte an die Eisenbahn eine Reihe von Be-

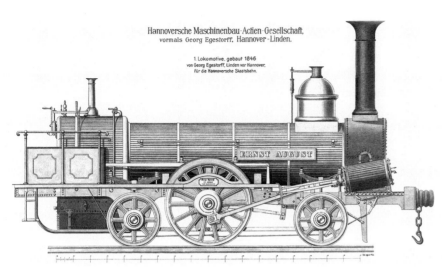

2 – Georg Egestorffs erste Lokomotive. Gebaut 1846 in Hannover.

3 – Werbeplakat der Firma Continental in Hannover, 1912.

triebsgründungen nach sich, die erst durch die Transportleistungen der Bahn, besonders von Kohle, möglich wurden.

M1 Für Göttingen listete der Heimatforscher Gero Busse die durch die Bahn ermöglichte Industrie mit Gründungsdaten auf:

1846 Levinsche Tuchfabrik (Gleisanschluss 1892)
1823 Wollspinnerei und -Weberei Eberwein
1855 Eisenbahnausbesserungswerk
1860 Städtisches Gaswerk
1865 Blechwarenfabrik Boie
1866–1883 Zigarettenfabrik Eckstein
1872 Tuchfabrik Rosenberg in Rauschenwasser
   Nähmaschinenfabrik Lappe
   Pianofabrik Rittmüller
1876 zwei Zigarrenfabriken in Bovenden
1873 Papiererzeugung Rube
1880 Städtische Brauerei
1882 Wäscherei Schneeweiß,
1885 Zuckerfabrik
1896 Papierverarbeitung Mehle,
1902 Molkerei

Industrialisierung und Städtewachstum am Beispiel Hannover-Linden

Im 19. Jahrhundert entwickelte sich Linden zu einem bedeutenden regionalen Gewerbestandort mit Maschinenfabrik, Lederwarenfabrik und Eisengießerei. Auch eine Weberei entstand an der Ihme. So verdienten in Linden und Umgebung um 1850 etwa 1000 Menschen ihren Lebensunterhalt in den neuen Fabriken. In den folgenden Jahren ging die Entwicklung rasant weiter. 1875 wohnten in Hannover 87 000, in Linden 21 000 Menschen. Bis zum Ersten Weltkrieg wurde aus der alten Residenz- und Handwerkerstadt Hannover ein Industriestandort von überregionaler Bedeutung. Firmen wie Hanomag, Conti, Pelikan, Bahlsen oder Riedel-de Haën zeigten, dass die hervorragende Verkehrsinfrastruktur den wirtschaftlichen Aufschwung förderte. 1920 wurde Linden nach Hannover eingemeindet.

❸ Erkundigt euch, wann euer Ort an das Schienennetz angeschlossen wurde.

Methode

Besuch eines Industriemuseums

Der Besuch eines Industriemuseums in eurer Umgebung bietet eine gute Möglichkeit, eure Kenntnisse über die Industrialisierung und ihre Auswirkungen vor Ort zu vertiefen. Ihr könnt dazu am besten verschiedene Arbeitsgruppen bilden.

Folgende Schritte helfen euch, den Besuch eines Industriemuseums durchzuführen:

Schritt 1 **Vorbereitung des Museumsbesuches**	Eine Arbeitsgruppe kümmert sich um die Organisation. ■ Schreibt an das Industriemuseum und bittet um Informationsmaterial oder ruft die Webseite des Industriemuseums auf. ■ Wie kommt ihr zu dem Industriemuseum? ■ Wann hat das Museum geöffnet? ■ Wie viel kostet der Eintritt für Schulklassen? ■ Gibt es einen Museumsplan? ■ Welche Themen werden im Museum behandelt? ■ Gibt es Führungen oder Vorführungen?
Schritt 2 **Themen auswählen**	Da ihr in einem großen Industriemuseum nicht alles besichtigen könnt, solltet ihr euch zunächst gemeinsam für bestimmte „Themen" entscheiden: Themen können sein: ■ Was wurde hergestellt und wie wurde produziert? ■ Welche Arbeitsbedingungen gab es im Betrieb (Belegschaft, Arbeitszeit, Löhne, Schutzvorrichtungen)? ■ Wie veränderte sich das Umfeld (Wohnbedingungen, Verkehr, Umwelt)?
Schritt 3 **Im Museum**	Zunächst verschafft ihr euch einen groben Überblick über das, was es zu sehen gibt. ■ Wo könnt ihr euch orientieren (Plan in der Eingangshalle, Infobereich)? ■ Wo befindet sich der Museumsteil zum vorher gewählten Themenbereich? ■ Besichtigung mit Erkundungsbogen oder eigenen Notizblättern, Fotoapparat (Fotografier-Erlaubnis erfragen).
Schritt 4 **Auswertung des Museumsbesuches**	Zurück in der Schule solltet ihr zunächst eure Ergebnisse zusammentragen: ■ Was hat euch im Industriemuseum überrascht? ■ Hat sich der Weg in das Industriemuseum eurer Meinung nach gelohnt? ■ War die Vorbereitung ausreichend? ■ Was würdet ihr beim nächsten Mal anders machen?

❶ Bereitet mithilfe der vier Schritte auf dieser Seite einen Besuch in einem Industriemuseum vor.

❷ Erkundigt euch während des Besuches, warum das Museum eingerichtet wurde.

1 – Industriemuseum Lohne. Kunststoffausstellung mit der Vorführung einer Spritzgussmaschine aus dem Jahr 1957. Foto, 2013.

2 – Bergbaumuseum Schachtanlage Knesebeck. Förderkorb mit Schachtgerüst. Foto, 2013.

3 – Autostadt Wolfsburg. Foto, 2013.

4 – Windmühlenmuseum Gifhorn. Foto, 2013.

❸ Prüft während eures Besuches, inwieweit der Umweltschutz damals eine Rolle spielte.

Ist der Industrialisierungsprozess zu Ende?

1452	1823	1864	1895	1906	1930	1958	1964
Buchdruck	Fotografie	Telefon	Film	Rundfunk	Fernsehen	mobiles Telefonieren	Faxgerät

1 – Vom Buchdruck zum iPad.

2 – Handwerkerfamilie. Gemälde von Jean Bourdichon, um 1510.

3 – Lokomotivmontage bei Borsig in Berlin, 1865.

Der lange Weg

Im mittelalterlichen Handwerksbetrieb stellte ein Meister und seine Gesellen ein Werkstück vollständig selbstständig her. Er arbeitete für den örtlichen Bedarf. In der Fabrik des 19. Jahrhunderts arbeiteten Lohnarbeiter für einen Unternehmer unter sehr schlechten Arbeitsbedingungen für einen geringen Lohn. Die Arbeit war oft körperlich anstrengend und eintönig. Die Arbeiterinnen und Arbeiter produzierten für den Markt im In- und Ausland. In der modernen Fabrik der Gegenwart produzieren computergesteuerte Maschinen weitgehend selbstständig. In der den vollautomatisierten Produktionshallen überwachen die Menschen die Herstellung und greifen nur noch bei Störungen in den Produktionsprozess ein. Die Entwicklung und Erprobung neuer Produkte erfolgt durch schnelle, weltweit vernetzte Rechner am Bildschirm

❶ Beschreibt mit der Grafik 1 und den Bildern 2–5 den langen Weg der Industrialisierung.

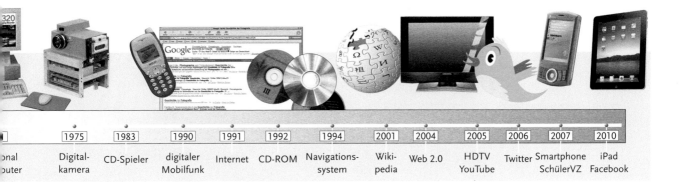

| 1975 | 1983 | 1990 | 1991 | 1992 | 1994 | 2001 | 2004 | 2005 | 2006 | 2007 | 2010 |

...onal
...puter | Digital-kamera | CD-Spieler | digitaler Mobilfunk | Internet | CD-ROM | Navigations-system | Wiki-pedia | Web 2.0 | HDTV YouTube | Twitter | Smartphone SchülerVZ | iPad Facebook

4 – Montage des „Phaeton" in der Gläsernen Manufaktur von VW in Dresden. Foto, 2008.

5 – Herstellung von Reinstsilizium, dem Grundstoff für die Chip-Herstellung. Foto, 2011.

❷ Vergleicht den mittelalterlichen Handwerksbetrieb mit einer Fabrik des 19. Jahrhunderts und einer heutigen Fabrik.

Stationen der Industrialisierung:
1800: Dampfmaschine, Webstuhl
1850: Eisenbahn, Stahl, Telegrafie, Fotografie, Maschinenbau
1900: Erdölchemie, Auto, Elektrifizierung
1950: Kunststoffe, Fernsehen, Elektronik, Kernkraft
1990: Computer, Internet, Mikroelektronik, Gentechnologie

entdecken und verstehen

Ⓐ Verfasst mithilfe dieser Doppelseite einen Bericht zu aktuellen Entwicklungen der Industrialisierung. Inwiefern kann von einem fortlaufenden Industrialisierungsprozess gesprochen werden?

Ⓑ Entwickelt eigene Ideen für zukünftige Erfindungen. Stellt eine Übersicht zusammen oder fertigt Skizzen an.

Die Welt der Fabrik

Wie sahen die Arbeitsbedingungen aus?

1 – Französische Karikatur über die Industriearbeit, um 1910.

* Akkordarbeit
Tätigkeit, die nach der produzierten Stückzahl bezahlt wird.

Der Fabrikant als Herr im Haus

Q1 August Borsig (1804–1854) hatte ein Großunternehmen zum Bau von Dampflokomotiven aufgebaut. Der „Berliner Volkskalender" schrieb 1855 nach seinem Tod:

… Er übte ein Regiment unerbittlicher Strenge aus, wo es sich um Redlichkeit und Pflichterfüllung handelte. Pünktlichkeit, Fleiß und Redlichkeit waren die einzigen Fürsprecher bei ihm. Das Gegenteil hatte die augenblickliche Entlassung ohne Ansehen der Person zur Folge. …

So wie Borsig forderten fast alle Fabrikanten von den Arbeiterinnen und Arbeitern, dass sie sich unter eine strenge Fabrikordnung unterordneten. Anders als z. B. in den kleinen Handwerksbetrieben bestimmten jetzt die Maschinen den Arbeitsablauf. Sobald sie frühmorgens angestellt wurden, mussten alle Arbeiter an ihrem Arbeitsplatz sein. Bei Strafe verboten waren „unnötiges Herumlaufen" in den Werkstätten, Rauchen und Alkoholkonsum. Ein Widerspruch gegen Anordnungen des Meisters konnte die sofortige Entlassung nach sich ziehen.

Q2 Der Industrielle Alfred Krupp (1812–1877) schrieb 1877 an seine Arbeiter:

… Jeder Arbeiter muss durch seinen Fleiß beweisen, dass er die Absicht hat, zum Nutzen der Fabrik zu arbeiten. Wer dies befolgt, hat zu erwarten, dass sein Lohn dem Wert seiner Arbeit nach bemessen wird. Wer trotzen will oder weniger seine Pflicht tut, wird entlassen. Frechheit wird augenblicklich bestraft. … Jeder Faule, jeder Widerspenstige … wird entlassen. …

Die Arbeit war oft sehr eintönig. Früher hatte ein Handwerker sein Produkt meist selbstständig hergestellt; jetzt musste er als Fabrikarbeiter oft nur wenige oder sogar nur einen einzigen Handgriff ausführen. Die monotone Fließbandarbeit und die *Akkordarbeit entstanden.

❶ Untersucht die Karikatur (Bild 1). Nehmt dazu die Methode auf Seite 58/59 zu Hilfe.

❷ Beschreibt anhand von Q1, Q2 und dem Text das Verhältnis zwischen den Fabrikanten und den Arbeitern.

❸ Vermutet, welche Einstellung die Arbeiter zu den Fabrikanten hatten.

2 – Produktionshalle der Firma Stollwerck in Köln. Frauen beim Verpacken von Schokoladenhasen. Foto, um 1920.

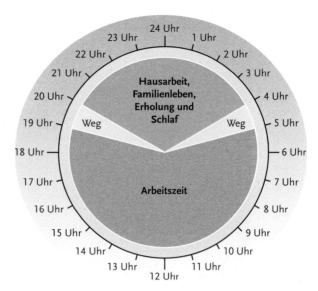

3 – Tagesablauf von Arbeiterinnen/Arbeitern in der Industrie um 1860.

Arbeiten ohne Ende

Q3 Ernst Abbe (1840–1905), Mitinhaber der Zeiss-Werke in Jena, erzählte von seinem Vater, der um 1850 als Vorarbeiter in einer Spinnerei arbeitete:

... Die Arbeitszeit währte 14–16 Stunden. Mittagspause gab es nicht. An eine Maschine gelehnt oder auf eine Kiste gekauert, verzehrte mein Vater sein Mittagessen aus dem Henkeltopf mit aller Hast, um mir dann den Topf geleert zurückzugeben und sofort wieder an die Arbeit zu gehen. Mein Vater war eine Hünengestalt von unerschöpflicher Robustheit, aber mit 48 Jahren in Haltung und Aussehen ein Greis, seine weniger starken Kollegen waren aber mit 38 Jahren Greise. ...

Arbeiterinnen doppelt belastet

Nur wenige Frauen von Arbeitern konnten sich ausschließlich dem Haushalt und ihren Kindern widmen. Sie waren zur Mitarbeit gezwungen, weil die Männer nur ein geringes Einkommen hatten. Frauen wurden als Arbeitskräfte von den Unternehmern geschätzt, denn sie erhielten oft nur die Hälfte des Arbeitslohnes ihrer männlichen Kollegen.

Q4 In dem Bericht einer *Gewerbeaufsicht aus dem Jahre 1899 heißt es:

... Es gibt viele Arbeiterinnen, die täglich zehn bis zwölf Kilometer zu Fuß zur Fabrik zurücklegen müssen. Ist die Entfernung zur Fabrik nicht so weit, eilt sie in der Mittagspause im Schnellschritt heim, macht Feuer ..., wärmt das vorher fertiggestellte Essen auf und isst mit den Angehörigen. Abends dasselbe: Abendessen, Schularbeiten der Kinder, Flicken und Waschen der Kleider und Wäsche, Vorbereitung des Essens für den anderen Tag. Vor neun Uhr abends endet der Arbeitstag nie ..., oft erst nach 23 Uhr. ...

* Gewerbeaufsicht
Behörde, die die Arbeitsbedingungen in Betrieben überwacht.

4 Überlegt, was Unternehmer oder Arbeiter zu der langen Arbeitszeit gesagt haben könnten.

entdecken und verstehen

A Entwickelt Gespräche zwischen Arbeiter/-innen oder zwischen Fabrikanten über die Arbeits- und Lebensbedingungen der Arbeiter/-innen. Tragt die Gespräche vor. Vergleicht eure Ergebnisse.

B Teilt euch auf: Eine Gruppe recherchiert, wie heute Unternehmen untersucht und bewertet werden; findet Beispiele für Lob wie für Kritik. Die zweite Gruppe sucht Organisationen, die sich für bessere Arbeitsbedingungen einsetzen. Welche sind das und welche Ziele verfolgen sie?

Welche Folgen hatte die Kinderarbeit?

1 –So genannte „Breaker boys" beim Aussortieren von nicht verwertbarem (taubem) Gestein. Die Kohle wurde über eine Rutsche zu Förderbändern transportiert, die zwischen den Kindern, zum Teil achtjährige, entlangliefen. Die Kinder arbeiteten auf Holzbrettern sitzend in großen zugigen Hallen oder im Freien oft 10–11 Stunden an 6 Tagen pro Woche. Foto, USA 1908.

✻ Kreisphysiker
Amtsärzte.

Kinder – billige Arbeitskräfte

Q1 Der Historiker Günter K. Anton berichtete 1891 in seiner Darstellung der Fabrikgesetzgebung Preußens über eine Untersuchung der Düsseldorfer Regierung aus dem Jahre 1823:

... Nach diesem Bericht waren es zwei Spinnereien jenes Fabrikanten, in denen sowohl zu Tages- als zu Nachtarbeit Kinder vom sechsten Jahre an aufgenommen wurden. In der einen arbeiteten am Tage 96, bei Nacht 65 Kinder, in der anderen bei Tage 95, bei Nacht 80 Kinder. Die Arbeitszeit währte im Sommer von 7 Uhr früh bis 8 Uhr abends, im Winter von 8 Uhr früh bis 9 Uhr abends. Die Nachtarbeit begann mit dem Schlusse der Tagesarbeit und dauerte bis zu deren Wiederbeginn. ...

❶ Berichtet über die Kinderarbeit in einer Spinnerei um 1823 (Q1).

❷ Beschreibt mit dem Bild die Kinderarbeit um 1908 und vergleicht sie mit den Möglichkeiten von Kindern heute, etwas zu verdienen.

Umstrittener Kinderschutz

Q2 Im Juli 1837 kam es zur ersten Kinderschutzdebatte im Rheinischen Provinziallandtag. Aus dem Protokoll der Sitzung:

... Der Herr Abgeordnete Schuchard (Barmen) bemerkte: dass gewissenhafte ✻Kreisphysiker versicherten, wenn die Kinder auch nur um 10 Stunden in die Höhlen des Jammers eingesperrt würden und stets sich auf den Beinen befinden, um zu arbeiten, so erhielten besonders die Mädchen Geschwülste und Auswüchse, die Beine schwänden und die Kinder welkten elendiglich dahin. Er müsse indessen das Zeugnis ablegen, dass die Spinnerei von Oberempt in Barmen insoweit eine Musteranstalt genannt werden könne, indem derselbe um

11 Uhr morgens seine Maschinen stillstehen lasse, um seinen 200 Spinnkindern eine bis 1 und 1/4 Stunde Unterricht erteilen und sie dann eine Stunde freie Luft genießen zu lassen. ...

Der Herr Abgeordnete vom Baur (Ronsdorf) sagte: ... Die von Ihnen scharf beurteilten Fabrikanlagen, welche Kinder beschäftigen, rufen den von Ihnen mit so viel Härte geschilderten Jammer nicht hervor, sondern mildern den bereits vorhandenen. Eine Überbevölkerung, die der Ackerstand nicht mehr zu beschäftigen weiß, strömt den Anstalten zu, wo Arbeit, wo Brot zu erwerben ist. ... Ich pflichte Ihnen, meine Herren, vollkommen bei, dass die armen Kinder, deren Kräfte ausnahmsweise mitunter zu sehr in Anspruch genommen sein mögen, unter den Schutz milder Gesetze gestellt werden, jedoch dürften diese keine so großen Beschränkungen erhalten, ... dass dadurch der Bestand unserer Industrieanlagen wegen der Konkurrenz des Auslandes unmöglich gemacht wird. ...

In der Abstimmung sprachen sich die Abgeordneten mit 60 Ja- und 9 Nein-Stimmen dafür aus, dass die Kinderarbeit auf 10 Stunden pro Tag beschränkt wird.

❸ Untersucht Q2 und schreibt wichtige Aussagen der beiden Abgeordneten in einer Tabelle nebeneinander auf.

❹ Nennt die unterschiedlichen Interessen und Motive der Redner und bewertet sie aus damaliger und heutiger Sicht.

❺ Lest noch einmal die letzten Sätze von Q2 und stellt fest, welche gesellschaftliche Gruppe der Abgeordnete vom Baur vertritt.

❻ Beurteilt, ob der 1 1/4-stündige Unterricht in der Spinnerei Oberempt für die Kinder damals sinnvoll war.

Anfänge von Kinderschutz

Seit 1839 durften Kinder in Preußen erst ab dem 10. Lebensjahr in Fabriken, Berg- und Hüttenwerken beschäftigt werden. Außerdem mussten sie eine dreijährige Schulzeit sowie Grundkenntnisse im Lesen und Schreiben nachweisen. Diese Vorschriften wurden aber nicht streng kontrolliert. 1853 wurde die Altersgrenze für die Kinderarbeit auf 12 Jahre hochgesetzt. Ab 1891 war sie erst ab 14 Jahren erlaubt. Diese Vorschriften galten aber nur für Kinderarbeit in Fabriken. Erst ab 1903 waren sie auch für die Heimarbeit von Kindern gültig.

Wünsche mit 10 Jahren

Q3 Über ihr Leben als 10-Jährige in Wien im Jahre 1879 berichtete Adelheid Popp in ihren Erinnerungen 1909:

... Ich wurde in einer Werkstätte aufgenommen, wo ich Tücher häkeln lernte; bei zwölfstündiger fleißiger Arbeit verdiente ich 20 bis 25 Kreuzer im Tage. Wenn ich noch Arbeit für die Nacht nach Hause mitnahm, so wurden es einige Kreuzer mehr. Wenn ich frühmorgens um 6 Uhr in die Arbeit laufen musste, dann schliefen andere Kinder meines Alters noch. Und wenn ich um 8 Uhr abends nach Hause eilte, dann gingen die anderen gut genährt und gepflegt zu Bette. ... (N)ur ein heißer Wunsch überkam mich immer wieder: mich nur einmal ausschlafen zu können. Schlafen wollt ich, bis ich selbst erwachte, das stellte ich mir als das Herrlichste und Schönste vor. ...

❼ Stellt fest, welche Gründe für die Kinderarbeit genannt werden und welche Folgen sich daraus ergaben.

entdecken und verstehen

Ⓐ Erstellt eine Wandzeitung zum Thema „Kinderarbeit früher und heute".

Ⓑ Spielt mithilfe eurer Tabelle aus Aufgabe 3 die Debatte im Provinziallandtag nach.

Alltagsprobleme von Arbeiterinnen und Arbeitern

1 – Maschinensaal einer Spinnerei – Arbeiterinnen bei der Herstellung von Garn. Holzstich, um 1860.

2 – Wohnunterkünfte in einem Arbeiterviertel in Hamburg. Foto, 1900.

Arbeitsbedingungen in einer Spinnerei

M1 Der Historiker Karl Emsbach schrieb 1982 über die Arbeitsbedingungen in einer Baumwollspinnerei um das Jahr 1830:

… Auch der Geräuschpegel in den frühindustriellen Spinnereien war sehr hoch. … In den Dämmerungs- und Nachtstunden machte sich die unzureichende Beleuchtung nachteilig bemerkbar. Wegen der großen Brandgefahr wurden Öllampen, die ohnehin ein mattes Licht abgaben, in möglichst geringer Zahl aufgestellt. … Die sanitären und hygienischen Verhältnisse spotteten jeder Beschreibung. An die Errichtung von Umkleide-, Wasch- oder Speiseräumen wurde kein Gedanke, erst recht kein Ziegelstein verwendet. … Bei diesen Arbeitsbedingungen nimmt es nicht wunder, dass man die Baumwollspinnerei … zu den gesundheitsgefährdendsten Berufen überhaupt zählte. Schwindsucht, Tuberkulose, Katarrhe der Augen, Nase, des Kehlkopfes und der Lunge, sowie Geschwüre an den Beinen waren häufige und typische Berufskrankheiten. Hauptursache waren die starke Staubentwicklung, die schwüle Atmosphäre in den Sälen und die ständig stehende Arbeitsverrichtung. …

Wohnverhältnisse

Q1 Aus einem Bericht eines Arztes von 1908 über Wohnungen von Industriearbeitern:

… Fast 40–50 Prozent aller Arbeiterwohnungen bestehen aus 2 Zimmern, werden bewohnt von Familien, die 6–10 Köpfe stark sind und … noch 2–3 Kostgänger beherbergen. In gesundheitlicher Beziehung jeder Beschreibung spottend, wie den elenden, krankhaft aussehenden Insassen unschwer anzusehen ist. … In einem Schlafraum mit zwei Bettgestellen ausgestattet, der nie gelüftet, noch seltener gereinigt wird und dessen Bettzeug daher einem Haufen stinkender Lumpen ähnlich ist, kampieren oft bis 10 Personen, vier Kinder in einem Bette, zwei am Kopf und zwei am Fußende, ohne Rücksicht auf Alter und Geschlecht. Wie viele Schlafräume gibt es außerdem, wo es sogar an dem notwendigsten Hausrat völlig mangelt. Man schläft dann auf Dielen, auf ausgebreiteten Strohsäcken, die größtenteils durch allzu reichliche Benutzung und seltene Erneuerung, durch Ungeziefer weit eher einem Misthaufen ähneln denn einer Lagerstätte für Menschen. …

enttdecken

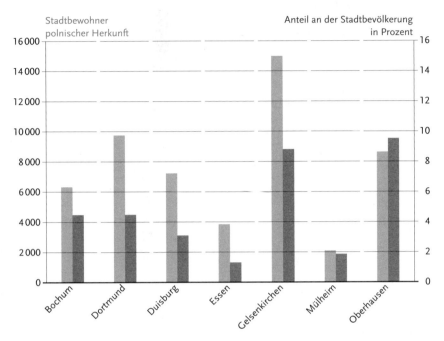

3 – Anteile von Einwohnern polnischer Herkunft in ausgewählten Städten des Ruhrgebietes um 1890.

Teilt euch in Gruppen auf und bearbeitet jeweils eines der drei Themen mithilfe der Fragen:

Wohnverhältnisse

❶ Verfasst einen Zeitungsartikel, in dem mithilfe von Bild 2 und Q1 über die Wohnverhältnisse der Arbeiter berichtet wird.

Arbeitsbedingungen

❷ Notiert euch Stichpunkte zu Bild 1 und M1: Wie waren die Arbeitsbedingungen eines Fabrikarbeiters in einer Baumwollspinnerei? Vergleicht diese mit denen eines Arbeiters in unserer Zeit.

Zuwanderung

❸ Beschreibt mit dem Schaubild 3 den Anteil der Einwohner polnischer Herkunft in den Städten des Ruhrgebietes.

❹ Untersucht Q2 und stellt fest, welche Einstellung der Oberpräsident der Provinz Westfalen zu den polnischen Zuwanderern hatte.

Zuwanderung in das Ruhrgebiet

Q2 Der Oberpräsident der preußischen Provinz Westfalen äußerte sich 1896 in einem vertraulichen Schreiben:

… Die Anhäufung großer Arbeitermassen slawischer Abkunft im rheinisch-westfälischen Industriegebiete bringt, da es sich um Elemente handelt, welche dem Deutschtume feindlich gegenüberstehen, … in ruhigen Zeiten mannigfache Schwierigkeiten mit sich; in Zeiten innerer oder äußerer Unruhe und Verwicklungen bedeutet sie eine ernste Gefahr.
Es entspricht dem wichtigsten Lebensinteresse des Staates, wenn diese Elemente möglichst rasch verschmolzen werden. … Scharfe Überwachung der Agitation (feindselige Propaganda) und Vereinstätigkeit …, Beschränkung des Gebrauches der polnischen Sprache in öffentlichen Versammlungen, ausschließlich deutsche Schulbildung. …

M2 Der Historiker Ulrich Herbert schrieb 1986:

… Viele preußisch-polnische Zuwanderer verstanden ihren Aufenthalt im Westen zunächst als Zwischenstadium, um danach mit dem hier verdienten Geld in ihre Heimatgebiete zurückzukehren und dort ein besseres Leben führen zu können …; je länger sie jedoch im Ruhrgebiet blieben, desto stärker lockerte sich die Bindung an zu Hause und der Rückkehrwunsch verblasste allmählich: aus Wanderarbeitern wurden Einwanderer. … Mit längerer Anwesenheitsdauer … lehnten sich die ruhrpolnischen Bergleute stärker an die Haltung der deutschen Kollegen an. …

Methode

Fotos analysieren

Fotos sind aus unserem täglichen Leben nicht wegzudenken. Seit es Fotografien gibt (etwa seit 1840), gelten sie als wertvolle Quellen.

Fotografien können nicht die die objektive „Wahrheit" über Ereignisse oder Menschen wiedergeben, aber uns eine Momentaufnahme liefern. Wie durch ein „Guckloch" bekommen wir Einblicke in die Vergangenheit, die durch weitere Informationen ergänzt werden müssen.

Folgende Schritte helfen euch, Fotografien zu untersuchen:

Schritt 1 **Der erste Eindruck**	Wie ist euer erster Eindruck? ■ Was seht ihr auf dem Foto? ■ Welche Gedanken, welche Gefühle habt ihr beim Betrachten des Fotos?
Schritt 2 **Die Bildbeschreibung**	Was ist alles zu sehen und zu entdecken? ■ Was genau wird dargestellt? ■ Wie ist die Darstellung: Welche Farben gibt es? Wie sind die Lichtverhältnisse? Gibt es eine auffällige Bildkomposition? Wie ist der Ausschnitt des Bildes gewählt (Nahaufnahme / Totale)? ■ Handelt es sich um eine Collage oder Montage (verschiedene Elemente werden kombiniert)? ■ Ist die Bildlegende informativ?
Schritt 3 **Die Analyse**	Wofür steht das Foto? ■ Welche Absichten verfolgt der Fotograf vermutlich? Wofür wurde das Foto gemacht (Nachricht, Werbung, privat)? ■ Ist das Foto gestellt oder handelt es sich um einen Schnappschuss? ■ Sehen wir das Foto heute mit anderen Augen als zu seiner Entstehung? ■ Wie kann man die Bildaussage zusammenfassen? ■ Hat das Foto eine Bedeutung über die konkrete Situation hinaus, ist es typisch für ein bestimmtes Ereignis, ein Problem ...? ■ Welche weiteren Fragen habt ihr? Welche Materialien benötigt ihr?

❶ Vervollständigt die Musterlösung zu Foto 1.

❷ Bearbeitet die Fotos 2 und 3 arbeitsteilig mithilfe der drei Schritte.

1 – Arbeiterfamilie in ihrer Wohnung, 1907. Der Mann und das älteste Mädchen (14 Jahre) fehlen bei dieser Aufnahme, die Großmutter ist anwesend, Foto.

Musterlösung zu Foto 1:

Zum Schritt 1: So viele Menschen, so viele Kinder einer Familie in einer Wohnküche! Heute unvorstellbar!

Zum Schritt 2: Man sieht die Mutter, die Großmutter und die Kinder der Familie in einer aufgeräumten Wohnküche, vom Fotografen vor einem Fenster nach der Größe der Kinder aufgestellt ... Die Bildlegende informiert, dass noch zwei Personen fehlen.

Zum Schritt 3: Das Foto ist gestellt, die große Zahl der Familienmitglieder macht die Armut der Menschen damals deutlich ..., aber das Foto klagt niemanden an. ...

2 – Bürgerfamilie in ihrem Wohnzimmer. Abfotografiertes Gemälde, 1894.

3 – Junge als Grubenarbeiter in Brown (West-Virginia/USA). Foto, 1908.

Die Gesellschaft verändert sich

Warum entstanden neue Gesellschaftsschichten?

1 – Die Villa Hügel: ehemaliges Wohnhaus der Familie Krupp in Essen-Bredeney. Postkarte, um 1900.

Fabrikbesitzer – die neuen „Fürsten"

In der Zeit vor der Industrialisierung nahm der Adel eine führende Stellung ein, weil er über Eigentum an Grund und Boden verfügte. In der Industriegesellschaft zählte zunehmend auch das Geldvermögen, über das man verfügte. So entstand eine neue gesellschaftliche Schicht: das Wirtschaftsbürgertum.

Erfolgreiche Unternehmer nahmen in dieser Gesellschaft eine herausragende Rolle ein. Sie herrschten oft über mehrere Tausend Menschen, die in ihren Fabriken arbeiteten. Man bezeichnete sie daher auch als „Industriefürsten".

Zu diesen Fürsten zählte auch Alfred Krupp (1812–1887). Von seinem Vater hatte er eine kleine Gussstahlfabrik geerbt. Innerhalb weniger Jahrzehnte gelang es ihm, daraus einen Weltkonzern zu errichten.

Q1 Im Jahre 1877 ließ Alfred Krupp an seine Arbeiter und Arbeiterinnen eine Schrift verteilen mit dem Titel „Ein Wort an meine Angehörigen". Darin steht:
... Ihr wisst, was ihr an eurem Herrn habt, und wenn derselbe sich mit warnenden und mahnenden Worten an euch wendet, dann fühlt ihr alle, dass nicht ein stolzer Besitzer zu euch spricht. Wie ein Vater zu seinen Kindern, so klingen euch meine Worte, und weil sie von Herzen kommen, finden sie bei euch offene Ohren. ...

❶ Erklärt mithilfe von Bild 1 und dem Text die Bezeichnung „Industriefürsten".

❷ Nennt Argumente für die Aussage: „Im 19. Jahrhundert gab es neben dem Geburtsadel jetzt auch den Geldadel".

❸ Erläutert, wie Krupp in Q1 die Arbeiterinnen und Arbeiter anredet und wie er sich selbst sieht. Stellt Vermutungen an, warum er dies tut.

Die Arbeiter – eine neue Klasse?

Die großen Fabriken brauchten sehr viele Arbeitskräfte. Zu Hunderttausenden zogen Landarbeiter und Bauern, die nicht genügend Land besaßen, aus den Dörfern in die Städte, um hier Arbeit zu finden.

Die Arbeiterinnen und Arbeiter bildeten nach ihrer Herkunft und Ausbildung aber keine einheitliche Gruppe. Da gab es zunächst einmal die gelernten Arbeiter. Sie

2 – Arbeiterinnen und Arbeiter der *AEG, um 1900. Foto.

3 – Angestellte der Firma AEG. Foto, um 1906.

hatten entweder ein Handwerk bei einem Handwerksmeister oder in der Fabrik einen Beruf wie Schlosser, Dreher oder Stahlkocher gelernt.

Demgegenüber besaßen die ungelernten Arbeiter keine Berufsausbildung. Sie hatten oft vorher als Gelegenheitsarbeiter (Tagelöhner) in der Landwirtschaft gearbeitet.

Fast alle Industriearbeiter mussten die gleichen Erfahrungen machen: Sie waren vom Unternehmer völlig abhängig. Sie bekamen geringe Löhne. Ihre Wohnverhältnisse waren schlecht. Sie verbrachten ihr Leben in Armut, obwohl sie jahrzehntelang hart arbeiteten.

Durch diese gemeinsamen Erfahrungen entwickelte sich allmählich bei ihnen ein Gefühl der Zusammengehörigkeit. Sie bildeten gemeinsam die „Arbeiterklasse", die mit der Zeit immer erfolgreicher ihre Interessen gegenüber den Unternehmern vertrat.

Angestellte

Schreibkräfte und Buchhalter wurden für die Verwaltungsarbeit in den Büros eingestellt. Für die Produktion brauchte man neben den Arbeitern auch Ingenieure, Werkmeister und Zeichner. Sie alle wurden „Angestellte" genannt. Ihre hervorgehobene Stellung konnte man schon an ihrer Kleidung – Anzug und weißes Hemd – ablesen.

Sie hatten gegenüber den Arbeitern viele Vorteile wie kürzere Arbeitszeiten, bezahlten Urlaub, bessere Arbeitsbedingungen und ansteigende Gehälter.

4 Erklärt mithilfe der Bilder 2 und 3, woran man die unterschiedliche Stellung von Arbeitern und Angestellten erkennen kann.

5 Auf dieser Doppelseite gibt es unterschiedliche Formen der Überlieferung. Stellt fest, welche Aussagen man ihnen entnehmen kann.

* AEG
(Allgemeine Elektricitäts-Gesellschaft).
Das 1883 in Berlin gegründete Unternehmen war um 1910 bereits weltweit in allen Bereichen der Starkstromtechnik tätig, von elektrischer Beleuchtung bis hin zu elektrischen Maschinen und Kraftwerken.

entdecken und verstehen

A Legt eine Tabelle an mit dem Titel „Das Leben in der Industriegesellschaft" und mit den drei Spalten: Arbeiter – Angestellte – Fabrikbesitzer. Tragt in die Spalten ein, was ihr bisher in diesem Kapitel dazu erfahren habt.

B Verfasst mithilfe des Internets einen kurzen Lebenslauf von Alfred Krupp und seiner Ehefrau Bertha Krupp.

Warum und wie organisierten sich die Arbeiter?

1 – Arbeiter beim Fabrikanten. Ölgemälde von Stanisław Lenz, 1895.

* **Aussperrung:**
Druckmittel der Arbeitgeber im Arbeitskampf. Die Arbeitnehmer werden am Betreten des Betriebes gehindert und erhalten auch keinen Lohn. Sie sollen dadurch zur Wiederaufnahme ihrer Arbeit und zum Streikende gebracht werden.

❶ Beschreibt die Bilder 1 und 2. Achtet dabei auch auf Kleidung, Haltung und Gesichtsausdruck der Personen.

❷ Vermutet, was die Arbeiter und der Fabrikant jeweils gesagt haben könnten.

❸ Spielt folgende Situation: Einige Arbeiter beraten, welche Möglichkeiten es für sie gibt, ihre Forderungen durchzusetzen.

Streiks und Proteste

Die Maßnahmen von Kirchen und einzelnen Unternehmern reichten jedoch nicht aus, um die Notlage der Arbeiter entscheidend zu verbessern. Viele Unternehmer lehnten Bitten und Forderungen der Arbeiter um bessere Bedingungen auch einfach ab (Bild 1). Deshalb begannen die Arbeiter in einzelnen Betrieben zu streiken. Die Unternehmer antworteten damit, dass sie die Arbeiter *aussperrten und entließen. Diese Maßnahmen der Unternehmer zeigten den Arbeitern, dass sie ihre Forderungen nur durchsetzen konnten, wenn sie alle gemeinsam handelten. Sie brauchten eine Organisation, die alle Arbeiter vertrat und direkt mit den Fabrikanten verhandelte.

Gewerkschaften

Die Unternehmer sahen es als eine Bedrohung an, dass die Arbeiter sich in Vereinen und Gewerkschaften zusammenschließen wollten. Deshalb sorgten sie dafür, dass den Arbeitern derartige Zusammenschlüsse gesetzlich verboten wurden. Erst nach langen Auseinandersetzungen erhielten die Arbeiter dieses Recht. Die ersten Gewerkschaften in Deutschland entstanden im Jahre 1848; in ganz Deutschland wurden sie erst 1872 zugelassen. In den Gewerkschaftsversammlungen konnten die Arbeiter ihre Erfahrungen austauschen und gemeinsame Aktionen vorbereiten. Sie forderten vor allem:
– höhere Löhne,
– Beschränkung der Arbeitszeit auf täglich zehn Stunden, bei Schwerarbeit auf acht Stunden,
– Schutz und Unterstützung bei Krankheit, Unfällen und Arbeitslosigkeit.
Außerdem richteten die Gewerkschaften Streikkassen ein, aus denen Arbeiter und ihre Familien bei längerfristigen Streiks unterstützt wurden.

❹ Erstellt ein Plakat mit Forderungen der Gewerkschaften damals.

2 – Ein Streik bricht aus. Gemälde von Robert Köhler, 1886.

Die Entstehung der SPD

Die Gewerkschaften kämpften für höhere Löhne und kürzere Arbeitszeiten. Das war Ferdinand Lassalle (1825–1864) zu wenig, er war ein Journalist. Die Lage der Arbeiter würde sich seiner Meinung nach nur grundlegend verändern, wenn sie ihre Interessen selber im Parlament vertreten könnten. Er hoffte, dass die Arbeiterschaft als politische Partei mithilfe von Gesetzen die soziale Frage selber lösen würde.
Um dieses Ziel zu erreichen, gründete Lassalle 1863 den „Allgemeinen Deutschen Arbeiterverein".

Q1 Zur Gründung dieses Arbeitervereins verfasste der Dichter Georg Herwegh (1817–1875) im Jahre 1863 das „Bundeslied". Darin heißt es:
... Mann der Arbeit, aufgewacht!
Und erkenne deine Macht!
Alle Räder stehen still,
Wenn dein starker Arm es will.
Deiner Dränger Schar erblasst,
Wenn du, müde deiner Last
In die Ecke stellst den Pflug.
Wenn du rufst: Es ist genug! ...

Der Drechslermeister August Bebel (1840–1913) und der Zeitungsredakteur Wilhelm Liebknecht (1826–1900) gründeten 1869 in Eisenach eine zweite Arbeiterpartei. Beide Parteien schlossen sich im Jahre 1875 zur „Sozialistischen Arbeiterpartei Deutschlands" zusammen, die seit 1890 „Sozialdemokratische Partei Deutschlands" (SPD) heißt.
Das Parteiprogramm der SPD enthielt unter anderem folgende Ziele:
– allgemeines Wahlrecht für alle Staatsangehörigen vom 20. Lebensjahr an,
– Abschaffung der sozialen Ungleichheit,
– Verbot der Kinderarbeit.

⑤ Beurteilt die Forderungen der SPD aus der Sicht eines damaligen Unternehmers.

entdecken und verstehen

Ⓐ Informiert euch, welche Gewerkschaften es heute gibt und wofür sie sich einsetzen.

Ⓑ Streiks gibt es auch heute. Ist eurer Meinung nach ein Streik ein geeignetes Mittel zur Durchsetzung von Forderungen? Begründet eure Antwort.

Welche Lösungsversuche gab es?

1 – Werkstatt des „Rauhen Hauses", das 1833 gegründet wurde. Darstellung von 1845.

Die Kirche greift ein

Angesichts des Elends, in dem die Arbeiter, ihre Frauen und Kinder leben mussten, stellte sich immer dringender die Frage: Was muss geschehen, um die Lebensverhältnisse der Arbeiter zu bessern? Diese Frage bezeichnete man als „Arbeiterfrage" oder „soziale Frage". Darauf gab es verschiedene Antworten.

Q1 Auf dem ersten „Deutschen Evangelischen Kirchentag" 1848 sagte der evangelische Theologe Wichern:

... Ihr Männer der Kirche, denkt auch an die Not der Menschen außerhalb der Kirchenmauern! Überall, wo die Armen vor Not keine Kraft mehr haben, die Botschaft Christi zu hören, da müsst ihr eingreifen. Alles Predigen wird nichts helfen, wenn nicht zugleich für das leibliche Wohl unserer Brüder gesorgt wird. ...

❶ Stellt fest, welche Voraussetzungen nach Wichern (Q1) vorhanden sein müssen, um den christlichen Glauben glaubhaft verkünden zu können.

Schon in der ersten Hälfte des 19. Jahrhunderts setzten sich einige evangelische und katholische Geistliche mit diesem Problem auseinander. So gründete Johann Heinrich Wichern (1808–1881) 1833 in Hamburg das „Rauhe" Haus, in dem er verwaiste und obdachlose Kinder aufnahm.

Q2 In einem Rundschreiben von Papst Leo XIII. (1810–1903) im Jahre 1891 heißt es:

... Unehrenhaft und unmenschlich ist es, Menschen wie eine Ware nur zum eigenen Gewinn auszubeuten. ... Zu den wichtigsten Pflichten der Arbeitsherren gehört es, Jedem das Seine zu geben. ... Dem Arbeiter den verdienten Lohn vorzuenthalten ist ein großes Verbrechen, das um Rache zum Himmel ruft. ...

❷ Vermutet, wie Unternehmer oder Arbeiter und Arbeiterinnen auf die Forderung „Jedem das Seine" reagiert haben könnten.

2 – Bergarbeitersiedlung Nordhof in Essen. Foto, um 1930.

Der Gründer der katholischen Gesellenvereine, Adolph Kolping, war besonders erfolgreich. Ihm gelang es in wenigen Jahren, überall in Deutschland „Kolpinghäuser" zu gründen. In ihnen erhielten wandernde Handwerksgesellen günstige Unterkunft und Verpflegung.

Fürsorge von Unternehmern
Einzelne Unternehmer wie etwa August Borsig in Berlin, Ernst Abbe in Jena, Robert Bosch in Stuttgart oder Krupp in Essen versuchten in ihren Betrieben, das Elend der Arbeiter zu mildern.
Arbeiter, die erkrankt waren oder einen Unfall hatten, wurden z. B. im Krupp-Krankenhaus behandelt. Für alle Arbeiter gab es eine betriebliche Krankenkasse. So waren sie erstmals bei Krankheit abgesichert.

**Q3 In der Zeitung „Social-Demokrat"
stand 1865 in einem Artikel über die
Sozialfürsorge der Unternehmer:**
… Humanität einzelner Fabrikanten gegen ihre Arbeiter ist ohne Zweifel eine höchst nennenswerte Sache, aber mit der sozialen Frage haben diese Dinge nichts zu tun. Hierfür ist es ganz gleichgültig, ob es edle

Fabrikanten gibt oder nicht, denn es handelt sich nicht darum, im Kleinen, sondern im Großen andere Zustände herzustellen, und nicht darum, die Gnade oder den guten Willen einzelner Fabrikanten in Anspruch zu nehmen, sondern die Rechte – man verstehe wohl! – die Rechte der Arbeiter zu erkämpfen. …

❸ Listet auf, welche Ziele Unternehmer wie Krupp mit ihren sozialen Einrichtungen verfolgten.
❹ Untersucht Q3 und nennt die Interessen und die Motive des Autors.

entdecken und verstehen

Ⓐ Entwerft ein Interview zwischen dem Verfasser des Zeitungsartikels (Q3) und einem Unternehmer, der damals versuchte, die Lage seiner Arbeiterinnen und Arbeiter zu verbessern.
Ⓑ Verfasst mithilfe von Q1, Q2 und Q3 einen Zeitungsartikel für das Jahr 1900, in dem ihr begründet, warum die Arbeiter ein Recht auf einen angemessenen Lohn haben.
Ⓒ Arbeitslosigkeit und Armut sind auch heute wichtige Themen. Bildet verschiedene Arbeitsgruppen, die in den nächsten 14 Tagen Zeitungsberichte sammeln zu den Themen: Arbeitslosigkeit – Armut – … Lösungsvorschläge (z. B. von Gewerkschaften, politischen Parteien …) – Unterstützung (z. B. Kirchen, Hilfswerke, Vereine …). Erstellt gemeinsam eine Wandzeitung und diskutiert über die Ergebnisse.

Warum schuf die Reichsregierung Sozialgesetze?

1 – Die deutsche Sozialversicherung. Plakat der Reichsregierung, 1913.

✳ **Sozialistengesetz**
Das „Gesetz gegen die gemeingefährlichen Bestrebungen der Sozialdemokratie" von 1878. Das Sozialistengesetz galt bis 1890. Das Gesetz verbot sozialistische und sozialdemokratische Organisationen und deren Aktivitäten im Deutschen Reich. Es kam damit einem Parteiverbot gleich.

Staatliche Sozialpolitik

Die Arbeiterinnen und Arbeiter hatten eine sehr hohe Arbeitsbelastung. Diese führte immer häufiger zu Unfällen in den Fabriken, zu Erkrankungen und zu früher Arbeitsunfähigkeit. Deshalb fühlten sich die Arbeiterinnen und Arbeiter vom Staat im Stich gelassen. Große Teile der Arbeiterschaft sahen daher ihre Interessen vor allem von den Sozialdemokraten vertreten. Jedoch ließ die Reichsregierung die Sozialdemokraten durch das ✳Sozialistengesetz verfolgen und in ihrer politischen Arbeit stark behindern. Dennoch verdreifachte sich die Zahl ihrer Wähler von 1877 bis 1890 auf 1,42 Millionen.

Reichskanzler Otto von Bismarck sah in den sozialen Gegensätzen und dem Anwachsen der Arbeiterpartei auch eine Bedrohung der politischen Verhältnisse. Von 1883 bis 1889 wurden verschiedene Sozialversicherungsgesetze verabschiedet. Zur Durchführung dieser Gesetze wurden Ortskrankenkassen gegründet. Diese Sozialgesetze sollten der Arbeiterbewegung den Nährboden entziehen und die Arbeiterschaft beruhigen.

Der Beginn des Sozialstaates

Diese neue Form staatlicher Sozialpolitik sah man im Ausland als bedeutende Neuerung und ahmte sie nach. Auch Unternehmer unterstützten die Sozialpolitik. Die Sozialdemokraten dagegen kritisierten, dass die Leistungen zu stark beschränkt wurden und nur wenig Betroffene einen Anspruch hatten. Ein Rentenanspruch bestand erst ab dem 70. Lebensjahr und die geringe Höhe der Sozialleistungen bedeutete keine wirkliche finanzielle Absicherung. Eine Arbeiterpension betrug höchstens 40 Prozent des letzten Einkommens.

Bei aller Kritik an den damaligen geringen Leistungen der Sozialversicherungsgesetze ist aber festzuhalten, dass mit ihnen der stetige Ausbau der sozialen Leistungen begann. Diese Gesetze begründeten den heutigen Sozialstaat.

	Gesetz	Wer zahlte die Beiträge?		Welche Leistungen wurden gewährt?
		Arbeitnehmer	Arbeitgeber	
1883	Kranken-versicherung	2/3	1/3	ärztliche Behandlung, Heilmittel, Krankengeld, Krankenhaus, Wöch-nerinnengeld (alles für 13 Wochen)
1884	Unfallversicherung	–	1/1	Heilbehandlung, Unfallrente, Hinter-bliebenenrente
1889	Alters- und Invali-denversicherung	1/2	1/2	Invalidenrente bei Erwerbsunfähigkeit, Altersrente vom 70. Lebensjahr an

2 – Gesetze zur Sozialversicherung im Deutschen Reich.

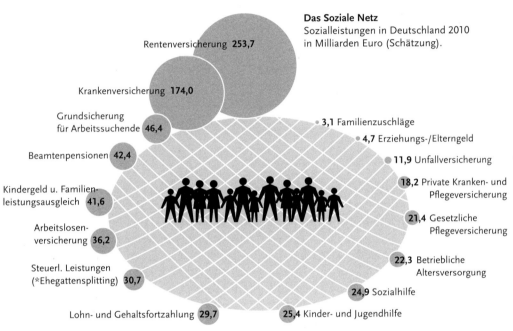

Das Soziale Netz
Sozialleistungen in Deutschland 2010
in Milliarden Euro (Schätzung).

Rentenversicherung **253,7**

Krankenversicherung **174,0**

Grundsicherung
für Arbeitsuchende **46,4**

Beamtenpensionen **42,4**

Kindergeld u. Familien-
leistungsausgleich **41,6**

Arbeitslosen-
versicherung **36,2**

Steuerl. Leistungen
(*Ehegattensplitting) **30,7**

Lohn- und Gehaltsfortzahlung **29,7**

3,1 Familienzuschläge
4,7 Erziehungs-/Elterngeld
11,9 Unfallversicherung
18,2 Private Kranken- und
Pflegeversicherung
21,4 Gesetzliche
Pflegeversicherung
22,3 Betriebliche
Altersversorgung
24,9 Sozialhilfe
25,4 Kinder- und Jugendhilfe

3 – Das soziale Netz heute.

❶ Nennt die Beweggründe des Reichskanz-lers Bismarck, eine Sozialversicherung (Übersicht 2) für die Arbeiterschaft ein-zuführen.

❷ Informiert euch, a) wer heute sozialver-sichert („pflichtversichert") ist, b) wer heute die Beiträge aufbringen muss und c) für welche Dauer in der Kranken-versicherung Leistungen gewährt werden. Auskünfte könnt ihr bei einer Kranken-kasse bekommen.

❸ Erläutert den Ausdruck „soziales Netz" und die verschiedenen sozialen Leistun-gen (Bild 3). Schlagt unbekannte Begriffe im Lexikon nach.

❹ Vergleicht das „soziale Netz" in der Bundesrepublik (Bild 3) mit den Sozial-leistungen in Deutschland zu Beginn des 20. Jahrhunderts (Bild 1).

❺ Beurteilt Bismarks Motive, eine Sozial-versicherung für die Arbeiterschaft einzu-führen aus damaliger und heutiger Sicht.

* **Ehegattensplitting**
Begünstigung von Ehe-paaren mit unterschiedlich hohem Einkommen bei der Steuerzahlung.

entdecken und verstehen

Ⓐ Spielt das Gespräch zweier Unternehmer im Jahr 1884, in dem sie sich zur Einführung einer Krankenversicherung und einer Unfallversicherung äußern (vgl. Übersicht 2).

Ⓑ Sucht im Internet Informationen zur heutigen Armut in Deutsch-land und berichtet der Klasse (Suchwort: Armutsbericht).

Warum entstanden Frauenbewegungen?

1 – Bei einer Arbeiterinnenversammlung treffen sich sozialdemokratische Frauen, um über ihre Interessen zu diskutieren. Holzstich von Carl Koch. Leipziger „Illustrierte Zeitung", 1890.

❶ Beschreibt Bild 1. Welche Forderungen könnte die Rednerin auf diesem Bild gestellt haben? Wie begründete sie diese?

Die proletarische Frauenbewegung

„Frau und Arbeiter haben gemein, Unterdrückte zu sein." Mit diesem Satz begann August Bebel sein Buch „Die Frau und der Sozialismus", das 1879 erschien. Bebel forderte, dass Arbeiterinnen und Arbeiterfrauen sich der Sozialdemokratie anschließen sollten, weil diese sich auch für das Frauenwahlrecht einsetze.

Q1 Die Fabrikarbeiterin Adelheid Popp (1869–1939), die der Partei 1885 beitrat, schrieb:

... Nie hörte oder las ich von Frauen in Versammlungen und auch alle Aufforderungen meiner Parteizeitung waren immer nur an die Arbeiter, an die Männer gerichtet. ... Auch wurde in den Versammlungen nur für Männer gesprochen. Keiner der Redner wendete sich auch an die Frauen. Es schien alles nur Männerleid und Männerelend zu sein. ...

Wie Adelheid Popp waren auch andere Frauen von der SPD enttäuscht. Die sozialdemokratische Frauenbewegung forderte neben dem Wahlrecht für Frauen auch kürzere Arbeitszeiten, höhere Löhne und gleiche Löhne für Männer und Frauen. In Berlin gab es 1896 den ersten großen Arbeitskampf mit über 20 000 Teilnehmern. Darunter befanden sich auch sehr viele Frauen. Die Arbeiter und Arbeiterinnen erreichten eine Lohnerhöhung von bis zu 30 Prozent. Dadurch erlebte die Frauenbewegung einen gewaltigen Aufschwung.

❷ Entwerft ein Streitgespräch zwischen einem Arbeiter und einer Arbeiterin über die Forderung nach gleichem Lohn bei gleicher Arbeit für Männer und Frauen.

Die bürgerliche Frauenbewegung

Auch die Vertreterinnen des 1865 gegründeten bürgerlichen „Allgemeinen Deutschen Frauenvereins" forderten ähnlich wie die sozialdemokratische Frauenbewegung das Stimmrecht für alle Frauen. Besonders die Schriftstellerin Hedwig Dohm (1831–1919) setzte sich dafür ein.

Q2 Hedwig Dohm schrieb 1893:

... Die Frauen fordern das Stimmrecht als ein ihnen natürlich zukommendes Recht. ... Der Mann bedarf, um das Stimmrecht zu üben, eines bestimmten Wohnsitzes, eines bestimmten Alters, eines Besitzes, warum braucht die Frau mehr?

Warum wird die Frau Idioten und Verbrechern gleichgestellt? Nein, nicht Verbrechern. Der Verbrecher wird nur zeitweilig seiner politischen Rechte beraubt. ...

Die Gesellschaft hat keine Befugnis, mich meines natürlichen politischen Rechts zu berauben. ...

Weitere Forderungen waren das Recht auf Arbeit und auf Bildung. Frauen durften ohne Zustimmung ihrer Ehemänner keinen Beruf ausüben. Bis zum Ende des 19. Jahrhunderts war es Mädchen und Frauen nicht erlaubt, eine weiterführende Schule zu besuchen und zu studieren.

❸ Bildet eine kleine Gruppe aus Mädchen (Befürworterinnen) und Jungen (Gegnern) und führt ein Streitgespräch zum Frauenwahlrecht um 1895.

Erfolge der Frauenbewegung

Die preußische Regierung schränkte die Möglichkeiten der Frauenbewegung, ihre Forderungen durchzusetzen, stark ein. Ein Gesetz von 1850 verbot den Frauen, sich in den Vereinen mit Politik zu beschäftigen. Doch die Frauen gründeten die von der Polizei verbotenen Vereine immer wieder neu. Allein der bürgerliche „Bund deutscher Frauenvereine" zählte um 1900 über 70 000 Mitglieder.

Im Jahre 1908 wurde dieses Verbot aufgehoben, das Frauenwahlrecht aber wurde aber erst im Jahre 1918 eingeführt.

Ab 1899 konnten auch Mädchen das Abitur ablegen, ab 1908 konnten sie in Preußen studieren. Im Wintersemester 1913/1914 studierten an deutschen Universitäten 3649 Frauen, das waren 6,3 Prozent der Studentenschaft.

2 – Den Frauen ihr Recht. Plakat zum Frauenwahlrecht, 1913.

❹ Beschreibt die Erfolge der Frauenbewegung und bewertet diese aus damaliger und heutiger Sicht.

entdecken und verstehen

Ⓐ Verfolgt in den nächsten vierzehn Tagen in eurer Tageszeitung Berichte über die Benachteiligung oder Gleichstellung von Frauen. Berichtet darüber in der Klasse.

Ⓑ Der berühmte Wissenschaftler Max Planck äußerte um 1900 die Behauptung: „Die Natur selbst hat der Frau ihren Beruf als Mutter und Hausfrau vorgeschrieben." Beurteilt diese Aussage aus damaliger und heutiger Sicht.

Welche Folgen gab es für Mensch und Natur?

1 – Borsigwerke in Berlin. Gemälde von Eduard Biermann, 1847.

❶ Beschreibt das Bild 1.

Aus tausend Schloten …

Q1 Philipp Witkop (1880–1942) beschrieb in einem Gedicht „Meine Heimat" die Stadt Gelsenkirchen 1901:
… Aus tausend Schloten steigt ein dicker Rauch,
Der wälzt sich langsam durch die Lüfte her,
Dann sinkt er nieder dicht und schwarz und schwer
Und brütet dumpf auf Haus und Baum und Strauch.
Es lauert rings ein großes, schwarzes Sterben,

Und alle Blätter sind so welk und grau,
Als funkelte hier nie ein Tropfen Tau.
Kein Frühling will die Straßen bunter färben. …

❷ Schreibt mithilfe von Q1 und Bild 1 einen kurzen Text über das Leben in der Nähe von Industrieanlagen. Seht euch dazu auch das Bild auf den Seiten 88/89 an.

Q2 Alfred Krupp forderte für die Pariser Weltausstellung 1867 Fotografien seiner Fabriken:
… Für die Pariser Weltausstellung … müssen wir neue Fotografien im Mai, wenn alles grünt und der Wind stille ist, ausführen. … Ich würde vorschlagen, dass man dazu Sonntage nehme, weil die Werktage zu viel Rauch, Dampf und Unruhe mit sich führen. … Ob 500 oder 1000 Mann dazu nötig sind, stelle ich anheim. Es ist nachteilig, wenn zu viel Dampf die Umgebung unklar macht, es wird aber sehr hübsch sein, wenn an möglichst vielen Stellen etwas weniger Dampf ausströmt.

❸ Beurteilt das Bild 1. Verwendet für diese Beurteilung auch Q2.

❹ Erstellt einen Text für ein mögliches Ende des Briefes von Krupp, indem ihr Gründe für seine Vorschläge nennt.

❺ Vergleicht die Einstellung von Philipp Witkop und Alfred Krupp zu den Folgen der Industrialisierung.

2 – Folgen der Industrialisierung. Illustration von Judith Graffmann.

Industrie und Umwelt

Die Verschmutzung der Umwelt durch tausende von Fabrikschloten wurde in vielen Industriestandorten Deutschlands zu einem großen Problem für die dort lebenden Menschen. Große Mengen an Ruß, Rauch und Abgasen, die Tag und Nacht aus den hohen Schornsteinen entwichen, machten die Menschen krank. Die Augen brannten, Asthma und Lungenerkrankungen aller Art nahmen zu.

So wie die Luft wurden auch viele Gewässer verunreinigt, weil viele Fabriken ihre Abwässer ungereinigt in die Flüsse einleiteten.

Q3 Aus einem amtlichen Bericht über das Wasser der Ruhr im Jahre 1902:

… (Es ist) nie geruchlos, es enthält übermäßige Mengen an Ammoniak, Chlor, salpetriger und Salpetersäure, lebende Würmer und Parasiten; sein Geschmack ist schal, bei großer Hitze widerlich. …

Was hier für die Ruhr gesagt wird, gilt in gleicher Weise auch für die Flüsse in Niedersachsen. Immer wieder wird in amtlichen Berichten erwähnt, dass es in den Flüssen keine Fische mehr gibt; Schuld daran seien die Abwässer der chemischen Fabriken.

M1 Über die Folgen der Industrialisierung für die Umwelt in Hannover-Linden heißt es:

… Innerhalb kurzer Zeit war aus dem schönen Villenvorort ein Fabrikort auf der zuvor grünen Wiese geworden. Die Idylle war vorbei: rauchende Schornsteine verqualmten die Gegend und schädigten die Lungen, das Ihmewasser wurde von der Textilindustrie verschmutzt. …

6 Notiert mithilfe von Q1, Q3 und M1 mögliche Folgen der Industrialisierung für Mensch und Umwelt

entdecken und verstehen

A Sammelt Informationen in Zeitungen oder dem Internet über Folgen der Industrialisierung in aller Welt. Berichtet darüber in der Klasse

B „Wachstum der Wirtschaft um jeden Preis!" Diskutiert das Für und Wider dieser Behauptung.

Wie wurde die Industrielle Revolution beurteilt?

1 – Situation der Arbeiter Ende des 19. Jahrhunderts. Illustration von Ludwig Löffler für die Zeitschrift „Die Gartenlaube", 1872.

✶ **Proletariat**
(lat.: proles = Nachkomme, Sprössling). Mit den Begriff „Proletarier" werden alle Arbeiter bezeichnet, die allein vom Verkauf ihrer Arbeitskraft leben.

✶ **Pauperismus**
altes Wort für Massenarmut

Kann man die Lage der Arbeiter verbessern?

Der bayerische König Maximilian II. stellte 1848, kurz nach seinem Regierungsantritt eine Preisfrage „Wie ist der materiellen Not der unteren Klassen abzuhelfen?" Auf diese Frage gingen 656 Antworten ein, in der die Vor- und Nachteile der Industrialisierung angesprochen wurden und Vorschläge zu Verbesserung der Lage der Arbeiter gemacht wurden.

Q1 Der Schullehrer Max Schütz, aus Mittelfranken schrieb 1849:
… Fabriken, selbst wenn sie aufs beste geordnet und die Besitzer derselben menschlich sind, sind eigentlich kein Segen und kein Nutzen für das Land. Größtenteils ziehen die Fabrikbesitzer ein bedeutendes Vermögen an sich, auf Kosten der Untertanen. …

Q2 Der evangelische Pfarrer C. Koch, schrieb im Januar 1849:
… Das Fabrikwesen hat sich in neuerer Zeit auch in Deutschland sehr gehoben. Was sonst das Produkt angestrengter Tätigkeit der Hände war, wird jetzt in Eile durch die Maschinen geliefert. Der Wert der menschlichen Arbeitskräfte ist verringert neben den eisernen Maschinen. Das Fabrikwesen hat … uns viel Elend gebracht. Scharenweise strömten die Arbeiter zu den Fabriken, verdienten sie viel, so verbrauchten sie viel; … allmählich aber veränderten sich die Verhältnisse. Der Lohn blieb sich gleich, ja er verringerte sich gar, die Lebensbedürfnisse aber und der Preis der Nahrungsmittel steigerten sich, und die Zahl der Menschen ward furchtbar groß. … So entstand aus dem ✶Proletariat der ✶Pauperismus. …

❶ Untersucht Q1 und Q2 mithilfe der Methode auf S. 249 und notiert die Hauptaussagen.

❷ Beurteilt die Aussagen in Q1 und Q2 zu den Folgen der Industrialisierung.

❸ Stellt Vermutungen darüber an , warum sich unter den 656 Antworten an den König fast keine Stellungnahme von Arbeitern findet.

❹ Bereitet ein Rollenspiel zum Thema „Vor- und Nachteile der Industrialisierung" vor. Bildet Gruppen von „Unternehmern", „Handwerkern", „Arbeiterinnen und Arbeitern".

Zusammenfassung

Die Industrielle Revolution

Technische Neuerungen

Die Industrialisierung begann im 18. Jahrhundert in England. Technische Erfindungen wie z. B. die Dampfmaschine führten zu einem tiefgreifenden Wandel in der Arbeitswelt. Die mit Dampfkraft angetriebene Spinnmaschine und die Erfindung der Eisenbahn waren zukunftsweisende Neuerungen. Große Mengen von Waren konnten nun preiswert produziert werden und mit den neuen Transportmöglichkeiten beinahe an jeden Ort befördert werden. In Deutschland fuhr die erste Eisenbahn 1835 von Nürnberg nach Fürth. 1834 hatten sich alle deutschen Länder zum „Deutschen Zollverein" zusammengeschlossen mit dem Ziel, einen ungehinderten Warenverkehr zu ermöglichen.

um 1770

Beginn der Industrialisierung in England.

Soziale Folgen der Industrialisierung

Mit der Industrialisierung änderten sich die soziale Ordnung und die Machtverhältnisse. Erfolgreiche Unternehmer, mit oft mehreren tausend Arbeitern in ihren Fabriken, nahmen einen vorrangigen Platz in der Gesellschaft ein. Eine hervorgehobene Stellung besaßen auch die Angestellten, also Ingenieure, Buchhalter usw. Die Arbeits- und Lebensbedingungen der Arbeiter waren häufig sehr schlecht: Verelendung auf Grund niedriger Löhne und hoher Arbeitslosigkeit, unzumutbare Arbeitsbedingungen und menschenunwürdige Wohnverhältnisse zählten zu den ungelösten Problemen.

1830

Die Lebensumstände der Arbeiterinnen und Arbeiter in den Industriebetrieben waren häufig schlecht.

Lösungsversuche der sozialen Frage

Kirchen und verantwortungsbewusste Unternehmer versuchten die Lebens- und Arbeitsbedingungen der Arbeiterfamilien zu verbessern. Mit der Gründung von Gewerkschaften und durch Streiks konnten die Arbeiter ihre Situation schrittweise verbessern. Mit der Gründung der Arbeiterparteien um 1870 verschafften sich die Arbeiter politischen Einfluss bei den Wahlen zum Reichstag gewannen sie regelmäßig Sitze hinzu. Das Anwachsen der Arbeiterbewegung bewirkte, dass die Reichsregierung versuchte, mit Sozialgesetzen den Einfluss der Arbeiterbewegung zurückzudrängen. Diese Gesetze waren der Beginn des heutigen Sozialstaates. Sowohl die bürgerlichen Frauen als auch die Arbeiterfrauen kämpften für ihre soziale und politische Gleichstellung mit den Männern und forderten das Recht auf Bildung und das Wahlrecht, das die Frauen 1918 erhielten.

ab 1840

Erste Lösungsversuche der sozialen Frage.

Umweltschutz eine dauernde Aufgabe

Die Verschmutzung der Umwelt durch Tausende von Fabrikschloten wurde in vielen Industriestandorten Deutschlands zu einem großen Problem für die dort lebenden Menschen. Große Mengen an Ruß, Rauch und Abgasen, die Tag und Nacht aus den hohen Schornsteinen entwichen, machten die Menschen krank. Damals war das Wort Umweltschutz unbekannt, heute ist der Umweltschutz für alle Industrienationen eine wichtige Aufgabe, um die Lebensbedingungen auf der Erde zu bewahren.

um 1840

Industrieanlagen belasten zunehmend die Umwelt.

1 – Blick in die Maschinenhalle der Pariser Weltausstellung 1889. Foto.

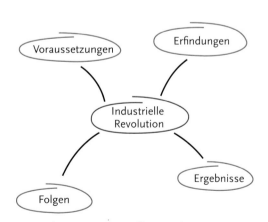

2 – Mindmap zur Industriellen Revolution.

3 – Eisenbahnbrücke über den Rhein bei Ehrenbreitstein. Gemälde von P. Fr. Meyerheim, 1875.

Verstehen

4 – Blick in eine Fabrikhalle. Foto, 1890.

Wichtige Begriffe

Industrielle Revolution

Ursachen der Industriellen Revolution

Soziale Frage

Kinderarbeit

Arbeiterparteien

Bürgerliche Frauenbewegung

Proletarische Frauenbewegung

Umweltprobleme

Wissen und erklären

❶ Erklärt euch gegenseitig die wichtigen Begriffe (oben) und schreibt die Bedeutung der Begriffe in euer Geschichtsheft.

❷ Erstellt eine Mindmap zu den Ursachen und Folgen der Industriellen Revolution. Bildet Unteräste zu gesellschaftlichen, wirtschaftlichen, umweltpolitischen und sozialen Ursachen und Folgen.

❸ Erzählt mithilfe der Bilder eine Geschichte der Industriellen Revolution und deren Auswirkungen auf die Lebenswelt der Menschen.

❹ Verdeutlicht mithilfe von Bild 3 den Wandel im Verkehrs- und Transportwesen.

Anwenden

❺ Untersucht Bild 5 mithilfe der Methode auf S. 114/115 und formuliert euer Ergebnis schriftlich.

Beurteilen und handeln

❻ Bewertet die Folgen der Industrialisierung für Mensch und Natur bis heute. Die Methode auf S. 252 hilft euch dabei.

❼ Nehmt Stellung zu der Aussage: „Die Erfindung des Internets läutete eine neue Phase der Industriellen Revolution ein".

❽ In den Quellen und Texten zur Industriellen Revolution seid ihr häufiger auf Bewertungen und Urteile über die tiefgehenden Veränderungen und ihre Auswirkungen getroffen. Stellt euch vor allem die Arbeitsergebnisse eurer Portfolios vor, in denen es um Urteile (auch eure eigenen!) geht.

5 – Zwölfjährige Arbeiterin in einer Spinnerei. Foto, um 1910.

Die „Deutsche Frage" und der monarchistische Nationalstaat

Aufruhr in Berlin. Bürger, erkennbar an ihren Hüten, stehen auf Barrikaden, die sie in einer Straße errichtet haben. Es weht die schwarz-rot-goldene Fahne. Von den Dächern und Balkonen wird geschossen. Es herrscht Revolutionsstimmung.

Die „Deutsche Frage“ und der monarchistische Nationalstaat

1814/1815

Wiener Kongress

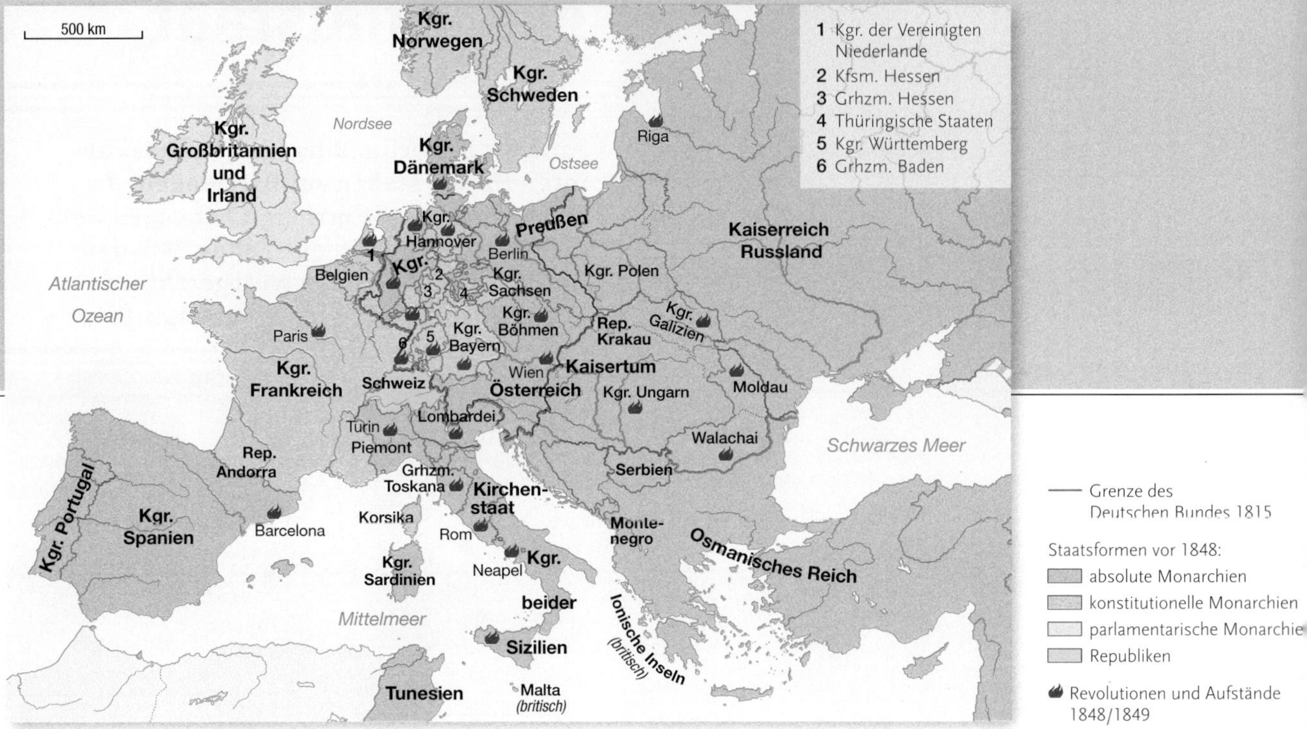
500 km
Kgr. Norwegen
Kgr. Schweden
Kgr. Großbritannien und Irland
Nordsee
Kgr. Dänemark
Ostsee
Riga
Atlantischer Ozean
Kgr. Hannover
Preußen
Berlin
Belgien
Kgr. Sachsen
Kgr. Polen
Kaiserreich Russland
Kgr. Böhmen
Kgr. Bayern
Rep. Krakau
Kgr. Galizien
Paris
Kgr. Frankreich
Schweiz
Wien
Kaisertum Österreich
Kgr. Ungarn
Moldau
Lombardei
Turin
Piemont
Walachai
Schwarzes Meer
Rep. Andorra
Grhzm. Toskana
Kirchenstaat
Serbien
Kgr. Portugal
Kgr. Spanien
Barcelona
Korsika
Rom
Montenegro
Osmanisches Reich
Kgr. Sardinien
Neapel
Kgr. beider Sizilien
Mittelmeer
Ionische Inseln (britisch)
Tunesien
Malta (britisch)
1 Kgr. der Vereinigten Niederlande
2 Kfsm. Hessen
3 Grhzm. Hessen
4 Thüringische Staaten
5 Kgr. Württemberg
6 Grhzm. Baden
Grenze des Deutschen Bundes 1815
Staatsformen vor 1848:
absolute Monarchien
konstitutionelle Monarchien
parlamentarische Monarchie
Republiken
Revolutionen und Aufstände 1848/1849

1 – Revolutionen und Aufstände in Europa 1848/1849.

„Freiheit – Gleichheit – Brüderlichkeit“, so lautete 1789 die Parole der Französischen Revolution (s. S. 64/65). Im Lied der Deutschen, das im Jahre 1841 entstand, heißt es: „Einigkeit und Recht und Freiheit für das deutsche Vaterland“. Auch in Deutschland schien jetzt die Zeit gekommen, die Macht der Fürsten zu brechen. Viele Menschen sehnten sich nach mehr Demokratie und nach einem einigen Deutschland. Für diese Ziele waren viele Bürger bereit zu kämpfen, auch wenn sie dabei ihr Leben aufs Spiel setzen mussten. So kam es im Jahre 1848 in vielen Teilen Deutschlands zu Revolutionen.

Bei der Arbeit mit diesem Kapitel könnt ihr euch mit folgenden Fragen beschäftigen:

- Warum erhoben sich die Menschen in vielen Teilen Deutschlands gegen die Herrschaft der Fürsten?
- Wie kam es zum ersten deutschen Parlament?
- Warum scheiterte der Kampf um mehr Demokratie?
- Welche Ziele hatten Fürsten und der deutsche Kaiser mit der Wiederherstellung der „alten Ordnung“?
- Wie kam es zur Gründung des Deutschen Kaiserreiches?
- Außerdem lernt ihr, wie ihr ein umfangreicheres Thema in einem Projekt erarbeiten könnt.

❶ Nennt mithilfe der Karte Orte, an denen es 1848/1849 zu Aufständen und Revolutionen kam.

❷ Ordnet die Bilder 2 und 3 den Ereignissen auf der Zeitleiste zu.

❸ Erkundigt euch, ob es 1848/1849 auch in oder in der Nähe eures Heimatortes zu Revolutionen oder Aufständen gekommen ist (Museum, Stadtarchiv).

1817	1832	1848/1849	1871
Wartburgfest	Hambacher Fest	Revolutionen und Aufstände in Europa	Gründung des Deutschen Kaiserreiches

2 – Das Hambacher Fest 1832. Sonderbriefmarke, 2007.

3 – Eröffnung der Nationalversammlung in Frankfurt am Main am 18.5.1848. Holzstich, um 1890.

4 – Blick in den Bundestag. Foto.

Wiener Kongress und Deutscher Bund

Was geschah nach der Niederlage Napoleons?

1 – Europa 1815.

Legende zur Karte:

— Grenze des Deutschen Bundes 1815

▦ neu- oder wiedererworbene Gebiete in hellerer Farbstufe

● 1815 neugeschaffene oder wiederhergestellte Staaten

1 Kgr. der Vereinigten Niederlande
2 Kgr. Hannover
3 Grhzm. Luxemburg
4 Grhzm. Hessen
5 Kgr. Württemberg
6 Grhzm. Baden

✳ Restauration
Bezeichnung für die Wiederherstellung der alten Ordnung nach einem gescheiterten Umsturzversuch.

✳ Kongress
Politische Tagung oder auch Versammlung von Fachleuten zu einem Thema.

✳ Klemens Wenzel Fürst von Metternich
(1773–1859). Ab 1809 Innenminister in Österreich, danach Staatskanzler.

Zeit der ✳Restauration

Napoleons Truppen waren geschlagen, seine Herrschaft zusammengebrochen (s. S. 80/81). Wie sollte es jetzt weitergehen? Um diese Frage zu lösen, luden die Siegermächte unter Führung Österreichs, Russlands, Englands und Preußens die Fürsten Europas zu einem Kongress nach Wien ein. Die Herrscher oder ihre Gesandten aus fast 200 Staaten und freien Reichsstädten folgten der Einladung.

Jene Fürsten, die von Napoleon vertrieben worden waren, forderten jetzt die Rückgabe ihrer Gebiete. Es war das gemeinsame Ziel aller Teilnehmer, die alte Ordnung von vor 1789 wiederherzustellen.

Der Wiener Kongress

Der Wiener ✳Kongress begann am 18. September 1814. Die Beratungen dauerten über neun Monate. Den Vorsitz hatte der österreichische Staatskanzler ✳Fürst Metternich. Im Jahr 1815 einigten sich die Fürsten unter anderem auf folgende Grundsätze:

– Keine der fünf europäischen Großmächte (Frankreich, Großbritannien, Österreich, Preußen, Russland) soll mehr Macht als ein anderes Land haben. Nur so könne man den Frieden sichern.
– Frankreich wird wieder ein Königreich in den Grenzen von 1789.
– Preußen wird um die Rheinprovinz, Westfalen und den Nordteil Sachsens vergrößert.

Die Fürsten schoben während der Verhandlungen Länder und Provinzen, Städte und Grenzstreifen zwischen sich hin und her. An die Folgen für die betroffenen Menschen dachte niemand.

❶ Nennt die wichtigen Grundsätze für die Neuordnung Europas.
❷ Beschreibt die Gebietsveränderungen für Preußen und Österreich anhand der Karte 1.

2 – Der Deutsche Bund 1815.

Grenze des
Deutschen Bundes 1815

1 Hzm. Lauenburg
2 Grhzm. Mecklenbg.-Strelitz
3 Fsm. Schaumburg-Lippe
4 Fsm. Lippe
5 Hzm. Braunschweig
6 Hzm. Anhalt
7 Jülich-Kleve-Berg
8 Fsm. Waldeck
9 Lgft. Hessen-Homburg
10 Fsm. Hohenzollern
11 Fsm. Liechtenstein
12 Vorarlberg

Nationale Einheit oder Deutscher Bund?

Viele Deutsche hofften jetzt, dass endlich die Einheit Deutschlands geschaffen würde.

Q1 In einem Flugblatt aus dem Jahre 1815 zum Wiener Kongress hieß es:

... Wer fühlt jetzt nicht voller Begeisterung, dass der Zeitpunkt da ist, wo der Deutsche an der Donau und am Rhein den an der Elbe und Weser als einen Mitbruder umarmen möchte? Jetzt ist die Zeit, wo die Herrscher erkennen, dass die Völker nicht um ihretwillen, sondern dass sie um der Völker willen da sind. Jetzt ist die Zeit, wo nicht mehr wie bisher den Menschen die Hälfte des Arbeitsschweißes abgepresst wird, um elende Höflinge, kostbare Jagden, die Menge unnützer Schlösser und eine Kriegsmacht zu unterhalten, die nicht dem Schutz des Vaterlandes dient, sondern nur ... für die Großmannssucht des Herrschers. Diese Zeiten – wer zweifelt daran – sind vorbei. ...

Aber die Großmächte wollten kein mächtiges Deutsches Reich. Auch die deutschen Fürsten wollten keinen starken deutschen Kaiser über sich haben.

Der Deutsche Bund

So schlossen sich die deutschen Fürsten in einem losen Deutschen Bund mit 35 Fürstentümern und vier freien Städten zusammen. Die Gesandten der Fürsten bildeten die Bundesversammlung. Aber die Einzelstaaten konnten entscheiden, ob deren Beschlüsse dann auch tatsächlich durchgeführt wurden. Auf dem Wiener Kongress hatten die Fürsten den Staaten des Deutschen Bundes auch Verfassungen versprochen. Dieses Versprechen wurde zwar in einigen Staaten wie Bayern, Baden oder Hannover gehalten, aber gerade die großen Staaten Preußen und Österreich erhielten keine Verfassung.

❸ Fasst zusammen, was der Autor in Q1 fordert.

❹ Vergleicht die tatsächlichen Ergebnisse mit den in Q1 geäußerten Erwartungen.

entdecken und verstehen

🅐 Sucht auf Karte 2 die ungefähre Lage eures Wohnortes und schreibt auf, zu welchem Staat er 1815 gehört hat.

🅑 Malt ein Plakat, auf dem ihr zum Ausdruck bringt, wie die Menschen damals auf die Gründung des Deutschen Bundes reagiert haben könnten.

Methode

Ein Projekt planen und durchführen

In einem Projekt arbeitet ihr in Arbeitsgruppen selbstständig mit unterschiedlichen Fragestellungen an einem Rahmenthema. Jede Schülerin und jeder Schüler beschäftigt sich in einem Teilthema des Projekts mit Fragen, die sie/ihn besonders interessieren. Projekte erfordern längere und intensive Arbeitsphasen. Am Ende des Projektes hat jede Gruppe als Ergebnis der Arbeit ein Produkt, dass sie gemeinsam und eigenverantwortlich hergestellt hat. Diese Ergebnisse werden dann der gesamten Klasse oder auch eingeladenen Interessierten vorgestellt.

Folgende Schritte helfen euch, ein Projekt zu planen und durchzuführen:

Schritt 1 **Ein Projekt vorbereiten**	■ Themen sammeln: Welche Fragestellungen interessieren uns besonders? Auf welches Thema kann die ganze Gruppe sich einigen, damit alle engagiert mitarbeiten? Welche Leitfragen sollen die Gruppen bearbeiten? ■ Zeitplan festlegen: Projekte dauern mindestens eine, oft zwei oder drei Wochen. Ihr müsst einen genauen Zeitplan haben, damit ihr eure Arbeit überschaut. ■ Vorstellung der Arbeitsergebnisse: Macht euch schon vor Arbeitsbeginn Gedanken, wie ihr eure Ergebnisse den anderen Schülern vorstellt. Ihr könnt z. B. eine Wandzeitung, eine Dokumentation oder eine Ausstellung erstellen.
Schritt 2 **Ein Projekt durchführen**	■ Arbeitsgruppen einteilen: Legt fest, wer mit wem arbeitet, und verteilt die Arbeiten auf die einzelnen Gruppen. Auch innerhalb der Arbeitsgruppen solltet ihr genau klären, wer wofür verantwortlich ist. Letztendlich ist aber die ganze Gruppe für ihr Ergebnis verantwortlich. ■ Material besorgen: Material findet ihr im Schulbuch, im Internet, in Büchern, in Tageszeitungen und Illustrierten. Vielleicht könnt ihr auch Videos auswerten und Ausschnitte daraus vorstellen. ■ Arbeitsergebnisse überprüfen: Während der Projektarbeit solltet ihr euch immer wieder in der ganzen Klasse zusammensetzen und eure Zwischenergebnisse vorstellen. Verständnisfragen der Mitschüler können euch helfen, Schwachpunkte eurer Arbeit zu erkennen. Kritik und Anregungen von Außenstehenden können helfen, euer Arbeitsergebnis zu verbessern.
Schritt 3 **Die Ergebnisse vorstellen**	■ Die in den einzelnen Arbeitsgruppen erzielten Ergebnisse werden gemeinsam der Klasse präsentiert, wie ihr es vorher vereinbart habt. ■ Falls die Ergebnisse auch für andere interessant sein können: Werbt für eure Präsentation. Ladet dazu Eltern und andere Klassen ein. Fragt, ob ihr eure Ergebnisse eventuell auch bei ihnen vorstellen könnt.

❶ Besprecht mit eurer Lehrerin/eurem Lehrer, ob ihr ein Projekt zur Revolution von 1848 in Deutschland durchführen könnt.

1 – Diskussion der Zwischenergebnisse der Projektarbeit. Foto, 2011.

2 – Letzte Korrekturen der Wandzeitung. Foto, 2011.

3 – Schüler bei der Präsentation ihrer Ergebnisse. Foto, 2011.

Beispiellösung für ein Projekt

Zum Schritt 1: Leitfragen für ein Projekt könnten zum Beispiel sein:

1. Was waren erste Schritte auf dem Weg zur Demokratie in Deutschland?
2. Warum wollten manche Bürger von Forderungen nach Demokratie nichts mehr wissen?
3. Warum ging das Volk 1848 auf die Barrikaden?

Eine ergänzende Gruppe könnte untersuchen, was 1848 in anderen europäischen Ländern geschah. Sie sollte dafür ihr Material im Internet oder in Büchern suchen. Als Ergebnis könnten alle Gruppen eine Wandzeitung anfertigen.

Zum Schritt 2: Für eure Gruppenthemen findet ihr als Ausgangspunkt Material auf den Seiten 140/141, 144/145 und 146/147. Das Internet bietet weitere Informationen unter den Stichworten: Wartburgfest, Karlsbader Beschlüsse, Hambacher Fest, Biedermeier, Berlin 1848. Es gibt im Internet auch zahlreiche Bilder zu diesen Stichworten.

Zum Schritt 3:
Eine Wandzeitung könnte dem zeitlichen Ablauf nach aufgebaut sein. Sie würde 1817 beim Wartburgfest beginnen, die Karlsbader Beschlüsse darstellen und das Biedermeier erklären. Dann würden die Wiederbelebung des Protestes auf dem Hambacher Fest, die erneute Unterdrückung und schließlich die Barrikadenkämpfe 1848 in Berlin folgen.
Die Ereignisse von 1848 in anderen europäischen Staaten würden sich dann anschließen.

Wogegen protestierten die Menschen?

1 – Wartburgfest. Etwa 500 Studenten gedachten am 18. und 19. Oktober 1817 der *Völkerschlacht bei Leipzig und des Beginns der Reformation (1517) mit einem Fest auf der Wartburg. Holzstich, um 1880.

Enttäuschte Hoffnungen

Viele Menschen in Deutschland waren von den Beschlüssen der Fürsten auf dem Wiener Kongress enttäuscht. Sollten sie dafür ihr Blut vergossen haben, waren dafür Hunderttausende in den zahlreichen Schlachten gefallen, dass jetzt alles so blieb wie vorher? Viele Bürger schlossen sich daher den *Liberalen an. Die Liberalen verlangten:
- eine Verfassung für jedes Land,
- die Anerkennung der Menschenrechte,
- die Beteiligung der Bürger an den politischen Entscheidungen.

Eine andere politische Gruppe strebte die Bildung eines *Nationalstaates an. Sie setzte sich für ein geeintes Deutschland mit frei gewählten Volksvertretern ein. Die Studenten zeigten ihre Unzufriedenheit mit den politischen Verhältnissen am heftigsten. Sie hatten sich 1815 in Jena zur Deutschen Burschenschaft zusammengeschlossen. Die Farben ihrer Verbindung waren Schwarz, Rot und Gold.

Studenten auf der Wartburg

Zwei Jahre später luden Jenaer Studenten für den Oktober 1817 zu einer Gedenkfeier auf die Wartburg ein. Sie sprachen auf der Feier von Freiheit, Einheit und von Menschen, die dafür gekämpft hatten. Man traf sich abends zu einem langen, feierlichen Fackelzug. Studenten entzündeten nach der Feier noch ein Feuer. Sie warfen eine preußische Polizeivorschrift, einen *Husarenschnürleib und Bücher von Anhängern der bestehenden Fürstenherrschaft hinein.

❶ Erläutert Bild 1 mithilfe des Textes. Was brachten die Studenten mit ihrem Verhalten zum Ausdruck?

Die Karlsbader Beschlüsse

Q1 Auf einer Konferenz in Karlsbad (im heutigen Tschechien) beschlossen die Vertreter der deutschen Staaten 1819:

(Es) ... dürfen Schriften, die in der Form täglicher Blätter oder heftweise erscheinen, desgleichen solche, die nicht über 20 Bogen (320 Seiten) im Druck stark sind, in keinem deutschen Bundesstaate ohne Vorwissen und vorgängige Genehmhaltung der Landesbehörden zum Druck befördert werden. Die Bundesregierungen verpflichten sich gegeneinander, Universitäts- und andere öffentliche Lehrer, ... die [ihr Amt gebraucht haben zur] Verbreitung ... die Grundlagen der bestehenden Staatseinrichtungen untergrabender Lehren, von den Universitäten und sonstigen Lehranstalten zu entfernen.

In ganz Deutschland herrschte jetzt die Furcht vor Bespitzelung, Verhören, Verhaftungen. Die Gefängnisse füllten sich mit Professoren und Studenten.

❷ Beschreibt die Reaktion der Fürsten auf die Forderungen der Studenten.

* **Husarenschnürleib**
Eng anliegende, geschnürte Uniformjacke der Reiterei.

* **Völkerschlacht bei Leipzig**
Entscheidender Sieg über Napoleon am 16.–19.10.1813.

* **Liberalismus**
(von lat. liber = frei). Politische Lehre, die seit dem Ende des 18. Jahrhunderts für die politische und wirtschaftliche Freiheit der Bürger eintrat.

* **Nationalstaat**
Ein Staatswesen, in dem sich die Angehörigen als einheitliche Nation fühlen und bekennen.

2 – Der Zug auf das Hambacher Schloss am 27. Mai 1832. Radierung, 1832.

„Freiheit, Recht und Einheit" – das Hambacher Fest

Im Jahr 1832 versammelten sich über 30 000 Demonstranten beim Schloss Hambach in der Pfalz. Sie trugen *schwarz-rot-goldene Fahnen. Es war die erste politische Massenversammlung in Deutschland.

Q2 Der Journalist Philipp Jakob Siebenpfeiffer rief den Teilnehmern am Hambacher Fest 1832 zu:

... Vaterland – Freiheit – ja! Ein freies deutsches Vaterland – dies ist der Sinn des heutigen Festes, dies die Worte, den Verrätern der deutschen Nationalsache die Knochen erschütternd. Seit das Joch des fremden Eroberers abgeschüttelt wurde, erwartet das deutsche Volk von seinen Fürsten die verheißene Wiedergeburt; es sieht sich getäuscht. Die Natur der Herrschenden ist Unterdrückung, der Völker Streben ist Freiheit. Es wird kommen der Tag, wo ... der Bürger nicht in *höriger Untertänigkeit den Launen des Herrschers, sondern dem Gesetz gehorcht, wo ein gemeinsames deutsches Vaterland sich erhebt. ...

Bilder regierender Fürsten wurden verbrannt, die Teilnehmer sangen: „Fürsten zum Land hinaus, jetzt kommt der Völkerschmaus!"

③ Erklärt, was Siebenpfeiffer in Q2 mit der Aussage „das Joch des fremden Eroberers abgeschüttelt wurde" meint.

④ Benennt die Forderungen, die Siebenpfeiffer in Q2 stellt.

Verschärfung der Unterdrückung

Wie sie es schon zuvor getan hatten, so antworteten die Fürsten auch jetzt mit noch härteren Maßnahmen, um die Menschen zu unterdrücken. Folglich wurde die Zensur der Presse weiter verschärft, die Rede- und Versammlungsfreiheit aufgehoben. Mehrere Hundert Oppositionelle wurden in Gefängnisse gebracht. Tausende flohen ins Ausland, vor allem nach Amerika.

Hinweise zum Projekt

- Stellt anhand dieser Doppelseite zuerst einen zeitlichen Überblick her. Neben dem Wartburgfest könnten als Unterthemen vertieft werden: der Mord an Schriftsteller Kotzebue, die Karlsbader Beschlüsse, das Hambacher Fest und die Farben schwarz-rot-gold.
- Zusatzthemen könnten sein: die Revolutionen in Europa 1830, deutsche Schriftsteller im Exil (Büchner, Heine, Herwegh).
- Ihr könnt auch Flugblätter gestalten, die gegen die Zensur protestieren oder zur Teilnahme am Hambacher Fest aufrufen.

* Schwarz-rot-goldene Fahne
Wurde schon 1815 von der Jenaer Burschenschaft im Kampf gegen Napoleon benutzt. Sie wurde in den folgenden Jahren zum Symbol der nationalen und demokratischen Bewegung in Deutschland.

* hörig
Unfrei, kritiklos gehorsam.

Geschichte vor Ort

Die Göttinger Sieben

1 – Die Göttinger Sieben. Postkarte.

Protest gegen Verfassungsbruch

1837 zählte die Göttinger Universität 32 Professoren und 900 Studenten. Die Stadt war mit ihren etwa 10 000 Einwohnern eine kleine, nicht weiter auffallende Stadt am Rand des Königreiches Hannover. 1837 hob König Ernst August das von seinem Vorgänger erlassene Staatsgrundgesetz (Verfassung) mit einem Erlass auf. Zugleich löste er die verfassungsgemäße Ständeversammlung auf und entband die Staatsdiener von ihrem Eid auf die Verfassung. Zusätzlich versprach er, die Steuern um 100 000 Taler zu senken. Das Vorgehen des Königs war ein eindeutiger Verfassungsbruch. Er löste kaum Proteste aus. Viele Menschen, unter ihnen zahlreiche Professoren, „verstummten vor der Gewalt", schrieb später der berühmte Göttinger Professor Jacob Grimm. Anders reagierten sieben der 32 Göttinger Professoren. Jacob und Wilhelm Grimm, Friedrich Christoph Dahlmann, Georg Gottfried Gervinus, Heinrich Ewald, Wilhelm Albrecht und Wilhelm Eduard Weber unterzeichneten einen von Dahlmann entworfenen Protest. Diesen Protest reichten sie ihrer vorgesetzten Behörde, dem Kuratorium, der Leitung der Universität, ein.

Q1 Aus dem Protestschreiben vom 18. November 1837:

... Wenn die untertänigst Unterzeichneten sich nach ernster Erwägung der Wichtigkeit des Falles nicht anders überzeugen können, als das Staatsgrundgesetz seiner Errichtung und seinem Inhalte nach gültig sei, so können sie auch, ohne ihr Gewissen zu verletzen, es nicht stillschweigend geschehen lassen, dass dasselbe ohne weitere Untersuchung und Verteidigung vonseiten der Berechtigten, allein auf dem Wege der Macht zugrunde gehe. Ihre unabweisliche Pflicht vielmehr bleibt, wie sie hiermit tun, offen zu erklären, dass sie sich durch ihren auf das Staatsgrundgesetz geleisteten Eid fortwährend verpflichtet halten müssen ... noch endlich eine Ständeversammlung, die im Widerspruche mit den Bestimmungen des Staatsgrundgesetzes zusammentritt, als rechtmäßig bestehend anerkennen dürfen. ...

① Untersucht Q1 und schreibt die Hauptaussagen heraus.

② Fasst den Protest der Professoren mit
euren Worten zusammen.

Schnelle Verbreitung

Der Protesttext verbreitete sich in Göttingen
und Deutschland in Windeseile, denn die
Göttinger Studenten schrieben ihn in einer
Art Schneeballsystem ab und verbreiteten
etwa 1000 Kopien. So gelangte er auch an die
„ausländische" Presse. Das Kuratorium
versuchte, die Professoren zur Rücknahme
ihres Protests zu bewegen.

Q2 Aus der Antwort des Kuratoriums vom 22. November 1837:

... als wir überhaupt nicht dafür halten können, dass es die Sache des einzelnen Staats-
dieners und Untertans sei, die in dieser
Beziehung dem Landesherrn zustehenden
Befugnisse irgendeiner Diskussion zu un-
terziehen und darüber gewissermaßen mit
Allerhöchstdemselben zu verhandeln oder
sogar der Befolgung der Allerhöchsten Königlichen Bestimmung eigenmächtig den
Gehorsam zu versagen. Den Untertanen
liegt vielmehr ob, in ruhiger Ergebung zu
erwarten, wie die öffentlichen Angelegen-
heiten Unseres Vaterlandes werden geordnet werden. ...

③ Erläutert mit Q2 wie das Kuratorium der
Universität Göttingen reagiert.

④ Vergleicht Q1 und Q2 und zeigt die unterschiedlichen politischen Grundauffassun-
gen beider Texte.

Die Reaktion des Königs

Der König reagierte hart: Die sieben Professoren wurden entlassen und die „Ausländer"
unter ihnen des Landes verwiesen. Zugleich
wurden die Polizei und das Militär in Göttingen verstärkt. Binnen drei Tagen mussten
Dahlmann, Gervinus und Jacob Grimm die
Stadt verlassen. Trotz des Polizeiaufgebots
gelang es 300 Studenten, ihre Professoren
im hessischen Witzenhausen feierlich zu

2– Denkmal der Göttinger Sieben vor dem Niedersächsischen Landtag.
Skulptur von Floriano Bodini. Foto.

verabschieden. Die Universitätsleitung und
der Gemeinderat dagegen versicherten dem
König ihre Treue; die meisten Bürger verharrten in ihrer unpolitischen Haltung. In
der Folgezeit verlor die Universität in ganz
Deutschland an Ansehen, die Zahl der Studenten ging auf 600 zurück. Innerhalb von
fünf Jahren bekamen aber alle Göttinger
Sieben wieder eine Professorenstelle, die
Gebrüder Grimm sogar in Berlin unter der
Herrschaft des antidemokratischen preußischen Königs. Der Protest der Göttinger Sieben stärkte die liberale und demokratische
Bewegung. Dahlmann und Jacob Grimm
waren dann auch 1848 Abgeordnete in der
Paulskirche, dem ersten in ganz Deutschland gewählten Parlament.

Wie zeigte sich der Rückzug ins Private?

1 – „Mein Nest ist das Best." Zeichnung von Ludwig Richter, 1869.

---

*Idylle
Friedliche, beschauliche, meist ländliche Darstellung.

*Romantik
Die Romantik ist eine kulturgeschichtliche Epoche Europas. Sie dauerte ungefähr von 1790 bis 1830. Sie kennzeichnet die Flucht aus der Wirklichkeit in eine Welt des Gefühls und der Fantasie. Die Rückbesinnung auf die Vergangenheit war oft ein Thema der romantischen Malerei, Literatur und Musik.

*legitimieren
Für gesetzlich und rechtmäßig erklären.

*loyal
Dem Gesetz gemäß, rechtmäßig.

---

❶ Beschreibt, welchen Eindruck die Bilder 1–3 auf euch machen.

Die Menschen ziehen sich zurück

In Wien hatte sich der Wunsch nach einem großen, geeinten Deutschland nicht erfüllt. Die Fürsten hatten es auch abgelehnt, dass die Forderung der Bürger nach mehr Mitbestimmung erfüllt wird. Sie sahen in der Bevölkerung nicht mündige Bürger, sondern Untertanen, die regiert werden müssen, und *legitimierten so ihre Herrschaft. Daher löste das Ergebnis des Wiener Kongresses vor allem in Deutschland Enttäuschung und Verbitterung aus. Viele Menschen zogen sich deshalb in die eigenen vier Wände zurück. Außerdem fürchteten sie die Bespitzelung. Von der Politik wollten die Bürger jetzt nichts mehr wissen. Sie entwickelten eine Lebenseinstellung, die mit dem Begriff „Biedermeier" bezeichnet wurde.
Der Rückzug ins Private zeigte sich auch in der bildenden Kunst. Bekannte Maler dieser Zeit waren Caspar David Friedrich (1774–1840) und Ludwig Richter (1803–1884). In den Bildern Richters (s. Abbildung 1) kommen seine Liebe zum Kleinen

und Nahen, der Hang zur *Idylle und seine Volksverbundenheit zum Ausdruck. Caspar David Friedrich war hingegen ein Vertreter der *Romantik. Hier wurden vor allem Gefühle ausgedrückt und in den Bildern wurde ein tiefes Empfinden für die Natur zum Ausdruck gebracht. Künstler wie Richter oder Friedrich vermieden durch ihre Art der Darstellung alles, was sie in einen Konflikt mit den Herrschenden hätte bringen können.

Q1 Der Schriftsteller Gottfried Kinkel dichtete 1844:
... Stets nur treu und stets *loyal
Und vor allem stets zufrieden.
So hat Gott es mir beschieden.
Folglich bleibt mir keine Wahl.
Ob des Staates alte Karren
Weise lenken oder Narren,
Dieses geht mich gar nichts an;
Denn ich bin ein Untertan. ...

❷ In dem Gedicht wird der Bürger als „Untertan" bezeichnet. Worauf möchte der Dichter hinweisen?

2 – „Mondaufgang am Meer". Gemälde von Caspar David Friedrich, 1832.

3 – „Die gute alte Zeit". Das Innere einer Bürgerwohnung im Biedermeierstil. Gemälde, um 1835.

Hinweise zum Projekt

- Gestaltet eine Ausstellung in der Klasse mit Bildern der Romantik und Steckbriefen berühmter Dichter und Komponisten. Lest Text- und spielt Musikbeispiele vor. Bittet eure Fachlehrer um Hilfe.
- Erarbeitet eine Ausstellung zur Mode und zu Möbeln des Biedermeier.

Die Revolution von 1848/1849

Warum ging das Volk auf die Barrikaden?

Legende:

— Grenze des Deutschen Bundes 1848/49

— Staatsgrenzen von Preußen und Österreich

Staatsformen im Deutschen Bund vor 1848:
- absolute Monarchie
- konstitutionelle Monarchie
- Republik

🔥 revolutionäre Aufstände 1848/49

1 Hzm. Lauenburg
2 Grhzm. Mecklenbg.-Strelitz
3 Fsm. Schaumburg-Lippe
4 Fsm. Lippe
5 Hzm. Braunschweig
6 Hzm. Anhalt
7 Fsm. Waldeck
8 Lgft. Hessen-Homburg
9 Fsm. Hohenzollern
10 Fsm. Liechtenstein
11 Vorarlberg

1 – Revolutionen und Aufstände im Deutschen Bund 1848/1849.

---

*✻ Tagelöhner
Arbeiter, der keinen festen Arbeitsplatz hat und von seinen wechselnden Arbeitgebern täglich meist schlecht bezahlt wird.*

Paris gibt das Signal für Erhebungen in Europa: Das Volk verjagt die Könige

Im Frühjahr des Jahres 1848 kam es in vielen Staaten Europas zu Revolutionen. Die revolutionäre Welle begann in Frankreich. In Paris demonstrierten die Menschen gegen die Monarchie und forderten neben anderen Verbesserungen ein neues Wahlrecht. Denn nur wer über ein hohes Einkommen verfügte, durfte auch zur Wahl gehen. Den aufgebrachten Bürgern rief ein Minister zu: „Werdet doch reiche Leute". Die Arbeiter, ✻Tagelöhner und Handwerker fühlten sich verhöhnt. Sie stürmten Ende Februar 1848 den Königspalast. Der König musste fliehen und die Republik wurde in Frankreich ausgerufen.

Aufstände in Deutschland

Dies war das Signal zu zahlreichen Revolutionen in ganz Europa. Davon wurden im Deutschen Bund zuerst die Staaten und Provinzen erfasst, die an Frankreich grenzten. In Baden und im Rheinland gab es die ersten revolutionären Aktionen. Die Menschen in vielen deutschen Staaten verlangten Freiheiten, eine Verfassung und ein deutsches Parlament. Dem großen Druck der Bürger gaben die Fürsten zunächst kampflos nach.

Q1 Der Großherzog Leopold von Baden (1790–1852) schrieb 1848 an den König von Preußen:

... Meine Zugeständnisse sind teils von zweckmäßiger Art, teils von untergeordneter, teils von keiner nachträglichen Bedeutung. Die erste Aufgabe war, das Land zu beruhigen und zusammenzuhalten. ...

❶ Schreibt anhand der Karte auf, in welchen Städten im Frühjahr 1848 Aufstände ausbrachen.

❷ Beurteilt mithilfe von Q1, wie ernst die Zugeständnisse des Großherzogs von Baden gemeint waren.

Revolution in Berlin

Die Nachrichten von der Revolution in Paris und den erfolgreichen Erhebungen in anderen deutschen Staaten führten in Berlin zu zahlreichen politischen Versammlungen. Auf ihnen forderten die Arbeiter von der Regierung, dass sie Maßnahmen gegen die Arbeitslosigkeit ergreift. Bürger, Studenten und Arbeiter forderten außerdem gemeinsam Presse- und Redefreiheit, Versammlungsfreiheit, Freilassung der politischen Gefangenen, eine freiheitliche Verfassung und eine allgemeine deutsche Volksvertretung.

Der preußische König war zunächst nicht bereit, den Forderungen nachzugeben. Um die politischen Versammlungen auseinanderzutreiben, ließ der König sogar Truppen in die Stadt einrücken. Aber die Protestierenden ließen sich nicht einschüchtern. König Friedrich Wilhelm IV. gab schließlich nach und versprach, dem Land eine Verfassung zu geben.

Das Volk geht auf die Barrikaden

Am 18. März 1848 versammelten sich etwa 10 000 Berliner vor dem Schloss, um ihrem König für die Zusage einer Verfassung zu danken. Plötzlich fielen – vermutlich aus Versehen – zwei Schüsse. Die Bürger fühlten sich betrogen. In aller Eile bauten sie Straßenbarrikaden (s. S. 132/133). Auf den Barrikaden wehten schwarz-rot-goldene Fahnen. Die Bürger wehrten die gut ausgebildeten Armeeeinheiten mit den einfachsten Waffen ab. Um weiteres Blutvergießen zu vermeiden, zog der König seine Truppen ab. Am folgenden Tag trugen die Bürger die Leichen von 150 Barrikadenkämpfern vor das königliche Schloss. Der König wurde gezwungen, sich vor den Särgen der Gefallenen zu verneigen. Mit einer schwarz-rot-goldenen Armbinde ritt er durch die Straßen. Die Revolution hatte gesiegt.

Q2 Am Abend des 18. 3. 1848 erließ Friedrich Wilhelm IV. einen Aufruf:
... Ich habe heute die alten deutschen Farben angenommen und mich und mein

2 – König Friedrich Wilhelm IV. reitet unter den Farben der Revolution durch Berlin. Zeitgenössischer Stich.

Volk unter das ehrwürdige Banner des Deutschen Reiches gestellt. Preußen geht fortan in Deutschland auf. ...

❸ Erklärt, was es bedeutet, wenn der König von Preußen sagt, Preußen geht jetzt in Deutschland auf.

Neue Freiheiten

Auf Flugblättern und Plakaten konnte nun jeder seine politischen Ansichten äußern. Diese Presse- und Versammlungsfreiheit führten zu einem lebhaften öffentlichen Leben. Jetzt schlossen sich Gleichgesinnte in „Klubs" zusammen. Das waren die Vorläufer der politischen Parteien. Hatte die Revolution in Preußen endgültig gesiegt?

Hinweise zum Projekt

- Stellt in Wandzeitungen Informationen zu den gleichzeitigen Revolutionen in Europa zusammen. Achtet auf die Reihenfolge und die Zusammenhänge zwischen den Ereignissen.
- Erarbeitet mithilfe der Schauplatzseiten (S. 148/149) eine Darstellung der Barrikadenkämpfe in Berlin. Nennt die beteiligten Personengruppen.
- Es gibt viele Lieder zur Revolution von 1848. Stellt Tonbeispiele vor.

Barrikadenkämpfe in Berlin

Für demokratische Tradition und revolutionären Geist
1848 MÄRZREVOLUTION 1998

An diesem Ort
stand eine Barrikade, die am 18. März
erfolgreich verteidigt wurde.
Der Referendar und Landwehroffizier Gustav von Lensky
kämpfte und starb hier.

Es kommt dazu trotz alledem,
daß rings der Mensch die Bruderhand
dem Menschen reicht trotz alledem!

Ferdinand Freiligrath (1843), nach Robert Burns (1795)

Schauplatz

Geschichte

Der Titel des 1848 erschienenen großen Bildes lautet: „Die Barricade an der Kronen- und Friedrichstraße am 18./19. März 1848". Die Gedenktafel hängt heute an dieser Kreuzung und erinnert an den hier gefallenen Gustav von Lensky. Das Feuer im Vordergrund dient dem Gießen von Kugeln aus dem Blei der Fenster.

❶ Betrachtet das Bild genau und achtet auf Einzelheiten, z. B. die Bewaffnung, die Fahnen, die handelnden Gruppen, die Menschen im Hintergrund.

❷ Einer der Jungen in der Bildmitte schreibt an einen Freund, was er bei den Barrikadenkämpfen erlebt hat. Benutzt das Bild als Grundlage.

Wie sah die Verfassung für alle Deutschen aus?

1 – Feierlicher Einzug der Mitglieder des Vorparlaments in die Frankfurter Paulskirche vom 31. März 1848. Holzstich von Fritz Bergen, 1896.

*Akademiker
Person mit Hochschulausbildung.

Die Abgeordneten der Paulskirche

Noch im Frühjahr 1848 wurden fast überall die Regierungen in den deutschen Staaten zum Rücktritt gezwungen. In ganz Deutschland fanden erstmalig allgemeine und gleiche Wahlen zu einer Versammlung statt, die eine Verfassung erarbeiten sollte. Frauen hatten allerdings kein Wahlrecht. Fast zwei Drittel der 573 Abgeordneten waren *Akademiker. Die übrigen Abgeordneten waren Vertreter der Wirtschaft, wie zum Beispiel Gutsbesitzer, Kaufleute und Industrielle. Arbeiter und Frauen fehlten hingegen in der Nationalversammlung. Sie trat am 18. Mai 1848 in Frankfurt am Main zu ihrer ersten Sitzung zusammen.

Die Rechte der Frauen

Schon am Hambacher Fest 1832 hatten auch Frauen teilgenommen. Viele Frauen nahmen ebenfalls an der Revolution von 1848 lebhaften Anteil. Sie besuchten regelmäßig die Sitzungen in der Paulskirche. Unter ihnen war auch Clotilde Koch-Gontard (1813–1869). In ihrer Wohnung trafen sich zahlreiche Politiker und politisch interessierte Frauen, um über politische Probleme zu diskutieren.

Q1 1848 schrieb Clotilde Koch-Gontard an die „Deutsche Zeitung":
… Doch höre ich Männer sagen: Es ist mit dem Weibergeschwätz wieder kein Ende; in der Kinderstube und an den Strickstrumpf gehört die Frau, der Mann ist berufen zum Handeln nach außen.
Jetzt noch weniger als früher mag ich meine Stellung so zu begreifen und es macht mir recht viel Mühe, die Küche als den Hauptschauplatz meiner Tatkraft anzusehen. …

Die Grundrechte

Q2 Am 28. März 1849 verabschiedete die Nationalversammlung eine von ihr erarbeitete Reichsverfassung. Darin wurden die Grundrechte festgelegt:
… §137 Vor dem Gesetz gilt kein Unterschied der Stände. Der Adel als Stand ist aufgehoben. Alle Standesvorrechte sind abgeschafft. Die Deutschen sind vor dem Gesetz gleich.
§138 Die Freiheit der Person ist unverletzlich. …
§140 Die Wohnung ist unverletzlich. …
§143 Jeder Deutsche hat das Recht, … seine Meinung frei zu äußern. …
§144 Jeder Deutsche hat volle Glaubens- und Gewissensfreiheit. …
§161 Die Deutschen haben das Recht, sich friedlich und ohne Waffen zu versammeln; einer besonderen Erlaubnis bedarf es nicht. …
§164 Das Eigentum ist unverletzlich. …

❶ Schreibt auf, was Clotilde Koch-Gontard in Q1 fordert.
❷ Schlagt nach, ob die in Q2 genannten Grundrechte auch in unserem Grundgesetz stehen (siehe Anhang).
❸ Beschreibt mithilfe der Methode S. 70/71 die Verfassung (Schaubild 2). Untersucht die Rollen von Kaiser, Reichstag, Reichsregierung und Volk.

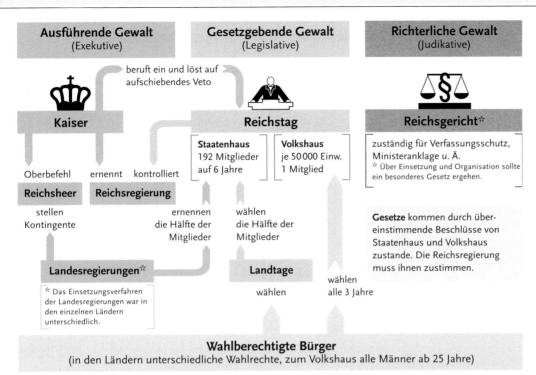

2 – Verfassung für das Deutsche Reich nach den Vorstellungen der deutschen Nationalversammlung vom 28. März 1849. Schaubild.

Der König lehnt die Kaiserkrone ab

Die Mitglieder der Nationalversammlung hatten lange die Frage diskutiert, ob das Deutsche Reich eine Republik oder eine Monarchie sein sollte. Schließlich entschieden sie sich für die Wahl eines Kaisers, der gemeinsam mit dem Parlament die Gesetze erlassen sollte. Doch wer sollte Kaiser werden? Zwei Möglichkeiten boten sich an: ein großes Deutsches Reich unter der Führung Österreichs mit dem österreichischen Kaiser oder die „kleindeutsche" Lösung ohne Österreich unter der Führung Preußens. Man einigte sich auf die kleindeutsche Lösung unter der Führung Preußens. „Kaiser der Deutschen" sollte Friedrich Wilhelm IV. von Preußen werden. Doch der preußische König lehnte dies ab.

Q3 Im Februar 1849 schrieb Friedrich Wilhelm IV.:
... Diese Krone ist nicht die tausendjährige Krone „deutscher Nation", sondern eine Geburt des scheußeligen Jahres 1848. ... Untertanen können keine Krone vergeben. ... Mit Gottes Hilfe werden wir „oben" wieder „oben" und „unten" wieder „unten" machen. Das ist es, was vor allem Not tut. ...

Aber die Nationalversammlung verfügte über keine Machtmittel, um ihre Beschlüsse durchzusetzen. Deshalb verließen viele Abgeordnete die Nationalversammlung. Nur 100 Abgeordnete blieben und bildeten Anfang Mai in Stuttgart ein „Rumpfparlament". Württembergische Truppen lösten es noch im Juli auf.

④ Untersucht Q3: Nennt das Interesse des Königs und bewertet seine Aussage unter Beachtung von § 137 in Q2.

⑤ Nennt Gründe für das Scheitern der Nationalversammlung.

entdecken und verstehen

Ⓐ In Deutschland entstanden 1848 verschiedene Zeitungen, von radikal demokratisch bis strikt konservativ. Entscheidet euch in Partnerarbeit für eine Haltung und schreibt einen Artikel zur neuen Verfassung.

Ⓑ Schreibt ein Flugblatt, das gegen die Ablehnung der Kaiserkrone durch Friedrich Wilhelm IV. protestiert.

Wie beendeten die Fürsten die Revolution?

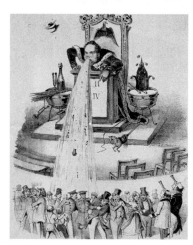

1 – „Das Volk ist mir zum Kotzen".

2 – Kapitulation der Festung Rastatt am 23.7.1849. Entwaffnung der Aufständischen. Farblithografie, 1849.

Das Scheitern der Revolution

Während der langen Beratungen des Frankfurter Parlaments fanden die Fürsten genügend Zeit, den Widerstand zu organisieren. Eine entscheidende Niederlage mussten die Reformer zunächst in Wien hinnehmen. Im Oktober 1848 war es hier zu Unruhen gekommen. Zur Unterstützung der Aufständischen kamen zwei Abgeordnete der Frankfurter Nationalversammlung nach Wien: Robert Blum und Julius Fröbel.

> **Q1 An seine Frau schrieb Blum:**
> … In Wien entscheidet sich das Schicksal Deutschlands, vielleicht Europas. Siegt die Revolution hier, dann beginnt sie von neuem ihren Kreislauf, erliegt sie, dann ist wenigstens für eine Zeit lang Kirchhofsruhe in Deutschland.

Obwohl – wie Blum weiter schrieb – die Begeisterung und Kampfeslust der Wiener unermesslich groß waren, wurden die Aufständischen in wenigen Tagen von den kaiserlichen Truppen besiegt. Die Anhänger der Revolution wurden gnadenlos verfolgt und 24 Todesurteile vollstreckt. Zu den Opfern gehörte auch Robert Blum. Obwohl er als Mitglied der Frankfurter Nationalversammlung Immunität genoss, wurde er am 9. November 1848 standrechtlich erschossen (s. Bilder S. 154/155).

❶ Erklärt den Hinweis Blums, in Deutschland würde wieder „Kirchhofsruhe" herrschen.

„Nun bin ich wieder ehrlich."

Nur drei Tage nach der Erschießung Robert Blums wurde auch über Berlin der Ausnahmezustand verhängt. Die Presse- und Versammlungsfreiheit wurde eingeschränkt, politischen Vereinen und Klubs jegliche Tätigkeit verboten, alle Zivilisten wurden entwaffnet. Der preußische König Friedrich Wilhelm IV. erklärte: „Nun bin ich wieder ehrlich."

Noch im Dezember 1848 löste er die preußische Nationalversammlung auf. „Berlin" – so schrieb ein preußischer General an seine Frau – „ist ruhig wie ein Dorf." Mehrere Aufstandsversuche in verschiedenen deutschen Ländern Anfang 1849 wurden mithilfe preußischer Truppen in kurzer Zeit blutig niedergeschlagen. Viele Revolutonäre – vom preußischen König als „Bluthunde und aufrührerische Mörder" bezeichnet – wurden hingerichtet oder zu hohen Zuchthausstrafen verurteilt.

❷ Ergänzt den Ausspruch des Königs: „Nun bin ich wieder ehrlich" mithilfe des Textes und Bild 1.

3 – Rundgemälde von Europa im August 1849, von Ferdinand Schröder (1848–1859). Die Revolutionäre werden verjagt: vom preußischen König mit Pickelhaube in die Schweiz gefegt, vom französischen Herrscher nach Amerika verschifft. In Frankfurt hängt die schwarz-rot-goldene Flagge an einer Vogelscheuche.

Deutschland nach der Revolution

Q2 Malvida von Meysenburg (1816–1903) schrieb 1848:

... Als ich zuletzt den Weg mit der Eisenbahn zwischen Köln und dem Norden zurücklegte, da war es Frühling 1848. Von unserem Zug flatterten schwarzrotgoldene Fahnen; eine lange Reihe Waggons, eingenommen von Freischaren junger entflammter Männer. ... Ich mischte mich unter sie und hörte, wie sie Hoffnungen und Wünsche austauschten. ...
Und nun? ... Keine Fahnen flatterten, keine Jünglinge schwärmten von Kampf und Sieg; lautlos ... schoss der Zug dahin, aber im Herzen brannte die ... tausendfache Schmach des Vaterlandes, die getäuschten Erwartungen und die vielleicht auf lange hinausgeschobene Entwicklung des politischen und sozialen Lebens. ...

❸ Notiert, was mit „getäuschten Erwartungen" in Q2 gemeint sein könnten.

Die Wiederherstellung der alten Ordnung

Die Fürsten stellten jetzt wieder in den Ländern die alte Ordnung her. Sie behinderten die Arbeit der Landesparlamente und schränkten das Wahlrecht ein. Friedrich Wilhelm IV. erließ eigenmächtig für Preußen eine Verfassung, ohne sich mit den gewählten Vertretern des Volkes abzusprechen. Diese Verfassung räumte dem König eine starke Stellung ein. 1850 vereinbarten Preußen und Österreich die Wiederherstellung des alten Deutschen Bundes (s. S. 137). Die Grundrechte, die die Nationalversammlung beschlossen hatte, wurden 1851 durch den neu zusammengetretenen Frankfurter Bundestag aufgehoben.

✴ Malvida von Meysenburg war Vorkämpferin für die Gleichberechtigung der Frauen und eine parlamentarische Demokratie. Um einer drohenden Verhaftung zu entgehen, floh sie 1852 nach London.

entdecken und verstehen

Ⓐ Stellt anhand der Seiten 146–153 eine Übersicht der Ereignisse der Revolutionsjahre 1848/1849 her.
Ⓑ Verfasst mithilfe des Internets eine ausführliche Bildbeschreibung zu Bild 3.

Den Wahrheitsgehalt von Bildquellen überprüfen

1 – Erschießung Robert Blums am 9. November 1848 auf der Brittenau bei Wien. Blum lehnt die angebotene Augenbinde mit den Worten ab: „Ich möchte dem Tod frei ins Auge sehen!". Zeitgenössische Lithografie.

Die „Wirklichkeit" der Bilder

M1 Von der Erschießung Robert Blums heißt es in einer Darstellung, die sich auf einen Augenzeugenbericht beruft:

... Er (Blum) schreibt Abschiedsbriefe an Freunde. Dann der letzte Brief an Jenny (seine Frau): ... Mein teures, gutes liebes Weib, lebe wohl! Wohl für die Zeit, die man ewig nennt, die es aber nicht sein wird. Erziehe unsere – jetzt nur deine Kinder zu edlen Menschen. ...

Er besteigt den Wagen, es ist nun etwa sechs Uhr, gemeinsam mit einem Pater des Schottenklosters und einem Leutnant. Es geht zur Hinrichtungsstätte in der Brittenau, einem Wiener Vorort im Norden. ...
Als man ihm die Augen verbinden will, lehnt er ab: „Ich möchte dem Tod frei ins Auge sehen." Der Offizier beharrt auf der Binde wegen der Schützen, der Blick ihres Opfers soll sie nicht treffen. Blum legt sie nun selbst an. Die letzten Worte, ganz Deutschland wird sie wenig später schon ehrfürchtig nachsprechen:

„Ich sterbe für die Freiheit, möge das Vaterland meiner eingedenk sein."
Dann krachen die Schüsse. Es ist der Morgen des 9. November.

Von der Erschießung Robert Blums gibt es viele Bilder, die alle kurz danach in deutschen Zeitungen erschienen. Doch sie unterscheiden sich in manchen Punkten, obwohl sie ja alle von dem gleichen Ereignis berichten.
Bilder zeigen also nicht unbedingt „die Wirklichkeit", sondern geben nur wieder, wie der Künstler oder Fotograf sie gesehen hat.

❶ Vergleicht die Abbildungen mit dem Darstellung (M1) und erklärt, welches Bild der Darstellung am ehesten entspricht.

❷ Beschreibt die fünf Bilder. Notiert, in welchen Punkten sie sich unterscheiden.

❸ Stellt Vermutungen darüber an, welche Eindrücke die Künstler mit ihren Bildern hervorrufen wollten.

2 – Erschießung Robert Blums am 9. November 1848 bei Wien. Zeitgenössische Zeichnungen. November 1848.

Das deutsche Kaiserreich

Wie entstand 1871 das Deutsche Reich?

Legende:
- Kgr. Preußen 1864
- preußische Erwerbungen bis 1866
- X wichtige Schlacht
- Grenze des Deutschen Bundes 1864
- Südgrenze des Norddeutschen Bundes 1867–1871
- Grenze des Deutschen Reiches 1871

1 Grhzm. Mecklenbg.-Strelitz
2 Fsm. Schaumburg-Lippe
3 Fsm. Hohenzollern

1 – Die Länder des Deutschen Reiches.

Preußen und Österreich kämpfen um die Vorherrschaft

Im Jahre 1815 hatten sich 35 Fürstentümer und vier freie Reichsstädte zum „Deutschen Bund" zusammengeschlossen (siehe Karte S. 134). In diesem Bund waren zwei große Einzelstaaten: Preußen und Österreich. Sie stritten um die politische Vorherrschaft im Deutschen Bund. Preußen war stärker industrialisiert und brauchte deshalb einen größeren, zusammenhängenden Wirtschaftsraum. Nun strebte Preußen die Vorherrschaft in Norddeutschland an, um so ein zusammenhängendes Staatsgebiet herzustellen.

Vor allem Otto von Bismarck setzte sich dafür ein, dass Preußen eine Vormachtstellung erreichte. Er war ein Gutsherr aus Schönhausen an der Elbe und Abgeordneter im preußischen Parlament. 1862 wurde Bismarck zum preußischen Ministerpräsidenten ernannt.

Q1 Im Preußischen Landtage sagte Bismarck 1862:

... Preußens Grenzen ... sind für ein gesundes Staatsleben nicht günstig. Nicht durch Reden und Mehrheitsbeschlüsse werden die großen Fragen der Zeit entschieden – das ist der große Fehler von 1848 und 1849 –, sondern durch Eisen und Blut. ...

Bismarck stellte immer neue Forderungen an Österreich. Deshalb erklärte Österreich im Jahre 1866 Preußen den Krieg. Österreich wurde von der Mehrzahl der deutschen Fürsten unterstützt, weil sie sich von Preußens Macht bedroht fühlten. Schon nach wenigen Wochen wurden die österreichischen Truppen und ihre Verbündeten in der Schlacht von Königgrätz geschlagen.

❶ Beschreibt mithilfe von Q1 Bismarcks Einstellung zum Parlament und zur Revolution von 1848/1849.

❷ Seht euch die Karte 1 an. Welche Vorteile brachte die Gebietserweiterung durch den Krieg von 1866 für Preußen?

2 – Karikatur auf Preußens Annexionen* und die Gründung des Norddeutschen Bundes.

3 – Otto von Bismarck (1815–1898), preußischer Ministerpräsident. Gemälde, um 1870.

Q2 Im August 1866 schrieb der deutsche Professor Ihering, der noch vor dem Krieg gegen Österreich Bismarck scharf verurteilt hatte:

... Ich beuge mich vor dem Genie eines Bismarck. ... Was uns Uneingeweihten als Übermut erschien, es hat sich hinterher herausgestellt als unerlässliches Mittel zum Ziel (der deutschen Einheit). Ich gebe für einen solchen Mann der Tat 100 Männer ... der machtlosen Ehrlichkeit. ...

❸ Erklärt den Meinungswandel in Q2.

Die Vorbereitung der Reichsgründung

Q3 Zum Friedensschluss mit Österreich schrieb Bismarck 1866:

... Österreich darf nicht gedemütigt werden. Man muss für die Zukunft seine Freundschaft gewinnen, sonst wird es der Bundesgenosse Frankreichs. ... Wir wollen nicht Richter über Österreich spielen ..., sondern die Anbahnung der deutschen Einheit unter dem König von Preußen ins Auge fassen. ...

Die „Anbahnung der deutschen Einheit" begann 1867 mit der Gründung des „Norddeutschen Bundes". Ihm gehörten alle Staaten nördlich des Mains an (s. Karte 1).

An der Spitze des Bundes stand der preußische König, dem alle Truppen unterstellt wurden. Bismarck wurde Bundeskanzler. Sein Ziel war es, auch die vier süddeutschen Staaten in den Bund einzugliedern. Jedoch sah Frankreich mit Sorge, dass Preußen zur führenden Macht in Norddeutschland aufstieg. Es wollte nicht hinnehmen, dass die Macht sich in Europa zugunsten Preußens verschob. Folglich verschlechterte sich das Verhältnis zwischen den beiden Staaten. Bismarck schloss daher mit den süddeutschen Staaten zunächst nur geheime militärische „Schutz- und Trutzbündnisse": Die süddeutschen Staaten verpflichteten sich darin, im Kriegsfall ihre Truppen dem Oberbefehl des preußischen Königs zu unterstellen.

❹ Vergleicht die Beurteilung der Machtpolitik Bismarcks in der Karikatur und in Q2.

* Annexion
Gewaltsame Aneignung von Gebieten.

entdecken und verstehen

Ⓐ Entwerft ein Rollenspiel, in dem sich ein Österreicher und ein Preuße über die Vor- und Nachteile eines Deutschen Reiches unter preußischer Führung unterhalten.

Ⓑ Informiert euch im Internet über Bismarck und erstellt eine Wandzeitung.

Wie wurde das Deutsche Reich gegründet?

1 – Die Ausrufung des deutschen Kaiserreiches am 18. Januar 1871 im Spiegelsaal von Schloss Versailles. Gemälde von Anton von Werner, 1882.

Ein „notwendiger" Krieg mit Frankreich?

Q1 Im Herbst 1869 hatte Bismarck dem sächsischen Minister von Friesen gesagt:
... Ich sehe einen baldigen Krieg mit Frankreich als eine unabweisliche Notwendigkeit an. ... Auch mit Rücksicht auf die süddeutschen Staaten liegt es in unserem Interesse, nicht den Anlass zu einem Krieg zu geben. Aufgrund der mit ihnen geschlossenen Schutzverträge können wir mit voller Bestimmtheit auf ihre Hilfe rechnen, wenn der Krieg von Frankreich erklärt wird. ...

Ein naher Verwandter des preußischen Königs wurde 1870 zum Nachfolger des spanischen Königs vorgeschlagen. Deshalb kam es zum offenen Streit zwischen Frankreich und Preußen. Bismarck nutzte diesen äußeren Anlass, um die Spannungen zu verschärfen. Daraufhin erklärte Frankreich am 19. Juli 1870 Preußen den Krieg. Die süddeutschen Staaten kämpften nun gemeinsam mit Preußen gegen Frankreich. Eine Welle nationaler Begeisterung erfasste die deutschen Staaten.

Kapitulation bei Sedan
Schon am 2. September 1870 musste die französische Armee bei Sedan (Nordost-

frankreich) kapitulieren. Mit fast 100 000 Soldaten geriet auch der französische Kaiser Napoleon III. in Gefangenschaft. Endgültig kapitulierte Frankreich erst im Januar 1871. Danach verlegte der preußische König sein Hauptquartier nach Versailles bei Paris. Im Friedensvertrag wurde Frankreich zu einer hohen Entschädigungssumme verpflichtet. Außerdem musste es das Elsass und Teile Lothringens abtreten.
Diese Gebietsabtretungen führten zu einer tiefen Verbitterung der Franzosen.

❶   Erklärt, warum es zum Krieg zwischen Preußen und Frankreich kam.

❷   Nennt Gefahren, die aus den harten Friedensbedingungen entstehen konnten.

Wilhelm I. wird deutscher Kaiser

Q2 Am 3. 9. 1871 notierte der preußische Kronprinz Friedrich Wilhelm in sein Tagebuch:
... Wohl aber drängt die deutsche Geschichte jetzt auf eine baldige Wiederherstellung von „Kaiser und Reich" durch unser königliches Haus. Dieses Ereignis kann in keinem günstigeren Momente eintreten als in jenem Augenblick, an dem unser König an der Spitze des deutschen Heeres als Sieger

Ausführende Gewalt (Exekutive)	Gesetzgebende Gewalt (Legislative)	Richterliche Gewalt (Judikative)

Deutscher Kaiser
(König von Preußen)
Oberbefehlshaber von
Heer und Marine

ernennt | entlässt

Reichskanzler
Reichsregierung

Der Reichskanzler ist zugleich
Ministerpräsident von Preußen,
hat den Vorsitz im Bundesrat.

Bundesrat
25 ernannte
Vertreter
der
Landes-
regierungen

Reichstag
397
Abgeordnete

Reichsgericht
1879 eingeführt

Richter werden auf Vorschlag
des Bundesrates vom Kaiser
ernannt.

Gesetze kommen durch überein-
stimmende Beschlüsse von
Bundesrat und Reichstag zustande.
Der Kaiser verkündet die Gesetze.

wählen alle 3 Jahre

Wahlberechtigte Bürger:
Männer ab 25 Jahre, keine Bindung an Besitz.

2 – Die Reichsverfassung von 1871. Schaubild.

über Frankreich auf französischem Boden
steht. ...

Mit dieser Einschätzung traf der Prinz die
Stimmung im deutschen Volk. Viele hofften
auf ein einiges Deutsches Reich. Bismarck
hatte schon während des Krieges Verhandlungen über die Gründung eines Deutschen
Reiches geführt. Es musste geklärt werden,
welche Rechte der deutsche Kaiser haben
sollte und auf welche Rechte die Fürsten
verzichten mussten. Am 18. Januar 1871
war es so weit: Der preußische König Wilhelm I. wurde im Spiegelsaal des Schlosses
in Versailles zum deutschen Kaiser ausgerufen.

❸ Schreibt auf, wie eurer Meinung nach viele Franzosen die Krönung des deutschen
Kaisers in Versailles empfunden haben.

Die Verfassung von 1871
Die Freude über die Reichsgründung war
groß, aber von der Verfassung waren viele
Demokraten enttäuscht. So fehlten in der
Reichsverfasssung z. B. die Grundrechte,
die die Verfassung der Frankfurter Nationalversammlung von 1849 enthalten hatte.
Die oberste Gewalt im Reich lag nicht
beim Volk, sondern beim Kaiser und den

25 Landesregierungen. Alle Gesetze, die die
Abgeordneten des Volkes im neuen Reichstag beschlossen, mussten vom Bundesrat
bestätigt werden. Kein Gesetz konnte gegen
die Stimmen von Preußen beschlossen werden. Der Kaiser war alleiniger Oberbefehlshaber der Armee und konnte im Namen
des Reiches den Krieg erklären. Er ernannte
den Reichskanzler. So war dieser nicht von
den Vertretern des Volkes, sondern nur vom
Vertrauen des Kaisers abhängig. Der Kaiser
konnte außerdem den Reichstag einberufen
oder auch auflösen.

❹ Beschreibt mithilfe der Methode auf
S. 70/71 die Verfassung (Schaubild 2).
Schreibt auf, wer den Reichskanzler
ernennt und welche Befugnisse der
Reichstag hat.

entdecken und verstehen

Ⓐ Die Errichtung des Kaiserreiches wird als Schaffung eines
Nationalstaates „von oben" beschrieben. Erklärt den Begriff.
Schreibt auf, was ein Nationalstaat „von unten" wäre.

Ⓑ Stellt aus den Seiten 156–159 die wichtigen Daten auf dem Weg
zur Reichsgründung zusammen und schreibt auf, wie das Deutsche Kaiserreich gegründet wurde.

Deutschland über alles?

1 – So könnte es gewesen sein: Bürger einer Kleinstadt erwarten auf ihrem Bahnhof den Besuch des Kaisers. Foto aus dem Spielfilm „Der Stolz der dritten Kompanie" von 1931.

Kaiserkult und Nationalismus

Ein lang gehegter Wunsch vieler Deutscher war mit der Reichsgründung und der Ausrufung des preußischen Königs zum Kaiser erfüllt worden. Endlich gab es ein Deutsches Reich. Alle Deutschen sollten sich hinter dieses Reich stellen. Deshalb wurde in der Schule, beim Militär und von den Kanzeln herab verkündet, dass dieser Staat mit dem Kaiser an der Spitze für das Wohl aller seiner Untertanen sorge. In vielen Städten und Dörfern errichtete man Kriegerdenkmäler, Denkmäler von ruhmreichen Feldherren oder Herrschern, die sich um das Vaterland verdient gemacht hatten (s. Bilder 2–4). Bei den jährlichen Feiern zum Kaisergeburtstag und zum Andenken an die Schlacht von Sedan ließen die Festredner das Deutschtum hochleben. Sie erinnerten an die Größe des Reiches, auf die man stolz zu sein hatte und die es zu verteidigen galt. Viele Menschen teilten diesen Stolz, und als gute Patrioten betonten sie ihre Vaterlandsliebe. Ob arm oder reich, in vielen Wohnungen hingen Porträts des Kaisers oder Bismarcks.

❶ Erklärt mithilfe der Bilder 1–4 die Begriffe „Kaiserkult" und „Nationalismus".

Deutscher Anspruch auf Weltgeltung

Aus diesem Stolz auf das Deutsche Reich entwickelte sich jedoch ein Überlegenheitsgefühl (Nationalismus). Hatten nicht deutsche Truppen den Gegner vernichtend geschlagen? Hatte nicht Gott dem deutschen Volk dabei geholfen? War die deutsche Nation dadurch nicht hervorgehoben vor allen anderen Völkern? Es entwickelte sich eine zunehmende Feindschaft gegen alle, die man als Gegner dieses Staates ansah. Als Feinde galten alle „Nicht-Deutschen", die im Reich lebten, wie Polen und Juden. Und Feinde waren natürlich auch die „neidischen" Nachbarvölker, insbesondere Frankreich, das angeblich nur auf Rache sann. Das Sinnbild für das Deutsche Reich war Germania. Sie wurde jetzt nur noch mit gezogenem Schwert dargestellt. In dieser Gesinnung sang man jetzt auch das Deutschlandlied und dessen erste Zeilen: „Deutschland, Deutschland über alles, über alles in der Welt". Das Lied war ursprünglich ein Bekenntnis zur deutschen Einheit. Jetzt aber wollten viele Deutsche damit zum Ausdruck bringen, dass dem Deutschen Reich die Weltherrschaft zustehe. Diese übersteigerte nationale Gesinnung fand sich auch in anderen europäischen Staaten. Die Gefahr einer kriegerischen Auseinandersetzung wurde damit immer größer.

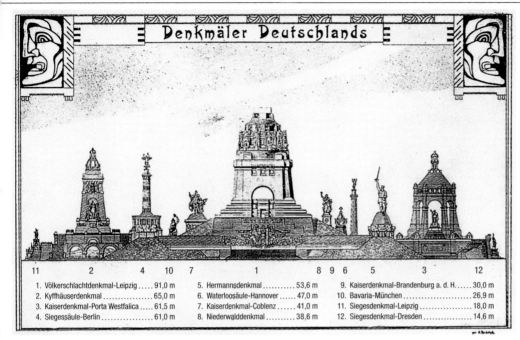

2 – **Bedeutende Denkmäler Deutschlands.** Postkarte, um 1900.

3 – **Kaiser Wilhelm Denkmal in Wilhelmshaven.** Foto, 2010.

4 – **Kriegerdenkmal in Hannover.** Photochrom, 1890–1900.

---

❷ Informiert euch über die in Abbildung 2 genannten Denkmäler.
– Findet heraus, an welches Ereignis oder welche Person erinnert wird.
– Stellt fest, wozu diese Denkmäler errichtet wurden (zur Mahnung, zur Verherrlichung, als Aufforderung zur Nachahmung usw.).

entdecken und verstehen

Ⓐ Stellt fest, ob es in der Nähe eures Heimatortes Denkmäler aus der Kaiserzeit (1870–1918) gibt. Fotografiert oder zeichnet sie und erarbeitet eine Ausstellung.

Ⓑ Stellt Bild 1 in der Klasse nach. Versetzt euch in die Personen und schildert ihre Gefühle beim Warten auf den Besuch des Kaisers.

Gesellschaft im Kaiserreich

1 – „Unser Kaiserpaar im Familienkreise." Erinnerungsblatt an die Geburt der ersten kaiserlichen Prinzessin Viktoria, 13. September 1892. Fotografische Reproduktion einer Zeichnung.

Die Rolle des Militärs

Q1 Ein Arzt erinnert sich an seine Jugend in den 1880er-Jahren:

… Der Offizier bildete ganz unbestritten den ersten Stand. … Ich glaube nicht, dass sich die heutige Generation noch einen Begriff von der damals fast überall herrschenden Militärfrommheit machen kann. Der Uniform kam jeder entgegen, machte jeder Platz, es war nahezu undenkbar, dass ein Leutnant sich bei irgendeinem Mädchen einen Korb holen konnte. „Mein Gott, wie kann man nur einen Leutnant töten", rief ein junges Mädchen, als es hörte, dass ein solcher im Krieg gefallen war. …

M1 Der Historiker Hans-Ulrich Wehler schrieb 1995:

… In strahlendem Glanz stand das Militär nach seiner Serie von Siegen da. … Das Offizierkorps galt vielen uneingeschränkt als „Erster Stand im Staat". … Militärische Gewohnheiten drangen im Kaiserreich immer tiefer in das tägliche Leben ein: der Kommandoton und das Strammstehen, die herablassende Behandlung des Bürgers durch den Offizier. …

Familien im Kaiserreich

M2 Der Historiker Gert Richter schrieb 1974 über die bürgerliche Familie im Kaiserreich:

… In der „guten alten Zeit" ist … der Vater noch fast überall der Mittelpunkt, die Frau in erster Linie Hausfrau und Mutter, die sich, wie die Kinder, diesem Mann unterordnet, wie sie es vor dem Traualtar geschworen hat, die ihn umsorgt, ihm alle Wünsche von den Augen abliest, „nur für ihn da ist". … Die Erziehung der Kinder war streng und autoritär. Den Anweisungen und Wünschen des Vaters müssen alle widerspruchslos Folge leisten. Zweifel an dieser Familienordnung gibt es kaum. Wie im Staat der Kaiser, so ist in der Familie der Vater das unbestrittene Oberhaupt. …

ent tdecken

2 – Umzug mit dem Arbeiterhaushalt. Foto, 1900.

Leben der Arbeiter

Q2 Streikbeschluss der Arbeiter der Eisenbahn-Zentralwerkstatt in Nippes bei Köln, Oktober 1871:
Die Arbeiter der Zentral-Werkstatt zu Nippes fordern:
1) Die Ermäßigung der Arbeitszeit von 11 auf 10 Stunden. Frühstücks-, Mittags- und Vesperzeit bleiben nach wie vor dieselben, die Arbeitszeit beginnt um sechs Uhr morgens und endigt um sechs Uhr abends; samstags um fünf Uhr. Etwaige Überstunden an Sonn- und Feiertagen werden doppelt bezahlt.
2) Eine Lohnerhöhung von 25 Prozent. ...

M3 Der Historiker Thomas Nipperdey beschrieb 1990 die Wohnsituation der Arbeiter:
... Arbeiter wohnen dürftig und eng; sie wechseln häufig die Wohnung ... . Die Arbeiter wohnen in Kleinwohnungen ... . Diese kleinen Wohnungen waren voll oder waren selbst nach den hygienischen Maßstäben der Zeit überbelegt. Die Zahl der Familien mit zahlreichen Kindern war groß. Außerdem aber gab es ... „Schlafgänger".
... Die jüngeren, ledigen, noch nicht sesshaften Arbeiter, zu einem kleineren Teil (25 % etwa) auch Arbeiterinnen, lebten in einer Familienwohnung als Mieter eines Bettes – oder auch nur einer bestimmten Zeit in einem Bett, bei Schichtarbeit z. B. – und normalerweise des Frühstücks. Das war Wohnen ohne Wohnung; ... Die Familie finanzierte mit den Schlafgängern einen Teil der zu hohen Wohnkosten, etwa 25 % für eine 1-Zimmer-Küche-Wohnung. ...

Bildet Arbeitsgruppen und bearbeitet eines der folgenden Themen:

Rolle des Militärs in der Gesellschaft
❶ Beschreibt, welche Rolle das Militär in der Gesellschaft des Kaiserreiches spielte (Q1, M1).
❷ Setzt Bild 1 mit Q1 und M1 in Beziehung und zeigt, wie das Militärische auch in das private Leben wirkte.

Familie im Kaiserreich
❸ Beschreibt anhand von M2 und Bild 1, wie die Beziehungen der Familienmitglieder untereinander sind.

Leben der Arbeiter
❹ Beschreibt mithilfe von Bild 2, Q2 und M3 die Situation von Arbeitern im Kaiserreich.
❺ Erläutert, was es bedeutet, wenn Arbeiterfamilien ihre Habe auf nur einem Karren wegtransportieren konnten (Bild 2).

Die deutsche Nationalhymne

1 – Heinrich Hoffmann von Fallersleben (1798–1874).

1. Deutschland, Deutschland, über alles,
über alles in der Welt,
wenn es stets zum Schutz und Trutze
brüderlich zusammenhält
von der Maas bis an die Memel,
von der Etsch bis an den Belt –
Deutschland, Deutschland, über alles,
über alles in der Welt.

2. Deutsche Frauen, deutsche Treue,
deutscher Wein und deutscher Sang
sollen in der Welt behalten
ihren alten, schönen Klang,
uns zu edler Tat begeistern
unser ganzes Leben lang:
deutsche Frauen, deutsche Treue,
deutscher Wein und deutscher Sang.

2 – Das Lied der Deutschen.

Ei - nig - keit und Recht und Frei - heit für das deut - sche Va - ter - land!
Da - nach lasst uns al - le stre - ben, brü - der - lich mit Herz und Hand!

Ei - nig - keit und Recht und Frei - heit sind des Glü - ckes Un - ter - pfand.

Blüh im Glan - ze die - ses Glü - ckes, blü - he, deut - sches Va - ter - land!

Quelle: Bundesregierung

3 – Joseph Haydn (1732–1809).

4 – 3. Strophe des Liedes der Deutschen, die Nationalhymne.

Die deutsche Nationalhymne

Viele Nationalhymnen wie z. B. die polnische, die amerikanische oder französische (s. S. 84) entstanden nach Revolutionen oder Freiheitskämpfen. Sie sind Zeichen einer selbstbewussten Nation, die ich ihre Rechte und Freiheiten erkämpfte.

Als das Lied der Deutschen 1841 entstand, gab es noch keinen deutschen Nationalstaat, doch die Menschen in allen deutschen Ländern sehnten sich nach einem geeinten deutschen Vaterland. Dieser Sehnsucht gab der Dichter Heinrich von Fallersleben (1798–1874) in seinem „Lied der Deutschen" Ausdruck.

M1 In einer Darstellung heißt es:
Die Anregung, das Deutschlandlied zu schreiben, bekam Hoffmann von Fallersleben auf einer Schiffreise von Hamburg nach Helgoland. An Bord des Schiffes spielte die Kapelle für die Franzosen die Marseillaise, für die Engländer ertönte „God save the King", für die Deutschen aber blieben die Bläser stumm. Diese Situation empfand

der politisch engagierte Passagier schmerzlich. An seinem Reiseziel angelangt, verfasst er am 26. August 1841 auf der damals noch englischen Klippeninsel den Text des Liedes „Deutschland, Deutschland über alles …" Im Vormärz viel gesungen, begleitete das Lied auch die unruhigen Tage der Märzrevolution von 1848 (s. S. 146–149). … Bei der Inbesitznahme Helgolands durch das Deutsche Reich am 10. August 1890 sang man das Deutschlandlied öffentlich. Am 11. August 1922 wurde es zur Nationalhymne der Weimarer Republik erklärt.

Heute wird die 3. Strophe als Nationalhymne gesungen.

❶ Erklärt mithilfe der Seiten 156/157 den Text der 3. Strophe der Nationalhymne.

❷ Vergleicht diesen Text mit der 1. Strophe der Marseillaise (S. 84). Stellt die Unterschiede fest und erklärt sie mit der unterschiedlichen historischen Situation, in der diese Nationalhymnen entstanden sind.

Zusammenfassung

Die „Deutsche Frage"

Enttäuschte Hoffnungen

Für viele Menschen in Deutschland waren die Beschlüsse des Wiener Kongresses enttäuschend. Vor allem die Studenten zeigten ihre Unzufriedenheit mit den politischen Verhältnissen. Auf dem Wartburgfest 1817 forderten sie einen einheitlichen deutschen Staat und Freiheit. Dafür wurden sie von den Fürsten verfolgt und häufig zu harten Gefängnisstrafen verurteilt. Die Burschenschaften wurden verboten und die Universitäten mit einem Netz von Spitzeln überzogen. Dennoch begehrten viele Bürger weiterhin auf. Anlässlich des Hambacher Festes 1832 versammelten sich 30 000 Demonstranten beim Hambacher Schloss. Es war die erste politische Massenveranstaltung Deutschlands.

1815–1832

Streben nach Einheit und Demokratie.

Revolution

In vielen Ländern kam es schließlich 1848/1849 zu Revolutionen, weil die Menschen unzufrieden mit der Herrschaft der Fürsten waren. Von Paris aus, wo im Februar 1848 der König vertrieben und eine Republik ausgerufen wurde, breiteten sich Aufstände über Europa aus. In Deutschland fanden allgemeine und geheime Wahlen zur Nationalversammlung statt. Sie tagte in Frankfurt und erarbeitete die erste gemeinsame deutsche Verfassung. Dem ersten deutschen Parlament gehörten vor allem Akademiker, aber keine Arbeiter und Frauen an.

1848/1849

Straßenkämpfe in Berlin 1848.

Gegenrevolution

Dem preußischen König Friedrich Wilhelm IV. wurde 1849 die Kaiserkrone angeboten, doch er lehnte die Krone aus der Hand des Volkes ab. Noch im gleichen Jahr ließ Friedrich Wilhelm IV. Berlin durch Soldaten besetzen und die preußische Nationalversammlung auflösen. Wie in Berlin, so wurden überall in den deutschen Staaten die Aufstände vor allem mithilfe preußischer Truppen niedergeschlagen. Zahlreiche Anhänger einer Demokratie für Deutschland landeten in Gefängnissen oder mussten ins Ausland fliehen.

1849

Niederschlagung der Revolution.

Das Kaiserreich

Otto von Bismarck wurde 1862 Ministerpräsident von Preußen. Mit dem Sieg über Österreich wurde Preußen zur stärksten Macht der deutschen Staaten. Der Aufstieg Preußens zu einer europäischen Großmacht beunruhigte Frankreich, das im Jahre 1870 Preußen den Krieg erklärte. Der Deutsche Bund siegte, Frankreich musste schon im Januar 1871 kapitulieren. Wenige Tage später wurde das Deutsche Reich gegründet und der preußische König Wilhelm I. in Versailles zum deutschen Kaiser ausgerufen.

Mit der Reichsgründung entwickelte sich ein übersteigertes Nationalgefühl in Deutschland: Viele Menschen bewunderten das Militär, die Orden und Uniformen. Unterordnung und Gehorsam wurde für die meisten Bürger zu einer selbstverständlichen Pflicht.

1871–1918

Das Deutsche Kaiserreich.

1 – Eröffnung der Nationalversammlung in der Paulskirche am 28. 5. 1848. Holzstich, um 1890. Die Nationalversammlung war das erste frei gewählte Parlament und bestand aus Akademikern und Vertreter der Wirtschaft (Gutsbesitzer, Kaufleute, Industrielle).

2 – Die Ausrufung des deutschen Kaiserreiches am 18. Januar 1871 im Spiegelsaal von Schloss Versailles.
Gemälde von Anton von Werner, 1882.

Verstehen

3 – Schüler beim Hambacher Jugendfest 2007. Foto.

M1 Der damalige Bundespräsident Wulff sagte am 24. 5. 2011 in einer Rede vor dem Hambacher Schloss:

... Die Revolution von 1848 scheiterte in Deutschland nicht zuletzt am Unwillen der Obrigkeit, das Volk als Souverän (Inhaber der Staatsgewalt) anzuerkennen. Dennoch war die damals erarbeitete Verfassung der Frankfurter Nationalversammlung wegweisend für die weitere Entwicklung unseres Landes. Mit der Weimarer Verfassung von 1919 gelang es, die Ideale von Hambach auch tatsächlich in staatliches Recht umzusetzen. ... Nach dem Zweiten Weltkrieg konnten sich die Autoren des Grundgesetzes auf die demokratischen Traditionen und die Errungenschaften von Hambach, Frankfurt und Weimar stützen. ...

M2 Der damalige Bundespräsident Heinemann sagte 1971 in einer Rede:

... Als das Deutsche Reich vor 100 Jahren gegründet wurde, war keiner der 48er zugegen. ... Um den Kaiser standen in Versailles allein die Fürsten, die Generäle, die Hofbeamten, aber keine Volksvertreter. ... Was 1871 erreicht wurde, war eine äußere Einheit ohne volle innere Freiheit. Die Staatsgewalt ging nicht vom Volke aus, sie lag bei den Fürsten. ...

Wichtige Begriffe

Wiener Kongress
Restauration
Wartburgfest
Hambacher Fest
Revolution 1848/1849
Nationalversammlung
Reichsgründung
Deutsches Kaiserreich

Wissen und erklären

❶ Erklärt euch gegenseitig die wichtigen Begriffe (oben) und schreibt die Bedeutung der Begriffe in eure Geschichtsmappe.

❷ Vergleicht die Bilder 1 und 2. Sucht Gemeinsamkeiten und Unterschiede. Wer nimmt teil? Wer fehlt? Berücksichtigt bei eurem Vergleich auch M2.

❸ Lest M1 und gebt den Inhalt mit eigenen Worten wieder. Worin sieht der damalige Bundespräsident den bleibenden Erfolg der Revolution von 1848?

❹ Erklärt die Aussage, das Deutsche Reich sei durch „Eisen und Blut" gegründet worden.

Anwenden

❺ Plant ausgehend von den Seiten 160–163 ein Projekt zum Thema „Leben im Kaiserreich". Wendet die auf den Seiten 138/139 beschriebene Methode an.

Beurteilen und handeln

❻ Seht euch Bild 3 an. Begründet, warum es sinnvoll ist, dass 175 Jahre später Jugendliche in Hambach feiern.

❼ Lest M2 und gebt den Inhalt mit eigenen Worten wieder. Beurteilt die Aussage.

❽ Erkundet, ob es in eurem Heimatort Spuren des Kaiserreiches gibt. Denkt neben Denkmälern und öffentlichen Gebäuden auch an Straßennamen.

❾ Vergleicht eure Arbeitsergebnisse in den Portfolios. Welche Themen kommen besonders häufig vor und welche Erklärung findet ihr dafür?

Imperialismus
und
Erster Weltkrieg

Drei Personen und eine Weltkugel in einer amerikanischen Karikatur von 1885. Die Figuren stehen stellvertretend für Großbritannien, Russland und Deutschland. Die drei Länder und auch andere europäische Mächte sowie die USA versuchten damals, einen möglichst großen Anteil der Welt für sich in Besitz zu nehmen.

Imperialismus
und
Erster Weltkrieg

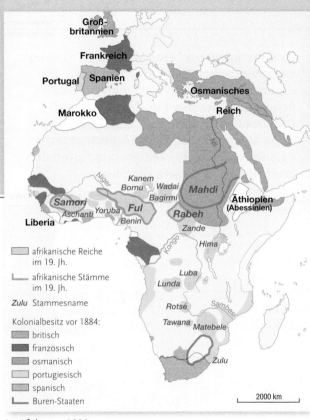

1 – Afrika um 1880.

2 – Afrika um 1914.

Seit der Entdeckung Amerikas durch Christoph Kolumbus, 1492, hatten europäische Mächte Kolonialreiche, besonders in Mittel- und Südamerika errichtet. Ab der Mitte des 19. Jahrhunderts versuchten sie ihren Einfluss auf Afrika und Asien auszuweiten, auch mit der Absicht, Absatzmärkte für ihre Industrieprodukte zu finden.

Bei der Arbeit mit diesem Kapitel könnt ihr euch mit folgenden Fragen beschäftigen:

- Welche politischen Ziele verfolgten die europäischen Kolonialmächte?
- Wie wirkte sich diese Politik für die Bevölkerung in Afrika und Asien aus?

- Warum führte die Konkurrenz der europäischen Staaten zum Ersten Weltkrieg?
- Außerdem lernt ihr, Propagandapostkarten und -plakate zu untersuchen.

❶ Zeigt mit den Karten, welche Gebiete in Afrika von europäischen Staaten nach 1880 in Besitz genommen wurden.

❷ Betrachtet die Bilder und sammelt Fragen, die ihr gerne beantwortet hättet.

❸ In den Medien wird immer wieder von bewaffneten Konflikten in Afrika und Asien berichtet. Stellt einige dieser Berichte in der Klasse vor.

1871	1884	1912/13	1914–1918
Gründung des Deutschen Reiches	**Deutschland errichtet Kolonien in Afrika**	**Krise auf dem Balkan**	**Erster Weltkrieg**

3 – Ein Deutscher in Togo lässt sich von einheimischen Trägern in einer Hängematte transportieren. Foto, um 1885.

4 – Touristen in Afrika. Foto, 2005.

5 – Englische Maschinengewehr-Schützen während der Schlacht bei Cambrai. Foto, 1917.

Streben nach Weltherrschaft

Warum teilten die Industriestaaten die Welt auf?

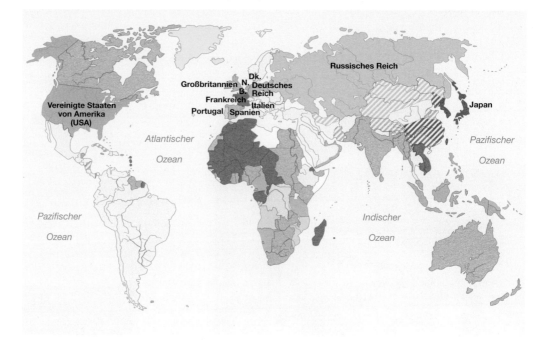

Kolonialbesitz:
- belgisch
- britisch
- dänisch
- deutsch
- französisch
- italienisch
- japanisch
- niederländisch
- portugiesisch
- russisch
- spanisch
- Besitz der USA

Einflussgebiete der Kolonialmächte sind schraffiert dargestellt.

Abkürzungen:
B. = Belgien
Dk. = Dänemark
N. = Niederlande

1 – Die koloniale Aufteilung der Welt 1914.

---

* **Imperialismus**
Bezeichnung für eine angestrebte Weltherrschaft, abgeleitet von dem lateinischen Wort imperium: Weltreich.

* **Kolonie**
Überseeische Besitzungen europäischer Staaten.

Europäischer *Imperialismus

In allen europäischen Industriestaaten gab es koloniale Bewegungen. Die Europäer waren durch die industrielle Entwicklung stolz und selbstbewusst geworden. Sie waren der Überzeugung, dass das jeweils eigene Volk bedeutender sei als die Völker in den Kolonien. Diese Überheblichkeit führte zu der Ansicht, dass das eigene Land auch auf Kosten anderer Länder zu einer Weltmacht werden müsse. Daher nahmen viele europäische Staaten ohne Weiteres Gebiete in Besitz, die ihnen als Rohstofflieferanten oder Absatzmärkte wichtig erschienen. Als Vorbild diente Großbritannien mit seinem riesigen Kolonialbesitz. Auch Frankreich, Deutschland und Russland wollten nun Weltreiche bilden. Man bezeichnet dieses Vorgehen der europäischen Staaten als Imperialismus.

Koloniale Herrschaftsformen

Nach 1880 stritten sich die europäischen Mächte verstärkt um die angeblich noch „freien" Gebiete in der Welt. Dies betraf besonders Afrika. Viele europäische Staaten gründeten dort *Kolonien durch Verträge mit der einheimischen Bevölkerung oder indem sie deren Gebiete militärisch besetzten.

Ihre Herrschaft übten die Europäer unterschiedlich aus:
– durch direkte Herrschaft, bei der das Militär der Europäer die gesamte Verwaltung einer Kolonie ausübte und die einheimische Bevölkerung zur Arbeit für die Kolonialverwaltung zwang,
– durch indirekte Herrschaft, bei der die einheimischen Fürsten oder Regierungen im Amt blieben. Sie wurden, notfalls mit Waffengewalt, gezwungen, den jeweiligen Kolonialmächten große Einflussmöglichkeiten auf die Politik und die Wirtschaft ihres Landes zu sichern.

❶ Beschreibt mit euren Worten, was man unter „Imperialismus" versteht.

❷ Erklärt die Begriffe „direkte Herrschaft" und „indirekte Herrschaft".

2 – Der britische Kolonialist Cecil Rhodes als „Koloss von Afrika". Karikatur, 1892.

3 – Die Aufteilung Chinas (von links nach rechts: Victoria, britische Königin; Wilhelm II., deutscher Kaiser; Nikolaus II., russischer Zar; Marianne, Figur für Frankreich; Mutsuhito, japanischer Kaiser; stehend ein hoher chinesischer Beamter). Französische Karikatur, 1898.

Europäische Ansichten

Q1 In der Zeitung „Usambara Post", die für deutsche Siedler in Ostafrika erschien, war im April 1909 z. B. zu lesen:
(Der Afrikaner) … müsse zu dem Weißen Herrn aufsehen mit Achtung und Vertrauen als zu einem Höherstehenden …; er soll und darf den Europäer jedoch nicht betrachten, als sei er seinesgleichen. Denn das ist er nicht! Und daran ändert auch keine Mission etwas! …

❸ Untersucht Q1 und setzt die Aussagen mit den Karikaturen 2 und 3 in Beziehung.

Kritik an deutscher Kolonialpolitik

Q2 Der SPD-Abgeordnete August Bebel sagte am 17. Februar 1894 in einer Debatte zur Kolonialpolitik im Deutschen Reichstag:
… Meine Herren, … was bedeutet in Wahrheit diese ganze sogenannte christliche Zivilisation in Afrika? Äußerlich Christentum, innerlich und in Wahrheit Prügel-strafe, Weibermisshandlung, Schnapspest, Niedermetzelung mit Feuer und Schwert, mit Säbel und Flinte. Das ist Ihre Kultur. Es handelt sich um ganz gemeine materielle Interessen, ums Geschäftemachen und um nichts weiter! … Das ist mit einem Worte gesagt, um was es sich handelt. … Es handelt sich einfach um Ausbeutung und Ausraubung der Negerbevölkerung zugunsten christlicher Kapitalisten. (Große Unruhe rechts und in der Mitte. Lebhafte Zustimmung bei den Sozialdemokraten.) …

❹ Lest Q2 und gebt mit euren Worten die Meinung Bebels zur deutschen Kolonialpolitik wieder.

entdecken und verstehen

Ⓐ Schlagt im Atlas eine Afrikakarte auf und schreibt mithilfe der Karte 2, s. S. 170, die Namen der Staaten heraus, die früher deutsche Kolonien waren.

Ⓑ Dokumentiert die wichtigsten Gründe für die imperialistische Politik der europäischen Staaten auf einem Plakat.

Welche alten Kulturen gab es in Afrika?

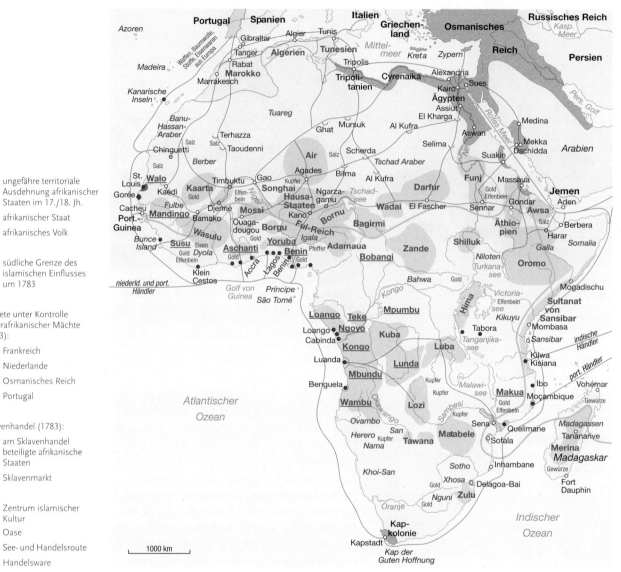

1 – Afrikanische Reiche und Gebiete europäischer Staaten in Afrika 1500–1800.

Afrika – ein herrenloses Land?

In Afrika lebten seit Jahrtausenden Völker mit einer eigenen Kultur. Die Ureinwohner Afrikas arbeiteten als Bauern, Fischer, Hirten, Handwerker, Jäger und Sammler. Einige Völker lebten vom Karawanenhandel. Andere wussten seit 1200 v. Chr., wie man Eisen aus Erz gewinnt und Werkzeuge und Waffen schmiedet. Alte Lieder und alte Erzählungen, Masken, Puppen und Figuren sind eindrucksvolle Belege der alten afrikanischen Kultur.

Die afrikanischen Reiche waren nicht mit europäischen zu vergleichen. Denn viele hatten keine festen Grenzen, keine Hauptstadt, keine Verwaltung. Einige Reiche hatten einen Häuptling oder Sultan. Andere Volksstämme lebten auch ohne Herrscher zusammen. Staaten im europäischen Sinn waren die arabisch-islamischen Staaten an der Mittelmeerküste und das christliche Äthiopien.

Viele Europäer sahen damals Afrika als ein „herrenloses Land" an.

2 – Weibliche Ahnenfigur mit Halskette aus Kupfer. Holzskulptur, Entstehungszeitraum unklar.

3 – Felszeichnungen im lybischen Tadrart Acacus-Gebirge. Um 4000 v. Chr.

Q1 Der Niederländer Olfert Dapper berichtete 1668 über das Königreich Benin im heutigen Nigeria:

... Das Schloss des Königs ist viereckig. ... Es ist wohl so groß wie die Stadt Harlem (Niederlande) und rund herum mit einer Mauer umgeben. Es ist in viele prächtige Wohnungen eingeteilt und hat schöne lange viereckige Gänge, die ungefähr so groß sind wie die Börse zu Amsterdam. ... Das Dach derselben steht auf hölzernen Säulen, welche von unten bis nach oben mit Messing überzogen sind. Darauf sind die Taten und Schlachten ihrer Kriege abgebildet. Alles wird sehr reinlich unterhalten. ...

Die Kunstschätze der afrikanischen Völker wurden von vielen Europäern im 19. und 20. Jahrhundert, als *primitiv abgetan.

➊ Untersucht die Karte 1 und benennt und verortet einige afrikanische Reiche.
➋ Erläutert, warum die Europäer behaupten konnten, Afrika sei ein herrenloser Kontinent.
➌ Erläutert, was die Bilder 2–4 über die Kultur Afrikas vor der Besetzung durch die Kolonialmächte aussagen.

4 – Die Stadt Timbuktu im heutigen Mali. Zeichnung, 1827.

* primitiv
einfach, häufig herabsetzend gemeint.

entdecken und verstehen

Ⓐ Zeichnet in euer Geschichtsheft eine Skizze von Afrika und tragt größere afrikanische Reiche (Bild 1) ein.
Ⓑ Entwerft ein Plakat mit dem Titel „Afrika – alte Kulturen".

Wie wurde der Imperialismus gerechtfertigt?

1 – Frankreich wird Marokko Kultur, Wohlstand und Frieden bringen können. Titelseite der französischen Zeitschrift Le petit Journal vom 19. 11. 1911.

✻ Zivilisation
Hier benutzt als Begriff für die amerikanische Lebensweise.

✻ Kapkolonie
Vorläuferstaat des heutigen Südafrika.

Handel und Imperialismus

Q1 Der amerikanische Politiker Albert J. Beveridge (1899–1911 US-Senator) sprach im April 1889 bei einer politischen Veranstaltung in Boston über die Zukunft der USA:

... Amerikanische Fabriken stellen mehr her, als für die Versorgung des amerikanischen Volkes notwendig ist. Die amerikanische Erde erzeugt mehr, als es verzehren kann. Das Schicksal hat uns unsere Politik vorgeschrieben: Der Handel der Welt muss und wird unser sein. Und wir werden ihn bekommen, da unser Mutterland England uns den Weg dazu gewiesen hat. Wir werden in der ganzen Welt Handelsniederlassungen als Umschlagplätze für amerikanische Waren gründen. Unsere Handelsflotte wird bald über den ganzen Ozean fahren. Wir werden eine Kriegsmarine aufbauen, die unserer Größe entspricht. Aus unseren Handelsniederlassungen werden Kolonien erwachsen, die sich selbst regieren, unsere Flagge führen und mit uns Handel treiben. ... Und das amerikanische Recht, die ameri-

kanische Ordnung, die amerikanische ✻Zivilisation und die amerikanische Flagge werden an bis dahin blutigen und unkultivierten Ufern Fuß fassen, Ufern, die ... von nun an schöner und zivilisierter werden. ... Im Pazifik liegt das eigentliche Feld unserer nächsten Aufgaben. ...

„Rassen" und Imperialismus

Q2 Der britische Politiker Cecil Rhodes, der 1890 Premierminister der ✻Kapkolonie wurde, schrieb 1877, was viele Weiße, nicht nur in Großbritannien, zur Rechtfertigung des Imperialismus dachten:

... Ich behaupte, dass wir die erste Rasse in der Welt sind und dass es für die Menschheit umso besser ist, je größere Teile der Welt wir bewohnen. Ich behaupte, dass jedes Stück Land, das unserem Gebiet hinzugefügt wird, die Geburt von mehr Angehörigen der englischen Rasse bedeutet, die sonst nicht ins Dasein gerufen worden wären. Darüber hinaus bedeutet es einfach das Ende aller Kriege, wenn der größere Teil der Welt in unserer Herrschaft aufgeht. ... Da Gott sich die Englisch sprechende Rasse offensichtlich zu seinem auserwählten Werkzeug geformt hat, ... muss es auch seinem Wunsch entsprechen, dass ich alles in meiner Macht Stehende tue, um jener Rasse so viel Spielraum und Macht wie möglich zu verschaffen. ...

„Platz an der Sonne"

Q3 Der Staatssekretär im Auswärtigen Amt, Bernhard von Bülow, sagte 1897 im Deutschen Reichstag:

... (A)llerdings sind wir der Ansicht, dass es sich nicht empfiehlt, Deutschland in zukunftsreichen Ländern von vornherein auszuschließen vom Mitbewerb anderer Völker. (Zuruf der Abgeordneten: Bravo!) Die Zeiten, wo der Deutsche dem einen seiner Nachbarn die Erde überließ, dem anderen das Meer und sich selbst den Himmel reserviert ..., diese Zeiten sind vorüber. ... Wir müssen verlangen, dass der deutsche Missionar und der deutsche Unternehmer, die deutschen Waren, die deutsche Flagge und das deutsche Schiff in China geradeso geachtet werden wie diejenigen anderer Mächte. (Lebhaftes Bravo!) ... Mit einem Worte: Wir wollen niemand in den Schatten stellen, aber wir verlangen auch unseren Platz an der Sonne. (Bravo!!) ...

① Erarbeitet aus Q1–Q3 die Rechtfertigungen für die jeweilige imperialistische Politik.

② Beurteilt die Interessen und Motive, die in Q1 und Q2 deutlich werden, am Maßstab der 1789 verkündeten Menschenrechte (s. S. 64/65).

③ Untersucht die Karikaturen 2 und 3 und formuliert, was sie kritisieren.

Mission

Die Bekehrung der Ureinwohner zum christlichen Glauben war ein weiteres wichtiges Motiv für die imperialistische Politik – wie bei den kolonialen Eroberungen um 1500 in Mittel- und Südamerika. Die Missionare beider Konfessionen arbeiteten eng mit den Kolonialverwaltungen zusammen.

Q4 Der Gouverneur der Kolonie „Deutsch-Südwestafrika" schrieb 1906:
... Ein entschiedenes Verdienst hat sich ... die Mission in Südwestafrika um die Aufrichtung der deutschen Schutzherrschaft erworben. ... Als die Frage, ob englische oder deutsche Schutzherrschaft, an die Eingeborenen herantrat, waren es im wesentlichen die Missionare, die durch ihr Eingreifen die Entscheidung für Deutschland herbeigeführt haben. ...

2 – Französische Karikatur aus dem Jahr 1899 zu englischen Kolonialansprüchen. Übersetzung des Schriftbandes: „Ein Schuft, der dabei Böses denkt."

3 – Die Großmächte vierteilen Marokko. Französische Karikatur, 1903.

entdecken und verstehen

Ⓐ Entwerft eine kurze Rede zu den Aussagen von Cecil Rhodes (Q2), in der ihr auf seine Aussagen eingeht.

Ⓑ Skizziert Bild 1 in euer Geschichtsheft und fügt den Personen Sprechblasen hinzu.

Wie kam es zum Völkermord in „Deutsch-Südwest"?

Deutsch-Südwest-afrika

▨ Grenze von Deutsch-Südwestafrika

▢ extensive Rinder- und Schafweide (Dornstrauchsavanne)

ⓒⓤ Kupfervorkommen

ⓟⓑ Bleivorkommen

━ Eisenbahn

▤ Salzpfanne, Salzsee

◡ Wasserloch der Herero

⌇ Fluss

⌇ Fluss, nur zeitweilig wasserführend

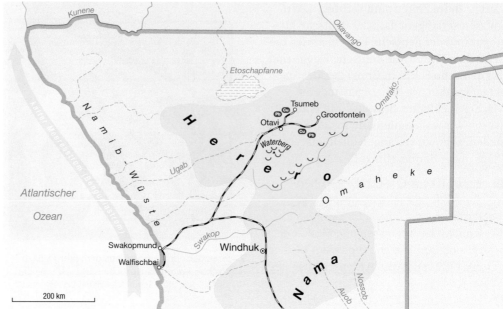

1 – Die Siedlungsgebiete der Herero und Nama.

Deutsch-Südwestafrika

Der Bremer Tabak- und Waffenhändler Adolf Lüderitz erwarb 1883 Gebiete des späteren Deutsch-Südwestafrika durch betrügerische Verträge mit Stammesfürsten. Auf seinen Antrag übernahm 1884 das Deutsche Reich den Schutz dieser Kolonie. In diesem Gebiet gehörten die Herero mit etwa 80 000 und die Nama mit etwa 20 000 Angehörigen zu den größeren Volksgruppen. Es waren freiheitsliebende Volksstämme, deren Friedfertigkeit deutsche Missionare beschrieben. Herero und Nama lebten von der Viehzucht. Ihr Leben veränderte sich durch die deutsche Kolonialherrschaft sehr:

– Händler betrogen sie um Land und Vieh,
– für kleinste Vergehen gab es die erniedrigende Prügelstrafe mit der Peitsche,
– wenn Soldaten der deutschen „Schutztruppen" Verbrechen an Angehörigen der Herero oder Nama begingen, wurden sie nur selten bestraft.

Der Bau einer Bahnlinie, die den Hafen Swakopmund mit Kupfererzminen im Norden verband, bedrohte die Existenz der Herero und Nama. Ihr Lebensraum wurde weiter eingeengt, weil es in ihren Gebieten zu großflächigen ✶Enteignungen kam.

❶ Stellt anhand der Karte 1 fest, warum die Streckenführung der Eisenbahnlinie die Lebensgrundlage der Herero bedrohte.

Herero und Nama wehren sich

In dieser verzweifelten Lage erklärten die Herero und später auch die Nama den Deutschen im Jahr 1904 den Krieg. „Wem gehört Hereroland? Uns gehört Hereroland!", riefen die Frauen der Herero, um ihre Männer im Kampf zu unterstützen.

> **Q1 Über die Kriegsführung berichtete 1906 Daniel Kariko, ein Unterhäuptling:**
> … Auf unseren geheimen Zusammenkünften beschlossen unsere Häuptlinge, das Leben aller deutschen Frauen und Kinder zu schonen. Auch die Missionare sollten geschont werden. … Nur deutsche Männer wurden als unsere Feinde betrachtet. …

Die deutsche Reichsregierung beauftragte den preußischen General Lothar von Trotha 1904, die Herero zu bekämpfen.

Q2 Über die Kriegsführung von Trothas heißt es in einem zeitgenössischen Bericht:

... Ich war dabei, als die Herero bei Hamakiri, in der Nähe des Waterberges, in einer Schlacht besiegt wurden. Nach der Schlacht wurden alle Männer, Frauen und Kinder ohne Gnade getötet, die den Deutschen in die Hände fielen. Dann verfolgten die Deutschen die übrigen Herero, und alle Nachzügler am Wegesrand und im Sandfeld wurden niedergeschossen oder mit dem Bajonett niedergemacht. Die große Masse der Hereromänner war unbewaffnet und konnte sich nicht wehren. Sie versuchten nur, mit ihrem Vieh davonzukommen. ...

2 – Herero, die vor den deutschen Truppen geflüchtet sind. Foto, 1907.

Ungleicher Kampf

Die deutschen Truppen konnten den Kampf schon nach wenigen Monaten siegreich beenden. Denn sie erhielten aus dem Deutschen Reich zahlreiche Verstärkungen. Nach der Schlacht am Waterberg (siehe Karte) im August 1904 wurden die Herero in der wasserlosen Halbwüste Omaheke *eingekesselt und ihrem Schicksal überlassen. Tausende verhungerten und verdursteten hier.

Q3 Die deutsche Heeresleitung veröffentlichte 1906 in Berlin einen Bericht zum Krieg gegen die Herero:

... Diese kühne Unternehmung zeigt die rücksichtslose Energie der deutschen Führung bei der Verfolgung des geschlagenen Feindes in glänzendem Licht. Keine Mühen, keine Entbehrungen wurden gescheut, um dem Feinde den letzten Rest seiner Widerstandsfähigkeit zu rauben: Wie ein halb zu Tode gehetztes Wild war er von Wasserstelle zu Wasserstelle gescheucht, bis er schließlich willenlos ein Opfer der Natur seines eigenen Landes wurde. ...

Von den etwa 80 000 Herero lebten 1905 noch etwa 16 000. Die Überlebenden wurden in Reservate verbracht, wo sie unter erbärmlichen Bedingungen leben mussten.

Erster Vernichtungskrieg

Die deutschen Truppen setzten im Kampf gegen die Herero Maschinengewehre und erstmals Giftgas ein. Diesen Einsatz eines Kampfgases wertete die Heeresleitung als einen „geeigneten Test für spätere Ernstfälle". Der Krieg gegen die Herero war ein „Vernichtungskrieg", in dem die Gegner nicht mehr besiegt und gefangen, sondern getötet werden sollten.

❷ Lest Q2 sorgfältig und vergleicht mit Q1.
❸ Untersucht die Sprache von Q3 und notiert, welchen Eindruck die deutsche Heeresleitung beim damaligen Leser hervorrufen will.
❹ Beschreibt Bild 2. Erläutert, was unter einem „Vernichtungskrieg" zu verstehen ist.

✷ einkesseln
Von gegnerischen Truppen umzingelt, sodass eine Flucht unmöglich wird.

entdecken und verstehen

Ⓐ Sucht in Lexika und im Atlas Informationen zum heutigen Namibia, dem früheren Deutsch-Südwestafrika. Berichtet der Klasse.
Ⓑ 2011 forderten Politiker Namibias eine Entschuldigung Deutschlands für das Vorgehen der deutschen Truppen 1906. Die Bundesregierung verweigerte dies. Stellt Argumente für eine Entschuldigung Deutschlands zusammen.

Kann man Weltreiche vergleichen?

1 – Das römische Weltreich im 2. Jahrhundert n. Chr.

2 – Das britische Kolonialreich (British Empire), um 1920.

Römisches Weltreich

Q1 Im Jahr 60 v. Chr. schrieb der römische Schriftsteller Sallust, dass der König von Pontos am Schwarzen Meer über die Römer Folgendes geschrieben haben soll:

… Die Römer haben einen einzigen und uralten Grund dafür, mit allen Nationen und Völkern und Königen Krieg anzufangen: unermessliche Begierde nach Herrschaft und Reichtum. … Nichts Menschliches, nichts Göttliches hindert sie daran, Bundesgenossen und Freunde, ob nah oder fern, ob schwach oder mächtig an sich zu ziehen und zu vernichten und alles, was ihnen noch nicht versklavt ist …, als ihre Feinde anzusehen. Die Römer führen ihre Waffen gegen alle Völker, die schärfsten gegen die, deren Niederlage die meiste Waffenbeute einbringt: Durch Wagen und Täuschen und dadurch, dass sie Krieg an Krieg reihen, sind sie groß geworden. Und so werden sie alles vernichten oder selbst zugrunde gehen. …

Britisches Weltreich (Empire)

Q2 Der britische Politiker und spätere Premierminister Lord Rosebery sagte am 1. März 1893 in einer Rede:

… Seit 1868 ist das Empire gewaltig schnell gewachsen. Das ist ein Vorgang, den vielleicht nicht jedermann mit ungeteilter Genugtuung beobachtet hat … Wir dürfen behaupten, dass jeder Landstrich, den wir zivilisiert haben …, zu Recht ein Teil

ent tdecken

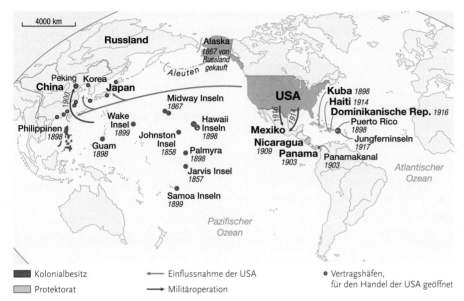

3 – Die Ausweitung des amerikanischen Einflusses bis 1917.

Teilt euch in Gruppen auf und untersucht jeweils eine Weltmacht:

❶ Beschreibt zunächst den Machtbereich eures Landes mithilfe der Karten.

❷ Untersucht dann genau den dazugehörigen Quellentext mit folgender Frage: Wie werden die Ziele des Landes in der jeweiligen Quelle beschrieben?

❸ Vergleicht eure Arbeitsergebnisse miteinander und schreibt Gemeinsamkeiten und Unterschiede auf.

❹ Sucht im Internet nach den politischen und wirtschaftlichen Zielen heutiger Großmächte (z. B. USA, Russland, China) und berichtet in der Klasse. (Wo wird Einfluss angestrebt? In welche Konflikte ist die Weltmacht verwickelt?)

---

unseres Empire (Weltreich) geworden ist. ... Es wird gesagt, dass unser Empire bereits groß genug sei und keiner weiteren Ausdehnung mehr bedürfe. ... Was wir ins Auge zu fassen haben, ist nicht, was wir im gegenwärtigen Augenblick nötig haben, sondern was wir in Zukunft einmal nötig haben werden. Wir haben in Erwägung zu ziehen, welche Länder entweder von uns oder gegebenenfalls von einer anderen Nation entwickelt werden müssen, und wir dürfen dabei nicht vergessen, ... dafür Sorge zu tragen, dass die Welt, soweit sie von uns geprägt werden kann, angelsächsischen und nicht einen anderen Charakter erhält. ...

Weltweiter Einfluss der USA

Im 20. Jahrhundert stiegen die USA zur Weltmacht auf, nach 1945 waren sie die unumstrittene erste Weltmacht. 1904 drohte der damalige US-Präsident Roosevelt den unabhängigen lateinamerikanischen Nachbarstaaten und forderte sie auf, ihre Schulden bei den USA zu bezahlen.

Ähnlich wie die „alte" Kolonialmacht Großbritannien erweiterten die USA ständig ihre Einflusssphären.

Q3 Der Präsident der USA Theodore Roosevelt sagte 1904 vor dem amerikanischen Kongress:
... Alles, was dieses Land wünscht, ist, die Nachbarländer stabil, in Ordnung und wohlhabend zu sehen. Jedes Land, dessen Volk sich gut beträgt, kann auf unsere herzliche Freundschaft zählen. Wenn eine Nation zeigt, dass sie vernünftig und mit Kraft und Anstand in sozialen und politischen Fragen zu handeln versteht, dass sie Ordnung hält und ihre Schulden bezahlt, dann braucht sie keine Einmischung vonseiten der Vereinigten Staaten zu befürchten. Ständiges Unrechttun oder ein Unvermögen, welches hinausläuft auf eine Lockerung der Bande der zivilisierten Gesellschaft, mag in Amerika wie anderswo schließlich die Intervention (Einmischung) durch irgendeine Nation fordern und ... (die) Vereinigten Staaten ... auch wider ihren Willen zur Ausübung einer internationalen Polizeigewalt zwingen. ...

Methode

Arbeitsergebnisse präsentieren

Sicher wurden bei euch im Unterricht schon Referate und Ergebnisse von Gruppenarbeiten vorgetragen. Wenn der Inhalt des Vortrags, der Arbeitsergebnisse mit Bildern, Tabellen oder Grafiken anschaulich präsentiert wird, fällt das Verstehen leichter.

Mögliche Medien sind: Computer mit Beamer, aber auch Tafel, Plakat oder Overheadprojektor. Ein Vortrag, der sich solcher Hilfsmittel bedient, wird Präsentation genannt.

Folgende Schritte helfen euch, Arbeitsergebnisse zu präsentieren:

Schritt 1 **Material sammeln und Arbeitsergebnisse formulieren**	▪ Welche inhaltlichen Punkte wollt ihr vorstellen und wo liegt der Schwerpunkt eures Themas? ▪ Wie findet ihr Bücher, Aufsätze oder weitere Informationen zu eurem Thema? ▪ Welche Bilder, Karten oder Grafiken könnt ihr zur Veranschaulichung des Themas verwenden?
Schritt 2 **Gliederung der Präsentation**	▪ Wie führt ihr in das Thema ein, und wie erlangt ihr die Aufmerksamkeit eurer Zuhörerinnen und Zuhörer (Einleitung)? ▪ Wie wollt ihr den Hauptteil eurer Präsentation vorstellen? ▪ Ist es sinnvoll, eine Powerpoint-Präsentation zu erstellen? ▪ Wie könnt ihr am Ende die wesentlichen Aussagen nochmals herausstellen?
Schritt 3 **Gliederung und Hauptaussage veranschaulichen**	▪ Welche Punkte formuliert ihr an der Tafel? ▪ Welches Material unterstützt die zentrale Aussage? ▪ Falls ihr euch für eine Powerpoint-Präsentation entschieden habt: Was soll auf den Folien stehen (Gliederung, Bilder, Karten)?
Schritt 4 **Präsentation vortragen**	▪ Frei vor der Klasse zu sprechen ist nicht einfach. Deswegen solltet ihr den Vortrag im Rahmen der Präsentation innerhalb eurer Gruppe üben. ▪ Welche Notizen benötigt ihr, um bei eurer Präsentation nichts zu vergessen? ▪ Welche Punkte stellt ihr auf einem Handout für unsere Zuhörer zusammen? ▪ Wie wollt ihr zur Diskussion auffordern?

❶ Vollzieht die Musterlösung mit den einzelnen Schritten.

❷ Erarbeitet eine Präsentation zu einem Arbeitsergebnis aus dem Bereich der Seiten 172–179 zum Thema Imperialismus.

1 – Eine Arbeitsgruppe präsentiert ihre Ergebnisse. Foto, 2011.

2 – Zusatzmaterial der Schülerinnen und Schüler: Einheimische arbeiten unter Aufsicht von Weißen in einer Sisalfabrik in Deutsch-Ostafrika. Foto, 1910.

3 – Arbeiten an einer Eisenbahnlinie in Deutsch-Ostafrika unter deutscher Aufsicht. Foto, 1910.

Musterlösung

Zu Schritt 1:
Die Methodenseite „Ein Referat erarbeiten und halten" auf S. 253 enthält wichtige Hinweise für eure Arbeit.

Zu Schritt 2:
Angenommen, ihr wolltet das Thema „Ursachen des Imperialismus" vorstellen, dann würde sich ein Einstieg mit der Karikatur Bild 3 S. 173 anbieten. Ein Kartenvergleich anhand von Overhead-Folien (z. B. Karten S. 170) könnte sich anschließen.

Zu Schritt 3:
Beim Thema Imperialismus lohnt es sich, eine Powerpoint-Präsentation aus wenigen Folien zu erstellen (Gliederung, Karikatur, Karten, Schema).

Zu Schritt 4:
Das freie Sprechen vor der Klasse müsst ihr anhand weniger Stichworte üben.
Für ein Handout könnt ihr das vereinfachte Schema und eine Erklärung des Begriffs „Imperialismus" auswählen.

Der Weg in den Ersten Weltkrieg

Warum rüstete Deutschland auf?

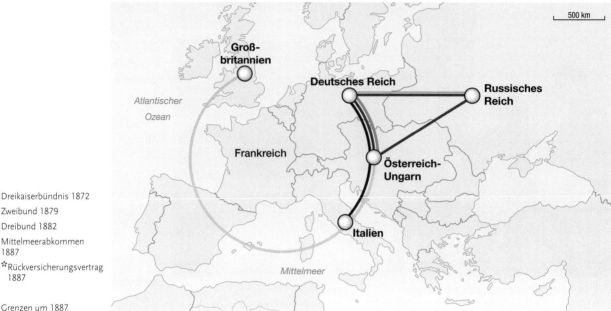

Legende:
━━━ Dreikaiserbündnis 1872
━━━ Zweibund 1879
━━━ Dreibund 1882
━━━ Mittelmeerabkommen 1887
┄┄┄ *Rückversicherungsvertrag 1887

──── Grenzen um 1887

1 – Das europäische Bündnissystem um 1887.

* Rückversicherungsvertrag:
Geheimes Abkommen zwischen Russland und dem Deutschen Reich über gegenseitige Neutralität in einem Kriegsfall mit anderen Staaten. 1890 wurde es nicht erneuert.

Bismarcks Außenpolitik

Reichskanzler Otto von Bismarck erklärte 1871 nach der Gründung des Deutschen Reiches gegenüber den Staaten Europas, dass Deutschland nun keine weiteren Gebietsansprüche habe und eine Politik des Friedens in Europa verfolgen wolle. Die nationale Einigung Deutschlands sei mit dem Krieg gegen Frankreich von 1871 abgeschlossen (s. S. 158).

Bismarck wollte den Frieden in Europa durch Bündnisverträge sichern und erhalten. Es war Bismarcks Ziel, etwaige Bündnispartner Frankreichs an Deutschland zu binden. Er wollte mögliche Konflikte durch Verhandlungen lösen. Seine Politik hatte bis etwa 1890 Erfolg.

❶ Beschreibt mithilfe der Abbildung 1, mit welchen Staaten Deutschland Bündnisverträge hatte. Stellt eine Liste dieser Verträge zusammen.

❷ Stellt Vermutungen an, mit welchen Staaten Frankreich gern Bündnisse eingegangen wäre. Schreibt eure Vermutungen auf.

Eine neue Politik unter Wilhelm II.

1888 wurde der dreißigjährige Wilhelm II. deutscher Kaiser. Bald unterschieden sich seine Vorstellungen zur Innen- und Außenpolitik grundlegend von denen Bismarcks. Deshalb entließ der Kaiser 1890 seinen Kanzler, um verstärkt selbst den politischen Kurs Deutschlands zu bestimmen. Wilhelm II. forderte mit provozierenden Reden für Deutschland ein stärkeres Mitspracherecht in der Weltpolitik. Auch das Deutsche Reich sollte wie England und Frankreich Weltmachtpolitik betreiben.

Flottenbau und Aufrüstung

Seit 1871 war das Deutsche Reich bereits die stärkste Landmacht in Europa. Jetzt sollte auch noch eine mächtige Kriegsflotte gebaut werden. Bei einem Festessen rief Kaiser Wilhelm II. aus, dass ohne Deutschland und ohne den deutschen Kaiser keine große Entscheidung mehr in der Welt fallen dürfe.

2 – Historische Aufnahme der Segeljacht „Hohenzollern" mit Bild vom Kaiser Wilhelm II. Fotocollage.

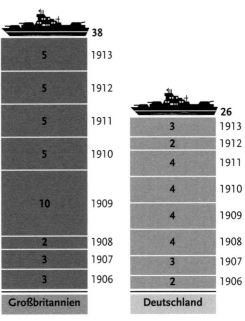

Großbritannien		Deutschland	
	38		26
5	1913	3	1913
5	1912	2	1912
5	1911	4	1911
5	1910	4	1910
10	1909	4	1909
2	1908	4	1908
3	1907	3	1907
3	1906	2	1906

3 – Bau von Kampfschiffen durch Großbritannien und Deutschland 1906 bis 1913.

Q1 In seiner Ansprache zum neuen Jahr 1900 sagte der Kaiser Wilhelm II.:

... Und wie mein Großvater für Sein Land-heer, so werde ich für Meine Marine unbe-irrt in gleicher Weise das Werk der *Reorga-nisation fort- und durchführen, damit auch sie gleichberechtigt an der Seite Meiner Streitkräfte zu Lande stehen möge und durch sie das Deutsche Reich auch im Aus-lande in der Lage sei, den noch nicht er-reichten Platz zu erringen. ...

Q2 Der Chef des Marineamtes, Admiral von Tirpitz, begründete den verstärkten Flottenbau im Jahre 1900:

... Unter den gegebenen Umständen gibt es nur ein Mittel, um Deutschlands Handel und Kolonien zu schützen: Deutschland muss eine Flotte von solcher Stärke haben, dass selbst für die größte Flotte ein Krieg mit ihm ein solches Risiko in sich schließen würde, dass ihre eigene Überlegenheit ge-fährdet wäre. ...

Vor allem Großbritannien fühlte sich durch die Flottenpolitik des Deutschen Reiches bedroht. Großbritannien hatte das Ziel, eine Kriegsflotte zu besitzen, die so groß war wie die beiden größten Flotten zusammen. Des-wegen begann ein kostspieliges Wettrüsten mit Deutschland, indem immer größere Kriegsschiffe gebaut wurden.
Nachdem der Flottenbau durch Deutsch-land ausgelöst worden war, bauten beide Länder nun ihre Flotte aus. Dadurch stei-gerte sich die Kriegsgefahr.

* Reorganisation
Hier als Neuordnung verwandt.

❸ Beschreibt die Motive der Politik von Kaiser Wilhelm II. und Admiral v. Tirpitz (Q1, Q2) und beurteilt die beabsichtigten und nicht beabsichtigten Folgen dieser Politik.

❹ Wertet die Grafik 3 aus und beschreibt das Wettrüsten seit 1906.

entdecken und verstehen

Ⓐ Zeichnet eine Umrisskarte von Europa in euer Geschichtsheft. Markiert Deutschlands Bündnisse um 1887 farbig und formuliert einen Merksatz zum Bündnissystem von 1887.

Ⓑ Schreibt als Brite einen Brief an Admiral von Tirpitz, in dem ihr auf die Gefahren der deutschen Flottenpolitik hinweist.

War der Friede noch zu retten?

1 – Friedenskundgebung der SPD. Foto, 1911.

2 – Bertha von Suttner. Foto, 1886.

Frieden ist möglich

Q1 Im Jahr 1909 hielt die österreichische Baronin Bertha von Suttner einen viel beachteten Vortrag mit dem Thema: „Rüstung und Überrüstung":
… Welches sind die Faktoren, die die Rüstungsschraube in Bewegung setzen? Sind es die Völker, die danach verlangen? Mitnichten! Der Anstoß, die Forderung, kommt immer aus dem Kriegsministerium mit der bekannten Begründung, dass andere Kriegsministerien vorangegangen sind, und der zweiten Begründung, dass man von Gefahr und Feinden umgeben ist. Das schafft eine Atmosphäre von Angst, aus der heraus die Bewilligungen erwachsen sollen. Und wer ist tätig, diese Angst zu verbreiten? Wieder die militärischen Kreise. Die haben immer einen „unvermeidlichen" Krieg auf Lager, besonders einen solchen, „der im nächsten Frühjahr losgehen wird". Kriegsparteien gibt es in jedem Lande; was diese äußern, wird von den Kriegsparteien der anderen Länder als die Willensmeinung der ganzen betreffenden Nation ausgegeben. Und die gegenseitigen Furcht- und Hassgefühle treiben die gemeinsame Schraube. …

❶ Schreibt auf, worin Bertha von Suttner die Ursachen für das Wettrüsten sah.
❷ Erkundigt euch, wie heute die Erhöhungen von Rüstungsausgaben begründet werden.
❸ Recherchiert in den Medien (Internet, Lexika oder Zeitschriften) nach den Zielen von Friedensbewegungen in unserer Zeit und berichtet der Klasse.

Bertha von Suttner

Schon 1889 hatte Bertha von Suttner (1843–1914) ihren Roman „Die Waffen nieder" veröffentlicht. In ihrem Buch rief sie in eindringlicher Weise die Menschen auf, nicht weiter zu rüsten. Der Roman wurde in viele Sprachen übersetzt. Bertha von Suttner forderte unermüdlich, dass der Frieden in Europa erhalten bleiben müsse. Ihr Roman „Die Waffen nieder" und ihre Vorträge waren der Anlass, sich der damals neuen Friedensbewegung anzuschließen. 1891 hatte Bertha von Suttner die österreichische Friedensgesellschaft gegründet. Nach ihrem Vorbild wurde 1892 auch in Berlin eine Friedensgesellschaft ins Leben gerufen. 1905 erhielt Bertha von Suttner für ihr Buch und ihre Tätigkeit den Friedensnobelpreis.

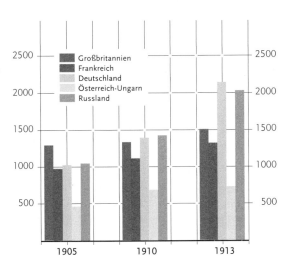

3 – Rüstungsausgaben zwischen 1905 und 1913 (in Mio. Mark).

4 – „Wie sollen wir uns da die Hand geben?"
Karikatur aus dem Simplicissimus von 1912.

Gefahr eines Krieges

Q2 1911 erklärte der Vorsitzende der SPD, August Bebel, im Reichstag:

... So wird man eben von allen Seiten rüsten und wieder rüsten, man wird rüsten bis zu dem Punkte, dass der eine oder andere Teil eines Tages sagt: Lieber ein Ende mit Schrecken als ein Schrecken ohne Ende. (Sehr richtig! bei den Sozialdemokraten)
... Eines Tages kann die eine Seite sagen: Das kann nicht so weitergehen. Sie kann auch sagen: Halt, wenn wir länger warten, dann geht es uns schlecht, dann sind wir der Schwächere statt der Stärkere. Dann kommt die Katastrophe. ... Was wird die Folge sein? Hinter diesem Krieg steht der Massenbankrott, steht das Massenelend, steht die Massenarbeitslosigkeit, die große Hungersnot. (Widerspruch rechts)
Das wollen Sie bestreiten?
(Zuruf rechts: Nach jedem Kriege wird es besser!) ...

Die Sozialdemokraten hofften angesichts eines drohenden Krieges in Europa, dass die Arbeiter und Arbeiterinnen aller europäischer Staaten sich weigern würden, in den Krieg zu ziehen. Mit großen Friedensdemonstrationen riefen sie dazu auf.

④ Beschreibt anhand von Schaubild 3 die Entwicklung der Rüstungsausgaben der fünf europäischen Großmächte zwischen 1905 und 1913. Notiert jeweils für die drei angegebenen Jahre, welches Land das meiste Geld für Rüstung ausgab.

⑤ Setzt das Schaubild 3 in Beziehung zu Q1 und Q2 und notiert euer Ergebnis.

⑥ Erarbeitet aus der Karikatur 4, was der Zeichner 1912 seinen Lesern in Deutschland zum Rüstungswettlauf mitteilen will.

entdecken und verstehen

Ⓐ Gestaltet ein Plakat zum Thema „Abrüsten ist besser als Aufrüsten".

Ⓑ Entwerft eine Antwort auf den Zuruf „Nach jedem Kriege wird es besser!" (Q2).

Warum konnte der Krieg nicht verhindert werden?

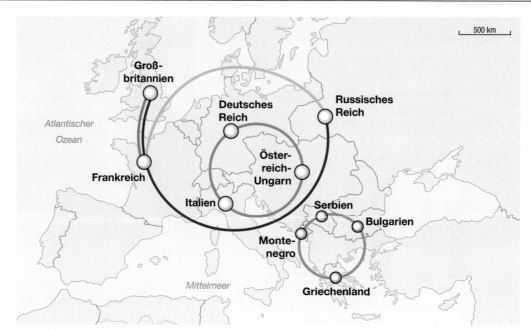

500 km

Atlantischer
Ozean

Mittelmeer

- ▬ Dreibund 1882,
  erneuert 1912
- ▬ Französisch-Russische
  Allianz 1892
- ▬ ✷Entente cordiale 1904
- ▬ ✷Triple Entente 1907
- ▬ Balkanbund 1912

- ▬ Grenzen von 1912

1 – Das europäische Bündnissystem um 1914. Der Dreibund zerbrach 1915 mit dem Kriegseintritt Italiens auf der Seite von Großbritannien, Russland und Frankreich.

✷ **Entente cordiale**
(wörtlich: herzliches Einverständnis).
Vertrag zwischen Frankreich und Großbritannien; er regelt im gegenseitigen Einverständnis die Einflussbereiche beider Länder in Afrika.

✷ **Triple Entente**
(triple = drei).
Erweiterung der Entente cordiale mit Russland als Dreierbündnis gegen Deutschland.

✷ **Mobilmachung/ Mobilisierung**
(frz.: mobile = beweglich, marschbereit).
Maßnahmen, durch die die Streitkräfte eines Landes für den Kriegseinsatz bereitgestellt werden, z. B. durch die Einberufung aller Wehrpflichtigen.

✷ **Neutralität**
Wörtlich: Nichtbeteiligtsein, hier Unabhängigkeit eines Staates.

Auf der Suche nach Verbündeten

Viele Menschen in Großbritannien sahen mit Sorge, dass das Deutsche Reich eine Großmachtpolitik betrieb. Englische Politiker versuchten mehrmals mit Deutschland zu einer Verständigung zu kommen. Jedoch widersetzten sich der Kaiser und seine Berater allen Bemühungen, da sie für Deutschland eine führende Rolle beanspruchten. Daraufhin näherte sich Großbritannien Frankreich an. Die beiden Mächte verständigten sich im Jahre 1904 über ihre Interessengebiete in Afrika. Sie beschlossen nur drei Jahre später auch mit Russland einen Beistandsvertrag für den Fall eines Konfliktes. Damit war in Europa ein neues Bündnissystem entstanden. Deutschland hatte jetzt nur noch Bündnisverträge mit Österreich-Ungarn und Italien. Allerdings hatte Italien 1902 einen geheimen Nichtangriffspakt mit Frankreich geschlossen.

❶ Erläutert die Lage Deutschlands 1914 mithilfe der Karte 1. Notiert, wie sich das Bündnissystem gegenüber 1887 verändert hat (siehe Karte 1 S. 184).

Dauerkrise auf dem Balkan

Im Laufe des 19. Jahrhunderts hatten sich die Völker des Balkans von der türkischen Herrschaft befreit. Griechenland, Serbien und Bulgarien waren selbstständige Staaten geworden. Diesen Staaten gelang es, in einem Krieg 1912/1913 die europäischen Besitzungen der Türkei zu erobern. Griechenland, Serbien und Bulgarien stritten sich darum, wie man die eroberten Gebiete verteilen soll. Deshalb blieb der Balkan ein Unruheherd.

Auch Russland und Österreich-Ungarn zeigten Interesse am Balkan. Der Vielvölkerstaat Österreich-Ungarn hatte bereits 1908 Bosnien besetzt. Hier wohnten hauptsächlich Slawen. Auch Serbien hatte zuvor Ansprüche auf dieses Gebiet erhoben. Ein Krieg zwischen Österreich-Ungarn und Serbien konnte nur mit Mühe vermieden werden. Serbien wurde von Russland bestärkt, das sich als Führungsmacht aller Slawen verstand. Deutschland unterstützte seinen Verbündeten Österreich-Ungarn.

❷ Beschreibt mithilfe der Karte 2 und des Textes die Veränderungen auf dem Balkan. Notiert die Interessen der Großmächte.

Vom Attentat zum Krieg 1914

Die Heeresleitung in Deutschland rechnete in der politisch angespannten Lage mit einem Zweifrontenkrieg gegen Frankreich und Russland. Sie erklärte bereits 1912: „Je eher, desto besser". Viele Menschen in Europa teilten diese Meinung und sahen in einem kommenden Krieg ein „reinigendes Gewitter".

Alle großen Staaten Europas waren im Frühjahr 1914 zum Krieg bereit. Es fehlte nur noch ein Anlass. Man fand ihn darin, dass serbische Nationalisten im Juni 1914 den österreichischen Thronfolger Franz Ferdinand und seine Frau Sophie in Sarajewo ermordeten. Serbien weigerte sich, österreichische Beamte an dem Ermittlungsverfahren gegen die Attentäter zu beteiligen. Darauf erklärte Österreich-Ungarn am 28. Juli 1914 Serbien den Krieg. Deutschland unterstützte seinen Bündnispartner Österreich-Ungarn bedingungslos. Noch am gleichen Tag erfolgte in Russland die *Teilmobilmachung. Am 1. August 1914 erklärte Deutschland Russland den Krieg und am 3. August Frankreich. Als am 3. August deutsche Truppen die *Neutralität Belgiens missachteten und durch Belgien nach Frankreich marschierten, war dies für England der Anlass, Deutschland den Krieg zu erklären.

Aus dem begrenzten Konflikt war ein europäischer Krieg geworden.

❸ Erklärt mit euren Worten, warum es zum Krieg im August 1914 kam. Unterscheidet dabei zwischen Anlass und Ursachen des Krieges.

❹ Prüft, ob die Bündnispolitik der europäischen Staaten (vgl. Schaubild 1 S. 184 und Schaubild 1 S. 188) zum Ausbruch des ersten Weltkrieges beigetragen hat.

2 – Staaten auf dem Balkan 1913.

▰▰▰ Grenze des Osmanischen Reiches 1815
▬▬▬ Grenze des Osmanischen Reiches 1912
▨▨▨ Osmanisches Reich 1914

Gebietserwerbungen der Balkanstaaten nach 1912 sind in helleren Farbtönen dargestellt

entdecken und verstehen

Ⓐ Zeichnet in eure Umrisskarte von Europa (siehe Aufgabe A S. 185) Deutschlands Bündnisse vor dem Ersten Weltkrieg zusätzlich ein und vergleicht.

Ⓑ Erstellt eine Skizze von drei oder vier Personen in euer Geschichtsheft. Zeichnet zu jeder Person Sprechblasen mit Argumenten, die erklären, warum es zum Krieg kam.

Ⓒ Versetzt euch in einen Deutschen, der im August 1914 gegen den Krieg ist. Sammelt für ihn Argumente, mit denen er seine Mitbürger überzeugen könnte.

Der Erste Weltkrieg

Welche Ziele verfolgten die Kriegsgegner?

1 – Deutsche Kriegsfreiwillige bei der Abfahrt zur Westfront. Foto, 1914.

2 – Britische Kriegsfreiwillige nach ihrer Einkleidung. Foto, 1914.

* Kriegskredite
Kredite zur Führung eines Krieges. Diese mussten vom Reichstag genehmigt werden.

* ehern
Eisern.

* Invasion
Angriff, Besetzung.

Hoffnung auf einen kurzen Krieg

Die Nachricht von der Mobilmachung der Streitkräfte erfüllte die Menschen in Europa mit gemischten Gefühlen. Manche freuten sich, andere erwarteten nichts Gutes von einem Krieg. Kaum einer in Berlin, Paris oder London konnte sich vorstellen, dass es einen langen Krieg geben würde. Junge Männer in ganz Europa meldeten sich freiwillig, um in den Krieg zu ziehen.

❶ Vergleicht die Abbildungen 1 und 2. Sucht Gründe für die Kriegsbegeisterung der jungen Soldaten und Teilen der europäischen Bevölkerung.

Reichstag billigt Kriegskredite

Q1 Kaiser Wilhelm II. erklärte am 4.8.1914 vor dem Deutschen Reichstag:

... Die gegenwärtige Lage ging nicht aus vorübergehenden Interessenkonflikten ... hervor, sie ist das Ergebnis eines seit langen Jahren tätigen Übelwollens gegen Macht und Gedeihen des Deutschen Reichs. Uns treibt nicht Eroberungslust, uns beseelt der unbeugsame Wille, den Platz zu bewahren, auf den Gott uns gestellt hat, für uns und alle kommenden Geschlechter. ... In aufgedrungener Notwehr mit reinem Gewissen

und reiner Hand ergreifen wir das Schwert. ... Hier wiederhole ich: Ich kenne keine Partei mehr, ich kenne nur Deutsche. ...

❷ Gebt mit euren Worten wieder, was der Kaiser zum Kriegsausbruch sagte (Q1).

❸ Beurteilt seine Rede auf dem Hintergrund der Informationen von S. 184/185.

Alle Parteien stimmten geschlossen im Deutschen Reichstag für die vom Kaiser geforderten *Kriegskredite. Die SPD stimmte allerdings erst nach heftigen innerparteilichen Kämpfen zu.

Q2 Für die SPD erklärte der Abgeordnete Hugo Haase am 4. August 1914 im Reichstag:

... Jetzt stehen wir vor der *ehernen Tatsache des Krieges. Uns drohen die Schrecknisse feindlicher *Invasionen. Nicht für oder gegen den Krieg haben wir heute zu entscheiden, sondern über die Frage der für die Verteidigung des Landes erforderlichen Mittel. ... Da machen wir wahr, was wir immer betont haben: Wir lassen in der Stunde der Gefahr das eigene Vaterland nicht im Stich. ... Wir fordern, ... sobald das Ziel der Sicherung erreicht ist, ... einen Frieden, der die Freundschaft mit den Nachbarvölkern ermöglicht. ...

3 – Die Kriegsgegner im Ersten Weltkrieg.

Legende:
- Deutschland und seine Verbündeten
- deutsche Kolonien bei Kriegsbeginn
- Gegner Deutschlands mit Kolonien und abhängigen Gebieten bis zum Kriegseintritt der USA 1917
- seit 1917 in den Krieg gegen Deutschland eingetretene Staaten
- neutrale Staaten

Abkürzungen:
Afgh. = Afghanistan
B. = Belgien
Bul. = Bulgarien
D.R. = Deutsches Reich
Gr. = Griechenland
Ital. = Italien
Ö.-U. = Österreich-Ungarn
Span. = Spanien

④ Erläutert die Haltung der SPD zum Krieg und ihre Billigung der Kriegskredite (Q2).

Deutsche Kriegsziele

Man erwartete in Deutschland einen schnellen Sieg über Frankreich. Reichskanzler von Bethman-Hollweg benannte bereits im September 1914 die deutschen Kriegsziele:

– Frankreich darf als Großmacht nie wieder entstehen. Daher werden die nordfranzösischen Industriegebiete dem Deutschen Reich angegliedert. Zusätzlich soll Frankreich hohe Geldsummen an Deutschland zahlen.

– Die belgischen Industriegebiete sollen an das Deutsche Reich angegliedert werden. Unter deutscher Oberhoheit soll es einen Zollverband von Frankreich bis Polen und von Norwegen bis Italien geben.

– Die russische Herrschaft über fremde Völker auf seinem Staatsgebiet wird beendet.

– Deutschland wird einen größeren Anteil an den Kolonien auf Kosten der anderen Mächte haben.

Kriegsziele anderer Länder

Auch die anderen Länder entwickelten Kriegszielprogramme:

– Frankreichs Ziel bestand darin, die Macht des Deutschen Reiches zu brechen und Elsass-Lothringen zurückzugewinnen.

– England forderte die Abschaffung der deutschen Kriegsflotte und die Aufteilung der deutschen Kolonien.

– Russland schließlich strebte die Herrschaft über Istanbul und die Meerengen der Dardanellen an.

Jedes Land bezeichnete seine Kriegsziele als „Friedensprogramme", da nur so der Frieden dauerhaft gesichert werden könne.

⑤ Vergleicht die Worte des deutschen Kaisers (Q1) mit den im Text genannten deutschen Kriegszielen.

⑥ Nennt Gründe dafür, dass Kriegsziele „Friedensprogramme" genannt wurden.

entdecken und verstehen

Ⓐ Tragt in die Skizze einer Europakarte die deutschen Kriegsziele ein.

Ⓑ Schreibt einen Zeitungsbericht für eine belgische Zeitung über den Kriegsausbruch und die Kriegsziele der beteiligten Staaten.

Wie sah der Kriegsalltag an der Front aus?

1 – Kriegsalltag an der Front. Foto, 1916.

2 – Soldaten mit Gasmasken. Foto, 1916.

* Stellungskrieg
Im Gegensatz zum Bewegungskrieg eine Form der Kriegsführung, die durch sich kaum verändernde Frontverläufe geprägt ist. Vor allem an der Somme, bei Verdun und Ypern tobte jahrelang ein verlustreicher, aber ergebnisloser Kampf zwischen den gegnerischen Grabenstellungen.

Vom Bewegungs- zum Stellungskrieg

Deutschland führte den Krieg an zwei Fronten: gegen Frankreich im Westen und gegen Russland im Osten Deutschlands. Schon am 4. August 1914 fielen die deutschen Truppen frühmorgens in das neutrale Belgien ein. In einem Sturmlauf stießen sie durch Belgien, Nord- und Ostfrankreich in Richtung Paris vor. Doch an der Marne, wo das französische Militär eine starke Verteidigungslinie aufgebaut hatte, blieb der Angriff stecken. Damit war der deutsche Feldzugsplan gescheitert.

Industrialisierter Krieg

Nachdem die Deutschen am Anfang erfolgreich kämpften, erstarrte der Krieg besonders an der Westfront im erbarmungslosen *Stellungskrieg. Eine noch nie gesehene Materialschlacht setzte mit neuen Waffen (Maschinengewehren, Hand- und Giftgasgranaten, Flammenwerfern, Minen, Panzern und Flugzeugen) ein. Man hoffte, den Gegner durch den Einsatz von Giftgas und durch Dauerfeuer zu zermürben. Die Gewalt der Explosionen zerfetzte in Minuten ganze Wälder, stampfte Betonbunker zusammen und zerriss Hunderttausende von Menschen.

Millionen Soldaten verloren in diesem Krieg ihr Leben, ohne dass eine der beiden Seiten einen klaren Sieg errang.

Verdun

Verdun wurde schon während des Krieges zum schrecklichen Symbol für sinnloses Massensterben. In der zehnmonatigen Schlacht starben 700 000 Soldaten. Immer wieder wurden bereits zerstörte Dörfer, Unterstände und Schützengräben erobert und dann doch wieder verloren. Weder Deutschland noch Frankreich hatten einen nennenswerten Geländegewinn oder einen entscheidenden Sieg erreicht, als Deutschland am 11. Juli 1916 die Schlacht abbrach. In Deutschland begann man aber bald nach dem Krieg, gerade diese Schlacht als Zeichen für bedingungslosen Heldenmut zu verherrlichen. In Wirklichkeit war der Erste Weltkrieg aber der erste technische Krieg, in dem Millionen Menschen starben.

❶ Erklärt, mit welchen Mitteln dieser Krieg geführt wurde und wodurch er sich von vorangegangenen Kriegen unterschied.

❷ Erläutert mit der Karte 3 das Vordringen der deutschen Truppen und vergleicht mit den Planungen.

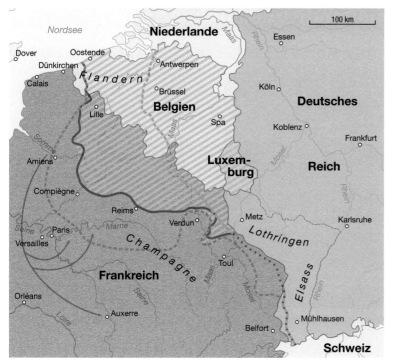

3 – Frontverlauf 1916.

→ geplanter Vormarsch deutscher Truppen
--- weitestes Vordringen deutscher Truppen 1914
▨ von deutschen Truppen besetzte Gebiete Ende 1914
— Frontverlauf Ende 1916
--- Frontverlauf am 11.11.1918 (Waffenstillstand)

Ort der Schrecken

Q1 Ein zwanzigjähriger französischer Soldat schrieb im Februar 1915 seiner Mutter:

... Um drei Uhr wurde der Sturm entfesselt: Sprengungen von sieben Minengängen unter den Schützengräben des Feindes; es war wie ein fernes Donnern. Dann machten die fünfhundert Geschütze einen Höllenlärm, währenddessen wir losgestürmt sind. ... Die Nacht brach an, als wir uns in den obersten Stellungen festsetzten. ... Ich musste weite nächtliche Strecken zurücklegen, auf denen ich die Toten und Verwundeten beider Parteien antraf. Morgens wurden wir mit ernstlichen Verlusten bis zu unseren früheren Stellungen zurückgetrieben; aber am Abend ... haben wir wieder alles zurückgewonnen, und auch hierbei habe ich meine Pflicht getan. ... Du kannst dir nicht vorstellen, geliebte Mutter, was der Mensch dem Menschen anzutun vermag. ... Endlich, nach fünf Tagen des Entsetzens, die uns zwölfhundert Opfer gekostet haben, sind wir aus diesem Ort der Gräuel zurückgezogen worden. ...

Q2 Am 17. Juli 1916 schrieb ein deutscher Soldat nach Hause:

... Am vierten Tage, Freitag, ging's dann schon in der Frühe los mit der schweren Artillerie bis abends halb zehn Uhr. Was das heißt: zehn Stunden im Unterstand liegen unter Granatfeuer, zehn Stunden den Tod des Lebendig-begraben-Werdens vor Augen oder die Aussicht, in die Luft zu fliegen, falls eine Granate da einschlägt, wo der Sprengstoff liegt. ...

❸ Untersucht Q1 und Q2 mithilfe der Methode auf S. 249 im Anhang. Erläutert, wie der französische und der deutsche Soldat den Krieg erlebten.

entdecken und verstehen

Ⓐ Schreibt mithilfe von Q1 und Q2 eine kurze Erzählung zum Thema „Der Kriegsalltag im Ersten Weltkrieg".

Ⓑ Entwerft eine Collage zum Thema „Schrecken des Krieges".

Was dachten Generäle und Soldaten?

1 – Schlachtfeld in Flandern, 1916. Der Maler Otto Dix (1891–1969) war selbst als Soldat von 1915–1918 sowohl an der West- als auch an der Ostfront eingesetzt. Gemälde, 1934.

Der General

Der Chef des deutschen Generalstabs, General Erich von Falkenhayn, plante am Jahresende 1915 eine der mörderischsten Schlachten des Ersten Weltkrieges. Bewusst nahm er den Tod von Hundertausenden eigener und französischen Soldaten in Kauf. In der Schlacht von Verdun, so sein Plan, sollten die Franzosen angesichts der massiven deutschen Angriffe verbluten. Erstmals wurde in der Schlacht auch Giftgas auf beiden Seiten eingesetzt.

Q1 In seinen Erinnerungen aus dem Jahre 1920 zitiert er seine Begründung für den Schlachtplan von Weihnachten 1915:

... Es wurde bereits betont, dass Frankreich in seinen Leistungen bis nahe an die Grenze des noch Erträglichen gelangt ist. ... Hinter dem französischen Abschnitt der Westfront gibt es in Reichweite Ziele, für deren Behauptung die französische Führung gezwungen ist, den letzten Mann einzusetzen. Tut sie es, so werden sich Frankreichs Kräfte verbluten, da es ein Ausweichen nicht gibt, gleichgültig, ob wir das Ziel selbst erreichen oder nicht. Tut sie es nicht und fällt das Ziel in unsere Hände, dann wird die moralische Wirkung in Frankreich ungeheuer sein. Deutschland wird nicht gezwungen sein, sich für die räumlich eng begrenzte Operation so zu verausgaben, dass alle anderen Fronten bedenklich entblößt werden. ...

Die Ziele, von denen hier die Rede ist, sind Belfort und Verdun. ...

❶ Untersucht Q1 mithilfe der Methode von S. 249 und schreibt heraus, wie der General seinen Plan begründet.

Q2 Über das Ergebnis, der aus heutiger sinnlosen Schlacht und des Massensterbens, schreibt v. Falkenhayn:

... Der Gegner errang nirgends dauernde Vorteile; an keiner Stelle mochte er sich von dem deutschen Druck befreien. ... Das Ergebnis war ..., dass für zwei Deutsche, die außer Gefecht gesetzt wurden, drüben fünf Franzosen bluteten. So beklagenswert die deutschen Opfer blieben, so sicher war doch, dass sie für eine gute aussichtsvolle Sache hingegeben wurden. ...

❷ Versucht für die Sprache und das Denken des Generals treffende Bezeichnungen zu finden (Q1 und Q2).

Der Frontsoldat

Q3 Sichtweise eines Frontsoldaten, 17. Juli 1916:

... Ungefähr 600 Meter vor unserem Bestimmungsort rasteten wir in einem Granatloch, um Kraft zu sammeln, da wir diese Strecke möglichst schnell im Marsch-Marsch machen mussten: Denn da war schreckliches Sperrfeuer. Ein Granatloch könnt ihr euch am besten vorstellen, wenn ihr euch einen großen Baum samt den Wurzeln ausgerissen denkt. Ich hatte mich kaum hingelegt, da ststst! – schlägt eine Granate direkt vor uns ein. Geschrei, Gewinsel, Geheul, zugleich der Ruf: „Auf, auf, marsch, marsch, was noch kann!" Ich nahm meine letzte Kraft zusammen und sprang auf (wir waren natürlich alle bepackt); ich bin die 600 Meter nicht mehr gegangen, sondern gefallen von einem Granatloch ins andere. Im Unterstand gingen von den 17 Mann sechs ab, drei waren tot, darunter Reiser, der die neun Jahre mit mir auf der Schulbank rumgebummelt hatte. Von den drei Verwundeten schleppte sich einer am anderen Tag bei der Frühe in unseren Unterstand. Er wurde nachts von unseren Leuten mitgenommen. Eine Granate schlug ein unter ihnen, und der Verwundete samt den vier Trägern war tot. Unser Unterstand war eine alte, schon halb zusammengeschossene französische *Kasematte, 150 Meter vom Panzerwerk Thiaumont entfernt. Von uns aus gesehen, war es nur ein Erdhaufen; wie ein Fuchsloch war der Eingang. Dahinter führte eine ganz verschüttete Stiege in den Raum, in dem wir vier Tage lang lagen. Tote lagen unter dem Schutt; von einem schauten die Beine heraus bis zu den Knien. ...

2 – Verdun-Gedenkstätte (L'Ossuaire de Douaumont) heute. Im Hintergrund das Beinhaus. Foto.

❸ Lest Q3 und notiert Stichworte, wie der Soldat die von General Falkenhayn geplante Schlacht erlebte.

❹ Setzt die Bilder 1 und 2 in Beziehung zu Q1–Q3 und notiert eure Beobachtung.

❺ Bewertet die Aussagen des Generals und des Frontsoldaten zur Wirklichkeit des Krieges.

* Kasematte
Schutzraum

entdecken und verstehen

Ⓐ Schreibt als Frontsoldat (Q3) einen Brief nach Hause.

Ⓑ Verfolgt in den Medien Berichte über heutige Kriege oder Bürgerkriege. Berichtet der Klasse wie die jeweiligen Anführer ihre Aktionen rechtfertigen und wie die betroffenen Menschen die Kriegshandlungen erleben.

Weihnachten 1914 an der Front

Schauplatz **tz** Geschichte

THE ILLUSTRATED LONDON NEWS

REGISTERED AS A NEWSPAPER FOR TRANSMISSION IN THE UNITED KINGDOM, AND TO CANADA AND NEWFOUNDLAND BY MAGAZINE POST.

No 51. – VOL. CXLVI.   SATURDAY, JANUARY 9, 1915.   SIXPENCE.

The Copyright of all the Editorial Matter, both Engravings and Letterpress, is Strictly Reserved in Great Britain, the Colonies, Europe, and the United States of America.

LIGHT OF PEACE IN THE TRENCHES ON CHRISTMAS EVE : A GERMAN SOLDIER OPENS THE SPONTANEOUS TRUCE
BY APPROACHING THE BRITISH LINES WITH A SMALL CHRISTMAS TREE.

...ends with his drawing the following note : " On some sections of the battle-... ermans decorated their trenches with Christmas-trees and paper lanterns, and ... troops to stop shooting and come over to smoke and have a palaver. With ... a truce for the night was arranged, and the compliments of the season were | passed with much enthusiasm between friend and foe. The cessation of hostilities continued all the next day. Both sides fraternised and spent a Happy Christmas." Elsewhere in this Number we give a double-page drawing illustrating this informal Anglo-German *rapprochement* during the festival of peace and goodwill.

DRAWN BY FREDERIC VILLIERS, OUR SPECIAL WAR ARTIST.-[COPYRIGHTED IN THE UNITED STATES AND CANADA.]

Waffenstillstand Weihnachten 1914

Am Weihnachtsabend 1914 stellten deutsche Truppen südlich von Ypern in Belgien ohne Befehl das Feuer ein und sangen Weihnachtslieder. Auch die Engländer, die ihnen gegenüberlagen, stellten das Feuer ein. Unbewaffnet trafen sich kleine Gruppen beider Seiten am Weihnachtsmorgen auf der Frontlinie. Sie tauschten Uniformknöpfe, Zigaretten und Essensrationen. Der weihnachtliche Waffenstillstand galt auch in anderen Frontabschnitten und hielt drei Tage. Dann begann wieder das mörderische Kämpfen. Während die britische Presse ausführlich über das Ereignis berichtete, wurde es in Deutschland totgeschwiegen. Die Generäle beider Seiten verboten für künftige Weihnachtstage ausdrücklich jede Wiederholung solcher Vorgänge.

❶ Schreibt eine Reportage über Weihnachten 1914 aus englischer Sicht an der Front in Belgien.

❷ Bildet verschiedenen Gruppen mit deutschen und englischen Soldaten. Spielt ein Gespräch über den Krieg, die gemeinsame Feier und wie es in kurzer Zeit weitergehen wird.

1 – Englische Soldaten und ein deutscher Soldat am Weihnachtstag 1914. Foto eines englischen Soldaten.

2 – Zeichnung der Begegnung auf dem Titelblatt der „Illustrated London News" am 9.1.1915.

Wie war der Kriegsalltag in der Heimat?

Hungersnot

Die britische Blockade der Seewege schloss Deutschland von allen wichtigen Einfuhren ab. Das galt besonders für Lebensmittel. Missernten bei Kartoffeln und Getreide führten im Winter 1916/17 zu einer großen Hungersnot in Deutschland. Bereits seit Januar 1915 wurden die Lebensmittel nur noch auf Bezugskarten ausgegeben. Aber viele Lebensmittel gab es trotz der Karten nicht. Steckrüben (Kohlrüben), sonst ein Futtermittel für Tiere, wurden zu einem wichtigen Nahrungsmittel. Sie wurden dem Brot beigemischt und anstelle von Kartoffeln gegessen. In den Zeitungen gab es Rezepte für Gemüsegerichte und Salate aus Steckrüben.

Viele Menschen litten stark unter dem Hunger, besonders die Armen, Kranken und Gebrechlichen, da sie sich keine zusätzlichen Lebensmittel beschaffen konnten. Etwa 700 000 Menschen starben in Deutschland zwischen 1914 und 1918 an den Folgen der Unterernährung.

1 – Lebensmittelmarken für Eier. Lüdenscheid, 1917.

Q1 Im Herbst 1917 schrieb die 15-jährige Elfriede Kuhr in ihr Tagebuch:

... Wenn wir bloß ein bisschen mehr zu essen hätten! Aber Brot und Mehl sind so knapp, und mit den anderen Lebensmitteln steht es nicht besser. Augenblicklich haben wir pro Person in einer ganzen Woche ein halbes Pfund Kaffee-Ersatz und ein halbes Pfund Margarine; Butter für Erwachsene pro Woche 125 g. Manchmal gibt es Bezugsscheine für ein halbes Pfund Haferflocken, ein halbes Pfund Graupen und ein halbes Pfund Grieß. Aber wenn die Vorräte ausverkauft sind, hat man ganz umsonst stundenlang vor den Läden Schlange gestanden. ...

2 – Lebensmittelmarken.

3 – Unsere Armee braucht Metalle! Kriegsmetall-Einkauf". Plakat, Österreich, 1915

Frauenarbeit

Am Beispiel der Firma Bosch wird deutlich, wie der Anteil von Frauenarbeit in der Industrie angestiegen ist: Am 1. August 1914 beschäftigte Bosch z. B. im Werk in Stuttgart 678 Frauen (14 Prozent der Belegschaft). Im November 1918 waren es 5776 Frauen (61 Prozent). Die Frauen arbeiteten in drei Schichten zu acht Stunden. Daher hatten sie alle drei Wochen Nachtschicht. Frauen übernahmen nun auch Arbeiten, die zuvor nur Männern erlaubt waren.

Zahlreiche soziale Schutzbestimmungen in den Betrieben wurden aufgehoben, um die Mehrarbeit von Männern und Frauen in den Betrieben durchzusetzen. Zum Teil mussten selbst zwölfjährige Kinder beim Entladen von Eisenbahnwaggons helfen. Die Arbeit in der Rüstungsindustrie belastete besonders die Frauen, da sie auch für den Haushalt und die Versorgung der Kinder zuständig waren. Dennoch gewährten ihnen nur wenige Betriebe Zeit für Einkäufe und die Besorgung des Haushalts.

enttdecken

4 – Frauen bei der Arbeit in einem deutschen Rüstungsbetrieb. Foto, um 1917.

Teilt euch in Gruppen auf und bearbeitet jeweils eines der drei Themen mithilfe der Fragen:

Hungersnot

❶ Schildert mit dem Text, Q1 und den Bildern 1–3 die Auswirkungen der Hungersnot in Deutschland im Ersten Weltkrieg.

Frauenarbeit

❷ Beschreibt die Auswirkung der Beschäftigung von Frauen in der Kriegsindustrie (Text und Bild 4).

❸ Benennt, welche Folgen dies für den Alltag der Frauen hatte.

Streiks

❹ Erläutert, warum Arbeiterinnen und Arbeiter trotz des Krieges ab 1916 streikten (M1).

❺ Beschreibt, wie sich die Stimmung in Deutschland seit 1914 in Bezug auf den Krieg verändert hat.

Streiks

M1 Der Historiker Volker Ullrich schrieb 1994 in einem Aufsatz zum Kriegsalltag:

... Schon 1916 kam es zu den ersten wilden Streiks in der Rüstungsindustrie. In der Regel handelte es sich um spontane, auf wenige Stunden befristete Aktionen. Motive und Ziele waren überwiegend wirtschaftlicher Natur: Die Arbeiter verlangten Teuerungszulagen oder zusätzliche Lebensmittel und nahmen – sobald die Unternehmer Entgegenkommen zeigten – die Arbeit wieder auf. ...

Die Politisierung der Protestbewegung zeigte sich bereits im April 1917, als in Berlin, Leipzig und anderen Orten die Metallarbeiter die Arbeit niederlegten. Noch deutlicher wurde sie in der großen Streikwelle vom Januar 1918, die zur größten Massenaktion während der Kriegszeit wurde. ...

Allein in Berlin, dem Zentrum der Bewegung, streikten (im Januar 1918) über 400 000 Arbeiter; von hier aus sprang der Funke auf fast alle Industriestädte über. Karl Retzlaw hat in seinen Erinnerungen wiedergegeben, was er am Morgen des 28. Januar, am Tage des Streikbeginns, zur versammelten Belegschaft des Kabelwerks Cassirer in Berlin-Charlottenburg sprach: „Auf einem Tisch in der Mitte der Versammelten stehend begann ich meine Rede: ‚Wir streiken nicht aus Kohlrübengründen, wir streiken, um den Krieg zu beenden' schrie ich mit der erheblichen Lautstärke, die mir gegeben war; ‚Wir wollen Frieden, wir wollen dem Kaiser und seinen Generälen keine Waffen mehr liefern! ... Wir wollen streiken, bis der Krieg beendet ist! ...'

Methode

Propagandapostkarten und -plakate untersuchen

In allen kriegführenden Staaten wurden Postkarten und Plakate mit Kriegsmotiven hergestellt. Durch die Analyse von Kriegspostkarten und -plakaten aus verschiedenen Ländern zu einem Thema kann man detailliert die Gemeinsamkeiten und die Unterschiede politischer Propaganda herausfinden.

Folgende Schritte helfen euch, Propagandapostkarten/-plakate zu untersuchen:

Schritt 1 **Bild beschreiben**	■ Um welche Art Bild handelt es sich (Plakat, Postkarte usw.)? ■ Was ist abgebildet (Bildbeschreibung)? ■ Wie ist es abgebildet (Foto, Zeichnung, Schrift)? ■ Wer soll beeinflusst werden? ■ Was verstehe ich nicht?
Schritt 2 **Absicht klären**	■ Von welcher kriegführenden Seite stammt die Postkarte/das Plakat? ■ Wozu soll der Leser oder Betrachter beeinflusst werden?
Schritt 3 **Art der Darstellung**	■ Mit welchen Mitteln arbeitet die Darstellung (Übertreibung, Lächerlichmachen, Angst einflößen, Gefühle wecken usw.)? ■ Wie werden Personen bzw. der Kriegsgegner dargestellt? ■ Welche Symbole und Farben werden verwendet und was bedeuten sie? ■ Welche Bedeutung haben der Text und die Bilderunterschrift?
Schritt 4 **Beurteilung**	■ Ist die gewünschte Beeinflussung vermutlich erreicht worden? ■ Wie ist die Darstellung aus heutiger sachlicher Sicht zu beurteilen? ■ Wie findet ihr die Darstellung (verletzend, bösartig, irreführend usw.)?

❶ Bildet Gruppen und untersucht mithilfe der vier Schritte die Bilder 1, 3 und 4.
❷ Vergleicht eure Arbeitsergebnisse.

1 – Gemeinsamer Kampf gegen Deutschland. Amerikanisches Plakat, 1917.

2 – 2me Phase. Et maintenant que ... retournez chez vous (Zweite Phase. Und jetzt ... Geht zurück nach Hause). Französische Bildpostkarte, um 1914.

3 – NIKO-LAUS. Da habe ich mir ja eine nette Laus in den Pelz gesetzt! Deutsche Postkarte, 1915.

4 – „Kosma, der Deutsche aufspießt". Russisches Plakat, 1918 von Dimitri Stachiewitsch Moor (1883–1946).

Beispiellösung zu Bild 2:

Zum Schritt 1: Es handelt sich bei Bild 2 um eine Bildpostkarte aus dem Jahre 1914. Sie zeigt unten links eine Gruppe Soldaten, die mit Bajonetten eine andere Gruppe Soldaten vertreibt. Die Laufenden bewegen sich auf einer Art Landkarte, wobei sie von rechts aus einem Fort und links von einem Schiff beschossen werden. Unten rechts auf der Karte steht der französische Schriftzug: 2me Phase. Et maintenant que ... retournez chez vous.

Zum Schritt 2: Die Postkarte stammt aus Frankreich und richtet sich demnach an die französische Bevölkerung. Die dargestellten weglaufenden deutschen Soldaten sollen deutlich machen, dass Frankreich diesen Krieg gewinnen wird und die Kriegswende bevorsteht.

Zum Schritt 3: Die Darstellung soll die deutschen Gegner, zu erkennen an den Pickelhauben, lächerlich machen und die militärische Übermacht der Franzosen durch die dargestellten Waffen, Kriegsschiffe und Soldaten verdeutlichen. Auf diese Weise sollte die Kriegsmoral der französischen Soldaten gehoben werden.

Zum Schritt 4: Aus heutiger Sicht ist die Gestaltung als sehr einfach anzusehen. Fraglich ist jedoch, ob die Soldaten an der Front tatsächlich dadurch Mut gefasst haben, vor allem angesichts des zermürbenden Stellungskriegs.

Wie ging der Erste Weltkrieg zu Ende?

1 – US-Truppen marschieren auf ihrem Weg zur Front durch Paris. Foto, 1917.

Deutscher U-Boot-Krieg

Auch für den Seekrieg wurden neue Waffen entwickelt, insbesondere die U-Boote. Die britische Marine verhängte eine Seeblockade, die Deutschland von allen Einfuhren abschnitt. Dies beantwortete Deutschland mit dem uneingeschränkten Einsatz von U-Booten. Ohne Warnung griffen diese Kriegsschiffe, Passagier- und Handelsschiffe an, um sie zu versenken.

Q1 Dazu äußerte sich der amerikanische Präsident Wilson am 2. April 1917:

… Der derzeitige deutsche U-Boot-Krieg gegen den Handelsverkehr ist ein Krieg gegen die Menschheit …, gegen alle Nationen. Es sind keine Unterschiede gemacht worden, die Herausforderung hat der ganzen Menschheit gegolten. …

Der uneingeschränkte U-Boot-Krieg war der letzte Anstoß dafür, dass im Jahre 1917 die USA gegen Deutschland in den Krieg eintraten. Fast alle Staaten Südamerikas schlossen sich diesem Schritt an.

❶ Beschreibt mit Q1, wie US-Präsident Wilson den U-Boot-Einsatz Deutschlands bewertet.

Wilsons 14 Punkte

Schon lange vor dem Kriegseintritt hatten die USA ihre ursprüngliche Neutralität aufgegeben und große Mengen Kriegsmaterial an Frankreich und Großbritannien geliefert.

Q2 Im Januar 1918 verkündete der amerikanische Präsident Wilson in 14 Punkten ein Friedensprogramm für Europa und die ganze Welt nach Kriegsende. Darin heißt es:

… Unser Programm ist also ein Programm des Weltfriedens. …
1. Alle Friedensverträge sind öffentlich und werden öffentlich geschlossen. …
4. Angemessene Beschränkungen der Rüstungen eines jeden Landes. …
5. Eine freie, weitherzige und unbedingt unparteiische Beilegung aller kolonialen Ansprüche … unter Beachtung der Interessen der betroffenen Völker. …
14. Eine allgemeine Gesellschaft der Nationen muss gebildet werden zur gegenseitigen Sicherheit, für die politische Unabhängigkeit der … Nationen. …

❷ Erläutert die einzelnen Punkte von Q2 und notiert Stichworte.

Entscheidung im Westen

Bis zum Oktober 1918 entsandten die USA 1,8 Millionen gut ausgerüstete Soldaten nach Europa in den Krieg. Die erschöpften deutschen Truppen konnten den alliierten Soldaten, die besser ausgerüstet waren, nicht mehr standhalten. Im August 1918 verloren die deutschen Soldaten in Frankreich eine große Schlacht; der Krieg war faktisch zu Ende.
Am 29. September 1918 erklärte die deutsche Heeresleitung, dass Deutschland den Krieg nicht mehr gewinnen könne. Sie forderte die Reichsregierung auf, sofort Waffenstillstandsverhandlungen aufzunehmen. Mit dem Friedensvertrag von Brest-Litowsk war der Krieg gegen Russland bereits in März 1918 zu Ende gegangen. Deutschland hatte in dem Vertrag Russland besonders harte Bedingungen diktiert.

2 – Die geschlagene deutsche Armee auf dem Rückmarsch über die kleine Rheinbrücke bei Bonn. Foto, 1918.

3 – Die Delegation der Alliierten vor der Unterzeichnung des Waffenstillstandsvertrags bei Compiègne. Foto, 11. November 1918.

Waffenstillstandsverhandlungen

Am 4. Oktober 1918 ging das deutsche Friedensersuchen an den amerikanischen Präsidenten Wilson.

Die Verhandlungen zum Waffenstillstand fanden in einem Eisenbahnwaggon im Wald von Compiègne (Frankreich) statt. Die Alliierten stellten unter französischer Federführung unter anderem folgende Bedingungen: sofortige Räumung Frankreichs, Belgiens und Luxemburgs; Übergabe von Elsass-Lothringen an Frankreich, Räumung der linksrheinischen Gebiete, Besetzung dieser Gebiete durch alliierte Truppen binnen 25 Tagen.

Es fiel der deutschen Seite schwer, diese harten Bedingungen anzunehmen. Daher zogen sich die Verhandlungen noch einen Monat hin, obwohl der Waffenstillstand aus militärischer Sicht dringend notwendiger war.

Zusammenbruch des Regierungssystems

In dieser Zeit brach in Deutschland das bisherige Regierungssystem zusammen. Anfang November 1918 meuterten in Kiel Matrosen. Daraus entwickelte sich in ganz Deutschland eine revolutionäre Bewegung.

Der Kaiser musste abdanken und floh nach Holland.

Am 9. November übernahm ein Arbeiter- und Soldatenrat die Macht und rief die Republik aus. Zwei Tage später, am 11. November 1918, musste der Waffenstillstand von der neuen Regierung unterzeichnet werden.

In dieser schwierigen Situation versuchten die Gegner der neuen gesellschaftlichen Ordnung bereits im November 1918, der revolutionären Bewegung die Schuld an der Niederlage Deutschlands zu geben.

❸ Schreibt den zeitlichen Ablauf der Ereignisse seit dem September 1918 in eine Liste.

❹ Prüft anhand der Liste, ob der Vorwurf der Gegner der neuen demokratischen Ordnung in Deutschland berechtigt war.

entdecken und verstehen

Ⓐ Stellt mögliche Forderungen Frankreichs, Englands und der USA für die Friedensverhandlungen mit Deutschland zusammen.

Ⓑ Erstellt eine Wandzeitung mit dem Thema „Der Erste Weltkrieg".

Geschichte vor Ort

Kriegerdenkmäler

1 – Kriegerdenkmal in Göttingen aus dem Jahr 1924. Foto, 2013.

2 – Kriegerdenkmal in Frellstedt vor der Kirche. Foto, 2005.

Gedenken an die Gefallenen

Fast neun Millionen Soldaten waren bis zum Ende des Ersten Weltkrieges auf den Schlachtfeldern getötet worden.

Der Erste Weltkrieg bedeutete einen ungeheuren Schock für alle Beteiligten. Dies findet in der großen Zahl der Denkmäler seinen Ausdruck, die in allen Ländern nach Kriegsende errichtet wurden. Allein in Frankreich wurden 30 000 Kriegerdenkmäler geschaffen.

Neben großen Gedenkstätten wie in Verdun, wo eine der schrecklichsten Schlachten stattfand, wurden kleinere Erinnerungsstätten in Dörfern meist auf Initiative der Gemeindevertretungen errichtet. Auch in Frellstedt – wie in ganz Deutschland – gibt es Kriegerdenkmäler, die an die Opfer erinnern sollen und die darauf hinweisen, dass die Familien sehr unter dem Krieg litten.

Fragen zu Kriegerdenkmälern in eurer Stadt

1 Informiert euch, ob es in eurem Heimat- oder Schulort Kriegerdenkmäler zum Ersten Weltkrieg gibt.

2 Stellt fest, warum das Denkmal errichtet wurde. Schreibt ab oder fotografiert dazu die Inschriften auf dem Denkmal. Beachtet auch, welche Symbole verwendet wurden: Adler, Stahlhelme, Waffen, Ölzweig, Taube usw. Beachtet ferner, wie die Figuren dargestellt wurden: sterbend, in aufrechter und trotziger Haltung usw.

3 Häufig findet sich auf diesen Denkmälern auch ein Verzeichnis aller Gefallenen dieses Ortes oder Stadtteils. Dann könnt ihr zusätzlich noch folgende Fragen beantworten:

– Wie viele Männer dieses Ortes starben als Soldaten im Krieg?

– Wie alt war der Jüngste, wie alt der Älteste?

– Wenn auf dem Denkmal angegeben ist, wo die Soldaten gefallen sind, dann fertigt eine Karte an und tragt die Orte ein.

Zusammenfassung

Imperialismus und Erster Weltkrieg

Imperialismus

Am Ende des 19. Jahrhunderts versuchten vor allem die europäischen Industrienationen, die Welt unter sich aufzuteilen und in anderen Erdteilen, beispielsweise Afrika, Kolonien zu errichten. Neben den wirtschaftlichen Interessen, also dem Bedarf an Rohstoffen und Absatzmärkten für die heimische Industrie, waren viele Europäer davon überzeugt, dass es nicht nur ihr Recht, sondern auch ihre Pflicht sei, die Welt zu regieren („Sendungsbewusstsein"). In vielen Kolonien kam es zu Aufständen, weil die einheimische Bevölkerung ungerecht und oft willkürlich behandelt wurde.

1870–1918

Im Zeitalter des Imperialismus wurde Afrika unter den Europäern aufgeteilt.

Wettrüsten

Der Kampf der europäischen Mächte verstärkte sich nach 1900, weil sie überall auf der Welt wirtschaftlichen und politischen Einfluss haben wollten. Es kam zu einem Wettrüsten.

Das Misstrauen der Mächte nahm ständig zu und führte zu neuen Bündnissystemen. Eine wichtige Krisenregion war der Balkan, an dem sowohl Russland als auch Österreich großes Interesse zeigten. Mit der Ermordung des österreichischen Thronfolgers und seiner Frau durch serbische Attentäter war der Anlass zum Ersten Weltkrieg gegeben.

1890–1914

Das Wettrüsten führte in den Krieg.

Erster Weltkrieg

Jedes Land, das Krieg führte, betonte 1914, dass dieser Krieg ein Verteidigungskrieg sei. Jede Nation hatte aber konkrete Kriegsziele, die vor allem auf eine dauerhafte Schwächung des Gegners abzielten. Deutschland strebte die politische und wirtschaftliche Vorherrschaft in Europa an.

Aus dem Bewegungskrieg wurde in wenigen Monaten ein Stellungskrieg, der schließlich Millionen Menschen das Leben kostete. Der Erste Weltkrieg war der erste technische Krieg, in dem aufgrund neuer Waffen (Panzer) und der eingesetzten Giftgasgranaten massenhaft Menschen starben. Auch die Zivilbevölkerung wurde durch den Krieg schwer belastet. In Deutschland mussten die Menschen aufgrund des Mangels an Lebensmitteln hungern.

1914–1918

Der Erste Weltkrieg forderte Millionen von Menschenleben.

Ende des Ersten Weltkrieges

Am Ende des Ersten Weltkrieges war die bisherige politische Ordnung in Europa zusammengebrochen. Neue Staaten in Osten Europas wurden gegründet. Deutschland wurde eine demokratische Republik. Die Zukunft des neuen Staates war ungewiss und die Belastungen durch den Friedensschluss groß. Niemand ahnte, dass der Katastrophe von 1914 noch eine größere mit dem Beginn des Zweiten Weltkrieges im Jahre 1939 folgen sollte.

11. November 1918

Deutschlands und Österreich-Ungarns Niederlage beendete den Ersten Weltkrieg.

Das kann ich …

Imperialismus und Erster Weltkrieg

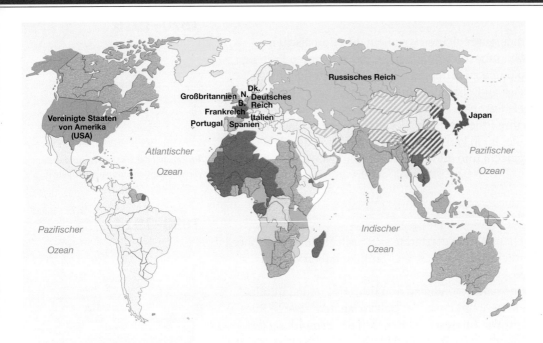

1 – Die koloniale Aufteilung der Welt 1914.

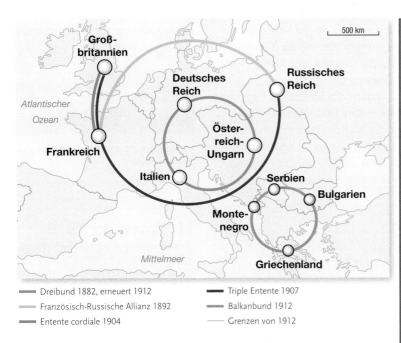

2 – Das europäische Bündnissystem vor dem Ersten Weltkrieg.

- Dreibund 1882, erneuert 1912
- Französisch-Russische Allianz 1892
- Entente cordiale 1904
- Triple Entente 1907
- Balkanbund 1912
- Grenzen von 1912

Q1 Der britische Staatssekretär im Außenministerium, E. A. Crowe, schrieb im Juli 1914:

… Sollte der Krieg ausbrechen und England unbeteiligt bleiben, dann muss sich Folgendes ergeben:

a) Entweder siegen Deutschland und Österreich, sie erdrücken Frankreich und demütigen Russland.

b) Oder Frankreich und Russland siegen. Wie werden sie sich dann gegen England verhalten? … In diesem Kampf, der nicht um den Besitz Serbiens geht, sondern bei dem es sich um das Ziel Deutschlands, seine politische Vorherrschaft in Europa zu errichten, und um den Wunsch der Mächte handelt, ihre individuelle Freiheit zu erhalten – in diesem Kampf sind unsere Interessen mit denen Frankreichs und Russlands verknüpft.

Wenn wir dazu beitragen können, den Konflikt zu verhüten, … dann wäre es falsch, diesen Versuch nicht zu machen. …

Verstehen

3 – Britisches Plakat 1917.

4 – Soldaten im Schützengraben. Foto, 1916.

Wichtige Begriffe

- Imperialismus
- Wettrüsten
- Friedensbewegung
- Erster Weltkrieg
- Waffenstillstand

Wissen und erklären

❶ Erklärt euch gegenseitig die wichtigen Begriffe (oben) und schreibt die Bedeutung der Begriffe in eure Geschichtsmappe.

❷ Erläutert, was man unter Imperialismus versteht (Karte 1).

❸ Erläutert mithilfe der Karte 2 das europäische Bündnissystem um 1914 und kennzeichnet die Situation Deutschlands.

❹ Untersucht Q1 mithilfe der Methode auf S. 249 und notiert, wie Großbritannien im Juli 1914 die Situation kurz vor Ausbruch des Ersten Weltkrieges sieht.

❺ Stellt die Ursachen und den Verlauf des Ersten Weltkrieges dar.

Anwenden

❻ Untersucht mithilfe der Methode auf S. 200 das britische Plakat (Bild 3) und zeigt, was der Künstler beim Betrachter erreichen will.

Beurteilen und handeln

❼ Beurteilt mithilfe der Seiten 186–189, ob der Frieden in Europa zu Beginn des Jahrhunderts hätte erhalten werden können.

❽ Verfolgt aktuelle kriegerische Konflikte in den Medien und versucht deren Ursachen auf Grund der Berichte zu erklären.

Die **Weimarer Republik**

November 1918 in Berlin. Arbeiter, Bürger, Soldaten und Matrosen demonstrieren am Brandenburger Tor. Rote Fahnen werden im Demonstrationszug geführt. Die Menschen gehen für den Frieden und die Republik auf die Straße.

Die
Weimarer
Republik

9. 11. 1918	11. 8. 1919
Ausrufung der Republik	Weimarer Verfassung tritt in Kraft

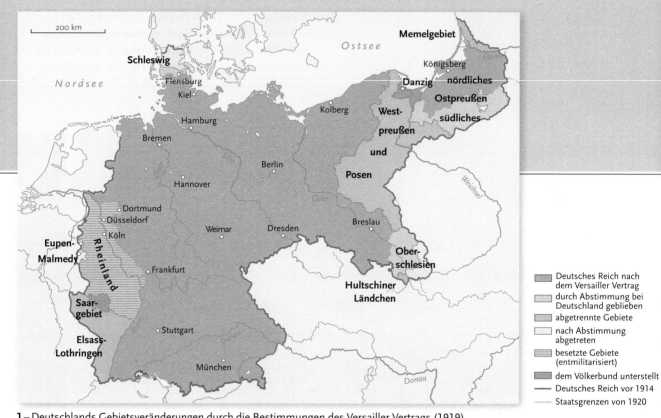

1 – Deutschlands Gebietsveränderungen durch die Bestimmungen des Versailler Vertrags (1919).

Deutschland hatte den von 1914–1918 dauernden Ersten Weltkrieg verloren. Am 9. November 1918 dankte Kaiser Wilhelm II. ab. Das war das Ende der Monarchie. Über die Frage, wie es nun weitergehen sollte, kam es gleich zu Beginn der Weimarer Republik zu Auseinandersetzungen. Streitpunkt waren auch die harten Bestimmungen des Versailler Friedensvertrages.

Bei der Arbeit mit diesem Kapitel könnt ihr euch mit folgenden Fragen beschäftigen:

- Wie stellten sich die Menschen den neuen Staat vor?
- Was für eine Verfassung gaben sie sich?
- Welche politischen und wirtschaftlichen Krisen behinderten die Entwicklung der Demokratie?
- Warum wandten sich die Bürger immer mehr von der Republik ab?
- Warum scheiterte die Weimarer Demokratie?
- Außerdem lernt ihr, wie ihr politische Plakate analysieren könnt.

❶ Entnehmt der Karte, welche Gebiete Deutschland abtreten musste.

❷ Betrachtet die Bilder und ordnet sie Ereignissen auf der Zeitleiste zu.

❸ Erkundigt euch, was in eurem Heimatort am Ende des Ersten Weltkrieges geschah und wie die Menschen lebten (Museum, Stadtarchiv).

1923	1925	1926	1929	30.1.1933
Krisenjahr der Republik	Vertrag von Locarno	Aufnahme Deutsch-lands in den Völker-bund	Beginn der Weltwirt-schaftskrise	Hitler wird zum Reichskanzler ernannt.

2 – Philipp Scheidemann (SPD) ruft am 9.11.1918 die Republik aus. Nachgestelltes Foto aus den 1920er-Jahren.

3 – Sie tragen die Buchstaben der Firma – aber wer trägt den Geist? Karikatur von Th. Heine aus der Zeitschrift „Simplicissimus", 1927.

4 – Arbeitsuchende Frau. Foto, Dezember 1931.

5 – Reichskanzler Hitler und seine Minister grüßen vom Fenster der Reichskanzlei. Foto, 30.1.1933.

Die Errichtung der Weimarer Republik

Was wird aus Deutschland?

1 – Philipp Scheidemann ruft am 9.11.1918 die Deutsche Republik aus. Nachgestelltes Foto aus den 1920er-Jahren.

* Oberste Heeresleitung
War im Ersten Weltkrieg die oberste militärische Kommandobehörde des Deutschen Reiches.

Der Kaiser dankt ab – was nun?

Der Krieg – so hatte die *Oberste Heeresleitung den Abgeordneten des Reichstages am 2.10.1918 mitteilen lassen – ist verloren. Dennoch befahl die kaiserliche Marineleitung ihren Matrosen, noch einmal zu einem letzten Gefecht gegen England auszufahren. Die Matrosen weigerten sich, sie wollten nicht sinnlos sterben. Am 3. November riefen sie zusammen mit Soldaten und Arbeitern in Kiel den Generalstreik aus. Nach dem Vorbild der Revolution in Russland bildeten sie einen Arbeiter- und Soldatenrat, besetzten das Rathaus und übernahmen die Macht.

Von hier aus breitete sich der Aufstand in wenigen Tagen über ganz Deutschland aus. Schon am Morgen des 9. November 1918 zog in Berlin eine riesige Menschenmenge zum Schloss und zum Reichstagsgebäude. Laut forderte sie die Abdankung des Kaisers und das Ende des Krieges. Beeindruckt von der Menschenmenge verkündete Max von Baden eigenmächtig und ohne die Bestimmungen der Reichsverfassung zu beachten die Abdankung des Kaisers und ernannte Friedrich Ebert, den Vorsitzenden der SPD, zum neuen Kanzler.

Jetzt überschlugen sich die Ereignisse. Die Zeit der Monarchie war vorbei, aber wie sollte es nun weitergehen?

Q1 Der Abgeordnete Philipp Scheidemann (1865–1939) schrieb 1928 über diese entscheidenden Stunden:

… Am 9. November glich der Reichstag schon in den Morgenstunden einem großen Heerlager. Arbeiter und Soldaten gingen ein und aus. Viele trugen Waffen. Mit Ebert … und anderen Freunden saß ich hungrig im Speisesaal. Es gab wieder nur eine dünne Wassersuppe …

Da stürmte ein Haufen von Arbeitern und Soldaten in den Saal, gerade auf unseren Tisch zu. Fünfzig Menschen schrien zugleich: „Scheidemann, kommen Sie gleich mit!". „Philipp, du musst herauskommen und reden!" …

Wir gingen eiligen Schritts dem Lesesaal zu. Von einem Fenster aus wollte ich zu den Massen sprechen. Links und rechts redeten meine Begleiter auf mich ein. …

„Liebknecht will die Sowjetrepublik ausrufen! –" Nun sah ich die Situation klar vor Augen. Ich kannte seine Forderung: Alle Macht den Arbeiter- und Soldatenräten! Deutschland also eine russische Provinz? Eine Sowjet-Filiale? Nein! Tausendmal nein! Kein Zweifel: Wer jetzt die Massen vom Schloss her „bolschewistisch" oder vom Reichstag zum Schloss hin „sozialdemokratisch" in Bewegung bringt, der hat gesiegt! …

Schon stand ich im Fenster. Viele Tausende von Armen reckten sich, um Hüte und Mützen zu schwenken. Mächtig hallten die Zurufe der Massen mir entgegen. Dann wurde es still.

Ich sprach nur wenige Sätze. …

❶ Erklärt in eigenen Worten, warum Scheidemann vor Liebknecht die deutsche Republik ausrufen wollte.

2 – Revolutionäre Arbeiter und Soldaten ziehen zum Schloss, wo Karl Liebknecht am 9.11.1918 die Republik ausruft. Foto, 1918.

Q2 Im Verlauf der Rede vom 9.11.1918 rief Scheidemann den Menschen zu:

... Das deutsche Volk hat auf der ganzen Linie gesiegt. Das alte Morsche ist zusammengebrochen; der Militarismus ist erledigt. Die *Hohenzollern haben abgedankt! Es lebe die deutsche Republik! Der Abgeordnete Ebert ist zum Reichskanzler ausgerufen worden. ... Jetzt besteht unsere Aufgabe darin, diesen glänzenden Sieg, diesen vollen Sieg des deutschen Volkes nicht beschmutzen zu lassen, und deshalb bitte ich Sie, sorgen Sie dafür, dass keine Störung der Sicherheit eintrete! Wir müssen stolz sein können in alle Zukunft auf diesen Tag! ... Ruhe, Ordnung und Sicherheit, das ist das, was wir jetzt brauchen! ...

❷ Gebt mit euren Worten wieder, was Scheidemann von den Demonstranten fordert (Q2).

Scheidemann hatte seine Rede um 14.00 Uhr gehalten. Nur zwei Stunden später sprach Karl Liebknecht (1871–1919) vom Balkon des von Arbeitern und Soldaten besetzten Berliner Schlosses. Liebknecht war Anführer des Spartakusbundes, der 1917 von SPD-Mitgliedern gegründet worden war.

Q3 Liebknecht sagte in seiner Rede am 9.11.1918:

... (D)er Tag der Freiheit ist angebrochen ... Das Alte ist nicht mehr... Nie wieder wird ein Hohenzoller diesen Platz betreten ... Parteigenossen, ich *proklamiere die freie sozialistische Republik Deutschland, die alle Stämme umfassen soll ...
Wir müssen alle Kräfte anspannen, um die Regierung der Arbeiter und Soldaten aufzubauen und eine neue staatliche Ordnung des Proletariats zu schaffen ...

❸ Vergleicht Q2 und Q3. Legt eine Tabelle an und notiert in Stichworten die Hauptforderungen der beiden Redner.

* Hohenzollern
Deutsches Fürstengeschlecht. Es stellte ab 1701 die preußischen Könige und ab 1871 die deutschen Kaiser.

* proklamieren
Öffentlich erklären.

entdecken und verstehen

Ⓐ Verfasst einen Zeitungsbericht über die Vorgänge des 9. November in Berlin.

Ⓑ Formuliert Sprechblasen für Personen eurer Wahl auf den Bildern 1 und 2.

Wie kam es zur Gründung der Republik?

1 – Barrikadenkämpfe im Berliner Zeitungsviertel während des Januaraufstands. Foto, 1919.

* provisorische Regierung
Vorläufig gebildete Regierung, Übergangsregierung.

* Räterepublik
Regierungsform, bei der die Herrschaft von direkt gewählten Räten (siehe S. 12) ausgeht. Es gibt keine Gewaltenteilung und keine Parteien, weil die Räte den einheitlichen Volkswillen verkörpern sollen.

* Freikorps
Freiwilligenverbände ehemaliger Soldaten und Offiziere.

Der Weg zu einem neuen Staat

Am nächsten Tag, dem 10. 11. 1918, bildete die SPD eine *provisorische Regierung. Sie nannte sich „Rat der Volksbeauftragten". Ihr Vorsitzender war Friedrich Ebert. Die erste Aufgabe der neuen Regierung bestand nun darin, den Waffenstillstandsvertrag am 11. 11. 1918 zu unterzeichnen und mit den Siegern über die Lasten des verlorenen Krieges zu verhandeln.

Wie es politisch weitergehen sollte, hing von der Entscheidung der Arbeiter- und Soldatenräte ab, die in den Städten die Macht übernommen hatten (s. S. 212). Zur Wahl standen eine parlamentarische Demokratie, in der das Volk in geheimer Wahl ein Parlament wählte, oder eine *Räterepublik. Am 18. 12. 1918 stimmten auf einem Kongress der Arbeiter- und Soldatenräte in Berlin 344 Abgeordnete für die parlamentarische Demokratie; nur 89 Abgeordnete waren für eine Räterepublik.

Diese Entscheidung wurde vom Spartakusbund als Verrat an der Revolution gesehen. Zusammen mit weiteren revolutionären Gruppierungen gründete der Spartakusbund daraufhin am 30. 12. 1918 die Kommunistische Partei Deutschlands (KPD). Nur wenige Tage später, ab 5. 1. 1919, kam es in Berlin zu einem erneuten Aufstand

von Arbeitern und Soldaten, dem sich auch Mitglieder der KPD anschlossen. Im Verlauf des Aufstands kam es in Berlin zu schweren Kämpfen. Dabei setzte die Regierung sowohl die Reichswehr als auch sogenannte *Freikorps gegen die Aufständischen ein.

Der Aufstand wurde niedergeschlagen. Rosa Luxemburg und Karl Liebknecht, die führenden Persönlichkeiten des Spartakusbundes, wurden gefangen genommen und von Offizieren ermordet, was zu weiteren Unruhen in ganz Deutschland führte.

❶ Fasst mit eigenen Worten, unter Bezug auf Bild 1, die Situation in Deutschland nach der doppelten Republikausrufung zusammen.

Wahlen zur Nationalversammlung

Am 19. Januar fanden die Wahlen zur Nationalversammlung statt. Zum ersten Mal durften neben den Männern auch Frauen wählen und gewählt werden. Es war eine allgemeine, freie, gleiche, geheime und direkte Wahl, an der jeder teilnehmen konnte, der älter als 20 Jahre alt war. Die Wahlbeteiligung war sehr hoch; fast 83 Prozent der Wahlberechtigten gaben ihre Stimme ab. 54 Prozent der abgegebenen Stimmen

2 – Plakate zur Wahl der Nationalversammlung 1919.

stammten von Frauen. Von den insgesamt 421 Abgeordneten waren 37 Frauen, also fast zehn Prozent. Ein so hoher Frauenanteil wurde erst wieder in der Bundesrepublik bei den Wahlen im Jahre 1983 erreicht. Da die bürgerkriegsähnlichen Zustände in Berlin noch anhielten, wurde Weimar zum Tagungsort der Nationalversammlung bestimmt. Man spricht deshalb auch von der Weimarer Republik. Die Nationalversammlung trat zum ersten Mal am 6. 2. 1919 in Weimar zusammen. Friedrich Ebert wurde zum Reichspräsidenten gewählt.

Q1 In seiner Ansprache zur Eröffnung der Nationalversammlung am 6. 2. 1919 sagte Ebert:
Meine Damen und Herren, die Reichsregierung begrüßt durch mich die Verfassunggebende Versammlung ... Besonders herzlich begrüße ich die Frauen, die zum ersten Mal gleichberechtigt im Reichsparlament erscheinen. Die provisorische Regierung verdankt ihr Mandat der Revolution; sie wird es in die Hände der Nationalversammlung zurücklegen ... Deshalb begrüßt die Reichsregierung in dieser Nationalversammlung den höchsten und einzigen Souverän in Deutschland. Mit den alten Königen und Fürsten von Gottes Gnaden ist es für immer vorbei ... Das deutsche Volk ist frei, bleibt frei und regiert in Zukunft sich selbst ... So wollen wir an die Arbeit gehen, unser großes Ziel fest vor Augen ... in Deutschland eine starke Demokratie zu verankern ...

❷ Untersucht die Plakate in Bild 2. Schreibt in Stichworten auf, wie die Parteien um die Stimmen der Frauen warben. Beachtet dabei sowohl die Bild- als auch die Textaussage.

❸ Erläutert anhand von Q1 und des Textes, wodurch sich die Republik grundsätzlich von der vorhergehenden Monarchie unterschied.

entdecken und verstehen

Ⓐ Bereitet ein Streitgespräch zwischen einem Sozialdemokraten und einem Kommunisten über die Ereignisse zwischen November 1918 und Januar 1919 vor.

Ⓑ Entwerft ein Plakat, auf dem ihr alle Deutschen zur Wahl der Nationalversammlung aufruft.

Brachten die Friedensverträge von 1919 Frieden?

— Staatsgrenzen von 1914   • Hauptstadt

1 – Mittel- und Osteuropa 1914.

— Staatsgrenzen von 1920   • Hauptstadt

2 – Mittel- und Osteuropa 1920.

Polen

66,0 %

Polen (1921)

Tschechoslowakei

66,0 %

Tschechen
und Slowaken
(1921)

Polen und
Tschechoslowakei:
nationale Minderheiten
1918 bis 1939 (Anteil des
Staatsvolkes an der
Gesamtbevölkerung in
Prozent)

Versuch der Neuordnung

Die bisherigen Staaten Mittel- und Osteuropas zerbrachen am Ende des Ersten Weltkrieges. Aus dem zerfallenden Kaiserreich Österreich-Ungarn bildeten sich noch vor dem offiziellen Waffenstillstand und während der Friedensverhandlungen in Paris neue Staaten. Aber auch Russland musste zulassen, dass sich an seinen Grenzen neue Staaten bildeten.

Die Siegermächte versuchten 1919 in langwierigen Konferenzen unter Führung der Großmächte USA, Großbritannien und Frankreich, die Staatenwelt in Europa neu zu ordnen. Mit verschiedenen Vertragswerken wurden neue Grenzen festgelegt und neue Staaten gegründet. Ziel war es, so den Frieden in Europa zu sichern.

Diesem Ziel diente auch die Gründung des „Völkerbundes", einer neuen Organisation, die den Frieden weltweit sichern sollte.

Die Verlierer des Ersten Weltkrieges waren zu den Friedensverhandlungen nicht zugelassen. Sie mussten die Neuordnung der Staatenwelt Europas und die Gebietsverschiebungen akzeptieren.

❶ Vergleicht die Karten 1 und 2. Listet die neu entstandenen Staaten auf.

Probleme von Minderheiten

Die neu gebildeten Staaten hatten keine einheitliche Bevölkerung. So waren nach der Volkszählung von 1921 in der neu gegründeten Tschechoslowakei 64 Prozent der Bevölkerung Tschechen und Slowaken. 23 Prozent waren Deutsche. Deswegen bestimmten Konflikte zwischen den verschiedenen Volksgruppen in den neuen Staaten immer wieder den politischen Alltag.

❷ Beschreibt mithilfe der Karten und Diagramme und dem Text die Entstehung der neuen Staaten.

Der Versailler Vertrag – Friedensvertrag mit Deutschland

In den Friedensverhandlungen mit Deutschland in Versailles war Frankreich besonders unerbittlich.

Q1 Artikel 231 des Vertrages besagte:
… Die *alliierten und assoziierten Regierungen erklären und Deutschland erkennt an, dass Deutschland und seine Verbündeten als Urheber (des Krieges) für alle Schäden und Verluste verantwortlich sind, die die alliierten und assoziierten Regierungen und ihre Staatsangehörigen infolge des ihnen durch den Angriff Deutschlands und seiner Verbündeten aufgezwungenen Krieges erlitten haben. …

Der Vertrag regelte vor allem die Abtretungen deutscher Gebiete, die Abrüstung der deutschen Armee und das Verbot der allgemeinen Wehrpflicht. Weitere Punkte waren die Wiedergutmachung der alliierten Kriegsschäden und mögliche Eingriffsrechte der Alliierten in Deutschland.
Wichtige Bedingungen des Versailler Vertrages besagten im Einzelnen: Deutschland musste alle Kolonien abtreten, für alle Kriegsschäden aufkommen und *Reparationen zahlen; die Höhe der Zahlungen sollte erst später festgelegt werden. Das deutsche Heer wurde auf 100 000, die Marine auf 15 000 Mann beschränkt. Schwere Waffen, Flugzeuge und U-Boote wurden verboten. Deutschland blieb vom Völkerbund vorläufig ausgeschlossen.
Im Juni 1919 zwangen die Siegermächte Deutschland zur Unterschrift unter den Vertrag; Verhandlungen lehnten sie ab.

Kampf gegen den Versailler Vertrag

Die Gegner der jungen neuen deutschen Demokratie in Deutschland benutzten die im Versailler Vertrag festgeschriebene Alleinschuld Deutschlands am Ersten Weltkrieg (Artikel 231) für ihren zerstörerischen Kampf gegen die demokratischen Regierungen. Die Hassparolen („Vaterlandsverräter") trafen auf offene Ohren, weil viele

3 – Deutschlands Gebietsveränderungen in Europa durch den Versailler Vertrag.

Legende:
- Deutsches Reich nach dem Versailler Vertrag
- durch Abstimmung bei Deutschland geblieben
- abgetrennte Gebiete
- nach Abstimmung abgetreten
- besetzte Gebiete (entmilitarisiert)
- dem Völkerbund unterstellt
- Deutsches Reich vor 1914
- Staatsgrenzen von 1920

Deutsche der deutschen Kriegspropaganda geglaubt und den Krieg seit 1914 als einen Verteidigungskrieg angesehen hatten. Sie konnten sich mit der deutschen Niederlage nicht abfinden und waren empört und wütend über Artikel 231. Die konservativen und die rechtsextremistischen Parteien machten den Kampf gegen den Vertrag von Versailles zu einem ihrer Hauptziele.

❸ Erläutert die Bestimmungen des Versailler Vertrages und seine Folgen für Deutschland mit dem Text und Karte 3.

❹ Prüft, ob die Friedensverträge von Paris Bestimmungen enthielten, die den künftigen Frieden in Europa gefährden konnten.

* **alliierte und assoziierte Regierungen**
Regierungen der Kriegsgegner Deutschlands, insgesamt 27 Staaten.

* **Reparationen**
Zahlungen Deutschlands an die Siegermächte, mit denen Deutschland für die durch seinen Angriff verursachten Zerstörungen und Kosten des Ersten Weltkrieges aufkommen sollte.

entdecken und verstehen

Ⓐ Vergleicht die Karte 2 mit einer politischen Europakarte von heute im Atlas. Notiert die Veränderungen.

Ⓑ Beurteilt den Versailler Vertrag aus der Sicht eines damaligen Franzosen und eines damaligen Deutschen.

Wie sah die neue demokratische Ordnung aus?

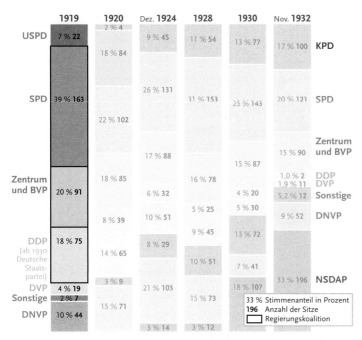

1 – Ergebnisse der Wahl zur Nationalversammlung am 19. 1. 1919.

Daten der Grafik 1:

	1919	1920	Dez. 1924	1928	1930	Nov. 1932	
USPD / KPD	7 % 22	2 % 4	9 % 45	11 % 54	13 % 77	17 % 100	KPD
		18 % 84					
SPD	39 % 163		26 % 131	31 % 153	25 % 143	20 % 121	SPD
		22 % 102					
Zentrum und BVP	20 % 91		17 % 88		15 % 87	15 % 90	Zentrum und BVP
		18 % 85		16 % 78		1,0 % 2	DDP
		6 % 32			4 % 20	1,9 % 11	DVP
						5,2 % 12	Sonstige
		8 % 39	10 % 51	5 % 25	5 % 30	9 % 52	DNVP
DDP (ab 1930 Deutsche Staatspartei)	18 % 75		9 % 45		13 % 72		
		14 % 65	8 % 29	10 % 51	7 % 41		
		3 % 9				33 % 196	NSDAP
DVP	4 % 19		21 % 103	15 % 73	18 % 107		
Sonstige	2 % 7	15 % 71					
DNVP	10 % 44		3 % 14	3 % 12			

Legende:
- 33 % Stimmenanteil in Prozent
- 196 Anzahl der Sitze
- ☐ Regierungskoalition

2 – Reichspräsident Friedrich Ebert verkündet die Weimarer Verfassung vom Balkon des Weimarer Nationaltheaters, des Tagungsorts der Versammlung. Foto, 11.8.1919.

Die Nationalversammlung in Weimar

Bei den Wahlen zur Nationalversammlung wurde – wie schon vor dem Ersten Weltkrieg – die SPD wieder die stärkste Partei (siehe Grafik 1). Sie setzte sich mit aller Kraft für eine demokratische Verfassung der jungen Republik ein.

Das gleiche Ziel verfolgten auch die Deutsche Demokratische Partei (DDP) und das katholische Zentrum. Diese drei Parteien schlossen sich deshalb zu der „Weimarer Koalition" zusammen.

Die Unabhängige Sozialdemokratische Partei Deutschlands (USPD), die Deutsche Volkspartei (DVP) und die Deutschnationale Volkspartei (DNVP) lehnten hingegen eine parlamentarische Republik entschieden ab.

❶ Ermittelt anhand von Grafik 1:
a) die Anzahl der Sitze der einzelnen Parteien,
b) wie viele Abgeordnete schon zu Beginn Gegner dieser Republik waren.

Die Verfassung der Weimarer Republik

Am 31. 7. 1919 beschloss die Nationalversammlung nach langen Diskussionen die Verfassung des Deutschen Reiches mit einer Mehrheit von 262 zu 75 Stimmen. Es war die erste demokratische Verfassung Deutschlands.

Viele Abgeordnete nahmen an der Abstimmung nicht teil, weil sie die Verfassung ganz oder wenigstens in einzelnen Teilen ablehnten. Am 11. August trat sie in Kraft.

Q1 **In der Einleitung zur Weimarer Verfassung heißt es:**

... Das deutsche Volk, einig in seinen Stämmen und von dem Willen beseelt, sein Reich in Freiheit und Gerechtigkeit zu erneuern und zu festigen, dem inneren und dem äußeren Frieden zu dienen und den gesellschaftlichen Fortschritt zu fördern, hat sich diese Verfassung gegeben ...

❷ Analysiert Q1. Wer wird als Urheber der Verfassung genannt? Welche Zielstellungen für die künftige Politik werden deutlich?

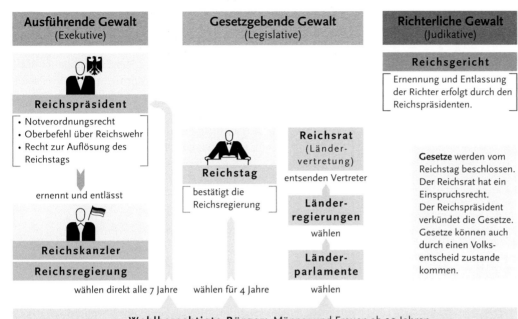

Ausführende Gewalt (Exekutive)	Gesetzgebende Gewalt (Legislative)	Richterliche Gewalt (Judikative)

Reichsgericht

Ernennung und Entlassung der Richter erfolgt durch den Reichspräsidenten.

Reichspräsident

• Notverordnungsrecht
• Oberbefehl über Reichswehr
• Recht zur Auflösung des Reichstags

Reichsrat (Ländervertretung)

entsenden Vertreter

Gesetze werden vom Reichstag beschlossen. Der Reichsrat hat ein Einspruchsrecht. Der Reichspräsident verkündet die Gesetze. Gesetze können auch durch einen Volksentscheid zustande kommen.

ernennt und entlässt

Reichstag

bestätigt die Reichsregierung

Länderregierungen

wählen

Reichskanzler

Reichsregierung

Länderparlamente

wählen direkt alle 7 Jahre   wählen für 4 Jahre   wählen

Wahlberechtigte Bürger: Männer und Frauen ab 20 Jahren

3 – Die Weimarer Verfassung.

Die Weimarer Verfassung hatte insgesamt 181 Artikel, in denen u. a. die Gleichheit aller Bürger vor dem Gesetz garantiert wurde, ferner die Versammlungs- und Glaubensfreiheit, das Recht der freien Meinungsäußerung und die Gewissensfreiheit. Diese Rechte sind als Grundrechte auch heute in unserem Grundgesetz festgehalten.
Eine besondere Stellung kam dem Reichspräsidenten zu, der alle sieben Jahre direkt vom Volk gewählt wurde.

Q2 Der Artikel 25 (1) der Weimarer Verfassung lautete:
... Der Reichspräsident kann den Reichstag auflösen, jedoch nur einmal aus dem gleichen Anlass ...

Q3 Der Artikel 48 (2) der Weimarer Verfassung beinhaltete Folgendes:
... Der Reichspräsident kann, wenn im Deutschen Reich die öffentliche Sicherheit und Ordnung erheblich gestört oder gefährdet wird, die zur Wiederherstellung der öffentlichen Sicherheit und Ordnung nötigen

Maßnahmen treffen, erforderlichenfalls mit Hilfe der bewaffneten Macht einschreiten. Zu diesem Zweck darf er vorübergehend die ... Grundrechte ganz oder zum Teil außer Kraft setzen ...

❸ Fasst die Rechte des Reichspräsidenten kurz zusammen.
❹ Analysiert das Verfassungsschema mithilfe der Methode auf S. 70/71.

Die herausragende Stellung des Reichspräsidenten entsprach dem Wunsch vieler Abgeordneter und Wähler nach einer starken Führung, wie dies auch in der Monarchie der Fall gewesen war.

entdecken und verstehen

Ⓐ Der Reichspräsident wird oft als „Ersatzkaiser" bezeichnet. Erklärt diesen Begriff anhand des Verfassungsschemas sowie von Q2 und Q3.
Ⓑ Vermutet, welche Folgen es haben könnte, wenn das Amt des Reichspräsidenten durch einen Gegner der demokratischen Ordnung ausgeübt würde (Q2, Q3).

Wer trägt die Republik?

1 – *Sie tragen die Buchstaben der Firma – aber wer trägt den Geist?
Karikatur von Th. Heine aus der Zeitschrift „Simplicissimus", 1927.

*Sie
Gemeint sind von links
nach rechts:
Geistlicher – Zentrum,
Adliger – DNVP,
Berufsoffizier – DNVP,
Bauer – Zentrum / DNVP,
Arbeiter – SPD / KPD,
Industrieller – DVP,
Bildungsbürger/
Intellektueller – DDP,
SA-Mann – NSDAP.

*5 %-Hürde
Nach einer Wahl erhalten
nur die Parteien Parla-
mentssitze, die mindestens
5 % der abgegebenen Stim-
men erhalten haben. Da-
durch soll verhindert werden, dass durch zu viele
Splitterparteien Koalitionen
erschwert werden.

❶ Erklärt, auf welches Problem der Zeichner
aufmerksam machen wollte (Bild 1).

Die Parteien der Weimarer Republik

Auch nach 1918 verstanden sich die meisten Parteien vor allem als Vertreter fest um-
rissener sozialer Gruppen. Sie hatten hauptsächlich die Interessen ihrer Wähler im
Blick und waren oft nicht bereit, Kompromisse einzugehen und Regierungsverant-
wortung zu übernehmen. Kompromisse
einzugehen war aber notwendig, um Mehrheiten für Gesetze zu erhalten. Solche
Mehrheiten zu erhalten, war deshalb so
schwierig, weil es nach der Verfassung keine *5 %-Hürde gab, sodass im Reichstag
viele kleine Parteien vertreten waren, die
sich bei Beschlüssen von Gesetzen nicht
einigen konnten. 1932 traten beispielsweise
37 Parteien zur Reichstagswahl an und 17
waren im Parlament vertreten.

USPD und KPD

Die Unabhängige Sozialdemokratische Partei hatte sich 1917 von der SPD abgespalten,
aus ihr entstand die Kommunistische Partei
Deutschlands. Sie lehnte die Demokratie ab
und trat für eine Räteregierung und die
Errichtung einer Diktatur des Proletariats
nach russischem Vorbild ein. Die KPD
verstand sich als Arbeiterpartei und strebte
eine sozialistische Wirtschaftsordnung an.

SPD

Die Sozialdemokratische Partei Deutschlands trat für Erhaltung und Ausbau der
Demokratie ein. Sie wollte durch Reformen
die Lebensumstände aller Menschen verbessern. Obwohl ein Drittel der Mitglieder
aus dem Bürgertum kamen, war sie in erster Linie eine Arbeiterpartei.

Zentrum und BVP

Die 1870 gegründete Zentrumspartei verstand sich als katholische Partei, ebenso wie
ihre Schwester, die Bayerische Volkspartei.
Die Mitglieder dieser Parteien gehörten
überwiegend zum Bürgertum. Das Zentrum trat für die Republik und die Verfassung ein. Die BVP wollte Bayern stärken
und bekämpfte seit 1920 die Weimarer
Republik.

DDP und DVP

Die Liberalen hatten sich 1919 gespalten.
Die Deutsche Demokratische Partei (DDP)
war eine Partei des demokratischen Bürgertums, hatte die Republik mit begründet und
trat für die Verfassung ein.
Die Deutsche Volkspartei (DVP) wandte
sich an die konservativ-nationalen Großbürger und vertrat deren wirtschaftliche Interessen. Sie trat anfangs für die Monarchie
ein. Ab 1930 konnten beide Parteien ihre
Wähler nicht mehr an sich binden.

DNVP

Die Deutschnationale Volkspartei war das
Sammelbecken der konservativen und nati-
onalistischen Kräfte des Kaiserreiches. Sie

trat für die Interessen der großen Landwirtschaft und der Großindustrie ein. Die DNVP lehnte die Demokratie völlig ab und strebte die Wiederherstellung der Monarchie an.

NSDAP

Der militante Rechtsextremismus organisierte sich in einer Vielzahl von Geheimbünden und Parteien. Eine davon war die Nationalsozialistische Deutsche Arbeiterpartei Adolf Hitlers (siehe S. 224/225, 238/239). Anfangs war die NSDAP eine Partei des Mittel- und Kleinbürgertums, später kamen die Mitglieder aus allen Schichten des Volkes. Die NSDAP lehnte die Demokratie radikal ab. Sie vertrat nationale und * völkische Ideen.

Eine Mehrheit für die Republik

Im November 1918 hatte es eine breite Mehrheit in der Bevölkerung für die parlamentarische Demokratie gegeben. Soziale Zugeständnisse an die Arbeiter und politische Rücksichten auf Bürgertum und Militär hatten zu einer Annäherung zwischen Anhängern des alten Regimes und den Demokraten geführt.

Die Reichstagswahl 1920

Die erste Bewährungsprobe der neuen Staatsform und der Regierung der Weimarer Koalition aus SPD, Zentrum und DDP war die Reichstagswahl am 6.6.1920.

❷ Vergleicht die Ergebnisse der Parteien in der Wahl von 1920 mit denen bei der Wahl von 1919 (Grafik 2).

❸ Rechnet aus, ob die Weimarer Koalition 1920 über eine Mehrheit verfügte (Grafik 2).

Die doppelte Spaltung der Gesellschaft

Neuerliche Unruhen, die Unterzeichnung des unpopulären und als Demütigung empfundenen Versailler Friedensvertrages sowie die Verschlechterung der Wirtschaftslage hatten ein Zerbrechen der Mehrheit

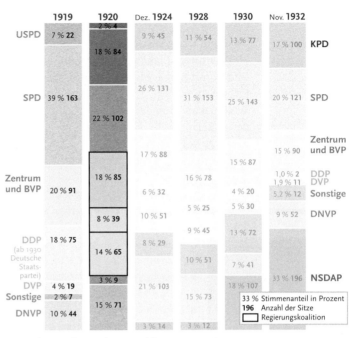

2 – Ergebnisse der Reichstagswahl am 16.6.1920.

von 1919 und eine erneute Spaltung der Gesellschaft zur Folge.

Das Bürgertum teilte sich in Anhänger der Monarchie und sogenannte „Vernunftrepublikaner", die nicht aus Überzeugung, sondern nur aus Notwendigkeit die Demokratie unterstützten.

Die Arbeiterschaft war gespalten in überzeugte Anhänger der Demokratie und in Gegner, die für eine Räterepublik nach sowjetischem Vorbild eintraten.

❹ Ordnet die Parteien folgenden Gruppen zu: „Republikgegner und Monarchisten", „Vernunftrepublikaner", „überzeugte Demokraten", „Republikgegner" und „Anhänger einer Rätedemokratie".

❺ Ordnet Plakat 1 dem entsprechenden Quellentyp zu.

* völkische Ideen
   Eine Vorstellung, die darauf beruht, dass ein Volk angeblich aus einer Rasse besteht. Hierbei werden den Völkern unterschiedliche Wertigkeiten zugeordnet.

entdecken und verstehen

Ⓐ Erstellt eine Übersicht, die vergleichend darstellt, wie die Parteien zur Demokratie standen.

Ⓑ Fertigt ein Protestplakat mit Sprechblasen an, das die Kritik des Karikaturisten Heine (Bild 1) ausdrückt.

Methode

Wahlplakate untersuchen

In der Weimarer Demokratie wurden zum ersten Mal in größerem Umfang Plakate verwendet, um Wählerinnen und Wähler zu gewinnen. Plakate enthalten meistens Bilder und kurze, einprägsame Texte (Slogans).

Wahlplakate sind Teil der Propaganda, bei der es darum geht, die eigenen politischen Ideen zu verbreiten. Die Wirkung auf das Wahlverhalten ist nicht genau einzuschätzen. Unentschlossene dürften aber durch eine geschickte Plakatwerbung zu beeinflussen sein.

Sollen Wahlplakate durchschaut werden, müssen sie genauer untersucht werden. Historische Plakate sind aber auch Quellen, aus denen wir etwas über die unterschiedlichen Sichtweisen der damaligen Parteien und der Menschen, die sie erreichen wollten, erschließen können.

Folgende Schritte helfen euch, Wahlplakate zu untersuchen.

1. Schritt **Den ersten Eindruck festhalten und das Plakat einordnen**	■ Betrachtet das Plakat so genau wie möglich und notiert eure ersten Eindrücke. ■ Wer hat das Plakat in Auftrag gegeben? Wann ist das Plakat erschienen? Aus welchem Anlass wurde es veröffentlicht? ■ Worauf soll es aufmerksam machen? ■ An welche Wählergruppe wendet sich das Plakat?
2. Schritt **Das Plakat beschreiben**	■ Worauf wird der Blick des Betrachters gelenkt? ■ Welche Details sind zu erkennen? ■ Welche besonderen Merkmale enthält die Darstellung (Farben, Schrift, Größenverhältnis, Perspektive, Verhältnis von Bild und Text)?
3. Schritt **Das Plakat deuten**	■ Welche Bedeutung haben die einzelnen Gestaltungsmittel? ■ Was ist die zentrale Bildaussage (Botschaft) des Plakates? ■ In welchem historischen Zusammenhang ist das Plakat entstanden?
4. Schritt **Das Plakat beurteilen**	■ Welche Wirkung soll beim zeitgenössischen Betrachter erreicht werden? ■ Welche Gesamtaussage soll vermittelt werden? ■ Was sagt das Wahlplakat über die Menschen und ihre Situation damals?

❶ Untersucht anhand der vier Arbeitsschritte das Wahlplakat der SPD (Bild 1).

❷ Sucht im Internet oder in anderen Quellen nach Wahlplakaten anderer Parteien aus der Weimarer Republik. Untersucht sie und vergleicht sie mit diesen Beispielen.

❸ Untersucht Wahlplakate aus den letzten Jahren und vergleicht sie mit den Plakaten aus der Weimarer Republik.

1 – Wahlplakat der SPD zur Reichstagswahl am 6. Juni 1920.

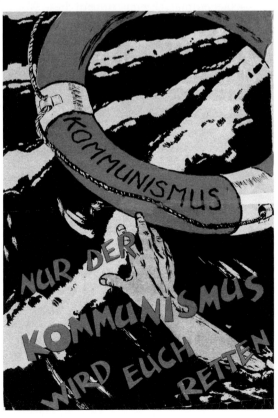

2 – Wahlplakat der KPD 1923.

Lösungsbeispiel für Plakat 1:

Zum Schritt 1: Es handelt sich um ein Wahlplakat der SPD zur Reichtagswahl 1920 (vgl. S. 221). Der neue Staat, die Weimarer Republik wird als Haus dargestellt, die neue Fahne schwarz, rot, gold schmückt das rot gehaltene Haus. Die Gegner der Republik, die Reaktion, hausen in Ruinen. Das Plakat wendet sich vor allen an Wählerinnen und Wähler der SPD.

Zum Schritt 2: Im Zentrum steht das turmartige Haus, in Rot, der Farbe der SPD. In relativ kleiner Schrift werden die Wähler aufgefordert, der SPD ihre Stimme zu geben.

Zum Schritt 3: Alle Gestaltungsmittel verstärken die Aufforderung, SPD zu wählen. Die zweite Fahne mit der Aufschrift „Freiheit" steht für eines der Ziele der SPD. Das Plakat mit der Überschrift „Hilf dieses Haus zu schützen" entstand in einer Zeit nach der Revolution (1920), als Bestand der Republik noch sehr ungesichert war.

Zum Schritt 4: Die SPD will ihre Wähler ermutigen, durch die Stimmabgabe die Republik zu schützen. Die Republik wird als wehrhafter Wohnturm gezeigt, der aber nicht unangreifbar ist. Das Plakat thematisiert die unsichere Situation der jungen Demokratie im Jahr 1920.

Welche Krisen mussten 1923 bewältigt werden?

1 – Bewaffneter *SA-Trupp beim Hitlerputsch am 9.11.1923 in München. Foto, 1923.

Proklamation an das deutsche Volk!
Die Regierung der Novemberverbrecher in Berlin ist heute für **abgesetzt erklärt worden.** Eine **provisorische deutsche Nationalregierung** ist gebildet worden, diese besteht aus **Gen. Ludendorff Ad. Hitler, Gen. v. Lossow Obst. v. Seisser**

2 – Proklamation zum Hitlerputsch. Plakat vom 8.11.1923.

---

* SA
Die sogenannte Sturmabteilung war eine Kampforganisation der NSDAP. Die SA schirmte ihre eigenen Veranstaltungen mit Gewalt vor politischen Gegnern ab und behinderte deren Zusammenkünfte.

* Putsch
Überraschende, meist gewaltsame Aktion einer Partei oder Gruppierung mit der Absicht, die Regierung zu stürzen und die Macht im Staat zu übernehmen.

* passiver Widerstand
Verzicht auf Gewaltanwendung oder direkte Gegenmaßnahmen (aktiver Widerstand).

* Inflation
schrittweise Entwertung des Geldes (Beispiel siehe Tabelle 2)

*Putschversuche und Morde

Linke und rechte Gegner der Republik versuchten diese durch Aufstände zu beseitigen. Auch Adolf Hitler, der Führer der NSDAP, versuchte dies. Am 9. November 1923 stoppte die Polizei den Marsch der NSDAP zur Münchner Feldherrnhalle mit Gewalt. Es gab Tote und Verwundete. 1924 wurde Hitler zu fünf Jahren Zuchthaus verurteilt, davon musste er aber nur neun Monate wegen „guter Führung" absitzen. In der Haft schrieb er sein Buch „Mein Kampf", in dem er seinen Hass gegen die demokratische Ordnung und seinen Rassenhass darlegte.

Auch politische Morde erschütterten die Republik: 1921 ermordeten Rechtsradikale Finanzminister Matthias Erzberger und 1922 Außenminister Walther Rathenau.

❶ Diskutiert das gegen Hitler verhängte Strafmaß.

Ruhrbesetzung

Aufgrund des Friedensvertrages musste Deutschland 132 Milliarden Goldmark bezahlen. Als Deutschland Ende 1922 mit den Zahlungen in Rückstand geriet, ließ die französische Regierung Soldaten ins Ruhrgebiet einmarschieren, um auf diese Weise die Zahlungen zu sichern. Daraufhin rief die Reichsregierung die Menschen an der Ruhr zum *passiven Widerstand auf: Keinem Befehl der Besatzer sollte gehorcht werden. Aufgrund der wirtschaftlichen Not musste die Reichsregierung im September 1923 den passiven Widerstand aufgeben.

❷ Erklärt Ursache und Verlauf der Ruhrbesetzung durch die Franzosen.

*Inflation

Während des Krieges hatte die kaiserliche Reichsregierung viel Geld drucken lassen, um die hohen Kriegskosten zu bezahlen. So war nach dem Krieg zu viel Geld im Umlauf und immer weniger wert. Nach dem Waffenstillstand hatte Deutschland Kriegsschulden und Reparationen zu bezahlen. Die Staatseinnahmen waren geringer als die Ausgaben. Um die Bevölkerung nicht mit immer neuen und hohen Steuern belasten zu müssen, wurde wieder Geld gedruckt. Das Geld verlor immer schneller

Datum	Preis 1 l Milch	1 Pfund Butter
26.08.	79 000	432 000
02.09.	114 000	622 000
09.09.	224 000	1 224 300
16.09.	960 000	5 200 000
23.09.	2 630 000	14 437 000
30.09.	3 800 000	19 800 000
07.10.	4 800 000	24 750 000
13.10.	16 900 000	85 200 000
18.10.	115 000 000	572 500 000

3 – Kinder spielen mit wertlos gewordenen Geldscheinen. Foto, 15. 11. 1923.

4 – Entwicklung der Preise (in Mark) für Milch und Butter von August bis Oktober 1923.

an Wert. Als die Regierung im Januar 1923 zum passiven Widerstand gegen die Ruhrbesetzung aufrief, musste sie notgedrungen die Wirtschaft im Ruhrgebiet unterstützen. Täglich wurden 40 Millionen Goldmark für den Ruhrkampf ausgegeben. Innerhalb weniger Tage verlor das Geld explosionsartig seinen Wert (vgl. Tabelle 4).

❸ Erklärt, warum es zur Entwertung des Geldes kam.

Wirtschaftliche Not
Kein Mensch wollte das wertlose Geld behalten. Jeder gab es schnell wieder aus. Wer Schulden aus früherer Zeit hatte, konnte sie leicht zurückzahlen. Wer Sachwerte besaß, hielt sie zurück oder tauschte sie nur gegen andere Sachwerte. Industrielle konnten große Gewinne machen, weil sie die Löhne in Papiergeld auszahlten, die Produkte aber gegen Sachwerte eintauschten. Die einfachen Bürger schleppten ihren Lohn in Waschkörben nach Hause, konnten dafür aber kaum ein Stück Brot kaufen. Im Bürgertum verloren viele Familien durch die Inflation ihre Ersparnisse. Die Inflation

lasteten die verarmten Bürgerinnen und Bürger der Demokratie von Weimar an, ihre wirkliche Ursache im verlorenen Ersten Weltkrieg sahen sie nicht. Mithilfe eines Notgesetzes wurde im November 1923 eine neue Währung, die Rentenmark, geschaffen.

❹ Erklärt, warum die Inflation besonders die einfachen Menschen traf.
❺ Erläutert die Geldentwertung am Beispiel der Butter- und Milchpreise von August bis Oktober 1923 (Tabelle 4).
❻ Benennt die politischen Folgen der Inflation.

entdecken und verstehen

Ⓐ Stellt in einer Wandzeitung eine Übersicht über das Krisenjahr 1923 her. Sucht Ergänzungsmaterial im Internet.
Ⓑ Schreibt als Mitarbeiterin/Mitarbeiter einer ausländischen Zeitung einen Bericht über die ersten Jahre der Weimarer Republik.

Webcode: EV644605-225

Wie veränderte sich das Leben von Frauen?

1 – Plakat, 1919.

Wahlen

M1 **Die Historikerin Ute Frevert schrieb 1986 in einem Buch zur Frauengeschichte über die Wahlen zur Nationalversammlung 1919:**

… Die hohe weibliche Wahlbeteiligung … bewies einmal mehr, wie stark der Politisierungsschub der Revolution gerade bei Frauen war. Fast 90 % der weiblichen Wahlberechtigten machten von ihrem neu erworbenen Stimmrecht Gebrauch – bei keiner Wahl in den nächsten 14 Jahren gab es je wieder eine so hohe Frauenbeteiligung. …

Die Parteien hatten einen solchen „Nachholeffekt" vorausgesehen und weibliche Kandidaten auf günstigen Listenplätzen platziert, sodass insgesamt 41 Frauen und damit 9,6 % weibliche Abgeordnete in die Weimarer Nationalversammlung einzogen. Mehr als die Hälfte gehörte der SPD an, …

In der Tat engagierten sich die Parlamentarierinnen, unabhängig von ihrer Fraktionszugehörigkeit, vor allen in frauen- und familienpolitisch relevanten Bereichen: in der Sozial-, Schul- und Gesundheitspolitik. Die klassischen Ressorts der Wirtschafts- und Finanzpolitik … blieben ausgespart. …

Männliche Parlamentarier machten keinen Hehl daraus, dass wichtige politische Fragen nicht von Frauen entschieden werden durften, und vor allem in den bürgerlichen Parteien war man immer weniger geneigt, bei Reichstags-, Landtags- und Gemeindewahlen weiblichen Kandidaten sichere Listenplätze zu reservieren. Dementsprechend sank die Zahl weiblicher Abgeordneter: Waren in den ersten Reichstag 1920 37 Frauen eingezogen, führten die Maiwahlen 1924 10 Frauen weniger ins Parlament, und obwohl 1930 wieder 41 Parlamentarierinnen im Reichstag saßen, lag der Frauenanteil nur noch bei 7 %. …

Berufstätigkeit

M2 **Über die erweiterte Berufstätigkeit von Frauen schrieb die Historikerin Ute Frevert:**

… Heißdiskutierte Prototypen weiblicher Emanzipation waren vielmehr die jungen Angestellten, die als Kinder der neuen Zeit gefeiert oder, je nach Weltanschauung, gescholten wurden. In den Sekretärinnen, Stenotypistinnen und Verkäuferinnen schien die Modernität des Weimarer Systems augenfällig zu werden und auch die zahlenmäßige Entwicklung – 1925 gab es annähernd 1,5 Millionen weibliche Angestellte, dreimal mehr als 1907; ihr Anteil an allen erwerbstätigen Frauen stieg von 5 % auf 12,6 %. …

… Zwar trug gerade der Angestelltenberuf dazu bei, weibliche Berufstätigkeit auch in bürgerlichen Schichten gesellschaftsfähig zu machen, und vor allem nach der Inflation sahen sich viele bürgerliche Familien aus ökonomischen Gründen gezwungen, ihre Töchter als Kontoristinnen oder Sekretärinnen ausbilden zu lassen. Zugleich stand aber außer Frage, dass der Beruf für Frauen nur eine Übergangsphase sein sollte, Aufbewahrungsort bis zur Ehe. Eine verheiratete Frau hatte weder hinter dem Verkaufstresen zu stehen noch im Büro zu sitzen, sondern kümmerte sich um Mann, Kinder und Haushalt. Der Angestelltenberuf war in dieser Hinsicht ein typischer Frauenberuf: Fast alle weiblichen kaufmännischen Angestellten waren 1925 ledig, zwei Drittel jünger als 25 Jahre. …

ent tdecken

2 – Bubikopf und Charleston – Modefrisur und Modetanz der „Goldenen Zwanziger". Fotomontage aus „Das Magazin", Juli 1927.

3 – Filmplakat für den Film „Der blaue Engel". 1930.

Kino

M3 **Anfangs gab es nur Stummfilme, die von Live-Musik oder auch Grammofon untermalt wurden. 1929 wurde der erste Tonfilm in Deutschland gezeigt. Über die Besucher schieb Ute Frevert:**
... Die Traumfabriken, „Paläste der Zerstreuung", „Kultstätten des Vergnügens" (Kracauer), entwickelten sich in der Zwischenkriegszeit zu einem wichtigen Instrument der öffentlichen Meinungsbildung und zogen allabendlich ein Massenpublikum an. 1930 wurden wöchentlich sechs Millionen Kinokarten verkauft, und obwohl die Faszination des neuen Mediums alle sozialen Schichten ergriff, gehörten die kleineren Angestellten, die „Ladenmädchen", „Tippmamsells" und Telefonistinnen zu den eifrigsten und treuesten Besuchern der Lichtspielhäuser. Nicht zuletzt aus Rücksicht auf seine Konsumenten hatte sich der Tonfilm sofort auf die Figur der erfolgreichen, attraktiven Sekretärin gestürzt, war doch hier die Aufstiegsbotschaft, die der Film den kleinen Leuten zuspielte, am reizvollsten zu demonstrieren. ...

Bildet Arbeitsgruppen und bearbeitet eines der folgenden Themen:

Wahlen
1. Beschreibt mit dem Plakat 1 und M1, wie Frauen das neue Wahlrecht nutzten.
2. Prüft mit M1, ob das neue Wahlrecht Frauen auch in der Politik mehr Einfluss brachte.

Berufstätigkeit
3. Zeigt, wie in der Weimarer Republik Frauen neue Berufe ergreifen konnten und welche Chancen sie hatten.
4. Stellt Informationen zur heutigen Berufstätigkeit von Frauen (Internet) zusammen und vergleicht mit damals.

Kino
5. Sucht Gründe, warum das Kino ein Massenpublikum anzog.
6. Erinnert euch an euren letzten Kinobesuch. Beschreibt die Unterschiede zum Betrachten eines Film im Fernsehen.

Welche sozialen Verbesserungen gab es?

1 – Telefonistinnen im Fernsprechamt. Foto, 1920.

✲Koalitionsfreiheit
Das Recht von Arbeitneh-
mern, sich zu Gewerk-
schaften zusammenzu-
schließen.

Rechte für Arbeiterinnen und Arbeiter

**Q1 Am 15. 11. 1918 schlossen Gewerk-
schaften und Unternehmerverbände den
folgenden Vertrag:**
… 1. Die Gewerkschaften werden als beru-
fene Vertretung der Arbeiterschaft anerkannt.
2. Eine Beschränkung der ✲Koalitionsfrei-
heit der Arbeiter und Arbeiterinnen ist un-
zulässig.
7. Für jeden Betrieb mit einer Arbeiterschaft von mindestens 50 Beschäftigten ist
ein Arbeiterausschuss einzusetzen, … der
darüber zu wachen hat, dass die Verhältnisse des Betriebes entsprechend den Abma-
chungen geregelt werden.
9. Das Höchstmaß der täglichen regelmäßi-
gen Arbeitszeit wird für alle Betriebe auf
acht Stunden festgesetzt. …

Nach 1923 wurde der Achtstundentag wieder abgeschafft.

❶ Gebt mit eigenen Worten den Inhalt der
Vereinbarung (Q1) wieder.

Ausbau der sozialen Sicherung
Andererseits wurde die Sozialversicherung
durch Regierung und Reichstag ausgebaut.

– Die Krankenkassen übernahmen die Be-
  handlungskosten für die Versicherten
  und die Familienangehörigen.
– Für die Frauen der Versicherten zahlten
  die Krankenkassen nun die Entbin-
  dungskosten sechs Wochen vor und
  nach der Geburt Wochen- und Stillgeld.
– Die Leistungen der Rentenversicherung
  wurden deutlich angehoben.
– 1927 schließlich wurde die Arbeitslosenversicherung gesetzlich eingeführt.
Wohnungsbauvereine und Genossenschaften wurden gegründet und bauten für viele
Menschen moderne und komfortablere
Wohnungen.

❷ Erläutert anhand von Beispielen, was die
einzelnen Regelungen für die Menschen
bedeuteten.

Radio, Grammofon und Schlager
Am 29. 10. 1923 begann aus dem Vox-Haus
in Berlin der regelmäßige Rundfunkbetrieb
mit der Ausstrahlung „Der Deutschen
Stunde", einer Mischung aus Unterhaltungsmusik und Informationen. Schnell
kamen neue Sendeanstalten hinzu. Die Ra-
dioübertragungen wurden so populär, dass
die Zahl angemeldeter Hörer sehr schnell
stieg, obwohl die Geräte anfangs noch recht

2 – Radiohören im Jahr 1926. Foto, 1926.

3 – Wandervogel-Jugend bei Wanderung. Foto, 1932.

teuer waren: 1924 waren es 10 000, 1928: 2 Millionen und 1932 über 4 Millionen. Allerdings konzentrierten sich anfangs die Radiohörer wegen der geringen Reichweite der Detektorradios (Bild 2) in den Städten. Nur wohlhabendere Bürger konnten zu Beginn die Monatsgebühren und die Anschaffungskosten aufbringen. Zusammen mit dem Tonfilm trug die massenhaften Verbreitung von Schallplatte und Radio dazu bei, dass der Schlager entstand. Witzige Texte, teilweise mit sexuellen Anspielungen, und eingängige Melodien bestimmten die Unterhaltungsmusik der „goldenen" 1920er-Jahre. Stars wie die Comedian Harmonists, Otto Reutter oder Lilian Harvey erlangten große Popularität.

❸ Erklärt, aus welchen Gründen die Menschen vom Radio so begeistert waren.

❹ Sucht im Internet nach Schlagertexten aus den 1920er-Jahren (z. B. Comedian Harmonists). Untersucht ihre Inhalte und stellt eure Ergebnisse in der Klasse vor.

Neue Freizeitgestaltung

Die größere Freizügigkeit in der Zeit der Weimarer Republik eröffnete vielen Menschen ganz neue Möglichkeiten. So blühte etwa das Kleingartenwesen auf. Meist bildeten sich aus 30 bis 200 solcher Kleingärten ganze Gartenkolonien. Hier suchten die Menschen Ruhe nach der Härte des Wochenalltags. Der *Wandervogel wiederum versuchte, einen eigenen jugendspezifischen Lebensstil zu entwickeln, in dem Wandern, Zeltlager, Volkstanz und Volkslied eine große Rolle spielten.

Berlin wurde in den 19020er-Jahren zur „Theaterhauptstadt" Deutschlands, ein Theaterbesuch war nun auch breiten Schichten der Bevölkerung möglich. Rund 50 Bühnen warben um die Aufmerksamkeit der Berliner. Fast die Hälfte davon hatten 1000 und mehr Plätze.

❺ Berichtet über die neuartige Freizeitgestaltung in der Weimarer Republik.

* Wandervogel
Die 1895 von Hermann Hoffmann begründete und 1901 von Karl Fischer am Steglitzer Gymnasium als „Wandervogel" aufgebaute Organisation für Schülerfahrten wurde zum Ausgangspunkt der deutschen Jugendbewegung. 1929 gehörten den verschiedenen Wandervogel-Gruppen rund 30000 Mitglieder an.

entdecken und verstehen

Ⓐ Gestaltet ein Plakat, das mit den sozialen Errungenschaften für die Weimarer Republik wirbt. Überschrift z. B.: Das brachte uns die neue Republik.

Ⓑ In der Weimarer Zeit entstand die moderne Gesellschaft, deren Spuren auch heute noch zu finden sind. Erläutert diese Aussage.

Gelang die Aussöhnung mit den Nachbarn?

1 – Die Außenminister Deutschlands (Stresemann), Großbritanniens (Chamberlain) und Frankreichs (Briand) während der Konferenz von Locarno (von links nach rechts). Koloriertes Foto, 1926.

Außenpolitische Zusammenarbeit

Seit August 1923 war Gustav Stresemann Außenminister. Sein Ziel war es, Deutschland, das nach dem Krieg Außenseiter in Europa war, wieder zu Macht und Ansehen zu verhelfen. Um das zu erreichen, mussten die Beziehungen zum Nachbarn Frankreich verbessert werden.

Locarno 1925

Auch der damalige französische Außenminister Aristide Briand hatte erkannt, dass in Europa der Friede nur dauerhaft gesichert werden konnte, wenn Frankreich und Deutschland ihre Feindschaft überwanden. 1925 fand in Locarno (Schweiz) die erste große internationale Konferenz statt, an der Deutschland wieder als gleichberechtigter Partner teilnahm. Auf Anregung Stresemanns trafen sich hier die Außenminister Deutschlands, Frankreichs, Großbritanniens, Belgiens, Italiens, Polens und der Tschechoslowakei. Sie verhandelten über die Friedenssicherung in Europa.

Q1 Im Text des Vertrages von 1925 heißt es:

... Die hohen vertragschließenden Mächte garantieren jede für sich und insgesamt ... die Aufrechterhaltung der Grenzen ... zwischen Deutschland und Belgien und zwischen Deutschland und Frankreich. ... (Die genannten Staaten) verpflichten sich gegenseitig, in keinem Fall zu einem Angriff oder zu einem Einfall oder zum Krieg gegeneinander zu schreiten ... (Sie) verpflichten sich, ... auf friedlichem Weg ... alle Fragen jeglicher Art zu regeln. ...

Deutschland und Polen vereinbarten, etwa entstehende Streitigkeiten ohne Anwendung von Gewalt auf friedlichem Weg zu regeln.

❶ Gebt den Inhalt und das Ziel des Vertrages mit eigenen Worten wieder (Q1). Unterscheidet dabei zwischen Nachbarn im Westen und im Osten.

❷ Erklärt, welche Position auf dem Plakat (Bild 2) zum Locarnovertrag vertreten wird.

Aufnahme in den *Völkerbund 1926

1919 hatten 32 Staaten den Völkerbund zur Sicherung des Weltfriedens gegründet. Deutschland war von dem Bund ausgeschlossen, weil es als Verursacher des Weltkrieges galt.

Nach Unterzeichnung des Vertrags von Locarno beschloss die Völkerbundversammlung am 8.9.1926 einstimmig, Deutschland in den Völkerbund aufzunehmen. Die deutschen Vertreter wurden begeistert empfangen.

Q2 Gustav Stresemann sagte in seiner Antrittsrede am 8.9.1926:

... Nur auf der Grundlage einer Gemeinschaft, die alle Staaten ohne Unterschied in voller Gleichberechtigung umspannt, können Hilfsbereitschaft und Gerechtigkeit die Leitsterne der Menschenschicksale werden. Nur auf dieser Grundlage lässt sich der Grundsatz der Freiheit aufbauen. ...

Q3 Der französische Außenminister Aristide Briand antwortete auf Stresemanns Rede:

... Was bedeutet dieser Tag für Deutschland und für Frankreich? Das will ich Ihnen sagen: Es ist jetzt Schluss mit jener langen Reihe schmerzlicher und blutiger Auseinandersetzungen .... In Zukunft werden wir (unsere Meinungsverschiedenheiten) vor dem Richterstuhl in Ordnung bringen. Deshalb sage ich: Fort mit den Waffen! Freie Bahn für die Versöhnung, die Schiedsgerichtsbarkeit und ... den Frieden. ...

❸ Gebt mit eigenen Worten die Inhalte der Redeausschnitte (Q2, Q3) wieder.

❹ Erklärt, was Briand mit der „langen Reihe schmerzlicher und blutiger Auseinandersetzungen" (Q3) meint.

❺ Erläutert die Vorteile, die sich aus dem Beitritt zum Völkerbund für Deutschland ergaben.

2 – Plakat der DNVP zur Reichstagswahl 1928. Die Figur im Hintergrund stellt einen französischen Soldaten dar, der Fluss ist der Rhein.

Ein Vertrag mit der Sowjetunion

Nach dem Abschluss des Locarno-Paktes zwischen Deutschland und Frankreich nahm Stresemann auch Verhandlungen mit der Sowjetunion auf. Im April 1926 wurde der Berliner Vertrag geschlossen, ein Freundschafts- und *Neutralitätspakt. Darin sicherten sich beide Staaten friedliches Verhalten zu. Außerdem sollte sich keine der beiden Seiten einem wirtschaftlichen oder finanziellen *Boykott gegen den anderen anschließen.

Acht Jahre nach dem verlorenen Krieg hatte Deutschland damit seine außenpolitischen Positionen in West und Ost wieder verbessert und gefestigt.

❻ Erläutert, worin die Vorteile des Vertragabschlusses für Deutschland und die Sowjetunion bestanden.

* **Völkerbund**
Erste internationale Organisation zur Sicherung des Weltfriedens. Sie bestand von 1920 bis 1946.

* **Neutralität**
Unparteilichkeit.

* **Boykott**
Maßnahmen zur Isolation von Personen und Institutionen; z. B. Warenboykott: die Nichteinfuhr oder der Nichtkauf bestimmter Waren aus bestimmten Ländern.

entdecken und verstehen

Ⓐ Fertigt ein Schaubild zur Außenpolitik Deutschlands an.

Ⓑ Entwerft auf der Grundlage von Q1, Q2 und Q3 einen Dialog zwischen Stresemann und Briand, in dem beide ihre Ziele und Befürchtungen darlegen.

Das Ende der Weimarer Republik

Welche Folgen hatte die Wirtschaftskrise 1929/1930?

1 – Arbeitslose in Hamburg. In einer billigen Unterkunft schlafen Arbeitslose für wenige Pfennige ‚an der Leine‘, nur auf ein Seil gestützt, um sich wenigstens vor der Witterung zu schützen. Foto, 1.1.1931.

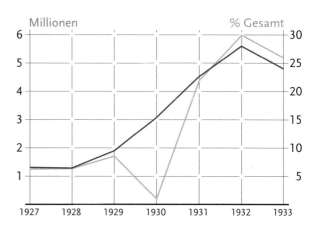

2 – Arbeitslosigkeit in Deutschland jeweils im Januar. Angaben in Millionen bzw. in % der Erwerbstätigen.

---

*✻ Wall Street
Straße im New Yorker Stadtteil Manhattan mit Banken und Börsen. Im übertragenen Sinn auch Bezeichnung für das Finanzzentrum der USA.*

Der Börsenkrach in New York

Der Zusammenbruch der New Yorker Börse am Donnerstag, dem 24. 10. 1929, löste eine lang andauernde weltweite Wirtschaftskrise aus. Der Tag ging als „Schwarzer Donnerstag" in die Geschichte ein. Viele amerikanische Aktienkäufer hatten mit geliehenem Geld auf immer höher steigende Aktienkurse gesetzt. Im Oktober 1929 kam es zu Panikverkäufen der Spekulanten und zum Zusammenbruch der Börse. Etwa 10 000 Banken wurden zahlungsunfähig, Millionen von Menschen wurden in den USA arbeitslos.

Eine Schweizer Zeitung berichtete einen Monat nach dem Zusammenbruch an der Börse in der ✻Wall Street:

– Amerikanische Banken ziehen Kredite aus Europa ab,
– Bestellungen von Schweizer Uhren, von Diamanten aus Amsterdam, von Wein aus Frankreich und Fabrikausrüstungen aus Deutschland werden zurückgezogen,
– in den Häfen der amerikanischen Ostküste lagern Waren, die aus Europa kommen und von den Empfängern nicht bezahlt werden können.

❶ Beschreibt die amerikanische Wirtschaftskrise und ihre Auswirkungen auf Europa.

Wachsende Arbeitslosigkeit

In Europa und besonders in Deutschland waren die Auswirkungen der Wirtschaftskrise verheerend. Deutsche Firmen mussten kurzfristig Kredite an US-Banken zurückzahlen, die Absatzmärkte für deutsche Waren im Ausland brachen weg. Deswegen schränkten zahlreiche Unternehmen in Deutschland die Produktion ein und entließen viele Arbeiter. Bis zum Jahre 1932/33 stieg die Zahl der Arbeitslosen auf durchschnittlich sechs Millionen registrierte Arbeitslose.

❷ Untersucht die Grafik 2 und beschreibt die Entwicklung der Arbeitslosigkeit in Deutschland.

Q1 Der amerikanische Publizist Hubert Renfro Knickerbocker schilderte die Not der Arbeiter in Berlin 1931:

… Nach den Angaben des Arbeitsamtes in Neukölln beträgt der Reichsdurchschnitt der Unterstützung, die ein beschäftigungsloser Arbeiter mit Frau und Kind bezieht, 51 Mark im Monat. Gemäß den Berechnungen … kommen Miete, Beleuchtung, Beheizung und unvermeidliche Nebenausgaben auf ein unerbittliches Minimum von 32 Mark und 50 im Monat.

3 – „Erst Essen – dann Miete." Aufschrift in einem Hinterhof in Berlin. An den Fenstern befinden sich Fahnen von NSDAP und KPD. Foto, 1932.

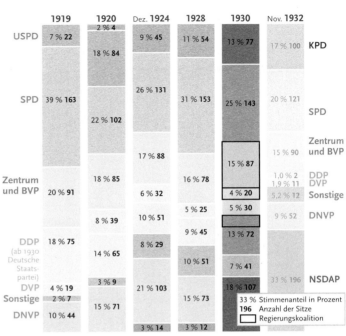

4 – Ergebnisse der Reichstagswahl vom 14. 9. 1930.

Für die Ernährung dreier Menschen bleiben also 18 Mark 50 im Monat übrig … . Das bedeutet täglich ein halbes Brot, ein Pfund Kartoffeln, hundert Gramm Kohl, fünfzig Gramm Margarine und dreimal im Monat einen Hering pro Kopf. …

❸ Untersucht anhand von Q2, wofür kein Geld vorhanden war.

Q2 In der Zeitung „Der Tag" vom 22. 9. 1932 äußert sich ein junger Arbeitsloser:
… Der Hunger ist noch lange nicht das Schlimmste. Aber seine Arbeit verlernen, bummeln müssen und nicht wissen, ob man jemals wieder in seine Arbeit kommt, das macht kaputt.
Man ist rumgelaufen nach Arbeit, Tag für Tag. Man ist schon bekannt bei den einzelnen Fabriken, und wenn man dann immer das eine hört: Nichts zu machen – da wird man abgestumpft.

Ich hasse diesen Staat, und ich habe als Arbeitsloser das Recht und die Pflicht, den deutschen Besitzenden zu hassen. …

❹ Beschreibt anhand der Bilder 1 und 3 sowie von Q2 die Stimmung der Menschen in Deutschland.

❺ Erläutert den letzten Satz von Q2. Welche Auswirkungen hätte es für die Weimarer Republik, wenn viele so dächten?

❻ Vergleicht das Ergebnis der Reichstagswahlen vom September 1930 mit den vorangegangenen Wahlergebnissen. Welche Parteien gewinnen in der Wirtschaftskrise?

entdecken und verstehen

Ⓐ Schreibt einen Text zum Thema: Die Folgen der Arbeitslosigkeit in der Weimarer Republik (Bild 1, Bild 3, Q2 und Grafik 4) und bewertet ihre Gefahr für den Bestand der Demokratie.

Ⓑ Sammelt Zahlen und Informationen über die Arbeitslosigkeit in der heutigen Zeit und stellt eine Wandzeitung her.

Arbeitsamt Hannover (1930)

Schauplatz   Geschichte

Das Foto aus dem Jahr 1930 zeigt wartende Arbeitslose vor dem Arbeitsamt in Hannover.

❶ Betrachtet das Bild genau und achtet auf Einzelheiten, z. B. den Anteil von Männern und Frauen; die Kleidung der Menschen und ihre Haltung. Wie stellen sie sich an? Wie sind sie vermutlich dorthin gekommen? Was ist auf den Gebäuden im Hintergrund zu sehen? Wie lange warten die Menschen wohl schon?

❷ Sucht euch eine Person auf dem Bild (oder den Fotografen selbst) aus. Schreibt auf, was sie gedacht haben könnte. Ihr könnt z. B. wählen zwischen:
  – einer Person, die wartet,
  – einer Person, die weggeht.

❸ Schreibt auf, was die Leute gedacht haben könnten, als sie die Aufschrift auf dem Schuppen gelesen haben.

❹ Auch heute gibt es Arbeitsämter, sie heißen nun „Agentur für Arbeit". Erkundigt euch, wie viele Arbeitslose es in eurem Ort gibt.

1 – Wartende Arbeitslose vor dem Arbeitsamt Hannover. Foto, 1930.

Methode

Statistiken untersuchen

Statistiken helfen, Daten übersichtlich darzustellen und sie vergleichbar zu machen. Statistiken begegnen uns fast täglich, in der Zeitung, im Internet oder auch im Fernsehen.

Sie liegen meist in aufbereiteter Form von Tabellen oder unterschiedlichen Diagrammen und Grafiken vor. Mit dem Computer werden so genannte Infografiken erstellt.

Folgende Schritte helfen euch, Statistiken zu untersuchen:

Schritt 1 **Das Thema klären**	Wie ist die Statistik einzuordnen? ■ Welchen Sachverhalt stellt die Statistik dar (Über- oder Unterschrift)? ■ Für welchen Zeitabschnitt macht die Statistik Angaben? ■ Für welche Region/en gilt die Statistik?
Schritt 2 **Die Darstellung verstehen**	Welche Form der Darstellung wurde gewählt? ■ Handelt es sich um eine Tabelle oder um ein Diagramm? ■ Welche Form des Diagramms wurde gewählt? Streifendiagramm (Säulen- oder Balken-)? Liniendiagramm? Kreisdiagramm? ■ Welche Maßeinheiten werden verwendet (z. B. Jahre, Einwohnerzahlen, Anteile in Prozent)?
Schritt 3 **Den Inhalt aufschlüsseln**	Welche Informationen werden vermittelt? ■ Welche Daten werden aufeinander bezogen (z. B. Jahres- und Bevölkerungszahlen)? ■ Welche auffälligen Einzelinformationen kann man entnehmen? ■ Gibt es eine deutliche Entwicklung (z. B. Wachstum oder Rückgang)?
Schritt 4 **Eine Bewertung finden**	Wurden die Daten übersichtlich und leicht verständlich grafisch umgesetzt? ■ Benötigt man für die Beantwortung der Sachfragen weitere Informationen? ■ Welche Ergebnisse kann man zusammenfassend formulieren?

❶ Vollzieht die Musterlösung nach und prüft, welche Darstellungsform euch geeigneter erscheint.

❷ Untersucht die Entwicklung der Arbeitslosigkeit in zwei Ländern mit Tabelle 1 von 1927–1936. Zeichnet dann für die beiden Länder eine Verlaufskurve.

❸ Sucht im Internet Informationen zur heutigen Arbeitslosigkeit in den vier Staaten.

	D	F	GB	USA
1927	6,2	11,0	9,7	5,9
1928	6,3	4,0	10,8	6,4
1929	8,5	1,0	10,4	4,7
1930	14,0	2,9	16,1	13,0
1931	21,9	6,5	21,3	23,3
1932	29,9	15,4	22,1	34,0
1933	25,9	14,1	19,9	35,3
1934	13,5	13,8	16,7	30,6
1935	10,3	14,5	15,5	28,4
1936	7,4	10,4	13,1	23,9

1 – Arbeitslosigkeit in Deutschland (D), Frankreich (F), Großbritannien (GB) und den USA in Prozent der Erwerbspersonen.

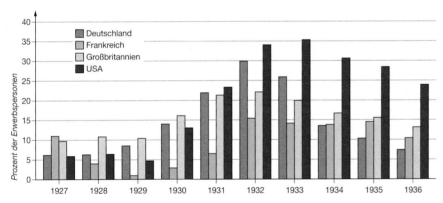

2 – Arbeitslosigkeit in Deutschland (D), Frankreich (F), Großbritannien (GB) und den USA in Prozent der Erwerbspersonen.

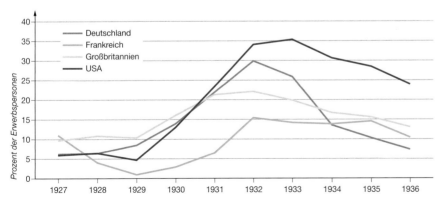

3 – Arbeitslosigkeit in Deutschland (D), Frankreich (F), Großbritannien (GB) und den USA in Prozent der Erwerbspersonen.

Musterlösung

Zum Schritt 1: Die Statistik-Tabelle 1 nennt die Arbeitslosigkeit in Prozent der Erwerbspersonen für vier Länder (Deutschland, Frankreich, Großbritannien und die USA) im Zeitraum von 1927–1936.

Zum Schritt 2: In Bild 2 und Bild 3 werden die Angaben aus Tabelle 1 grafisch als Säulendiagramm und in Verlaufskurven umgesetzt. Die Angaben werden in Prozent der Erwerbspersonen gemacht.

Zum Schritt 3: Für jedes der vier Länder kann man in Tabelle 1 den Verlauf der Arbeitslosigkeit in einem Land oder im Vergleich für ein bestimmtes Jahr ablesen. Auffällig ist, dass die Arbeitslosigkeit in den USA ab 1932 die höchste ist und auch nicht in dem Maße abnimmt wie in den anderen Ländern. In Deutschland fällt die Arbeitslosigkeit seit 1934 stärker als in allen anderen Staaten.

Zum Schritt 4: Das Säulendiagramm verdeutlicht die unterschiedliche Entwicklung am besten.
Die unterschiedliche Entwicklung der Arbeitslosigkeit bedarf einer Erklärung, die sich nicht durch die Statistik ergibt.
Zusammenfassend kann man sagen …

Warum setzten sich die Gegner der Republik durch?

1 – Wahlplakat der Reichstagswahl von 1932.

ten (s. S. 219, Q3). Um die Wirtschaftskrise zu beenden, schlug er einen strengen Sparkurs ein: Steuererhöhungen, Kürzung der Arbeitslosenunterstützung und Senkung der Löhne und Gehälter im öffentlichen Dienst.

Brünings Politik verschärfte jedoch die Krise: Die Zahl der Arbeitslosen stieg auf ca. 6 Millionen an. Im Mai 1932 entließ Hindenburg Brüning.

Vertiefung der gesellschaftlichen Spaltung

Die Extremisten bei den Arbeitern und im Bürgertum sahen die Krise der Wirtschaft und des politischen Systems als Bestätigung ihrer Ablehnung der parlamentarischen Demokratie. Die Sparpolitik verstärkte die Spaltung, die durch die Gesellschaft und die Parteien verlief. Viele Bürgerinnen und Bürger verloren das Vertrauen in ein politisches System, dass nur noch mit Notverordnungen ohne das gewählte Parlament regierte.

❷ Beschreibt anhand der Grafik 3 die Entwicklung der Stimmanteile der einzelnen Parteien von 1930–1932.

❸ Erläutert mithilfe der Grafik 3, warum es ab 1930 aufgrund der Wahlergebnisse für die Parteien der Weimarer Koalition (SPD, Zentrum, DDP) nicht mehr möglich war, eine vom Reichstag mit Mehrheit gestützte Regierung zu bilden.

Wahlsiege der NSDAP

Bei den Wahlen im September 1930 gelang der NSDAP der Durchbruch. Die Parolen Hitlers fanden immer mehr Zuspruch. Im Unterschied zu den anderen Parteien führten er und seine Partei einen aggressiven Wahlkampf; dabei setzten sie alle modernen Medien ein.

Die NSDAP war die erste „Volkspartei", die mit ihren Versprechen fast alle Schichten erreichte. Um Hitler zu wählen, musste man nicht alles gut finden. Wenn Hitler vor Unternehmern sprach, betonte er das

---

✳ **Große Koalition**
Regierungsbündnis zweier großer Parteien, die dadurch über eine sehr große Mehrheit im Parlament verfügen.

✳ **Notverordnungen**
Artikel 48 der Reichsverfassung erlaubte es, in Notsituationen Gesetze auch ohne Zustimmung des Reichstages in Kraft zu setzen, wenn der Reichspräsident die Notverordnungen unterschrieb. Auf Verlangen des Reichstages mussten die Notverordnungen aufgehoben werden. Dafür gab es aber nach 1930 keine Mehrheit mehr.

Das Scheitern der ✳Großen Koalition

Als in der Wirtschaftskrise im Winter 1929/1930 die Arbeitslosenzahlen immer höher stiegen, zeichnete sich ab, dass die Arbeitslosenversicherung das Arbeitslosengeld nicht mehr zahlen konnte.

Über eine Erhöhung der Arbeitslosenversicherung um 0,5 % konnten sich die Parteien nicht einigen. Im März 1930 zerbrach deswegen die Koalitionsregierung aus SPD, Zentrum, BVP, DDP und DVP. Sie war die letzte Regierung, die eine Mehrheit im Parlament hatte.

❶ Erklärt, warum es wichtig war, die Arbeitslosenversicherung zahlungsfähig zu erhalten.

Die Regierung Brüning

Der neue Kanzler, Heinrich Brüning (Zentrum), hatte keine Mehrheit im Reichstag hinter sich. Regieren konnte er daher nur mit ✳Notverordnungen des Reichspräsiden-

2 – Wahlplakat der NSDAP aus dem Jahr 1932.

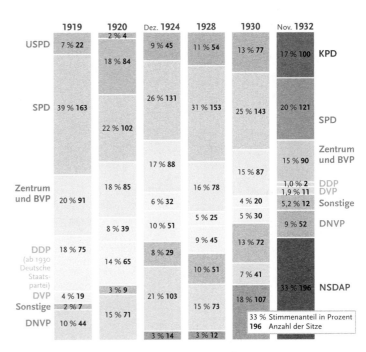

3 – Ergebnisse der Reichstagswahl vom November 1932.

Partei	1919	1920	Dez. 1924	1928	1930	Nov. 1932
USPD / KPD	7 % 22	USPD 18 % 84 · KPD 2 % 4	9 % 45	11 % 54	13 % 77	KPD 17 % 100
SPD	39 % 163	22 % 102	26 % 131	31 % 153	25 % 143	20 % 121
Zentrum und BVP	20 % 91	18 % 85	17 % 88	16 % 78	15 % 87	15 % 90
DDP (ab 1930 Deutsche Staatspartei)	18 % 75	8 % 39	6 % 32	5 % 25	4 % 20	DDP 1,0 % 2
DVP	4 % 19	14 % 65	10 % 51	9 % 45	5 % 30	DVP 1,9 % 11
Sonstige	2 % 7	3 % 9	8 % 29	10 % 51	13 % 72	5,2 % 12
DNVP	10 % 44	15 % 71	21 % 103	15 % 73	7 % 41	9 % 52
NSDAP			3 % 14	3 % 12	18 % 107	33 % 196

33 % Stimmenanteil in Prozent
196 Anzahl der Sitze

„Nationale", sprach er vor Arbeitern, betonte er das „Sozialistische". Hitler versprach
- schnell Arbeit zu verschaffen,
- das demokratische System zu beseitigen,
- den Vertrag von Versailles mit seiner Aussage, Deutschland sei am Ersten Weltkrieg allein schuldig, zu bekämpfen,
- ein neues Deutschland mit einer schlagkräftigen Armee zu schaffen.

Vor allem aber beschuldigte er unablässig die Juden, die eine Minderheit von 0,5 Prozent der Bevölkerung ausmachten, an der wirtschaftlichen und politischen Krise Deutschlands schuld zu sein. Dieser brutale ✳Antisemitismus wurde von vielen seiner Wähler unterstützt oder zumindest hingenommen.

④ Notiert Gründe für Hitlers Wahlerfolg.

⑤ Analysiert Bild 1 und 2 mithilfe der Methode auf Seite 222. Erläutert den historischen Hintergrund der Plakate.

Q1 Hitler hatte am 24. 9. 1930 vor dem Ulmer Reichsgericht gesagt:

… Die Verfassung schreibt uns nur die Methoden vor, nicht aber das Ziel. Wir werden auf diesem verfassungsmäßigen Wege die ausschlaggebenden Mehrheiten … zu erlangen versuchen, um in dem Augenblick, wo uns das gelingt, den Staat in die Form zu gießen, die unseren Ideen entspricht. …

⑥ Erklärt, was Q1 über Hitlers Einstellung zur Demokratie aussagt.

✳ Antisemitismus
Seit Ende des 19. Jahrhunderts gebräuchlicher Begriff für „Judenhass" oder „Judenfeindlichkeit".

entdecken und verstehen

Ⓐ Schreibt als Journalist für eine ausländische Zeitung zum Jahreswechsel 1932/1933 einen Bericht, warum die Gegner der Weimarer Republik immer mehr Anhänger fanden.

Ⓑ Notiert aus der Sicht verschiedener Gruppen (Unternehmer, Bürger, Arbeiter) Probleme, die die demokratischen Politiker der Weimarer Republik nicht oder nur ungenügend lösten. Benutzt die Zusammenstellung für ein Streitgespräch zwischen Unterstützer und Gegner der Republik.

Wer unterstützte die Machtübertragung an Hitler?

1 – Plakat der SPD, 1932.

wie sie in dem von Eurer Exzellenz formulierten Gedanken eines Präsidialkabinetts zum Ausdruck kommt. ...

Gegen das bisherige parlamentarische Parteiregime sind nicht nur die Deutschnationale Volkspartei und die ihr nahestehenden kleineren Gruppen, sondern auch die Nationalsozialistische Deutsche Arbeiterpartei grundsätzlich eingestellt und haben damit das Ziel Eurer Exzellenz bejaht. ...

Die Übertragung der verantwortlichen Leitung eines mit den besten sachlichen und persönlichen Kräften ausgestatteten Präsidialkabinetts an den Führer der größten nationalen Gruppe wird die Schlacken und Fehler, die jeder Massenbewegung notgedrungen anhaften, ausmerzen und Millionen Menschen, die heute abseits stehen, zu bejahender Kraft mitreißen. ...

❶ Analysiert Q1 und erläutert, warum führende Wirtschaftsvertreter Hitlers Kanzlerschaft forderten.

❷ Zeigt mit dem Plakat 1 welche politischen Gruppen die SPD 1932 als Feinde der Demokratie sieht.

⁎ autoritäre Regierung
Form der Herrschaft, in der die Macht ungleich verteilt ist und es keine freien Wahlen gibt.

⁎ inspiriert und instruiert
angeregt und angeleitet

Das Ende der Weimarer Republik

In rascher Folge ernannte Reichspräsident v. Hindenburg nach der Entlassung Brünings nun Nachfolger im Amt des Reichskanzlers, die aber alle nach wenigen Wochen scheiterten. In dieser Situation ergriffen die konservativen Gegner der Republik die Initiative. Sie fürchteten eine Stärkung der sozialistischen und kommunistischen Kräfte und strebten die Einführung der Monarchie oder eine ⁎autoritäre Regierung an.

Q1 Eingabe führender Persönlichkeiten aus Wirtschaft und Industrie sowie großagrarischer Kreise an Reichspräsident von Hindenburg für die Berufung Adolf Hitlers zum Reichskanzler, Mitte November 1932:

... Mit Eurer Exzellenz bejahen wir die Notwendigkeit einer vom parlamentarischen Parteiwesen unabhängigeren Regierung,

Auch das Zentrum, das seit 1919 zur Weimarer Koalition gehörte, gab die Unterstützung der demokratischen Ordnung auf.

Q2 Aufzeichnung des Staatssekretärs Dr. Meissner über den Empfang des Zentrumsführers Prälat Dr. Kaas durch den Reichspräsidenten, 18. 11. 1932:

... Nach den einleitenden Worten des Herrn Reichspräsidenten erklärte Prälat Kaas: ... Wir wollen nicht wieder zurückfallen in den Parlamentarismus, sondern wir wollen dem Reichspräsidenten einen politischen und moralischen Rückhalt schaffen für eine autoritäre Regierung, die vom Reichspräsidenten ⁎inspiriert und instruiert wird. Wir wollen nicht rückwärts, sondern vorwärts. ...

30. 1. 1933: Hitler wird Reichskanzler

In Verhandlungen einigten sich die Nationalsozialisten und die Parteiführer der DNVP, eine gemeinsame Regierung zu bilden. Die NSDAP sollte, wie es Hitler forderte, den Reichskanzler stellen, blieb aber mit zwei weiteren Ministern in dieser Koalition in der Minderheit. Reichspräsident v. Hindenburg hatte sich noch ein halbes Jahr zuvor geweigert, Adolf Hitler zum Reichskanzler zu ernennen. Unter dem Einfluss des früheren Reichskanzlers von Papen ernannte er Hitler schließlich doch am 30. Januar 1933 zum Reichskanzler. Auch die Reichswehr hatte ihre Zustimmung zu dieser Regierung mit dem Eintritt des Generals von Blomberg als Reichswehrminister in die Regierung signalisiert.

Gründe für das Scheitern der Republik

In der Weltwirtschaftskrise von 1929 bis 1933 zerbrach das parlamentarische Regierungssystem. In schnell aufeinanderfolgenden Wahlen gewannen die Rechtsextremisten (NSDAP) und die Linksextremisten (KPD) hohe Stimmanteile. Beide Parteien lehnten das demokratische System ab, die Parteien der Mitte hatten keine Mehrheit mehr und waren untereinander zerstritten. Die konservativen Eliten in Wirtschaft und Landwirtschaft und die Führung der Reichswehr, aber auch der Reichspräsident v. Hindenburg stützten das demokratische System nicht und gaben das Reichskanzleramt Adolf Hitler, dem größten Feind der demokratischen Ordnung.

M1 Der Historiker Eberhard Kolb schrieb 1984:

... (D)ie parlamentarische Demokratie (wurde) nur von einer Minderheit der Bevölkerung wirklich akzeptiert und mit kämpferischem Elan verteidigt, breite Bevölkerungsschichten verharrten in Distanz, Skepsis und offener Ablehnung, bereits im Verlauf der Gründungsphase organisierten sich auf der politischen Rechten und der äußersten politischen Linken die

2 – Der neu ernannte Reichskanzler Adolf Hitler grüßt vom Fenster der Reichskanzlei. Foto 30. 1. 1933.

antidemokratischen Kräfte zum Kampf gegen die Republik. ...

M2 Der Historiker Hans-Ulrich Wehler schrieb 2003:

... Man kann die Untergangsphase der Weimarer Republik durchaus als Gegenrevolution charakterisieren ... , da die Kräfte des Umsturzes ... schließlich für Hitler gegen die Republik, gegen die Demokratie, gegen den Sozialstaat, überhaupt gegen alle ... Folgen der Revolution von 1918/1919, aber für die Rückkehr zu einer verklärten autoritären Vergangenheit vor der Schwelle von 1914 antraten. ...

❸ Erklärt mit euren Worten warum die Weimarer Republik scheiterte. Benutzt Q1, Q2, M1 und M 2.

entdecken und verstehen

Ⓐ Erstellt mithilfe dieser und der vorangegangenen Seiten eine Mindmap zum Thema „Das Scheitern der Weimarer Demokratie".

Ⓑ Stellt aus den Seiten 212 bis 241 die Daten wichtiger Ereignisse der Weimarer Republik zusammen. Fertigt eine Wandzeitung an.

Welche politischen Systeme gab es in Europa?

Faschistische Diktatur   Kommunistische Diktatur   **1926** Jahr der Errichtung
Autoritäres Regime,   Demokratie   einer Diktatur oder eines
Militärdiktatur   autoritären Regimes

1 – Politische Systeme in Europa 1932.

☼ **Faschismus**
Sammelbezeichnung für
den deutschen National-
sozialismus und den
italienischen Faschismus.

☼ **autoritäre Regime**
Diktatorische Form der
Herrschaft. Es gibt keine
Parteien und Parlamente.
Eine autoritäre Herrschaft
lässt keine anderen Mei-
nungen zu und verhindert,
dass Zeitungen, Fernsehen
und andere Medien kritisch
berichten können.

	Totalitäre Diktatur (kommunistisch oder faschistisch)	Autoritäres Regime oder Militärdiktatur	Demokratie
Politische Freiheit	nein	teilweise	ja
Politische Gleichheit	nein	teilweise	ja
Politische und rechtliche Kontrolle des Regierungs-handelns	nein	teilweise	. ja
Freie, geheime und gleiche Wahlen	nein	nein	ja

2 – Kennzeichen von totalitären, autoritären und demokratischen politischen Systemen.

Politische Systeme in Europa um 1932
Mithilfe der Karte und der Übersicht könnt
ihr euch die politische Entwicklung in Europa erarbeiten.

❶ Erstellt eine Übersicht mit den Staaten
Europas und vermerkt, welches politische
System ab wann dort herrschte.

❷ Formuliert eine zusammenfassende
Bewertung über die politische Situation
Europas in den 1930er-Jahren.

❸ Erläutert mit Tabelle 2, was für Rechte die
Menschen in den jeweiligen politischen
Systemen hatten.

Zusammenfassung

Die Weimarer Republik

Vom Kaiserreich zur Republik

Nach der Revolution vom November 1918 begann zunächst die Auseinandersetzung um die zukünftige Staatsform. Die Frage war: Rätesystem nach russischem Vorbild oder parlamentarische Demokratie nach westlichem Vorbild? Das Eintreten der SPD als stärkste politische Kraft für eine parlamentarische Demokratie gab den Ausschlag. Bürgerkriegsartige Zustände im Januar 1919 in der Hauptstadt Berlin führten dazu, dass die verfassunggebende Versammlung in das ruhigere Weimar verlegt wurde.

1918/1919

Von der Novemberrevolution zur Weimarer Verfassung.

Nachkriegszeit und innenpolitische Krisen

Auch nach Errichtung der Weimarer Republik blieben die politischen Lager unversöhnlich. Die französische Ruhrbesetzung, die Inflation und die soziale Entwurzelung weiter Bevölkerungskreise heizten die Situation in Deutschland zusätzlich an. 1923 gipfelten die Spannungen in mehreren Putschversuchen von links und rechts. Die Parteien konnten sich kaum einigen und distanzierten sich zunehmend von der Republik.

1923

Das Krisenjahr: Einmarsch französischer Truppen im Ruhrgebiet.

Außenpolitischer Ausgleich

In der Außenpolitik gewann Deutschland durch den Vertrag von Locarno wieder Ansehen. Mit dem Vertrag erkannte Deutschland die neuen Westgrenzen an. Deutschland verpflichtete sich, Grenzfragen nur auf friedlichem Wege zu regeln. Daraufhin wurde Deutschland am 8. 9. 1926 in den Völkerbund, der aus 32 Staaten bestand, aufgenommen. Der Völkerbund diente der Friedenssicherung.

1926

Aufnahme in den Völkerbund, Entspannung in Westeuropa.

Die Schwäche der Demokratie

Die Weltwirtschaftskrise zerstörte die wirtschaftliche Grundlage des mühsam errungenen politischen und sozialen Friedens der Weimarer Republik. Die Republik mit ihrer demokratischen Verfassung schien vielen Menschen für ihre persönliche Not verantwortlich zu sein. Besonders die rechtskonservativen Parteien, am erfolgreichsten die NSDAP, nutzten diese Stimmung. Die Demokratie fand immer weniger Verteidiger. Das Regieren mit Notverordnungen und die Sparpolitik der Regierung Brüning zerstörten zunehmend das Vertrauen in die demokratische Ordnung. Am 30. 1. 1933 ernannte Reichspräsident v. Hindenburg Adolf Hitler zum Reichskanzler.

1928/1933

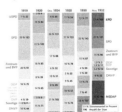

Scheitern der Republik am mangelnden Rückhalt im Volk.

1 – Junge Dame in einem beliebten Café in Berlin. Foto um 1924.

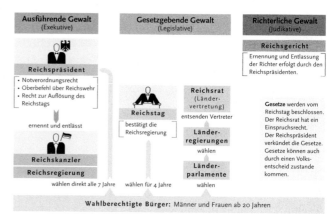

2 – Die Weimarer Verfassung. Schaubild.

3 – Wahlplakat der KPD aus dem Jahr 1932.

4 – Wahlplakat der SPD aus dem Jahr 1932.

Verstehen

5 – „Ich suche Arbeit." Foto, um 1930.

Q1   Am 30. 4. 1928 schrieb Joseph Goebbels, ein führendes Mitglied der NSDAP, in einem Aufsatz in der Wochenzeitung „Der Angriff":

... Wir sind doch eine antiparlamentarische Partei, lehnen aus guten Gründen die Weimarer Verfassung und die von ihr eingeführten Institutionen ab ... . Was wollen wir also im Reichstag?

Wir gehen in den Reichstag hinein, um uns im Waffenarsenal der Demokratie mit deren eigenen Waffen zu versorgen. ... Uns ist jedes gesetzliche Mittel recht, den Zustand von heute zu revolutionieren (zu verändern). ... Wir kommen nicht als Freunde, auch nicht als Neutrale. Wir kommen als Feinde! Wie der Wolf in die Schafherde einbricht, so kommen wir. ...

Wichtige Begriffe erklären

Novemberrevolution 1918

Weimarer Verfassung

Krisenjahr 1923

Inflation

Völkerbund

soziale Errungenschaften

Weltwirtschaftskrise

Regieren mit Notverordnungen

Scheitern der Republik

Wissen und erklären

❶ Erklärt euch gegenseitig die wichtigen Begriffe (oben) und schreibt ihre Bedeutung in eure Geschichtsmappe.

❷ Nennt wichtige Elemente der Weimarer Verfassung (Schaubild 2).

❸ Beschreibt ausgehend von Bild 1, wie sich das Leben der Frauen in den 1920er-Jahren verändert hatte.

❹ Erklärt Ursachen und Auswirkungen der Weltwirtschaftskrise.

❺ Beschreibt die Lage der Menschen nach der Weltwirtschaftskrise (Bild 5).

Anwenden

❻ Untersucht die Wahlplakate der KPD und der SPD (Bild 3 und 4). Wendet die auf Seite 236 beschriebene Methode an.

Beurteilen und handeln

❼ Beurteilt vor dem Hintergrund der Weltwirtschaftskrise das Scheitern der Weimarer Republik.

❽ Beurteilt anhand von Q1, was es für die Demokratie bedeutete, das Amt des Reichskanzlers an diese Partei zu übergeben.

❾ Nennt Einsichten aus der Geschichte der Weimarer Republik, die für den Bestand unserer heutigen Demokratie wichtig sind.

Methode

Gewusst wie ... arbeiten mit Methode

Methodenübersicht

Selbstorganisation

Wir erarbeiten ein Portfolio .... S. 246
Ein Projekt planen und durchführen .... S. 138, 247

Informationen beschaffen

Eine Internetrecherche durchführen .... S. 247
Besuch eines Industriemuseums .... S. 104, 248

Informationen bearbeiten

Einen Sachtext verstehen .... S. 248
Arbeiten mit Textquellen .... S. 249
Textquellen vergleichen .... S. 249
Flugblätter als Propagandamittel .... S. 22, 250
Bilder untersuchen .... S. 250
Karikaturen entschlüsseln .... S. 58, 251
Ein persönliches Werturteil bilden .... S. 251
Ein Verfassungsschema lesen
und verstehen .... S. 70, 252
Strukturskizzen erläutern .... S. 76, 252
Fotos analysieren .... S. 114, 253
Ein Referat erarbeiten und halten .... S. 253
Statistiken untersuchen .... S. 236, 254
Propagandapostkarten und -plakate
untersuchen .... S. 200, 254
Wahlplakate untersuchen .... S. 222, 255

Informationen präsentieren

Arbeitsergebnisse präsentieren .... S. 182, 255

Wir erarbeiten ein Portfolio

Das Portfolio habt ihr schon als Mappe gelungener Arbeiten kennengelernt. Es zeigt wie ein „Schaufenster" Ergebnisse, die ihr zu einem historischen Thema erstellt habt.

Es enthält außerdem eure Gedanken über Lernwege, persönliche Interessen oder auch Schwierigkeiten. Wichtig sind immer genaue Absprachen!

... und so wird's gemacht:

1 Absprachen treffen

Vor Arbeitsbeginn werden geklärt und schriftlich festgehalten:

– Anforderungen wie Thema, Zeitplan, Rahmenbedingungen (wann und wo Arbeit am Portfolio), Zielsetzungen, Inhalte (Wahl- und Pflichtseiten), Form (z. B. Mappe) und Art der Reflexion

– Die Beratung durch die Lehrerin/den Lehrer (wann und wie?) und die Bewertung (z. B. durch euch selbst, durch Mitschüler/innen und die Lehrkraft).

2 Das Portfolio erarbeiten und veröffentlichen:

– Die Gliederung wächst mit den fertigen Arbeiten, und die Gestaltung passt zum Thema.

– Die Lernerfahrungen (was war gut, was war schwierig) werden immer gleich bei der Arbeit aufgeschrieben.

– Die fertigen Portfolios liegen zur Ansicht und für ein gegenseitiges Feedback aus.

3 Das Portfolio auswerten

Das Portfolio wird beurteilt, Verabredungen werden getroffen.

– Wie ist der Gesamteindruck? Ist euer Portfolio vollständig?

– Die Einzelheiten: Was ist euch schon gut oder bestens gelungen? Woran könnt ihr noch arbeiten? Ein Bewertungsbogen ist hilfreich!

– Verabredungen: neue Ziele, Schwerpunkte für das nächste Portfolio

Ein Projekt planen und durchführen

In einem Projekt arbeitet ihr in Gruppen selbstständig mit unterschiedlichen Fragestellungen an einem Rahmenthema. Jeder beschäftigt sich in einem Teilthema des Projekts mit Fragen, die sie/ihn besonders interessieren. Projekte erfordern längere und intensive Arbeitsphasen. Am Ende des Projektes hat jede Gruppe als Ergebnis der Arbeit ein Produkt, dass sie gemeinsam und eigenverantwortlich hergestellt hat.

1 Ein Projekt vorbereiten

– Themen sammeln: Welche Fragestellungen interessieren uns besonders? Auf welches Thema kann die ganze Gruppe sich einigen, damit alle engagiert mitarbeiten? Welche Leitfragen sollen die Gruppen bearbeiten?

– Zeitplan festlegen: Projekte dauern mindestens eine, oft zwei oder drei Wochen. Ihr müsst einen genauen Zeitplan haben, damit ihr eure Arbeit überschaut.

– Vorstellung der Arbeitsergebnisse: Macht euch schon vor Arbeitsbeginn Gedanken, wie ihr eure Ergebnisse den anderen Schülern vorstellt. Ihr könnt z. B. eine Wandzeitung, eine Dokumentation oder eine Ausstellung erstellen.

2 Ein Projekt durchführen

– Arbeitsgruppen einteilen: Legt fest, wer mit wem arbeitet, und verteilt die Arbeiten auf die einzelnen Gruppen. Auch innerhalb der Arbeitsgruppen solltet ihr genau klären, wer wofür verantwortlich ist. Letztendlich ist aber die ganze Gruppe für ihr Ergebnis verantwortlich.

– Material besorgen: Material findet ihr im Schulbuch, im Internet, in Büchern, in Tageszeitungen und Illustrierten. Vielleicht könnt ihr auch Videos auswerten und Ausschnitte daraus vorstellen.

– Arbeitsergebnisse überprüfen: Während der Projektarbeit solltet ihr euch immer wieder in der ganzen Klasse zusammensetzen und eure Zwischenergebnisse vorstellen. Verständnisfragen der Mitschüler können euch helfen, Schwachpunkte eurer Arbeit zu erkennen. Kritik und Anregungen von Außenstehenden können helfen, euer Arbeitsergebnis zu verbessern.

3 Die Ergebnisse vorstellen

– Die in den einzelnen Arbeitsgruppen erzielten Ergebnisse werden gemeinsam der Klasse präsentiert, wie ihr es vorher vereinbart habt.

– Falls die Ergebnisse auch für andere interessant sein können: Werbt für eure Präsentation. Ladet dazu Eltern und andere Klassen ein. Fragt, ob ihr eure Ergebnisse eventuell auch bei ihnen vorstellen könnt.

Eine Internetrecherche durchführen

1 Geeignetes Suchwort finden

– Welches Suchwort hilft mir weiter?

– Mit welchem Suchwort bekomme ich nicht zu umfangreiche Informationen oder zu wenige Informationen?

2 Brauchbarkeit und Übersichtlichkeit prüfen

– Ist der Artikel überschaubar?

– Hat die ausgewählte Seite ein Inhaltsverzeichnis, das mich zu einer brauchbaren Stelle führt?

3 Informationen auswerten

– Verstehe ich den Text?

– Kann ich das Gelesene mit eigenen Worten wiedergeben?

– Muss ich unbekannte Wörter klären? Wenn ja, welche?

– Was sind die „Schlüsselwörter", die mir beim Verstehen des Textes weiterhelfen?

– Welche Bilder verwende ich, um meine Informationen zu veranschaulichen?

Besuch eines Industriemuseums

1   Vorbereitung des Museumsbesuches

– Eine Arbeitsgruppe kümmert sich um die Organisation.

– Schreibt an das Industriemuseum und bittet um Informationsmaterial oder ruft die WebSeite des Industriemuseums auf.

– Wie kommt ihr zu dem Industriemuseum?

– Wann hat das Museum geöffnet?

– Wieviel kostet der Eintritt für Schulklassen?

– Gibt es einen Museumsplan?

– Welche Themen werden angeboten?

– Gibt es Führungen oder Vorführungen?

2   Themen auswählen

– Da ihr in einem großen Industriemuseum nicht alles besichtigen könnt, müsst ihr euch zunächst gemeinsam für bestimmte „Themen" entscheiden. Themen können sein:

– Was wurde hergestellt und wie wurde produziert?

– Welche Arbeitsbedingungen gab es im Betrieb (Belegschaft, Arbeitszeit, Löhne, Schutzvorrichtungen)?

– Wie veränderte sich das Umfeld (Wohnbedingungen, Verkehr, Umwelt)?

3   Im Museum

– Zunächst verschafft ihr euch einen groben Überblick über das, was es zu sehen gibt.

– Wo könnt ihr euch orientieren (Plan in der Eingangshalle, Infobereich)?

– Wo befindet sich der Museumsteil zum vorher gewählten Themenbereich?

– Besichtigung mit Erkundungsbogen oder eigenen Notizblättern, Fotoapparat (Fotografier-Erlaubnis erfragen).

4   Auswertung des Museumsbesuches

– Zurück in der Schule, solltet ihr zunächst eure Ergebnisse zusammentragen:

– Was hat euch im Industriemuseum überrascht?

– Hat sich der Weg in das Industriemuseum eurer Meinung nach gelohnt?

– War die Vorbereitung ausreichend?

– Was würdet ihr beim nächsten Mal anders machen?

Einen Sachtext verstehen

1   Überfliegen und Thema erfassen

– Um welches Thema geht es?

– Was wisst ihr schon darüber?

– Was möchtet ihr noch wissen?

2   Fragen stellen

– Um welche Sorte von Text handelt es sich?

– W-Fragen:
Wer? – Was? – Wann? – Wo? – Wie? – Warum?

3   Ein zweites Mal lesen

– Unterstreicht schwierige/unklare Textstellen und unbekannte Wörter.

– Klärt diese Stellen in der Klasse oder mithilfe eines Lexikons oder des Internets.

– Markiert die wichtigsten Wörter (Schlüsselwörter) im Text (Textmarker). Markiert sparsam (bitte nicht im Buch, sondern auf einer Kopie!).

4   Zwischenüberschriften finden

– Notiert Überschriften für die einzelnen Abschnitte, die ihren Inhalt knapp zusammenfassen.

– Passt eure Überschrift zum Inhalt des Abschnitts und zur Art des Textes?

5   Inhalt wiedergeben

– Gebt mithilfe der Zwischenüberschriften und unterstrichenen Wörter den Inhalt des Textes wieder, in Stichworten oder wenigen, kurzen Sätzen.

Arbeiten mit Textquellen

Neben den Texten der Autorinnen und Autoren gibt es in diesem Schulbuch auch andere Textquellen, die von früher lebenden Menschen stammen. Das können Berichte, Briefe, Gesetze oder auch Inschriften sein.

1 Fragen zum Verfasser
  – Wer ist der Verfasser?
  – Hat der Verfasser die Ereignisse, über die er berichtet, selbst erlebt?
  – Versucht der Verfasser neutral zu sein oder ergreift er deutlich Partei für bestimmte Personen?

2 Fragen zum Text
  – Um welche Art von Text handelt es sich: Bericht, Erzählung, Inschrift usw.?
  – Welche Begriffe sind unbekannt? – Wo kann man eine Erklärung finden?
  – Wovon handelt der Text?
  – Welcher Gesichtspunkt steht im Mittelpunkt?
  – Lässt sich der Text in einzelne Abschnitte gliedern?
  – Welche Überschriften könnten sie erhalten?
  – Wie lassen sich die Informationen des Textes kurz zusammenfassen?

3 Meinungen und Informationen des Verfassers unterscheiden
  – Welche Sätze enthalten Sachinformationen, welche Sätze geben nur die Meinung des Verfassers oder sein Urteil wieder?
  – Wie kann man diese Unterschiede erkennen?
  – Lässt sich mit der Herkunft des Verfassers erklären, warum er einseitig berichtet?

Textquellen vergleichen

1 Jede Quelle einzeln erschließen
  – Wer ist der Verfasser?
  – Um welche Art von Text handelt es sich: Bericht, Erzählung, Inschrift usw.?
  – Welche Begriffe sind unbekannt? Wo kann man eine Erklärung finden?
  – Wovon handelt der Text?
  – Lässt sich der Text in einzelne Abschnitte gliedern?
  – Welche Überschriften könnten sie erhalten?
  – Wie lassen sich die Informationen des Textes kurz zusammenfassen?
  – Welche Sätze enthalten Sachinformationen, welche Sätze geben die Meinung des Verfassers oder sein Urteil wieder?

2 Fragen zur Glaubwürdigkeit des Textes
  – Waren die Autoren Augenzeugen?
  – Mit welchem zeitlichen Abstand zum Geschehen wurden die Texte verfasst?

3 Informationen und Meinungen vergleichen
  – Stimmen die Textaussagen überein oder widersprechen sie einander?
  – Wo liegen Unterschiede?
  – Wie sind diese Unterschiede zu erklären (Perspektive, unterschiedliche Interessenlagen der Autoren)?

4 Weitere Informationen sammeln
  – Braucht ihr weitere Informationen (z. B. Lexika oder Sachtexte)?

5 Ergebnisse formulieren
  – Notiert eure Ergebnisse.
  – Wie lassen sich die Ergebnisse des Quellenvergleichs deuten?

Flugblätter als Propagandamittel

Flugblätter sind so etwas wie die Vorläufer unserer Zeitungen. Ihr Ziel war es, den Leser mit Bildern und Texten zu beeinflussen, durch die der Gegner verspottet und lächerlich gemacht wurde. Während der Reformationszeit erschienen zahllose Flugblätter von evangelischer und katholischer Seite. Manche kann man auch heute noch gut verstehen, andere verwenden Symbole und Hinweise, die man erst entschlüsseln muss.

1 Fragen zum Verfasser
- Wer ist der Verfasser oder Auftraggeber? (Katholik oder Protestant, Kaiser oder Landesfürst?)
- Versucht der Verfasser sachgerecht über den eigenen Standpunkt zu informieren oder geht es ihm vor allem darum, den Gegner lächerlich zu machen?

2 Fragen zum Thema
- Welche Personen sind auf dem Flugblatt zu erkennen?
- Ist ein bestimmter Ort oder ein bestimmtes Ereignis dargestellt?
- Was bedeutet die Legende zu diesem Flugblatt?

3 Fragen zur Gestaltung
- Wie werden die einzelnen Personen dargestellt?
- Welche Symbole wurden verwendet?
- Wurden Tierdarstellungen verwendet, um menschliche Eigenschaften, Stärken oder Schwächen, auszudrücken?
- Wie sind die Größenverhältnisse? Was steht im Vordergrund, was tritt in den Hintergrund?

4 Fragen zur Intention des Plakates
- Was ist die „Botschaft" der Flugschrift?
- An wen ist sie gerichtet? Mit welcher Absicht?

Bilder untersuchen

1 Die Einzelheiten eines Bildes möglichst genau beschreiben
- Welche Personen/Gegenstände sind dargestellt?
- Wie sind sie dargestellt? Kleidung, Frisuren usw. beachten.
- Gibt es Unterschiede in der Darstellung (Größe/Hautfarbe)?
- Welche weiteren Gegenstände sind auf dem Bild zu sehen?
- Aus welcher Zeit stammt das Bild (Bildlegende beachten)?

2 Zusammenhänge erklären
- Welche Tätigkeiten üben die Personen aus?
- Wie ist das Verhältnis der Personen zueinander?
- Gibt es Merkmale, die eine besondere Bedeutung haben könnten?
- Wie kann man das Thema des Bildes kurz zusammenfassen?

3 Zusätzliche Informationen über das Bild und die dargestellten Personen könnt ihr mithilfe des Internets bekommen.
- Von wem wurde das Bild in Auftrag gegeben?
- Was kann man über die dargestellten Personen aus anderen Quellen erfahren?
- Gibt es noch andere Bilder zu diesem Thema?
- Was verstehe ich nicht, und wo finde ich dann noch weitere Informationen?

Karikaturen entschlüsseln

Karikaturen zeigen Personen, Ereignisse oder Situationen in einer häufig übertriebenen Darstellung. Sie haben oft nur einen kurzen oder gar keinen Text. Meistens kritisiert der Karikaturist etwas mit seiner Zeichnung.

1 Die Karikatur beschreiben
– Der erste Eindruck.
– Welche Personen, Tiere, Gegenstände sind zu sehen?
– Wie sind sie dargestellt (realistisch, übertrieben, lächerlich, aggressiv, gefährlich …)?
– Gibt es einen Text zu der Karikatur?
– Notiert, was euch beim Betrachten zuerst auffällt.
– Beschreibt so genau wie möglich, welche Personen und Sachverhalte abgebildet sind: Achtet auf Gesichtsausdruck, Körperhaltung, Kleidung, Gegenstände. Ferner auch auf Texte und die Bildunterschrift.

2 Die Bedeutung verstehen
– Welche Bedeutung haben die dargestellten Personen, Tiere oder Gegenstände?
– Welches Problem oder welche Situation ist dargestellt?

3 Den Zusammenhang und die Absicht des Karikaturisten benennen
– In welchem Zusammenhang ist die Karikatur zu sehen?
– Was muss man wissen, um die Karikatur zu verstehen (geschichtliches Hintergrundwissen)?
– Was will der Zeichner verdeutlichen und eventuell kritisieren?

4 Die Karikatur beurteilen
– Welche Position bezieht der Karikaturist?
– Haltet ihr die Karikatur für gelungen?
– Stimmt ihr der Kritik des Karikaturisten zu?

Ein persönliches Werturteil bilden

In einem Werturteil kommt zum Ausdruck, was und wie wir heute über eine Sache denken. Es kann z. B. Zustimmung oder Ablehnung, Sympathie oder Antipathie ausdrücken. Ein Werturteil über Menschen und ihr Handeln in der Vergangenheit zu bilden hilft uns auch, uns in der Gegenwart zu orientieren.

1 Klären, was oder wer beurteilt werden soll
– Welche Einstellungen oder Handlungen von Menschen sollen beurteilt werden?
– Welche Fragestellung ist leitend? Halten wir z. B. das Handeln von Menschen für
  • gerechtfertigt oder ungerechtfertigt?
  • vorbildhaft oder abschreckend?
  • erfolgversprechend oder zum Scheitern verurteilt?
  • wertvoll/Werte schaffend oder wertlos/Werte vernichtend? …

2 Einen Maßstab heranziehen und offenlegen
– Was kann mir für mein Urteil als Maßstab dienen, z. B. die Menschenrechte, das Grundgesetz, eine Religion …?

3 Ein begründetes Werturteil formulieren
– Das Werturteil muss nicht immer eindeutig sein, ihr könnt auch abwägen (einerseits – andererseits). Eine Begründung gehört auf jeden Fall dazu!

4 Urteile vergleichen
– Zu welchen Urteilen sind Mitschüler/innen oder andere Menschen gekommen?
– Weisen sie überzeugende Einstellungen und Argumente nach?
– Unterschiedliche Menschen beurteilen oft verschieden. Respektiert die anderen Meinungen.

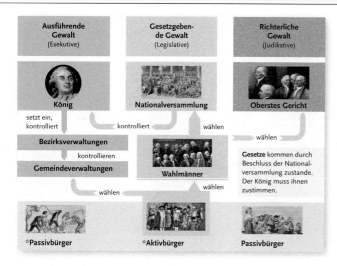

Ein Verfassungsschema lesen und verstehen

Eine Verfassung regelt die Machtverteilung in einem Staat. Sie ist das grundlegende Gesetz.

1 **Den Aufbau untersuchen**

– Wie kann man das Schema lesen? Die Pfeile helfen euch.

• von unten nach oben bzw. oben nach unten?

• von links nach rechts bzw. rechts nach links?

– Was sind wichtige Bestandteile des Schaubildes?

– Welche Ämter und Einrichtungen gibt es?

2 **Aussagen erschließen**

– Wer darf wählen?

– Wie kommen Gesetze zustande?

– Welche Aufgaben haben die Ämter und Einrichtungen?

3 **Zusammenhänge herstellen**

– Wie ist die Macht verteilt? Welches Amt hat besonders viel Macht?

– Wer kontrolliert wen? Wessen Macht geht auf Wahlen zurück?

– Wo wird die Einflussmöglichkeit des Volkes erkennbar?

– Welche Gruppen sind von politischer Mitbestimmung ausgeschlossen?

4 **Die Verfassung beurteilen**

– Stellt fest, ob und wie die Gewalten (Ausführende Gewalt, Gesetzgebende Gewalt und Richterliche Gewalt) geteilt sind.

– Welche gegenseitige Kontrolle der Gewalten gibt es?

– Beurteilt das Wahlrecht zum Zeitpunkt des Inkrafttretens der Verfassung aus damaliger und heutiger Sicht.

Strukturskizzen erläutern

Eine Strukturskizze hilft, ein historisches Thema übersichtlich vor Augen zu haben. Mit ihrer Hilfe wird etwas Kompliziertes überschaubar, ein Verlauf wird sichtbar oder Ursachen und Folgen werden deutlich. Dafür wird ein Thema, eine Ereigniskette, zunächst in knappe Sätze oder auch Begriffe zerlegt. Diese werden dann in der Skizze mit Symbolen, vor allem Pfeilen, angeordnet. Die Skizze sorgt für Übersicht, stellt zugleich aber auch eine Vereinfachung der Geschichte dar. Sie zu erläutern heißt, über das historische Thema sinnvoll erzählen zu können. Wenn man sich darin geübt hat, eine Strukturskizze zu erläutern, kann der nächste Schritt darin bestehen, selbst eine Skizze zu erstellen.

1 **Den Aufbau untersuchen**

– Wie heißt das Thema oder die Leitfrage der Strukturskizze?

– Wie kann man die Strukturskizze lesen? Die Pfeile helfen.

• Von oben nach unten?

• Von links nach rechts?

• Gibt es einen Kreislauf?

– Welche Bestandteile gibt es und was gehört zusammen?

2 **Aussagen treffen und Zusammenhänge herstellen**

– Entscheidet, mit welchem Teil der Skizze ihr beginnt.

– Verwendet die Begriffe und Sätze der Skizze für einen zusammenhängenden Bericht, eine Erzählung zum Thema.

Beachtet dabei:

• Welche Bedeutung haben Zeichen, Pfeile und Symbole (z. B. Krone)?

• Was hängt wie zusammen?

• Was folgt worauf?

• Was sind Ursachen, was sind Folgen?

3 **Einen zusammenfassenden Schluss finden**

– Was macht die Strukturskizze insgesamt deutlich?

– Was fehlt oder wurde zur Vereinfachung weggelassen?

Fotos analysieren

1 Der erste Eindruck
– Wie ist euer erster Eindruck?
– Was seht ihr auf dem Foto?
– Welche Gedanken, welche Gefühle habt ihr beim Betrachten des Fotos?

2 Die Bildbeschreibung
– Was ist alles zu sehen und zu entdecken?
– Was genau wird dargestellt?
– Wie ist die Darstellung: Welche Farben gibt es? Wie sind die Lichtverhältnisse?
– Gibt es eine auffällige Bildkomposition? Wie ist der Ausschnitt des Bildes gewählt (Nahaufnahme/ Totale)?
– Handelt es sich um eine Collage oder Montage (verschiedene Elemente werden kombiniert)?
– Ist die Bildlegende informativ?

3 Die Analyse
– Wofür steht das Foto?
– Welche Absichten verfolgt der Fotograf vermutlich? Wofür wurde das Foto gemacht (Nachricht, Werbung, privat)?
– Ist das Foto gestellt oder handelt es sich um einen Schnappschuss?
– Sehen wir das Foto heute mit anderen Augen als zu seiner Entstehung?
– Wie kann man die Bildaussage zusammenfassen?
– Hat das Foto eine Bedeutung über die konkrete Situation hinaus, ist es typisch für ein bestimmtes Ereignis, ein Problem …?

Ein Referat erarbeiten und halten

1 Thema festlegen und eingrenzen
– Wie lautet das Thema genau?
– Welchen Umfang soll das Referat haben (Vorgaben des Lehrers, der Lehrerin)?
– Wieviel Zeit habt ihr für die Erarbeitung? Wann ist der Termin des Referats?

2 Material mit Nachweisen sammeln
– Wo findet sich Material für das Referat (Bücher/ Bibliothek, Zeitschriften, Internet/Suchmaschinen)?
– Wie kann man das gesammelte Material sammeln und ordnen?
– Wie kann man den genauen Fundort des Materials, einer Quelle, eines Zitats dokumentieren?

3 Referat sinnvoll gliedern
– Was gehört in die Einleitung (Aufhänger, Begründung des Themas, Eingrenzung)?
– Wie gliedert man den Hauptteil? Welche Punkte sind aufgrund des Themas zentral für das Referat?
– Wie kann man im Schlussteil das Wichtigste noch einmal knapp zusammenfassen und bewerten?

4 Das Referat halten
– Das Referat solltet ihr möglichst frei halten. Notiert euch wichtige Stichworte auf einen Notizzettel oder eine Karteikarte. Sprecht immer zur Klasse und nicht zur Tafel.
– Wie kann man die Kernaussagen, Daten und Skizzen veranschaulichen (z. B. mit Overhead-Projektor, Powerpoint-Animation, Plakat, Tafelanschrieb/-bild)?

Statistiken untersuchen

Statistiken helfen, Daten übersichtlich darzustellen und sie vergleichbar zu machen.

1 Das Thema klären
— Wie ist die Statistik einzuordnen?
— Welchen Sachverhalt stellt die Statistik dar (Über- oder Unterschrift)?
— Für welchen Zeitabschnitt macht die Statistik Angaben?
— Für welche Region/en gilt die Statistik?

2 Die Darstellung verstehen
— Welche Form der Darstellung wurde gewählt?
— Handelt es sich um eine Tabelle oder um ein Diagramm?
— Welche Form des Diagramms wurde gewählt? Streifendiagramm (Säulen- oder Balkendiagramm)? Liniendiagramm? Kreisdiagramm?
— Welche Maßeinheiten wurden verwendet (z. B. Jahre, Einwohnerzahlen, Anteile in Prozent)?

3 Den Inhalt aufschlüsseln
— Welche Informationen werden vermittelt?
— Welche Daten werden aufeinander bezogen (z. B. Jahres- und Bevölkerungszahlen)?
— Welche auffälligen Einzelinformationen kann man entnehmen?
— Gibt es eine deutliche Entwicklung (z. B. Wachstum oder Rückgang)?

4 Eine Bewertung finden
— Wurden die Daten übersichtlich und leicht verständlich grafisch umgesetzt?
— Benötigt man für die Beantwortung der Sachfragen weitere Informationen?
— Welche Ergebnisse kann man zusammenfassend formulieren?

Propagandapostkarten und -plakate untersuchen

1 Bild beschreiben
— Um welche Art Bild handelt es sich (Plakat, Postkarte usw.)?
— Was ist abgebildet (Bildbeschreibung)?
— Wie ist es abgebildet (Foto, Zeichnung, Schrift)?
— Wer soll beeinflusst werden?
— Was verstehe ich nicht?

2 Absicht klären
— Von welcher kriegführenden Seite stammt die Postkarte/das Plakat?
— Wozu soll der Leser oder Betrachter beeinflusst werden?

3 Art der Darstellung
— Mit welchen Mitteln arbeitet die Darstellung (Übertreibung, Lächerlichmachen, Angst einflößen, Gefühle wecken usw.)?
— Wie werden Personen bzw. der Kriegsgegner dargestellt?
— Welche Symbole und Farben werden verwendet und was bedeuten sie?

4 Beurteilung
— Ist die gewünschte Beeinflussung vermutlich erreicht worden?
— Wie ist die Darstellung aus heutiger sachlicher Sicht zu beurteilen?
— Wie findet ihr die Darstellung (verletzend, bösartig, irreführend, usw.)?

Wahlplakate untersuchen

Wahlplakate enthalten meistens Bilder und kurze, einprägsame Texte (Slogans).

Wahlplakate sind Teil der Propaganda, bei der es darum geht, die eigenen politischen Ideen zu verbreiten. Die Wirkung auf das Wahlverhalten ist nicht genau einzuschätzen. Unentschlossene dürften aber durch eine geschickte Plakatwerbung zu beeinflussen sein.

Sollen Wahlplakate durchschaut werden, müssen sie genauer untersucht werden. Historische Plakate sind aber auch Quellen, aus denen wir etwas über die unterschiedlichen Sichtweisen der damaligen Parteien und der Menschen, die sie erreichen wollten, erschließen können.

1 **Den ersten Eindruck festhalten und das Plakat einordnen**
– Betrachtet das Plakat so genau wie möglich und notiert eure ersten Eindrücke.
– Wer hat das Plakat in Auftrag gegeben? Wann ist das Plakat erschienen? Aus welchem Anlass wurde es veröffentlicht?
– Worauf soll es aufmerksam machen?
– An welche Wählergruppe wendet sich das Plakat?

2 **Das Plakat beschreiben**
– Worauf wird der Blick des Betrachters gelenkt?
– Welche Details sind zu erkennen?
– Welche besonderen Merkmale enthält die Darstellung (Farben, Schrift, Größenverhältnis, Perspektive, Verhältnis von Bild und Text)?

3 **Das Plakat deuten**
– Welche Bedeutung haben die einzelnen Gestaltungsmittel?
– Was ist die zentrale Bildaussage (Botschaft) des Plakates?
– In welchem historischen Zusammenhang ist das Plakat entstanden?

4 **Das Plakat beurteilen**
– Welche Wirkung soll beim zeitgenössischen Betrachter erreicht werden?
– Welche Gesamtaussage soll vermittelt werden?
– Was sagt das Wahlplakat über die Menschen und ihre Situation damals?

Arbeitsergebnisse präsentieren

1 **Material sammeln und Arbeitsergebnisse formulieren**
– Welche inhaltlichen Punkte wollen wir vorstellen und wo liegt der Schwerpunkt unseres Themas?
– Wie finden wir Bücher, Aufsätze oder weitere Informationen zu unserem Thema?
– Welche Bilder, Karten oder Grafiken können wir zur Veranschaulichung des Themas verwenden?

2 **Gliederung der Präsentation**
– Wie führen wir in das Thema ein und wie gewinnen wir die Aufmerksamkeit unserer Zuhörerinnen und Zuhörer (Einleitung)?
– Wie stellen wir den Hauptteil der Präsentation vor?
– Ist es sinnvoll, eine Powerpoint-Präsentation zu erstellen? Wenn ja, was soll auf die Folien (Gliederung, Bilder, Karten)?
– Wie können wir am Ende die wesentlichen Aussagen nochmals herausstellen?

3 **Gliederung und Hauptaussage veranschaulichen**
– Welche Punkte formulieren wir an der Tafel?
– Welches Material unterstützt die zentrale Aussage?

4 **Präsentation vortragen**
– Frei vor der Klasse zu sprechen ist nicht einfach. Deswegen müsst ihr den Vortrag eurer Präsentation innerhalb eurer Gruppe üben.

A

Absolutismus
Bezeichnung für die Epoche im 17. und 18. Jahrhundert, in der Ludwig XIV. und seine Regierungsform in Europa als Vorbild galten. Der Monarch besaß die uneingeschränkte Herrschaftsgewalt. Er regierte nach den von ihm erlassenen Gesetzen und forderte von allen Untertanen unbedingten Gehorsam.

Adlige
Die Edlen – Angehörige einer in der Gesellschaft hervorgehobenen Gruppe, eines Standes, ausgestattet mit erblichen Vorrechten. Adliger konnte man von Geburt aus sein (Geburtsadel); Adliger konnte man aber auch werden, indem man im Dienst des Königs tätig war (Amts- oder Dienstadel).

Annexion
Gewaltsame Aneignung von Gebieten.

Antisemitismus
Seit Ende des 19. Jahrhunderts gebräuchlicher Begriff für „Judenhass" oder „Judenfeindlichkeit".

Arbeiterbewegung
Entstand als Folge der durch die Industrialisierung hervorgerufenen sozialen Missstände. Die zunehmende Verelendung der Arbeiter durch niedrige Löhne, lange Arbeitszeiten, schlechte Wohn und Arbeitsverhältnisse usw. führte nach ersten spontanen Protestaktionen zu einer organisierten Bewegung. Die abhängigen Lohnarbeiter schlossen sich in Gewerkschaften, Genossenschaften und Arbeiterparteien zusammen.

Aufklärung
Reformbewegung, die im 18. Jahrhundert in fast allen Lebensbereichen zu neuen Ideen und Denkweisen führte. In der Politik richteten sich die Aufklärer gegen die uneingeschränkte Macht des Königs. Sie traten für Meinungsfreiheit, für Toleranz gegenüber anderen Religionen und ein von Vernunft geprägtes Handeln ein.

Augsburger Religionsfriede
Verkündet 1555 zur Beilegung der Religionskämpfe. Die evangelisch-lutherische und die katholische Konfession wurden als gleichberechtigt anerkannt.

B

Bibel
(griechisch = Buchstabe). Die heilige Schrift der Christen, gegliedert in das Alte und das Neue Testament.

Biedermeier
Bezeichnung für den bürgerlichen Lebensstil zwischen 1815 und 1848. Enttäuscht von der Wiederherstellung der alten Ordnung, die die Bürger aus der Politik verdrängte, zogen sich die Menschen ins Privatleben zurück, um hier Erfüllung zu finden. Benannt wurde dieser Lebensstil nach einem schwäbischen Lehrer, der in Gedichten die Geborgenheit des häuslichen Glücks pries.

Bischof
In der christlichen Kirche der leitende Geistliche eines größeren Bezirks.

Bistum
Verwaltungsbezirk der katholischen Kirche, der von einem Bischof geleitet wird.

Boykott
Maßnahmen zur Isolation von Personen und Institutionen z. B. Warenboykott: die Nichteinfuhr oder der Nichtkauf bestimmter Waren aus bestimmten Ländern.

Buchdruck
Um 1450 von Johannes Gutenberg entwickeltes Verfahren, um Bücher schnell herzustellen. Bücher mussten nun nicht mehr abgeschrieben werden.

Bürger
Ursprünglich die Bezeichnung für die im Schutz einer Burg lebenden Menschen. Seit dem Mittelalter die Bezeichnung für die freien Stadtbewohner mit vollem Bürgerrecht. Seit etwa 1800 der Name für die Angehörigen eines Staates.

Bürgerrechte
siehe Menschenrechte.

C

Code civil
Bürgerliches Gesetzbuch.

D

Diktatur
Der Begriff meint die Herrschaft eines mit allen Macht- und Gewaltmitteln regierenden Alleinherrschers oder einer Gruppe.

Deutscher Bund
1815 schlossen sich 34 deutsche Einzelstaaten und 4 freie Städte im Deutschen Bund zusammen.

Dreißigjähriger Krieg
Ausgelöst 1618 durch den Prager Fenstersturz weitete sich der Krieg von einem Religionskonflikt zu einem europäischen Staatenkrieg auf deutschem Boden aus. Die Folgen waren katastrophal: Neben den Verwüstungen waren die Bevölkerungsverluste am schwersten.

Dritter Stand
Er bildete zur Zeit des Absolutismus die Mehrzahl der Bevölkerung: Bauern, Kleinbürger, Großbürger.

E

Entente cordiale
(wörtlich: herzliches Einverständnis). Vertrag zwischen Frankreich und Großbritannien; er regelte 1904 im gegenseitigen Einverständnis die Einflussbereiche beider Länder in Afrika.

Erfindungen
Am Beginn der Neuzeit kam es zu wichtigen Erfindungen, die die Entdeckungsfahrten möglich machten: Globus, Kompass, Federuhr, verbesserter Schiffsbau.

evangelisch
Für Luthers Anhänger war nicht der Papst maßgeblich, sondern allein das Wort Christi in der Heiligen Schrift, dem Evangelium. Deshalb bezeichneten sich die Anhänger Luthers als Evangelische.

Exekutive
Die ausführende der drei Staatsgewalten (siehe Judikative und Legislative). In einer Demokratie sind dies die frei vom Volk gewählte Regierung und ihre Ausführungsorgane wie die Polizei oder verschiedene Ämter.

F

Fabrik
(lat.: fabrica = Werkstätte). Großbetrieb mit oft mehreren Hundert Arbeiterinnen und Arbeitern und maschineller Fertigung von Erzeugnissen. Der Aufstieg der Fabriken begann mit der Industrialisierung zunächst in England.

Faschismus
Sammelbezeichnung für den deutschen Nationalsozialismus und den italienischen Faschismus.

Feudalsystem
Herrschaft von Königen und Adel.

Frauenbewegung
Bezeichnung für den organisierten Kampf um die rechtliche, politische und soziale Gleichstellung der Frau. 1865 wurde der Allgemeine Deutsche Frauenverein gegründet, 1894 der Bund deutscher Frauenvereine. Hauptforderungen waren u. a. gleiche Bildungschancen, das Wahlrecht für Frauen (seit 1918) und gleicher Lohn für gleiche Arbeit.

Frondienste
(fron = Herr). Frondienste sind Arbeiten, die ohne Lohn für den Herrn verrichtet werden müssen und zu einem Zeitpunkt, den dieser bestimmt. Das können z. B. Mithilfe beim Straßenbau, bei Instandsetzungsarbeiten oder der Ernte sein.

G

Generalstände
Seit dem Beginn des 14. Jahrhunderts die Versammlung der Vertreter der drei Stände von ganz Frankreich. Sie hatten die Aufgabe, den König zu beraten und Steuern zu bewilligen. Seit der Volljährigkeit Ludwig des XIV. wurden sie nicht mehr einberufen, erst 1789 traten sie wieder zusammen.

Gewaltenteilung
Nach Ansicht der Aufklärer sollte die Gewalt in einem Staat in drei voneinander unabhängige Gewalten aufgeteilt sein: in die gesetzgebende, die vollziehende und die rechtsprechende Gewalt. Damit sollte dem Machtmissbrauch durch einen absolut herrschenden König vorgebeugt werden.

Gewerkschaft
Vereine, die zur Veränderung der wirtschaftlichen und sozialen Lage von Arbeitnehmern mitte des 19. Jahrhunderts begründet wurden. Die 1890 in der Generalkommission zusammengefassten „freien Gewerkschaften" (seit 1918 ADGB – Allgemeiner Deutscher Gewerkschaftsbund) kämpften für eine schrittweise Verbesserung der Arbeitsbedingungen und bessere Löhne.

Große Koalition
Regierungsbündnis zweier großer Parteien, die dadurch über eine sehr große Mehrheit im Parlament verfügen.

Grundrechte
Die Menschenrechte und grundlegende Bürgerrechte werden als Grundrechte bezeichnet. In den Grundrechten sind die Pflichten des Staates und die individuellen Rechte und Freiheiten der Bürger festgelegt (siehe Grundgesetz S. 232/233).

H

Heiliges Römisches Reich
Bezeichnung für das Deutsche Reich seit der Kaiserkrönung Ottos I. 962 in Rom bis 1806.

Hugenotten
Anhänger des evangelischen Glaubens in Frankreich. Die Protestanten gehörten in Frankreich zu einer verfolgten Minderheit. Die Bartholomäusnacht (Pariser Bluthochzeit 1572) stellte den Höhepunkt der blutigen Verfolgung dar. Erst durch die Verfassung der Französischen Revolution erlangten die Protestanten völlige Gleichberechtigung.

I

Imperialismus
Bezeichnung für eine angestrebte Weltherrschaft, abgeleitet von dem lateinischen Wort „imperium" (Weltreich).

Industrielle Revolution
Umwälzung der Arbeitswelt und der Gesellschaft durch verbreitete Anwendung von Maschinen, die menschliche und tierische Kräfte in großem Ausmaß ersetzen (z. B. Dampfmaschine, später Verbrennungs- und Elektromotor). Die Industrielle Revolution begann im 18. Jahrhundert in England und breitete sich im 19. Jahrhundert auf dem europäischen Kontinent und in den USA aus. Sie änderte die Gesellschaftsstruktur und die Arbeitsbedingungen tiefgreifend.

Inflation
Schrittweise Entwertung des Geldes.

J

Judikative
Richterliche Gewalt im Staat; sie ist eine der drei Staatsgewalten (siehe auch Exekutive und Legislative).

K

Kaiser
Herrschertitel für einen „König der Könige". Das Wort leitet sich ab vom Ehrentitel „Caesar", der römischen Kaiser der Antike.

Kirchenbann
Der Kirchenbann war die schwerste Strafe, die der Papst aussprechen konnte. Sie bedeutete den Ausschluss aus der Kirche und verbot anderen Christen jeglichen Kontakt mit dem Gebannten.

Klerus
Die katholische Geistlichkeit und Priesterschaft. Der höhere Klerus – Bischöfe, Äbte, Domkleriker u. a. – gehörte in der Regel dem Adel an. Angehörige des niederen Klerus – z. B. Dorfpfarrer oder einfache Mönche – stammten auch aus dem Bürgertum.

Kolonie
Überseeische Besitzungen europäischer Staaten.

Kolonialherrschaft
Die Eroberung zumeist überseeischer Gebiete durch militärisch überlegene Staaten (vor allem Europas) seit dem Ende des 15. Jahrhunderts bezeichnet man als Kolonialismus. Die Kolonialmächte errichteten in den unterworfenen Ländern Handelsstützpunkte und Siedlungskolonien. Sie verfolgten vor allem wirtschaftliche und militärische Ziele.

Konfession
Glaubensbekenntnis.

Kongress
Politische Tagung oder auch Versammlung von Fachleuten zu einem Thema. Die beiden Kammern des amerikanischen Parlaments werden auch Kongress genannt.

KPD
Kommunistische Partei Deutschlands (1918 gegründet): Zusammenschluss aus dem Spartakusbund und den „Internationalen Kommunisten Deutschlands", für sozialistische Rätedemokratie, gegen Parlamentarismus, für Weltrevolution nach sowjetischem Vorbild; unter den Nationalsozialisten 1933 verboten, bestand sie im Untergrund und im Ausland, vor allem in der Sowjetunion, weiter. Nach dem Zweiten Weltkrieg 1945 in ganz Deutschland wiedergegründet, aber in der SBZ besonders gefördert („Gruppe Ulbricht"); hier dann 1946 Zwangsvereinigung mit der Ost-SPD zur SED. In der Bundesrepublik wurde die KPD 1956 als verfassungswidrig verboten. 1968/69 bildete sich als Nachfolgepartei die DKP (Deutsche Kommunistische Partei), die jedoch weitgehend bedeutungslos blieb.

L

Legislative
(lat.: lex = Gesetz). Sie ist zuständig für die Beratung und Verabschiedung von Gesetzen; sie ist eine der drei Staatsgewalten (siehe auch Exekutive und Judikative).

Liberalismus
(von lat.: liber = frei).: Politische Lehre, die seit dem Ende des 18. Jahrhunderts für die politische und wirtschaftliche Freiheit der Bürger eintrat.

M

Menschenrechte
Unantastbare und unveräußerliche Freiheiten und Rechte jedes Menschen gegenüber den Mitmenschen und dem Staat. Dazu gehören das Recht auf Leben, auf freie Entfaltung der Persönlichkeit und das Recht auf Eigentum. Nach dem Vorbild der Unabhängigkeitserklärung der Vereinigten Staaten (1776) verkündete die französische Nationalversammlung 1789 die Erklärung der Menschen- und Bürgerrechte. Die Menschenrechte wurden seit dem 19. Jahrhundert in viele Verfassungen aufgenommen.

Missionare
(lat. missio = Auftrag, Sendung). Bezeichnung für Glaubensboten, die im Auftrag der Kirche den christlichen Glauben unter Nichtchristen verkündeten.

Mobilmachung/Mobilisierung
(frz.: mobile = beweglich, marschbereit). Maßnahmen, durch die die Streitkräfte eines Landes für den Kriegseinsatz bereitgestellt werden, z. B. durch die Einberufung aller Wehrpflichtigen.

N

Nationalstaat
Ein Staatswesen, in dem sich die Angehörigen als einheitliche Nation fühlen und bekennen.

Nationalversammlung
Eine verfassunggebende Versammlung von Abgeordneten, die die ganze Nation vertritt.

Neutralität
Wörtlich: Nichtbeteiligtsein, hier Unabhängigkeit eines Staates.

O

Orthodoxe Kirche
Eine seit 1054 von Rom getrennte christliche Kirche, die in ganz Europa verbreitet ist, besonders aber in Osteuropa.

P

Papst
(lat.: papa = Vater). Oberhaupt der katholischen Kirche.

Parlament
(lat.: parlamentum = Unterredung, Verhandlung). Seit dem Mittelalter übernahmen Ständevertretungen die Aufgaben, den Herrscher zu beraten und bei wichtigen Entscheidungen mitzubestimmen. Aus solch einer Versammlung von Beratern des Königs und einem Gerichtshof entwickelte sich das älteste Parlament: das englische. Die wichtigsten Aufgaben des Parlaments waren die Gesetzgebung und die Bewilligung von Steuern.

Partei
Zusammenschluss von Menschen, die gleiche oder ähnliche politische Absichten haben. Ziel der Parteimitglieder ist es, die Staatsführung zu übernehmen oder zumindest zu beeinflussen.

Privilegien
Sonderrechte, Vorrechte.

Proletariat
(lat.: proles = Nachkomme, Sprössling). Mit dem Begriff „Proletarier" werden alle Arbeiter bezeichnet, die allein vom Verkauf ihrer Arbeitskraft leben.

Protestanten
Seit dem Reichstag zu Speyer im Jahr 1529 wurden die Anhänger Luthers auch als Protestanten bezeichnet. Dort war beschlossen worden, gegen die Reformation energisch vorzugehen. Dagegen hatten fünf Landesherren und 14 Reichsstädte protestiert.

Q

Quellen
Überreste und Überlieferungen aus der Vergangenheit. Wir unterscheiden drei Quellenarten: Sachquellen, Bildquellen und Schriftquellen. Hinzu kommt die mündliche Überlieferung z. B. durch Zeitzeugen (Eltern, Großeltern ...).

R

Rat der Volksbeauftragten
Die 1918/1919 amtierende provisorische Regierung aus Mitgliedern der SPD und USPD.

Räterepublik
Regierungsform, bei der die Herrschaft von direkt gewählten Räten ausgeht. Es gibt keine Gewaltenteilung und keine Parteien, weil die Räte den einheitlichen Volkswillen verkörpern sollen.

Reformation
(lat.: reformatio = Erneuerung). Die durch den Thesenanschlag an der Wittenberger Schlosskirche 1517 von Martin Luther ausgelöste Bewegung, die zur Gründung der evangelischen Kirche führte. Seit dieser Zeit ist das Christentum in mehrere Bekenntnisse gespalten.

Reichsacht
Bei schweren Verbrechen konnten der König oder ein königlicher Richter den Täter ächten. Dieser war damit aus der Gemeinschaft ausgestoßen und vogelfrei. Jeder hatte das Recht, einen Geächteten zu töten. Er verlor seinen Besitz, und wer ihn aufnahm, verfiel selbst der Reichsacht.

Reichstag
Im Mittelalter rief der deutsche König die Vertreter der Reichsstände (weltliche und geistliche Reichsfürsten, Vertreter der Reichs-und Bischofsstädte) zu Hoftagen zusammen. Diese in unregelmäßigen Abständen einberufene Versammlung wurde seit 1495 Reichstag genannt. Seit 1663 trat er in Regensburg zusammen. Seine Zuständigkeiten waren nicht eindeutig festgelegt; er beschäftigte sich vor allem mit dem Beschluss von Reichsgesetzen, der Festlegung der Reichssteuer, der Entscheidung über Krieg und Frieden und dem Heerwesen.

Renaissance
(frz.: Wiedergeburt). Bezeichnung für die Zeit am Ende des Mittelalters, in der in Wissenschaft und Kunst die Schriften sowie Kunstwerke der griechischen und römischen Antike „wiederentdeckt" wurden und großen Einfluss auf das Denken sowie Fühlen der Menschen hatten.

Reparationen
Zahlungen Deutschlands an die Siegermächte, mit denen Deutschland für die verursachten Zerstörungen und Kosten des Ersten Weltkrieges aufkommen sollte.

Republik
(lat.: res publica = die öffentliche Sache). Begriff für eine Staatsform mit einer gewählten Regierung, in der das Volk oder ein Teil des Volkes die Macht ausübt.

Restauration
Bezeichnung für die Wiederherstellung der alten Ordnung nach einem gescheiterten Umsturzversuch.

Revolte
Aufstand gegen einen Herrscher, der aber misslingt.

Revolution
Der meist gewaltsame Umsturz einer bestehenden politischen und gesellschaftlichen Ordnung.

Rheinbund
Im Jahr 1806 traten 16 deutsche Reichsstädte und Fürstentümer aus dem Deutschen Reich aus. Sie gründeten den Rheinbund, dessen Schutzherr Napoleon war.

Romantik
Die Romatik ist eine kulturgeschichtliche Epoche Europas. Sie dauerte ungefähr von 1790 bis 1830. Die gefühlsbetonte Rückbesinnung auf die Vergangenheit war oft ein Thema der romantischen Malerei, Literatur und Musik.

S

SA
Die sogenannte Sturmabteilung war eine Kampforganisation der NSDAP. Die SA schirmte ihre eigenen Veranstaltungen mit Gewalt vor politischen Gegnern ab und behinderte deren Zusammenkünfte.

Salon
Als Salon bezeichnete man vom 17. bis zum 19. Jahrhundert Gesellschafts- bzw. Empfangszimmer, in denen sich Bürgerinnen und Bürger, Gelehrte und Künstler regelmäßig trafen und über politische und kulturelle Themen sowie die Ideen der Aufklärung diskutierten.

Sansculotten
(frz.: = ohne Kniehosen). Bezeichnung für Pariser Revolutionäre, die aus einfachen Verhältnissen stammten.

Sklaven
Unfreie Menschen, die zur Verrichtung von Arbeiten verwendet wurden. Sklaven konnten wie eine Ware gekauft und verkauft werden, sie mussten dann für ihren jeweiligen Herrn arbeiten.

Soziale Frage
Bezeichnung für die Notlage und die ungelösten sozialen Probleme der Arbeiterschaft im 19. Jahrhundert, die mit der Industrialisierung entstanden waren. Dazu zählten z. B. das Wohnungselend, unzumutbare Arbeitsbedingungen, die Kinderarbeit, Verelendung aufgrund niedriger Löhne und hoher Arbeitslosigkeit.

Sozialismus
(lat.: socius = Bundesgenosse; gemeinsam). Die Lehre vom Sozialismus entwickelte sich während der Phase der Industrialisierung im 19. Jahrhundert. Die Sozialisten forderten eine gerechte Verteilung der materiellen Güter und eine Gesellschaftsordnung, die nicht vom Profitstreben des Einzelnen, sondern vom Wohl des Ganzen geprägt sein sollte. Um den Gegensatz zwischen Arm und Reich zu verringern, forderten die Sozialisten, das Privateigentum an den Produktionsmitteln aufzuheben.

Sozialistengesetz
Das „Gesetz gegen die gemeingefährlichen Bestrebungen der Sozialdemokratie" von 1878. Das Sozialistengesetz galt bis 1890. Das Gesetz verbot sozialistische und sozialdemokratische Organisationen und deren Aktivitäten im Deutschen Reich. Es kam damit einem Parteienverbot gleich.

Spartakusbund
Von der SPD abgespaltene linksextreme Gruppe um Karl Liebknecht und Rosa Luxemburg.

SPD

Sozialdemokratische Partei Deutschlands. Nachdem sich der 1863 in Leipzig gegründete Allgemeine Deutsche Arbeiterverein (ADAV) und die 1869 in Eisenach gegründete Sozialdemokratische Arbeiterpartei 1875 in Gotha zur Sozialistischen Arbeiterpartei (SAP) zusammengeschlossen hatten, wurde die Partei nach ersten Wahlerfolgen (1877: 9,1 % der Stimmen) unter Reichskanzler Bismarck 1878 durch das Sozialistengesetz verboten. Nach dessen Aufhebung 1890 wurde die Sozialdemokratische Partei (SPD) gegründet.

Staat

Als Staat wird eine Form des Zusammenlebens bezeichnet, bei der eine Gruppe von Menschen – das Volk – in einem abgegrenzten Gebiet nach einer bestimmten Ordnung lebt.

Stände

Gesellschaftliche Gruppen, die sich voneinander durch Herkunft, Beruf, und eigene Rechte abgrenzen.

Stehendes Heer

Im Mittelalter wurden Heere nur für den Krieg aufgestellt. Söldner und Landsknechte wurden nach Kriegsende wieder entlassen. Seit dem 17. Jahrhundert schufen die absolutistischen Herrscher jedoch Armeen, die auch in Friedenszeiten einsatzbereit unter Waffen standen.

Stellungskrieg

Im Gegensatz zum Bewegungskrieg eine Form der Kriegsführung, die durch sich kaum verändernde Frontverläufe geprägt ist. Vor allem an der Somme, bei Verdun und Ypern tobte im Ersten Weltkrieg jahrelang ein verlustreicher, aber ergebnisloser Kampf zwischen den gegnerischen Armeen, die sich in Schützengräben festgesetzt hatten.

T

Toleranz

Eine Haltung, die Ansichten und Handlungen Andersdenkender anerkennt und gelten lässt.

Triple Entente

1907 geschlossenes Bündnis von Frankreich, England und Russland gegen Deutschland.

V

Verfassung

Eine Verfassung legt fest, welche Aufgaben und Rechte die Bürger haben und wer den Staat regiert. Sie kann eine „geschriebene Verfassung" sein, wie etwa das Grundgesetz der Bundesrepublik Deutschland.

Versailler Friedensvertrag

Mit dem Versailler Vertrag wurde 1919 versucht, eine europäische Friedensordnung zu errichten. Seine für Deutschland harten Bestimmungen und die Aussage, Deutschland sei allein am Ersten Weltkrieg schuld, bot allen Gegnern der Weimarer Demokratie die Möglichkeit, die demokratischen Regierungen als „Vaterlandsverräter" zu beschimpfen.

Völkerbund

Erste internationale Organisation zur Sicherung des Weltfriedens. Sie bestand von 1920 bis 1946.

W

Westfälischer Friede

Der am 25. Oktober 1648 in Münster und Osnabrück geschlossene Friedensvertrag beendete den Dreißigjährigen Krieg. Er beinhaltete Regelungen zur Religionsfrage, verfassungsrechtliche Bestimmungen und territoriale Veränderungen in Europa.

Z

Zehnt

Bezeichnung für eine Abgabe in Höhe von etwa 10 Prozent der Ernteerträge oder Einkünfte an den Grundherren.

Zentrum

Die seit dem Kaiserreich bestehende Partei, vertrat im Wesentlichen die Interessen der Katholiken. In der Weimarer Republik gehörte sie zur Weimarer Koalition und stützte die demokratische Ordnung.

Aus dem Grundgesetz der Bundesrepublik Deutschland

*Präambel

Im Bewusstsein seiner Verantwortung vor Gott und den Menschen, von dem Willen beseelt, als gleichberechtigtes Glied in einem vereinten Europa dem Frieden der Welt zu dienen, hat sich das Deutsche Volk kraft seiner verfassungsgebenden Gewalt dieses Grundgesetz gegeben. Die Deutschen in den Ländern Baden-Württemberg, Bayern, Berlin, Brandenburg, Bremen, Hamburg, Hessen, Mecklenburg-Vorpommern, Niedersachsen, Nordrhein-Westfalen, Rheinland-Pfalz, Saarland, Sachsen, Sachsen-Anhalt, Schleswig-Holstein und Thüringen haben in freier Selbstbestimmung die Einheit und Freiheit Deutschlands vollendet. Damit gilt dieses Grundgesetz für das gesamte Deutsche Volk.

Artikel 1

(1) Die Würde des Menschen ist unantastbar. Sie zu achten und zu schützen, ist Verpflichtung aller staatlichen Gewalt.

(2) Das Deutsche Volk bekennt sich darum zu unverletzlichen und unveräußerlichen Menschenrechten als Grundlage jeder menschlichen Gemeinschaft, des Friedens und der Gerechtigkeit in der Welt.

(3) Die nachfolgenden Grundrechte binden Gesetzgebung, vollziehende Gewalt und Rechtsprechung als unmittelbar geltendes Recht.

Artikel 2

(1) Jeder hat das Recht auf die freie Entfaltung seiner Persönlichkeit, soweit er nicht die Rechte anderer verletzt und nicht gegen die verfassungsmäßige Ordnung oder das Sittengesetz verstößt.

(2) Jeder hat das Recht auf Leben und körperliche Unversehrtheit. Die Freiheit der Person ist unverletzlich. In diese Rechte darf nur aufgrund eines Gesetzes eingegriffen werden.

Artikel 3

(1) Alle Menschen sind vor dem Gesetz gleich.

(2) Männer und Frauen sind gleichberechtigt. Der Staat fördert die tatsächliche Durchsetzung der Gleichberechtigung von Frauen und Männern und wirkt auf die Beseitigung bestehender Nachteile hin.

(3) Niemand darf wegen seines Geschlechtes, seiner Abstammung, seiner Rasse, seiner Sprache, seiner Heimat und Herkunft, seines Glau-

bens, seiner religiösen oder politischen Anschauungen benachteiligt oder bevorzugt werden. Niemand darf wegen seiner Behinderung benachteiligt werden.

Artikel 4

(1) Die Freiheit des Glaubens, des Gewissens und die Freiheit des religiösen und weltanschaulichen Bekenntnisses sind unverletzlich. ...

Artikel 5

(1) Jeder hat das Recht, seine Meinung in Wort, Schrift und Bild frei zu äußern und zu verbreiten und sich aus allgemein zugänglichen Quellen ungehindert zu unterrichten. Die Pressefreiheit und die Freiheit der Berichterstattung durch Rundfunk und Film werden gewährleistet. Eine Zensur findet nicht statt. ...

Artikel 6

(1) Ehe und Familie stehen unter dem besonderen Schutze der staatlichen Ordnung. ...

Artikel 8

(1) Alle Deutschen haben das Recht, sich ohne Anmeldung oder Erlaubnis friedlich und ohne Waffen zu versammeln.

(2) Für Versammlungen unter freiem Himmel kann dieses Recht durch Gesetz ... beschränkt werden.

Artikel 9

(1) Alle Deutschen haben das Recht, Vereine und Gesellschaften zu bilden.

(2) Vereinigungen, deren Zwecke oder deren Tätigkeit den Strafgesetzen zuwiderlaufen oder die sich gegen die verfassungsmäßige Ordnung oder gegen den Gedanken der Völkerverständigung richten, sind verboten. ...

Artikel 10

(1) Das Briefgeheimnis sowie das Post- und Fernmeldegeheimnis sind unverletzlich. ...

Artikel 11

(1) Alle Deutschen genießen Freizügigkeit im ganzen Bundesgebiet. ...

Artikel 12

(1) Alle Deutschen haben das Recht, Beruf, Arbeitsplatz und Ausbildungsstätte frei zu wählen. ...

(2) Niemand darf zu einer bestimmten Arbeit gezwungen werden. ...

Artikel 13

(1) Die Wohnung ist unverletzlich.

(2) Durchsuchungen dürfen nur durch den Richter, bei Gefahr im Verzuge auch durch die in den Gesetzen vorgesehenen anderen Organe angeordnet und nur in der dort vorgeschriebenen Form durchgeführt werden. ...

Artikel 16a

(1) Politisch Verfolgte genießen Asylrecht. ...

(2) Auf Absatz 1 kann sich nicht berufen, wer aus einem Mitgliedstaat der Europäischen Gemeinschaften oder aus einem anderen Drittstaat einreist, in dem die Anwendung des Abkommens über die Rechtsstellung der Flüchtlinge und der Konvention zum Schutze der Menschenrechte und Grundfreiheiten sichergestellt ist. ...

Artikel 20

(1) Die Bundesrepublik Deutschland ist ein demokratischer und sozialer Bundesstaat.

(2) Alle Staatsgewalt geht vom Volke aus. Sie wird vom Volke in Wahlen und Abstimmungen und durch besondere Organe der Gesetzgebung, der vollziehenden Gewalt und der Rechtsprechung ausgeübt.

(3) Die Gesetzgebung ist an die verfassungsmäßige Ordnung, die vollziehende Gewalt und die Rechtsprechung sind an Gesetz und Recht gebunden.

(4) Gegen jeden, der es unternimmt, diese Ordnung zu beseitigen, haben alle Deutschen das Recht zum Widerstand, wenn andere Abhilfe nicht möglich ist.

Artikel 21

(1) Die Parteien wirken bei der politischen Willensbildung des Volkes mit. Ihre Gründung ist frei. Ihre innere Ordnung muss demokratischen Grundsätzen entsprechen. Sie müssen über die Herkunft und Verwendung ihrer Mittel sowie über ihr Vermögen öffentlich Rechenschaft geben. ...

*Die Präambel (Vorrede) des Grundgesetzes gilt seit dem 3.10.1990

Zum Weiterlesen

Jugend- und Sachbücher

Reformation – Bauernkrieg – Dreißigjähriger Krieg

▸ Mai, Manfred; Hafermaas, Gabriele: **Nichts als die Freiheit!** München (dtv) 2004.
Eine Reise in die Zeit des Bauernkrieges.

▸ Röhrig, Tilman: **In 300 Jahren vielleicht**. Würzburg (Arena) 2010.
Eggebusch im Oktober 1641: Hunger, Elend und Furcht bestimmen das Leben in dem kleinen Ort. Der 15-jährige Jockel hofft, dass irgendwann wieder Friede sein wird.

▸ Thadden, Wiebke von: **Thomas und die schwarze Kunst**. Weinheim (Beltz) 2001.
Ein Abenteuerroman aus der frühen Zeit der Buchdruckerkunst, historisch gut fundiert.

▸ Venzke, Andreas: **Luther und die Macht des Wortes**. Würzburg (Arena) 2007.

Die Französische Revolution

▸ Bomann, Corina: **Der Lilienpakt**. Wien (Ueberreuter) 2011.
Eine spannende Geschichte aus der Zeit der berühmten Musketiere in Frankreich.

▸ Desplat-Duc, Anne-Marie: **Louises Geheimnis. Am Hof des Sonnenkönigs.** Berlin (Aufbau) 2013.

▸ Dirks, Kerstin: **Die Sturmjahre der Lilie**. Solingen (K & C Buchoase) 2002.

▸ Dumas, Alexandre: **Die drei Musketiere**. Berlin (Aufbau) 2013.

▸ Lewin, Waldtraud: **Die letzte Rose des Sommers**. München (cbt) 2008.

▸ Ott, Inge: **Im Schatten des Adlers**. Stuttgart (Freies Geistesleben) 1997.

▸ Thamer, Hans-Ulrich: **Die Französische Revolution. Freiheit, Gleichheit, Brüderlichkeit.** Hildesheim (Gerstenberg) 2007.

▸ Pietri, Annie: **Die Orangenbäume von Versailles**. Berlin (Bloomsbury) 2007.

▸ Schneider, Karla: **Marcolini oder Wie man Günstling wird**. München (dtv) 2009.
Ein Roman zum Dresdner Fürstenhof im Absolutismus.

▸ Zitelmann, Arnulf: **Nur dass ich ein Mensch sei. Die Lebensgeschichte des Immanuel Kant.** Weinheim (Beltz) 2009.

Die Industrielle Revolution

▸ Köthe, Rainer: **Bergbau – Schätze der Erde**. Was ist Was Band 124, Nürnberg (Tessloff) 2007.
Wie haben sich die Bodenschätze gebildet? Welchen Gefahren sind die Bergleute ausgesetzt? Diese und andere Fragen beantwortet der Band.

▸ Pelgrom, Els: **Umsonst geht nur die Sonne auf**. München (dtv) 2012.
Eine Erzählung über Kinderarbeit vor 100 Jahren.

Die „Deutsche Frage" und der monarchistische Nationalstaat

▸ Kordon, Klaus: **1848 – Die Geschichte von Jette und Frieder**. Weinheim (Beltz & Gelberg) 2012.
Die bewegende Geschichte von Jette und Frieder vor dem Hintergrund der Revolution von 1848 in Berlin.

Jugend- und Sachbücher

▶ Kordon, Klaus: **Fünf Finger hat die Hand**. Weinheim (Beltz & Gelberg) 2006. Fünf Finger erzählt die Geschichte der Familie Jacobi vor dem Hintergrund des Deutsch-Französischen Krieges von 1870/71 und der Gründung des Deutschen Kaiserreiches.

▶ Kordon, Klaus: **Im Spinnennetz: Die Geschichte von David und Anna**. Weinheim (Beltz & Gelberg) 2011. Berlin 1890: David verliebt sich in Anna. David klebt heimlich „staatsfeindliche Plakate". Er wird erwischt, fliegt von der Schule und wird angeklagt. Muss er ins Gefängnis?

▶ Ott, Inge: **Freiheit!** Stuttgart (Freies Geistesleben) 2012. Zwei Mädchen und vier Jungen erleben in Paris die Französische Revolution.

▶ Röhrig, Tilman: **Funke der Freiheit**. München (Piper) 2010. Aufregung in den Straßen Mannheims! Der Dichter August von Kotzebue ist ermordet worden. Wer ist der Täter? Spannender Roman aus der Zeit der Restauration.

▶ Zolling, Peter: **Deutsche Geschichte von 1871 bis zur Gegenwart: Wie Deutschland wurde, was es ist**. München (dtv) 2007. Wie wurde Deutschland zu dem, was es heute ist? Peter Zolling beginnt mit der Gründung des Kaiserreichs 1871.

Imperialismus und Erster Weltkrieg

▶ Kordon, Klaus: **Die roten Matrosen oder Ein vergessener Winter**. Weinheim (Beltz & Gelberg) 2012. November 1918: Nach vier Jahren Weltkrieg verweigern die Matrosen der kaiserlichen Marine in Kiel den Befehl zum Auslaufen und kommen nach Berlin. Helle und Fritz erleben die Revolution mit.

▶ Ostrowski, Nikolai: **Wie der Stahl gehärtet wurde**. Leipzig (Leiv Buchhandels- und Verlagsanstalt) 2004. Ein Roman über das Leben des Pawel Kortschagin, der die Oktoberrevolution 1917 hautnah miterlebt.

▶ Schneider, Karla: **Die Geschwister Apraksin**. München (dtv Hanser) 2011. Fünf Geschwister auf einer gefährlichen Odyssee durch Russland um 1918.

Die Weimarer Republik

▶ Damwerth, Ruth: **Schwarz Rot Braun**. Düsseldorf (Sauerländer) 2005. Darstellung der politischen Auseinandersetzungen zwischen Anhängern des Zentrums, der Sozialdemokraten und der Nationalsozialisten am Ende der Weimarer Republik.

▶ Fährmann, Willy: **Zeit zu hassen, Zeit zu lieben**. Würzburg (Arena) 2012.

▶ Fährmann, Willy: **Der Mann im Feuer**. Würzburg (Arena) 2005.

▶ Kordon, Klaus: **Paule Glück: das Jahrhundert in Geschichten**. Weinheim u. a. (Beltz & Gelberg) 2012. Geschichten von Kindern und Jugendlichen aus dem Berlin der Jahre 1904 bis 1998.

▶ Kordon, Klaus: **Mit dem Rücken zur Wand**. Weinheim u. a. (Beltz & Gelberg) 2012. Der 15-jährige Hans im politischen Kampf der Jahre 1932/33.

95 Thesen 16

A

Abgaben 12, 25, 49 f., 60
Abgeordnete 60 ff., 150 ff., 173, 176, 190, 212 ff.
Ablass 14 ff., 23
Absolutismus 45, 53, 56, 85, 87
Abwässer 127
Achtstundentag 228
Adel 48 ff., 56 f., 64 f., 81, 85, 116, 150
Adlige 25 ff., 39, 46, 50, 57, 60, 72, 220
AEG 117
Afrika 170 ff., 188, 205
Aktiengesellschaft 99
Alleinherrscher 44
Allgemeiner Deutscher Arbeiter-
    verein 119
Allgemeiner Deutscher Frauenverein 124
Alltag 12, 32 f., 112 f., 192 f., 198 f.
Amerika 10, 141, 170, 176 f., 181, 232
Angestellte 117, 129, 226 f.
Antisemitismus 239
Arbeiter 93 ff., 106 ff., 146 f., 163, 165, 187, 199, 212 ff., 221, 228, 232
Arbeiterbewegung 122, 129
Arbeiterfrage 120
Arbeiterklasse 117
Arbeiterpartei 119, 122, 129, 220 f., 240
Arbeiter- und Soldatenrat 212, 214
Arbeitsbedingungen 98 f., 108 f., 112 f., 129
Arbeitslosenversicherung 123, 228, 238
Arbeitslosigkeit 118, 129, 147, 187, 232 f., 236 f.
Armee 32, 50, 56, 158 f., 203, 217, 239
Arme und Kranke 81
Armut 12, 48 f., 82, 117
Asien 170
Attentat 189, 205
Aufklärung 52 ff., 69
Augsburg 21, 28, 37
Augsburger Religionsfriede 11, 21, 28, 37
Außenpolitik 184, 243
Auto 95, 107
Autostadt Wolfsburg 105

B

Baden 134 ff., 146, 156
Balkan 188 f., 205 f.

Ballhausschwur 61, 77
Barrikaden 62, 133, 146 ff.
Bastille 41 ff., 62 f., 68, 76 f., 85
Bauer 12 ff., 24 ff., 37, 49 ff., 55 ff., 60, 63
Bauernkrieg 9 ff., 24 ff., 37
Baumwolle 93
Bayerische Volkspartei 220
Beamter 61
Bebel, August 119, 124, 173, 187
Beichte 14 f.
Belgien 82, 189, 192, 197, 230
Bergbau 98, 105
Bergwerk 94 f., 98
Berlin 55, 121, 147 f., 204 f., 243
Bibel 15 f., 20, 24, 26, 37
Biedermeier 144
Bildung 53, 125, 129
Bismarck, Otto von 122 f., 156 ff., 165, 184
Blum, Robert 152, 154 f.
Böhmen 28 f., 32
Börsenkrach 232
Borsig 108, 121, 126
Briand, Aristide 230 f.
Brüning, Heinrich 238, 240, 243
Buchdruck 20, 106
Bund deutscher Frauenvereine 125
Bundeslied 119
Burg 28
Bürger 29, 50 ff., 55 ff., 62 ff., 70 ff., 115, 133 ff., 144, 146 ff., 238
Bürgertum 84, 116, 220, 225, 238
Burschenschaft 140 f., 165

C

Cartwright, Edmund 94
Chamberlain 230
China 173, 177
Christen 14, 16, 37
Christentum 173
Code civil 79 f.
Comedian Harmonists 229
Continental 103
Cranach, Lucas 14

D

Dampfmaschine 94 f., 98, 107, 129
Demokratie 134, 165, 214 ff., 220 ff., 241 ff.
Demonstration 43, 83, 87, 187, 209
Denkmal 161, 204
Deutsche Demokratische Partei 218, 220

Deutscher Bund 136 f.
deutsche Republik 212 f.
deutsche Sprache 20
Deutsches Reich 137, 151, 159 f.
Deutsche Volkspartei 218, 220
Deutschland 21, 31, 36, 87, 96 ff., 100 ff., 129, 140 ff., 146 f., 150 ff., 156 ff., 160 ff., 164 ff., 170 f., 184 f., 188 ff., 194, 198 f., 202 ff., 210 ff., 216 ff., 224, 228 ff., 232 f., 243
Deutschnationale Volkspartei 218, 220, 240
Deutsch-Südwestafrika 170, 177 ff.
Diderot, Denis 52
Diktatur 220, 242
Dreißigjähriger Krieg 10 f., 28 ff., 32 ff., 37
Druckerei 16

E

Ebert, Friedrich 212, 214 f.
Eingeborene 177
Egestorff, Georg 102 f.
Einheimische 172, 205
Einzelstaaten 36, 96, 137, 156
Eisenbahn 90 f., 96 f., 102 f., 129
Eisen- und Stahlindustrie 97
Elsass-Lothringen 203
Engels, Friedrich 92
England 92 ff., 96 f., 99, 129, 176, 184, 189, 191, 206, 212
Erfindungen 95, 106 f., 129
Ernte 12, 24 f
Eroberer 68
Erster Weltkrieg 169 f., 190 ff., 194 ff., 198 ff., 202 ff., 205
Europa 80 ff., 85, 136, 184. 205 f., 216, 242
evangelisch 20 f., 28, 34, 250
Exekutive 53, 68, 71, 74, 78, 151, 159, 219, 244, 252

F

Fabrik 92 ff., 99, 102 f., 106 ff., 110 ff., 116 ff., 120 ff., 126 ff.,
Fabrikant 92
Fahne 71, 84, 133, 141
Familie 49, 65, 72, 112, 116, 129, 162 ff.
Faschismus 242
Fegefeuer 14
Ferdinand II. 28 f.
Feudalsystem 78

Fließbandarbeit 108

Flotte 184 f.

Flugblatt 22 f., 26, 57, 137, 250

Foto 114 f.

Fotografie 106, 114

Franken 26

Frankfurter Bundestag 153

Frankfurter Nationalversammlung 152, 159, 167

Frankfurter Paulskirche 150

Frankreich 41 ff., 48, 50 f., 56 f., 60 f., 68 ff., 74 ff., 78 f., 84 f., 136, 146, 157 ff., 165, 172 ff., 176, 184, 188 ff., 192 ff., 202 f., 206, 216 f., 230 ff.

Franz II. (König) 81

Franz Ferdinand 189

Französische Revolution 41 ff.

Frauenarbeit 198 f.

Frauenbewegung 124 f.

Frauenrechte 69, 150

Frauenwahlrecht 124 f.

Freiheit 24, 37, 41, 52, 64, 78, 84, 87, 134, 140 f., 147, 154, 164 f., 213, 218, 231, 242

Freikorps 214

Friedensnobelpreis 186

Friedensprogramm 202

Friedensvertrag 36, 158, 202, 210, 216 f., 221, 224

Friedrich, Caspar David 144 f.

Friedrich von der Pfalz 28

Friedrich Wilhelm IV. 147, 151 ff., 165

Frondienst 24, 63

Fürstentum 81, 136, 156

G

Geistliche 9, 12 f., 15, 50 f., 57, 60, 120

Geldentwertung 225

General 78, 85, 194 f.

Generalstände 60 f.

Gesellschaftsschicht 116

gesetzgebende Gewalt 52 f., 68, 71, 74, 151, 159, 219, 244, 252

Gewaltenteilung 68

Gewerkschaft 118 f., 129, 228

Glaubenskrieg 10 ff., 28, 37

Gleichberechtigung 37, 231

Götter 44

Göttingen 34 f., 102 f., 143, 204

Göttinger Sieben 142 f.

Gouges, Olympe de 69

Gouverneur 177

Grammofon 227 f.

Großbritannien 80, 172, 176, 181, 185, 188, 202, 216

Große Koalition 238

Großmacht 136 f., 165, 181, 188, 191, 216

Grundbesitz 20, 50, 57

Grundgesetz 82, 87

Grundherr 24 f., 27, 38, 60, 63

Grundrechte 150, 153, 159

Gustav Adolf von Schweden 29

Gutsbesitzer 150

H

Hambacher Fest 141, 150, 165

Händler 32, 90, 178

Handwerker 34, 46, 90, 108, 146, 174

Hargreaves, James 93

Heer 28, 32 f., 51, 151, 159, 217

Heiliges Römisches Reich 10, 42

Herero 178 f.

Hindenburg, Paul von 238, 240 f., 243

Hitler, Adolf 221, 224, 238 f., 243

Hitlerputsch 224

Hölle 12, 14

Hofstaat 13, 45

Hohenzollern 137, 146, 156, 213

Hugenotten 51

Hungersnot 31, 57, 187, 198 f.

I

Imperialismus 169 ff., 176 ff., 205

Indien 170, 180, 191

Industrialisierung 89 ff., 96 ff., 99 ff., 103 ff., 107, 116, 126 ff.

Industrie 92, 97, 103, 127, 198, 205, 240

Industrielle Revolution 89 ff., 93 ff., 97 ff., 101 ff., 128 f.

Industriemuseum 105

Industriestaaten 172

Inflation 224 ff. 243

Invasion 190

Islam/islamisch 174

Italien 188, 191

J

Jakobiner 73 f., 84

Juden 160, 239

Judikative 53, 71, 74, 151, 159, 219, 244, 252

Jüngstes Gericht 12

K

Kaiserkult 160

Kaiserreich 156, 158, 160 ff., 165, 216, 243

Kammerdiener 47, 72

Kamerun 170, 191

Kapitulation 158

Karlsbader Beschlüsse 140 f.

Karl V. 17, 20 f., 37

Katholiken 21, 28, 39

Kaufleute 12, 57, 150

Kinderarbeit 110 f., 119

Kinderschutz 110

Kirche 10 ff., 14 ff., 18 ff., 24, 28, 34 ff., 50 ff., 81, 120, 129

Kirchenbann 16 f., 37

Kleinasien 92

Kleinstaaten 80, 102

Kloster Weißenau 26

Koalitionsfreiheit 228

Koch-Gontard, Clotilde 150

Kohle 94, 97 ff., 103

Kokarde 62, 65

Kolonialherrschaft 178

Kolonialverwaltung 172, 177

Kolonien 172, 176, 185, 191, 205, 217

Kolping, Adolph 121

Kolumbus, Christoph 10, 170

Konfession 10, 21, 37, 177

Kongress 136 f., 140, 144, 165, 214

Konzil von Trient 21

KPD 214, 218 ff., 223, 233, 239, 241

Krankenkasse 121, 228

Kriegerdenkmal 161, 204

Kriegskredit 190 f.

Kriegsschulden 224

Kriegsziel 191, 205

Krupp 89, 99, 108, 116, 121, 126

Kultur 173 ff.

Kunst 144, 175

Künstler 144, 154

Kurfürst 20, 28, 32

L

Lassalle, Ferdinand 119

Legislative 53, 71, 74, 151, 159, 219, 244, 252

Leibeigene 25
Leo X. 13, 17
Leo XIII. 120
Liberale 140, 220
Liebknecht, Karl 212 ff.
Liebknecht, Wilhelm 119
Liga 28, 37
Liselotte von der Pfalz 46
Locarno, Vertrag von 230 f., 243
London 190
Ludwig XIV. 44 ff., 48, 50 f., 85
Ludwig XVI. 56 ff., 60, 62, 65, 68, 72 f., 85
Luther, Martin 10 ff., 14 ff., 18 ff., 24 ff., 34, 37, 39
Luxemburg, Rosa 214

M

Madame Geoffrin 52
Marine 185, 202, 217
Marquis de Lafayette 64
Marseillaise 84, 164
Maximilian I. 32
Maximilian II. 128
Mazarin, Kardinal 44
Mein Kampf 224
Menschenrechte 64 f., 75, 82 f., 85 ff.
Menzel, Adolph 101
Messe 13
Metternich, Fürst von 136
Meysenburg, Malvida von 153
Militär 77, 160 ff., 165, 172, 192, 221
Minister 44
Missionar 177 f.
Mittel- und Südamerika 170, 177
Monarchie 56, 68, 73, 86 f., 134, 146, 151, 210, 212, 219, 240
Mönch 10, 12, 15, 34
Montesquieu, Charles de 52 f.
Moskau 81
Münster 36
Müntzer, Thomas 26

N

Nama 178
Napoleon Bonaparte 78 ff., 82, 85, 136
Napoleon III. (Kaiser) 158
Nationalhymne 84, 164
Nationalismus 160
Nationalkonvent 73 f., 75
Nationalstaat 133 f., 140, 164

Nationalversammlung 60 f., 63 ff., 68 f., 72 ff., 78, 85, 150 ff., 159, 165, 214 f., 218, 226
Natur 126
Niedersachsen 102
Nikolaus II. 173
Notgesetz 225
Notverordnung 238, 243
Novemberrevolution 212 f., 243
NSDAP 218, 221, 224, 233, 238 f., 241, 243

O

oberste Heeresleitung 44, 212
Offizier 32, 154, 162
Osmanisches Reich (Türkei) 10, 189
Österreich 72, 81, 96, 136 f., 151, 153, 156 f., 165, 188, 205 f., 216
Österreich-Ungarn 188 f., 216

P

Papst 13 f., 16 f., 21, 37, 120
Paris 41 f., 62, 65 ff., 69, 72 f., 84, 146 f., 216
Pariser Weltausstellung 126, 130
Parlament 53, 95, 119, 134, 143, 146, 151 f., 156, 165, 214, 220, 226, 238
parlamentarische Demokratie 214, 221, 241, 243
Partei 119, 218, 220 f., 233, 239
Pest 12, 31
Peterskirche 14
Pfarrer 25
Philosophen 52, 85
Polizei 50, 74, 78, 125, 143, 224
Popp, Adelheid 111, 124
Portfolio 21, 93, 131, 137, 246
Prager Fenstersturz 28, 37
Prediger 12
Pressefreiheit 78
Preußen 11, 54, 72, 96, , 125, 136 f., 146 f., 151, 153, 156 ff., 165
Priester 12 f., 37
Propagandapostkarten 200 f., 254
protestantisch 28 f., 37, 55
Provinz 49 f., 136
provisorische Regierung 214 f.

R

Rassenhass 224
Rat der Stadt 34

Rat der Volksbeauftragten 214
Räterepublik 214, 221
„Rauhes Haus" 120
Redefreiheit 147
Reformation 9 ff., 16 ff., 20 ff., 24 ff., 28 ff., 32 ff., 36 ff.
Regierung 44 f., 70 f., 74, 202 f., 214 f., 217, 220 f., 224 f., 238, 240 f., 243
Regime, autoritäre 242
Reichsacht 17, 37
Reichskanzler 122, 159, 184, 191, 213, 219, 240 f., 243
Reichspräsident 215, 219, 240 f., 243
Reichsregierung 122, 129, 150 f., 202, 215, 219, 224
Reichstag 18 ff., 27, 37, 151, 159, 190, 212, 219, 226, 238 f.
Reichstagswahl 220 f., 223, 238 f.
Reichsstadt 21, 80 f., 102, 136, 156
Reichsverfassung 150, 159, 212
Religionskriege 24 ff., 28 ff., 32 ff., 36 ff.
Rentenmark 225
Rentenversicherung 123, 228
Reparation 217, 224
Republik 68 f., 73 f., 134, 146, 165, 205, 209 ff., 213 f., 218 ff., 220, 224, 232 f., 238 ff., 243
Restauration 136
Revolutionsgericht 74 f.
Revolution von 1848/1849 146 ff., 150 ff., 154 f.
Rheinbund 81
Richelieu, Kardinal 29
richterliche Gewalt 52 f., 71, 74, 85, 151, 159, 219, 244, 252
Richter, Ludwig 144
Robespierre, Maximilian de 73 ff., 78
Romantik 144 f.
Rousseau, Jean-Jacques 52 f.
Ruhr 98, 127, 224
Ruhrbesetzung 224 f. 243
Ruhrgebiet 97 ff., 113, 224 f.
Russland 81, 169, 172, 188 f., 191 f., 202, 205 f., 212, 216

S

Salon 52
Sansculotten 74
Scheidemann, Philipp 211 ff.

Schlacht 32 f., 80 f., 140, 156, 160 f., 179, 192, 194 f., 202, 204
Schlacht am Waterberg 179
Schlacht bei Waterloo 81
Schlacht von Königgrätz 156
Schloss 46, 63, 85, 141, 147
Schreckensherrschaft 75, 87
Schutzherrschaft 177
Schwarzer Donnerstag 232
Schweiz 36, 96
Serbien 188 f., 206
Seuche 12, 31 f.
Siedler 173
Sklave/Sklaverei 174
Soldat 28 ff., 32, 51, 81, 158, 192 ff., 193, 196 f., 202, 204, 212 ff.
Söldner 28 ff., 32 f., 51
Sowjetunion 231
Sozialdemokratie 124
soziale Frage 119 f.
Sozialgesetze 122, 129
Sozialistengesetz 122
Sozialstaat 122, 241
Sozialversicherung 122 f., 228
Spanien 28
Spartakusbund 213 f.
SPD 119, 124, 173, 187, 190, 214, 218, 220 f., 233, 239, 243
Spiegelsaal 158 f., 166
Spielfilm 160
Spinnerei 109 ff., 131
Spinning Jenny 93
Spinnmaschine 94, 129
Staatsordnung 53
Stamm 170, 174, 178
Stand 50 f., 56 f., 60 f., 85 f., 150
Statistiken 236 f., 254
Steinkohle 98 f.
Stellungskrieg 192, 205
Stephenson, George 95
Steuern 36, 49 ff., 56 f., 60, 78, 85, 142, 224
Stimmrecht 124 f., 226
Straßenbarrikaden 147
Streik 118 f., 129, 199
Stresemann, Gustav 230 f.
Strukturskizze 76 f., 252
Sünde 14 f.
Sündenstrafen 12
Suttner, Bertha von 186

T
Telefonistin 227 f.
Terror 73 ff.
Tetzel, Johann 14 f.
Tilly, Johann Graf 35
Trikolore 62, 84
Tschechoslowakei 216, 230
Türkei 188

U
U-Boot 202
Umwelt 127, 129
Unternehmer 93, 99, 106, 116 ff., 120 ff., 129, 199
Untertan 52, 144
Ureinwohner 174, 177
USA 169, 176, 181, 202, 216, 232

V
Verdun 192, 194, 204
Verfassung 61, 68 ff., 72, 74, 78, 85 f., 142 f., 146 f., 150 f., 159, 165, 218 ff., 243, 252
Verkehr 96
Vernichtungskrieg 179
Vernunftrepublikaner 221
Versailler Vertrag 217, 221, 239
Versailles 46 f., 50 f., 60, 62, 65 ff., 85, 158 f., 165 f., 217, 239
Versammlungsfreiheit 141, 147, 152
Verwaltung 50, 78, 81
Völkerbund 216 f., 231, 243
Völkermord 178
Völkerschlacht bei Leipzig 140, 161
Vormärz 164

W
Waffenstillstand 197, 203, 216, 224
Waffenstillstandsvertrag 214
Wahlplakat 222 f., 238 f., 255
Wahlrecht 68, 78, 119, 124, 129, 146, 150
Wallfahrt 14
Wallfahrtsort 12, 14
Wall Street 232
Wartburg (Eisenach) 20, 140
Wartburgfest 140, 165
Watt, James 94
Weimar 215, 218, 225, 243
Weimarer Koalition 218, 221, 240

Weimarer Republik 164, 209 ff., 214 f., 218, 220, 229, 232 ff., 240 f., 243
Weimarer Verfassung 167, 218 f., 245
Weltausstellung 99, 126, 130
Weltgericht 12
Weltmacht 172, 181
Weltreiche 172, 180 f.
Weltwirtschaftskrise 241, 243
Wenzel, Klemens 136
Westfalen 98, 113, 136
Westfälischer Friede 36
Wettrüsten 185, 205
Wichern, Johann Heinrich 120
Wien 136, 152
Wiener Kongress 136 f., 140, 144, 165
Wilhelm I. 54, 158 f., 165
Wilhelm II. (Kaiser) 173, 184 f., 190, 210
Wilson, Woodrow 202 f.
Windmühlenmuseum 105
Wirtschaftsbürgertum 116
Wirtschaftskrise 232 f., 238, 241, 243, 245
Wittenberg 15 ff., 20
Wohnung 112, 115, 145, 150, 163
Wohnungsbauvereine 228
Wohnverhältnisse 112 f., 117, 129
Worms 17 ff.

Z
Zehnt 25
Zentrum 218, 220 f., 233, 238 ff.
Zivilisation 173, 176
Zollverein 96 f., 129
Zuwanderung 113

Reformation – Bauernkrieg – Dreißigjähriger Krieg

S. 13 Q1: Junghans, Helmar (Hrsg.): Die Reformation in Augenzeugenberichten, übers. von Lau, Franz und Junghans, Helmar, Düsseldorf (Rauch) 1973, S. 43. **S. 13 M1:** Kühner, Hans (Hrsg. und Übers.): Neues Papstlexikon, Frankfurt/M. (Fischer) 1973, S. 43. **S. 14 Q1:** Junghans, Helmar (Hrsg.): Die Reformation in Augenzeugenberichten, übers. von Lau, Franz und Junghans, Helmar, Düsseldorf (Rauch) 1973, S. 43. **S. 15 Q2:** Fausel, Heinrich: Martin Luther. Der Reformator im Kampf um Evangelium und Kirche; sein Werden und Wirken im Spiegel eigener Zeugnisse, Stuttgart (Random House) 1967, S. 191. **S. 15 Q3:** Fausel, Heinrich (Hrsg. und Übers.): Martin Luther, München (Siebenstern), 1967, S. 191. **S. 16 Q1:** Junghans, Helmar (Hrsg.): Die Reformation in Augenzeugenberichten, übers. von Lau, Franz und Junghans, Helmar, Düsseldorf (Rauch) 1973, S. 58. **S. 17 Q2:** Thulin, Oskar: Martin Luther. München (Der Kunstverlag) 1958, S. 51. **S. 24 Q1:** Junghans, Helmar (Hrsg.): Die Reformation in Augenzeugenberichten, übers. von Lau, Franz und Junghans, Helmar, Düsseldorf (Rauch) 1973, S. 269 ff. **S. 25 Q2:** Dickmann, Fritz (Bearbeiter): Geschichte in Quellen, Bd. 3, München (BSV) 1970, S. 144 f. **S. 26 Q1:** zit. n. Die deutsche Frage im Unterricht, Heft 3: Erhebung des gemeinen Mannes 1524/15, hrsg. von der Landeszentrale für politische Bildung Baden-Württemberg, Stuttgart 1984, S. 41. **S. 26 Q2:** Bornkamm, Karin; Ebeling, Gerhard (Hrsg.), Martin Luther. Ausgewählte Werke, Bd. 1, Frankfurt/M. (Insel) 1982, S. 133 ff. **S. 27 Q3:** Braun, Gerald: Der deutsche Bauernkrieg, Berlin 1926, Nr. 119. **S. 30 Q1:** von Grimmelshausen, Hans Jakob Christoffel; Hegauer, Engelbert (Bearbeiter): Abenteuerliche Simplicius Simplicissimus, Bd. 422/423, München (Random House Gruppe) 1957, S. 17. **S. 32 M1:** © Kriegsreisende.de: aus: www.kriegsreisende.de/neuzeit/soeldnerleben.htm, Abruf 15.04.2013. **S. 32 M2 und S. 33 M3** Eickhoff, Sabine; Schopper, Franz (Hrsg.): 1636 – Ihre letzte Schlacht – Leben im Dreißigjährigen Krieg. Brandenburgisches Landesamt für Denkmalpflege und Archäologisches Landesmuseum. (Theiss) 2012, S. 115. **S. 35 M1:** Böhme, Ernst: aus: www.stadtarchiv.goettingen.de/texte/stadtgeschichte_1500_1700.htm, Abruf 15.04.2013. **S. 39 M2:** aus: http://www.planet-wissen.de/kultur_medien/religion/martin_luther/luther_reformation.jsp, Abruf 15.04.2013.

Die Französische Revolution

S. 44 Q1: Peter, Karl Heinrich (Übers.): Briefe zur Weltgeschichte, Stuttgart (Cotta) 1962, S. 202. **S. 45 Q2:** Lautemann, Wolfgang; Schlenke, Manfred (Hrsg.): Geschichte in Quellen, übers. von Dickmann, Fritz, Bd. 3, München (BSV) 1976, S. 429. **S. 45 Q3:** Lautemann, Wolfgang; Schlenke, Manfred (Hrsg.): Geschichte in Quellen, übers. von Dickmann, Fritz, Bd. 3, München (BSV) 1976, S. 451. **S. 46 Q1:** Lautemann, Wolfgang; Schlenke, Manfred (Hrsg.): Geschichte in Quellen, übers. von Dickmann, Fritz, Bd. 3, München (BSV) 1976, S. 429. **S. 47 Q2:** Steudel, Theodor (Übers.): Der Fürstenstaat, Wiesbaden (Vieweg & Teubner) 1933. **S. 48 Q1:** Geschichte in Quellen, Bd. 3, München (BSV), Nr. 201 b. **S. 48 Q2:** Kiesel, Helmut (Hrsg.): Die Briefe der Liselotte von der Pfalz, Frankfurt/M. (Insel) 1960, S. 32. **S. 49 Q3:** Der Hof Ludwigs XIV. in Augenzeugenberichten. Düsseldorf 1969, S. 348 f. **S. 49 Q4:** Der Hof Ludwigs XIV. in Augenzeugenberichten. Düsseldorf 1969, S. 348 f. **S. 50 Q1:** Massenbach, Sigrid (Hrsg. und Übers.): Die Memoiren des Herzogs von Saint-Simon, Bd. 3: 1790–1815, Frankfurt/M. u. a. (Ullstein) 1985, S. 293 f. **S. 52 Q1:** Geschichte in Quellen, Bd. 3, bearbeitet von Fritz Dickmann, München (BSV) 1970, S. 429 f. **S. 52 Q2:** Stahleder, Erich (Hrsg.): Absolutismus und Aufklärung, Ebenhausen b. München (Langewiesche Brandt) 1982, S. 136 f. (Urtext von Diderot). **S. 52 Q3:** Hartig, Irmgard A.; Hartig, Paul (Hrsg.): Die Französische Revolution, Stuttgart (Klett) 1990, o. S. **S. 53 Q4:** Geschichte in Quellen, bearbeitet v. Arend, Walter, Bd. 1, München (BSV) 1970, S. 447. **S. 53 Q5:** Jean-Jacques Rousseau: Emile oul'éducation, Paris (Garnier Flammarion) 1974, S. 178, übers. v. Verf. **S. 54 Q1:** Friedrich der Große: Der Antimachiavell. **S. 54 Q2:** Schoeps, Hans-Joachim: Preußen – Geschichte eines Staates, Berlin (Ullstein) 1981, S. 330. **S. 55 Q3:** Venohr, Wolfgang; Kabermann, Friedrich: Brennpunkte deutscher Geschichte 1450–1850, Kronberg/Taunus (Athenäum) 1978, S. 137. **S. 55 Q4:** Lehmann, Max: Preußen und die katholische Kirche seit 1640, Leipzig (Hirzel) 1881, S. 3. **S. 56 Q1:** Palmer, Robert R.: The Age of Democratic Revolution, übers. v. Lazarus, Herta, Wiesbaden (Aula) 1959, S. 480. **S. 57 Q2:** Hartig, Irmgard u. Paul (Hrsg.): Die Französische Revolution im Urteil der Zeitgenossen und der Nachwelt, Stuttgart (Klett) 1990, S. 11. **S. 57 Q3:** Reichardt, Rolf (Hrsg.): Ploetz: Die Französische Revolution, Freiburg (Herder) 1988, S. 35. **S. 61 Q1:** Markov, Walter (Hrsg.): Die Revolution im Zeugenstand, Bd. 2, Leipzig (Reclam) 1982, S. 71. **S. 63 Q1:** Markov, Walter: Revolution im Zeugenstand, Bd. 2, Leipzig (Reclam) 1982, Seite 102 f. **S. 64 Q1:** Gauchet, Marcel; Kaiser, Wolfgang (Übersetzer): Die Erklärung der Menschenrechte: die Debatte um die bürgerlichen Freiheiten 1789, Reinbek bei Hamburg (Rowohlt) 1991, o. S. **S. 68 Q1:** Geschichte in Quellen, Bd. 4, München (BSV) Seite 304. **S. 69 Q2:** Doormann, Lottemi: Ein Feuer brennt in mir, Weinheim (Beltz & Gelberg) 1993, S. 104 f. **S. 69 Q3:** Frysak, Viktoria: http://olympe-de-gouges.info/, Abruf 28.01.2010. **S. 72 Q1:** nach: Geschichte in Quellen, Bd. 4, München (BSV) 1979, S. 252. **S. 73 Q2:** Hartig, Irmgard A.; Hartig, Paul (Hrsg.): Die Französische Revolution, Stuttgart (Klett) 1989 S. 11 f. **S. 74 Q1:** Hauser, Hans, Eric (Hrsg.): Die Französische Revolution. Zeit-Bild. Das

historische Nachrichtenmagazin, Wien/Heidelberg (Ueberreuther) 1977, S. 151 f. **S. 75 Q2:** Göhring: Martin: Die Geschichte der großen Revolution, Bd. 2, Vom Liberalismus zur Diktatur, Tübingen (Mohr) 1951, S. 382. **S. 78 Q1:** Hartig, Irmgard u. Paul (Hrsg.): Die Französische Revolution im Urteil der Zeitgenossen und der Nachwelt, Stuttgart (Klett) 1990, S. 113 f. **S. 79 Q2:** Sösemann, Bernd: Revolution und Reform: Modernisierung von Staat und Gesellschaft in Frankreich und Deutschland um 1800, Stuttgart (Klett) 1997, S. 54 f. **S. 80 Q1:** Kircheisen, Friedrich M. (Hrsg.): Gespräche Napoleons, Stuttgart (Lutz) 1912, S. 120. **S. 84 M1:** www.deutsche-schutzgebiete.de/franzoesische_nationalhymne_marseillaise.htm, Abruf 15.04.2013. **S. 84 M2:** www.helpster.de/nationalflagge-frankreich-die-bedeutung-der-tricolore-einfach-erklaert_137633, Abruf 15.04.2013. **S. 86 Q1:** Hartig: Irmgard und Paul (Hrsg.): Die Französische Revolution, Stuttgart (Klett) 1984, S. 25.

Industrielle Revolution

S. 92 Q1: Engels, Friedrich: Die Lage der arbeitenden Klasse in England, München (DTV) 1975, S. 33 f. **S. 96 Q1:** List, Friedrich, in: Görtemaker, Manfred: Deutschland im 19. Jahrhundert, Bonn (Opladen) 1986, S. 142. **S. 103 M1:** Gero Busse. Menschen Zeiten Räume. **S. 108 Q1:** Galm, Ulla: August Borsig, Berlin (Stapp) 1987, S. 114. **S. 108 Q2:** Jantke, Carl: Der vierte Stand, Freiburg (Herder) 1955, S. 178. **S. 109 Q3:** Abbe, Ernst: Gesammelte Abhandlungen, Jena (Fischer) 1906, S. 74. **S. 109 Q4:** Bericht der Gewerbeaufsicht für das Unterelsass, in: Führt, Henriette: Die Fabrikarbeit verheirateter Frauen, Frankfurt/M. (Schnapper) 1902, S. 42 f. (sprachlich vereinfacht). **S. 110 Q1:** Anton, Günter K.: Geschichte der preußischen Fabrikgesetzgebung bis zu ihrer Aufnahme durch die Reichsgewerbeordnung, Leipzig 1891, S. 4 ff., zitiert nach: Rutschky, Katharina: Deutsche Kinderchronik, Köln (Kiepenheuer und Witsch) 1983, S. 558. **S. 110 Q2:** Harkort, Friedrich: Bemerkungen über die Hindernisse der Zivilisation und Emanzipation der unteren Klassen, Elberfeld (Julius Bädeker) 1844, Frankfurt/M. (Diesterweg) 1919, S. 23 ff., zit. nach: Schraepler, Ernst: Quellen zur Geschichte der sozialen Frage in Deutschland, Bd. 1, Göttingen (Musterschmidt) 1955, S. 88. **S. 111 Q3:** Popp, Adelheid: Jugendgeschichte einer Arbeiterin, Stuttgart (Dietz) 1922 S. 11–13. (zit. nach Prolet. Lebensläufe). **S. 112 M1:** Emsbach, Karl, zit. nach Kocka, Jürgen: Arbeitsverhältnisse und Arbeiterexistenzen, Bonn (Dietz) 1990, S. 457. **S. 112 Q1:** de Buhr, Hermann; Regenbrecht, Michael (Hrsg.): Industrielle Revolution und Industriegesellschaft, Frankfurt/M. (Hirschgraben) 1983, S. 46. **S. 113 Q2:** Leidinger, Paul: Geschichte, Politik und ihre Didaktik, Sonderheft 2, Paderborn (Schöningh) 1982, S. 35. **S. 113 M2:** Herbert, Ulrich: Geschichte der Ausländerbeschäftigung in Deutschland 1880 bis 1980, Berlin (Dietz) 1986, S. 75 f. **S. 116 Q1:** Krupp, Alfred, Christel Jungmann: Das System Krupp. Der Patriarch und seine Arbeiter, 2004, dradio. **S. 119 Q1:** Herwegh, Georg, Bundeslied: http://lyrikwelt.de/gedichte/herweghg1.htm, Abruf 13.03.2013. **S. 120 Q1:** Wichern, Heinrich, Gesammelte Schriften, Band 2, Hamburg 1905, S. 108; zit. nach: de Buhr, Hermann / Regenbrecht, Michael (Hrsg.): Industrielle Revolution und Industriegesellschaft, Frankfurt/M. (Hirschgraben) 1983, S. 51 (vereinfacht). **S. 120 Q2:** de Buhr, Hermann; Regenbrecht, Michael (Hrsg.): Industrielle Revolution und Industriegesellschaft, Frankfurt/M. (Hirschgraben) 1983, S. 51. **S. 121 Q3:** Jörg, Joseph E.: Geschichte der social-politischen Parteien in Deutschland, Freiburg (Herder) 1867, S. 213. **S. 124 Q1:** Popp, Adelheid: Die Arbeiter, München (Beck) 1986, S. 438. **S. 125 Q2:** Dohm, Hedwig: Die Frauen. Natur und Recht, Berlin 1893, zit. nach: Frederiksen, Elke: Die Frauenfrage – Deutschland 1865-1915, Stuttgart (Reclam) 1981, S. 374 f. **S. 126 Q1:** Witkop, Philipp: Meine Heimat, in: Blotevogel, Hans H.: Industrielle Kulturlandschaften im Ruhrgebiet, http://www.indukult-vereine.de/Blotevogel/Blotevogel.html, Abruf 13.03.2013. **S. 126 Q2:** Historisches Archiv Krupp, Alfred Krupps Briefe und Niederschriften, Bd. 9, 1866–1870, zit. nach: Brüggemeier, Franz-Josef; Toyka-Seid, Michael (Hrsg.): Industrie-Natur. Lesebuch zur Geschichte der Umwelt im 19. Jahrhundert, Frankfurt/M. (Campus) 1995, S. 70 f. **S. 127 Q3:** Wasserbericht über die Ruhr 1902, in: Blauer Himmel über der Ruhr – Umweltprobleme und Lösungen, http://www.route-industriekultur.de/fakten-hintergruende/facetten-der-region/der-blaue-himmel-ueber-der-ruhr.html, Abruf 13.03.2013. **S. 127 M1:** Linden entdecken ... Das Stadtteilinfo-Portal: http://www.linden-entdecken.de/impressionen/geschichte-industrialisierung.htm, Abruf 13.03.2013. **S. 128 Q1:** zitiert nach: Seitz, Jutta: Wie ist der materiellen Not der unteren Klassen abzuhelfen? Eine sozialhist. Quelle zu Problemen der Industrialisierung in Bayern im 19. Jahrhundert, in: Grimm, Claus (Hrsg.): Aufbruch ins Industriezeitalter, Bd. 1, München (Oldenbourg) 1985 S. 165–168, hier S. 159 f. **S. 128 Q2:** zitiert nach: Seitz, Jutta: Wie ist der materiellen Not der unteren Klassen abzuhelfen? Eine sozialhist. Quelle zu Problemen der Industrialisierung in Bayern im 19. Jahrhundert, in: Grimm, Claus (Hrsg.): Aufbruch ins Industriezeitalter, Bd. 1, München (Oldenbourg) 1985 S. 165–168, hier S. 160.

Die „Deutsche Frage" und der monarchistische Nationalstaat

S. 137 Q1: Dyroff, Hans-Dieter (Hrsg.): Der Wiener Kongress 1814/1815: die Neuordnung Europas, München (DTV) 1979, S. 59. **S. 140 Q1:** „Provisorische Bestimmungen hinsichtlich der Freiheit der Presse", in: Huber, Ernst Rudolf (Hrsg.): Dokumente zur deutschen Verfassungsgeschichte, Bd. 1, Stuttgart (Kohlhammer) 1961, S. 101 ff. **S. 141 Q2:** Siebenpfeiffer, Philipp Jakob, in: Heumann, Hans (Hrsg.): Geschichte für morgen, Bd. 2, Frankfurt/M. (Hirschgraben) 1987, S. 131. **S. 142 Q1:** Rudolph von Thadden: Die Göttinger Sieben, ihre Universität und der Verfassungskonflikt von 1837, Hannover (Niedersächsische Landeszentrale für politische Bildung) 1987, S. 38. **S. 143 Q2:** Rudolph von Thadden: Die Göttinger Sieben, ihre Universität und der Verfassungskonflikt von 1837, Hannover (Niedersächsische Landeszentrale für politische Bildung) 1987, S. 40. **S. 144 Q1:** Kinkel, Gottfried, in: Venohr, Wolfgang u. Kabermann, Friedrich (Hrsg.): Brennpunkte der deutschen Geschichte: 1450–1850, Kronberg (Athenäum) 1978, S. 222. **S. 146 Q1:** von Baden, Leopold, in: Jessen, Hans (Hrsg.): Die deutsche Revolution in Augenzeugenberichten, Düsseldorf (Rauch) 1972, S. 40. **S. 147 Q2:** Grab, Walter (Hrsg.): Die Revolution von 1848, München (Nymphenburger) 1979, S. 59. **S. 150 Q1:** Koch-Gontard, Clotilde, zit. nach Gall, Lothar (Hrsg.): FFM 1200: Traditionen und Perspektiven einer Stadt (leicht bearb.), Sigmaringen (Thorbecke) 1994, S. 222 (leicht bearbeitet). **S. 150 Q2:** Zit. nach Gall, Lothar (Hrsg.): FFM 1200: Traditionen und Perspektiven einer Stadt (leicht bearb.), Sigmaringen (Thorbecke) 1994, S. 222. **S. 151 Q3:** Venohr, Wolfgang u. Kabermann, Friedrich (Hrsg.): Brennpunkte der deutschen Geschichte: 1450–1850, Kronberg (Athenäum) 1978, S. 292. **S. 152 Q1:** Lothar Gall (Hrsg.), 1848 – Aufbruch zur Freiheit, Berlin (Nicolai'sche Verlagsbuchhandlung) 1997, S. 327. **S. 153 Q2:** Meysenburg, Malvida von, in: Venohr, Wolfgang u. Kabermann, Friedrich (Hrsg.): Brennpunkte der deutschen Geschichte: 1450–1850, Kronberg (Athenäum) 1978, S. 294. **S. 153 Q3:** Venohr, Wolfgang u. Kabermann, Friedrich (Hrsg.): Brennpunkte der deutschen Geschichte: 1450–1850, Kronberg (Athenäum) 1978, S. 294. **S. 154 M1:** Ralf Zerback: aus: Demokratiegeschichte: Der erste 9. November/ZEITONLINE in: http://www.zeit.de/2007/45/A-Blum-Folge2, Abruf 18.04.2013. **S. 156 Q1:** Schönbrunn, Günter (Hrsg.): Geschichte in Quellen, Bd. 5, München (BSV) 1970, S. 312. **S. 157 Q2:** Schönbrunn, Günter (Hrsg.): Geschichte in Quellen, Bd. 5, München (BSV) 1970, S. 343. **S. 157 Q3:** Walden, Bruno (Hrsg.): Otto von Bismarck. Gesammelte Werke, Bd. 5, Berlin (UV) 1941, S. 95. **S. 158 Q1:** Walden, Bruno (Hrsg.): Otto von Bismarck. Gesammelte Werke, Bd. 7, Berlin (UV) 1941, S. 301. **S. 158 Q2:** Schönbrunn, Günter (Hrsg.): Geschichte in Quellen, Bd. 5, München (BSV) 1970, S. 363. **S. 162 Q1:** Kocka, Jürgen (Hrsg.): Deutsche Sozialgeschichte 1870–1940, Bd. 2, München (Beck) 1977, S. 80. **S. 162 M1:** Wehler, Hans-Ulrich: Deutsche Gesellschaftsgeschichte, Bd. 3, München (Beck) 1995, S. 873 f. **S. 162 M2:** Richter, Gert: Die gute alte Zeit im Bild – Alltag im Kaiserreich 1871–1914 in Bildern und Zeugnissen. Gütersloh (Bertelsmann) 1974, S. 12 f. **S. 163 Q2:** Streikschluss der Arbeiter der Eisenbahn-Zentralwerkstatt in Nippes bei Köln, Oktober 1871, zitiert nach: Der Volksstaat, Nr. 88 vom 1.11.1871 nach: Helga Grebing: Arbeiterbewegung München, München (dtv) 1985, S. 142. **S. 163 M3:** Nipperdey, Thomas: Deutsche Geschichte 1866–1918, Arbeitswelt und Bürgergeist. München (Beck) 1990, S. 142. **S. 164 M1:** www.fallersleben-bildungswerk.de/body_nationalhymne.html, Abruf 25.03.2013. **S. 167 M1:** Bundespräsident Christian Wulff: Informations- und Begegnungsreise mit dem Diplomatischen Korps und den in Deutschland vertretenen Organisationen, http://www.bundespraesident.de/SharedDocs/Reden/DE/Christian-Wulff/Reden/2011/05/110524-Informations-und-Begegnungsreise.html2011, Abruf 25.03.2013. **S. 167 M2:** Heinemann, Gustav W.: Allen Bürgern verpflichtet. Reden des Bundespräsidenten 1969–1974, Frankfurt/M. (Suhrkamp) 1974, S. 46.

Imperialismus und Erster Weltkrieg

S. 173 Q1: Tetzlaff, Rainer: Koloniale Entwicklung und Ausbeutung: Wirtschafts- und Sozialgeschichte Deutsch-Ostafrikas 1885–1914, Berlin (Duncker & Humblot) 1970, S. 200. **S. 173 Q2:** Verhandlungen des Reichstags, IX. Legislaturperiode, II. Session 1893/1894, Stenographische Berichte, Bd. 2, Sitzung vom 17.02.1894, Berlin (Druck und Verlag der Norddeutschen Buchdruckerei und Verlags-Anstalt) 1894, S. 1318. **S. 175 Q1:** Riepe, Regina: Projektmappe Afrika ist anders: Materialien für einen handlungsorientierten Unterricht, Berlin (Cornelsen) 2004, S. 30. **S. 176 Q1:** Mommsen, Wolfgang: Imperialismus. Seine geistigen, politischen und wirtschaftlichen Grundlagen, Hamburg (Hoffmann und Campe) 1977, S. 211 f. **S. 176 Q2:** Mommsen, Wolfgang: Imperialismus. Seine geistigen, politischen und wirtschaftlichen Grundlagen, Hamburg (Hoffmann und Campe) 1977, S. 65. **S. 176 Q3:** Ritter, Gerhard A. (Hrsg): Historisches Lesebuch, Bd. 2: 1871–1914, Frankfurt/M. (Fischer) 1967, S. 300. **S. 177 Q4:** Leutwein, Theodor: Elf Jahre Gouverneur in Deutsch-Südwest Afrika, Berlin (Mittler) 1906, S. 279 f. **S. 178 Q1:** Patemann, Helgard: Lehrbuch Namibia. Deutsche Kolonie 1884–1915, Wuppertal (Hammer) 1984, S. 41. **S. 179 Q2:** Drechsler, Horst: Südwestafrika unter deutscher Kolonialherrschaft: Der Kampf der Herero und Nama gegen den deutschen Imperialismus, Berlin (Akademie) 1986, S. 160. **S. 179 Q3:** Drechsler, Horst: Südwestafrika unter deutscher Kolonialherrschaft: Der Kampf der Herero und Nama gegen den deutschen Imperialismus, Berlin (Akademie) 1986, S. 160. **S. 180 Q1:** Geschichte in Quellen, Bd. 1. BSV, München 1970, S. 505, bearb. von Walter Arend; Peter Alter, Der Imperialismus. Klett, Stuttgart 1991, S. 20 f. (übers. von Peter Alter nach: The Tomes, 2.3.1893). **S. 180 Q2:** Geschichte in Quellen,

Bd. 1. BSV, München 1970, S. 505, bearb. von Walter Arend; Peter Alter, Der Imperialismus. Klett, Stuttgart 1991, S. 20 f. (übers. von Peter Alter nach: The Tomes, 2.3.1893). **S. 181 Q3:** Geschichte in Quellen, Bd. 1. BSV, München 1970, S. 505, bearb. von Walter Arend; Peter Alter, Der Imperialismus. Klett, Stuttgart 1991, S. 20 f. (übers. von Peter Alter nach: The Tomes, 2.3.1893). **S. 185 Q1:** Salewski, Michael: Neujahr 1900. Die Säkularwende in zeitgenössischer Sicht, in: Archiv für Kulturgeschichte 53.2, Köln (Böhlau) 1971, S. 347. **S. 185 Q2:** Eyck, Erich: Das persönliche Regiment Wilhelms II.: politische Geschichte des deutschen Kaiserreichs von 1890 bis 1914, Erlenbach-Zürich (Rentsch) 1948, S. 263 f. **S. 186 Q1:** Brinker-Gabler, Gisela (Hrsg.): Kämpferin für den Frieden, Bertha von Suttner. Lebenserinnerungen, Reden u. Schriften, Frankfurt/M. (Fischer) 1982, S. 203. **S. 187 Q2:** Verhandlungen des Reichstags, XII. Legislaturperiode, II. Session, Stenographische Berichte, Bd. 268, Sitzung vom 9.11.1911, Berlin (Druck und Verlag der Norddeutschen Buchdruckerei und Verlags-Anstalt) 1911, S. 7730. **S. 190 Q1:** Huber, E. R. (Hrsg.): Dokumente zur deutschen Verfassungsgeschichte, Bd. 2, Stuttgart (Kohlhammer) 1961, S. 455. **S. 190 Q2:** Verhandlungen des Reichstags, XIII. Legislaturperiode, II. Session, Stenographische Berichte, Bd. 306, Sitzung vom 4.8.1914, Berlin (Druck und Verlag der Norddeutschen Buchdruckerei und Verlags-Anstalt) 1916, S. 8. **S. 193 Q1:** Schneegans, Eduard (Übers.): Briefe eines Soldaten, Zürich (Rascheri) 1918, S. 151 ff. **S. 193 Q2:** Brief von Anton Staiger, in: Witkop, Philipp: Kriegsbriefe gefallener Studenten, München (Georg Müller) 1928, S. 238. **S. 194 Q1:** Falkenhayn, Erich von: Die oberste Heeresleitung 1914–1916 in ihren wichtigsten Entschließungen, Berlin (Mittler und Sohn) 1920, S. 183 f. **S. 194 Q2:** Falkenhayn, Erich von: Die oberste Heeresleitung 1914–1916 in ihren wichtigsten Entschließungen, Berlin (Mittler und Sohn) 1920, S. 199. **S. 195 Q3:** Briefe aus zwei Weltkriegen, Frankfurt/M. (Hirschgraben) 1968, S. 22. **S. 198 Q1:** Mihaly, Jo (Hrsg.): Kuhr, Elfriede: ... da gibt´s ein Wiedersehen!: Kriegstagebuch eines Mädchens 1914–1918, Freiburg (Kerle) 1964, S. 216. **S. 199 M1:** Ullrich, Volker: Kriegsalltag, in: Michalka, Wolfgang: Der Erste Weltkrieg, München (Piper) 1994, S. 610/614. **S. 202 Q1:** Schönbrunn, Günter (Hrsg.): Geschichte in Quellen, Bd. 6: Weltkriege und Revolutionen, München (BSV) 1978, S. 52 f. **S. 202 Q2:** Angermann, Erich (Hrsg.): Der Aufstieg der Vereinigten Staaten von Amerika: Innen- und außenpolitische Entwicklung 1914–1957, übers. v. Angermann, Erich, Stuttgart (Klett), S. 77. **S. 206 Q1:** Brückmann, Asmut: Die europäische Expansion, Stuttgart (Klett) 1993, S. 147.

Die Weimarer Republik

S. 212 Q1: Scheidemann, Philipp: Memoiren eines Sozialdemokraten, Bd. 2, Dresden (Reissner) 1928, S. 310 ff. **S. 213 Q2:** zit. n.: Ritter, Gerhard. A./Miller, Susanne (Hrsg.): Die deutsche Revolution 1918–1919, Dokumente, Hamburg (Hoffmann & Campe) 1975, S. 77 f. **S. 213 Q3:** Michalka, Wolfgang; Niedhart, Gottfried (Hrsg.): Die ungeliebte Republik, München (dtv) 1994, S. 23. **S. 215 Q1:** Protokoll der Nationalversammlung vom 6.2.1919, zit. n.: www.reichstagsprotokolle.de/Blatt2_wv_bsb00000010_00008.html und www.reichstagsprotokolle.de/Blatt2_wv_bsb00000010_00010.html, Abruf 25.03.2013. **S. 217 Q1:** Michaelis, Herbert (Hrsg. u. Bearb.): Ursachen und Folgen, Bd. 2: Der militärische Zusammenbruch und das Ende des Kaiserreichs, Berlin (Wendler) 1959, S. 405. **S. 218 Q1:** zit. n.: www.verfassungen.de/de/de19-33/verf1-i.htm, Abruf 25.03.2013. **S. 219 Q2:** zit. n.: www.verfassungen.de/de/de19-33/verf19-i.htm, Abruf 25.03.2013. **S. 219 Q3:** zit. n.: www.verfassungen.de/de/de19-33/verf19-i.htm, Abruf 25.03.2013. **S. 226 M1:** Frevert, Ute: Frauen-Geschichte zwischen bürgerlicher Verbesserung und neuer Weiblichkeit, Frankfurt (Suhrkamp) 1986 S. 165 ff. **S. 226 M2:** Frevert, Ute: Frauen-Geschichte zwischen bürgerlicher Verbesserung und neuer Weiblichkeit, Frankfurt (Suhrkamp) 1986 S. 172/174. **S. 227 M3:** Frevert, Ute: Frauen-Geschichte zwischen bürgerlicher Verbesserung und neuer Weiblichkeit, Frankfurt (Suhrkamp) 1986 S. 177. **S. 228 Q1:** Michalka, Wolfgang; Niedhart, Gottfried (Hrsg.): Die ungeliebte Republik, München (dtv) 1994, S. 100. **S. 230 Q1:** Günter Schönbrunn: Weltkriege und Revolutionen 1914–1945 (= Geschichte in Quellen, Bd. 6, hrsg. v. Lauteman, Wolfgang; Schlenke, Manfred), München (bsv) 1979, S. 210. **S. 231 Q2:** Stresemann, Gustav: Reden und Schriften. Politik, Geschichte, Literatur, 1897-1926, Bd. 2, Dresden (Reissner) 1926, S. 303 f. **S. 231 Q3:** Schmidt, Paul: Statist auf diplomatischer Bühne: 1923–1945 Erlebnisse des Chefdolmetschers im Auswärtigen Amt mit d. Staatsmännern Europas, Frankfurt/M.; Bonn (Athenäum) 1964, S. 118. **S. 232 Q1:** Knickerbocker, Hubert Renfro: Deutschland so oder so?, übers. v. Fein, Franz, Berlin (Rowohlt) 1932, S. 14 f. **S. 233 Q2:** „Der Tag", 22.09.1932. **S. 239 Q1:** zit. n Midlalka, Wolfgang; Niedhart, Gottfried (Hrsg.): Die ungeliebte Republik, München (dtv) 1980, S. 184. **S. 240 Q1:** Michalka, Wolfgang; Niedhart, Gottfried (Hrsg.): Die ungeliebte Republik München (dtv) 1980, S. 340–342. **S. 240 Q2:** Michalka, Wolfgang; Niedhart, Gottfried (Hrsg.): Die ungeliebte Republik München (dtv) 1980, S. 342. **S. 241 M1:** Kolb, Eberhard: Die Weimarer Republik, München (Oldenbourg) 1984, S. 140. **S. 241 M2:** Wehler, Hans-Ulrich: Deutsche Gesellschaftsgeschichte 1914–1949, Bonn (bpb) 2009, S. 601. **S. 245 Q1:** Michalka, Wolfgang; Niedhart, Gottfried (Hrsg.): Die ungeliebte Republik, München (dtv) 1980, S. 163

Cover: © mauritius-images/Hans Weißer **U2:** Carlos Borrell, Berlin **S.2(1), 8–9:** akg-images/Album/Oronoz **S.2(2), 40–41:** akg-images **S.3, 88–89:** akg-images **S.4(1), 6, 132–133:** akg-images **S.4(2), 168–169:** ullsteinbild, Granger Collection **S.5, 208–209:** bpk-images **S.6(1), 132–133, 4:** akg-images **S.6(2), 134:** Carlos Borrell, Berlin **S.6(2), 135:** wikipedia **S.6(2), 135, 166:** akg-images **S.6(2), 135:** picture-alliance/Tscherwitschke, Reinhold/Chromorange **S.6(3), 130:** picture-alliance/akg-images **S.6(3), 130:** zweiband. media, Berlin **S.6(3), 130:** bpk-images **S.6(3), 131, 117:** bpk-images **S.6(3), 131:** akg-images **S.6(4), 59:** picture-alliance/akg-images **S.7(1), 96:** Carlos Borrell, Berlin **S.7(1), 97:** akg-images **S.7(2), 112:** bpk-images **S.7(2), 112, 129:** ullsteinbild **S.7(2), 113:** Elisabeth Galas, Bad Breisig **S.7(3), 100–101:** bpk-images/Nationalgalerie, SMB/Jürgen Liepe **S.8–9, 2, 6:** akg-images **S.10(1):** Elisabeth Galas, Bad Breisig **S.11(2+3+4):** picture-alliance/akg-images **S.11(5):** picture-alliance/abaca **S.12:** Artothek Peissenberg/Joachim Blauel **S.13:** Albertina Museum, Wien/www.albertina.at **S.14+15:** akg-images **S.16, 37, 38:** © Artothek Weilheim **S.17+18–19:** picture-alliance/akg-images **S.20:** picture-alliance/ZB/euroluftbild.de **S.21:** Carlos Borrell, Berlin **S.23(1):** Bildarchiv Preußischer Kulturbesitz, Kupferstichkabinett Staatl. Museen zu Berlin, Foto: Jörg P. Anders **S.23(2), 250:** akg-images **S.24:** Germanisches Nationalmuseum, Nürnberg **S.25(2), 37:** bpk-images **S.26:** Fürstlich Waldburg-Zeil'sches Gesamtarchiv, Leutkirchen **S.27:** Carlos Borrell, Berlin **S.28:** akg-images **S.29(2):** akg-images/Nimatallah **S.29(3):** akg-images **S.29(4):** akg-images/Erich Lessing **S.29(5):** akg-images **S.29(6+7+8):** Klaus Becker, Oberursel **S.30, 37:** akg-images **S.31:** Carlos Borrell, Berlin **S.32:** picture-alliance/Judaica-Sammlung Richter **S.33(2):** akg-images **S.33(3):** akg-images/Florilegius **S.34:** Niedersächsische Staats- und Universitätsbibliothek Göttingen, Foto: Martin Liebetruth **S.35:** Städtisches Museum Göttingen, Foto: Hans Starosta **S.36:** Carlos Borrell, Berlin **S.37(1), 38, 16:** © Artothek Weilheim **S.37(2), 25:** bpk-images **S.37(3+4), 30:** akg-images **S.38(1), 16, 37:** © Artothek Weilheim **S.38(2):** akg-images **S.38 (3):** picture-alliance/akg-images **S.40–41, 2:** akg-images **S.42:** Carlos Borrell, Berlin **S.43(2):** picture-alliance / dpa-Bildarchiv (Foto: epa afp Desmazes) **S.43(3):** akg-images **S.43(4):** ullsteinbild, Foto: Zöllner **S.44(1), 250:** Bridgeman/Chateau de Versailles, France **S.44 Randspalte:** Bridgeman/Chateau de Versailles, France/Giraudon **S.45:** bpk-images/RMN/Blot, Gérard **S.46:** akg-images/Archives CDA/Guillot **S.47:** akg-images **S.48:** picture-alliance/DEA/ G. Dagli Orti **S.49:** akg-images **S.50+51:** Elisabeth Galas, Bad Breisig **S.52:** Bridgeman, London **S.53(2):** Elisabeth Galas, Bad Breisig **S.53 (2x), 71, 85, 86, 252:** Bridgeman/ Musée Carnavalet **S.53(3 m.):** akg-images/Erich Lessing **S.53(3 r.):** akg-images **S.54:** picture-alliance/akg-images **S.55(2+3):** picture-alliance/akg-images **S.56:** Kunstsammlungen der Veste Coburg **S.57(2):** bpk-images **S.57(3):** Elisabeth Galas, Bad Breisig **S.59(1+2), 6:** picture-alliance/akg-images **S.60:** picture-alliance/akg-images **S.61, 85:** bridgeman/Giraudon **S.62(1):** bpk-images **S.62 Randspalte+63(2):** akg-images **S.63(3):** bridgeman **S.64, 86:** akg-images/Erich Lessing **S.65:** bridgeman Art Library/Musee Carnavalet **S.66–67+68:** akg-images **S.69:** ullsteinbild **S.71(1), 86, 252:** Elisabeth Galas, Bad Breisig **S.71(1 o.l.), 85, 86, 252, 53:** Bridgeman/Musée Carnavalet **S.71(1 o.m.), 74, 86, 252:** akg-images /Erich Lessing **S.71(1 o.r.), 86, 252:** akg-images **S.71(1 m.), 86,**

252: bridgeman **S.71(1 u.l.), 86, 252:** picture-alliance/akg-images **S.71(1 u.m.), 74, 86, 252:** Bibliothèque Nationale Paris **S.71(1 u.r.), 86, 252:** bridgeman giraudon **S.71(2):** picture-alliance/dpa © dpa-Bildarchiv, Foto: epa Sipa Laurent Chamussy **S.72:** bpk-images **S.73:** bridgeman **S.74(1):** Elisabeth Galas, Bad Breisig **S.74(1o.), 86, 252, 71:** akg-images /Erich Lessing **S.74(1 u.), 86, 252, 71:** Bibliothèque Nationale Paris **S.75:** ullsteinbild/Archiv Gerstenberg **S.77:** Elisabeth Galas, Bad Breisig **S.78, 85:** akg-images/Erich Lessing **S.79:** picture-alliance/akg-images/VISIOARS **S.80+81(2+3)+82:** Carlos Borrell, Berlin **S.83(2):** akg-images **S.83(3):** Focus Fotoagentur Hamburg **S.83(4):** picture-alliance/landov **S.84(1):** akg-images **S.84(2):** ullsteinbild/P. Piel **S.85(1), 252, 53, 71:** Bridgeman/Musée Carnavalet **S.85(2), 61:** bridgeman **S.85(3):** akg-images **S.85(4), 78:** akg-images/Erich Lessing **S.86(1), 64:** akg-images/Erich Lessing **S.86(2), 252, 71:** Elisabeth Galas, Bad Breisig **S.86(2 o.l.), 252, 53, 71, 85:** Bridgeman/Musée Carnavalet **S.86(2 o.m.), 252, 71, 74:** akg-images /Erich Lessing **S.86(2 o.r.), 252, 71:** akg-images **S.86(2 m.), 252, 71:** bridgeman **S.86(2 u.l.), 252, 71:** picture-alliance/akg-images **S.86(2 u.m.), 252, 71, 74:** Bibliothèque Nationale Paris **S.86(2 u.r.), 252, 71:** bridgeman giraudon **S.87:** Elisabeth Galas, Bad Breisig **S.88–89, 3:** akg-images **S.90:** Carlos Borrell, Berlin **S.91(2):** ullsteinbild-Heritage Images/The Print Collector **S.91(3):** akg-images **S.91(4):** bpk-images **S.91(5):** ullsteinbild-Boness/IPON **S.92+93:** ullsteinbild-The Granger Collection **S.94(1), 129:** Foto Deutsches Museum, München **S.94(2):** picture-alliance/Mary Evans Picture Library **S.95(3):** akg-images **S.96, 7:** Carlos Borrell, Berlin **S.97, 7:** akg-images **S.98:** ullsteinbild-Imagno **S.99:** akg-images **S.100–101, 7:** bpk-images/Nationalgalerie, SMB/Jürgen Liepe **S.102:** Carlos Borrell, Berlin **S.103(2+3):** Historisches Museum Hannover **S.105(1):** Industriemuseum Lohne **S.105(2):** Förderverein Bergbau- und Heimatmuseum e. V. Bad Grund, Foto: Horst Draheim (http://www.knesebeckschacht.de/) **S.105(3):** picture-alliance/ZB © ZB-Fotoreport, Foto: Jens Wolf **S.105(4):** Internationales Wind- und Wassermühlenmuseum Gifhorn **S.106–107(1):** Elisabeth Galas, Bad Breisig **S.106(2):** bridgeman **S.106(3):** akg-images **S.107(4):** picture-alliance **S.107(5):** © M. Rosenfeld/Helga Lade **S.108:** bpk-images /Dietmar Katz **S.109 (2):** Stiftung Rheinisch-Westfälisches Wirtschaftsarchiv zu Köln, RWWA-208-F1046 **S.109(3):** Elisabeth Galas, Bad Breisig **S.110:** picture-alliance/ZUMAPRESS **S.112(1), 7:** bpk-images **S.112(2), 129, 7:** ullsteinbild **S.113, 7:** Elisabeth Galas, Bad Breisig **S.115(1), 253:** ullsteinbild **S.115(2):** bpk-images **S.115(3):** akg-images **S.116:** CSV-Archiv **S.117(2), 131, 6:** bpk-images **S.117(3):** Stiftung Deutsches Technikmuseum Berlin, Historisches Archiv **S.118+119:** akg-images **S.120:** bpk-images **S.121:** Willy van Heekern/Fotoarchiv Ruhr Museum Essen **S.122, 129:** bpk-images **S.123:** Elisabeth Galas, Bad Breisig **S.124:** bpk-images/Dietmar Katz **S.125, 249:** Verein für Geschichte der Arbeiterbewegung, Wien **S.126, 129:** picture-alliance/akg-images **S.127:** © STAEDTLER Mars GmbH & Co. KG, Illustration: Judith Graffmann, Birkenfeld **S.128, 249:** picture-alliance/Süddeutsche Zeitung, Photo, Foto: SZ Photo **S.129(1), 94:** Foto Deutsches Museum, München **S.129(2), 112, 7:** ullsteinbild **S.129(3), 122:** bpk-images **S.129(4), 126:** picture-alliance/akg-images **S.130(1), 6:** picture-alliance/akg-images **S.130(2), 6:** zweiband.media, Berlin **S.130(3), 6:** bpk-images **S.131(4), 117, 6:** bpk-images **S.131(5), 6:** akg-images

Projektleitung: Dr. Uwe Andrae
Redaktion: Uschi Pein-Schmidt, Sickte
Illustration: Klaus Becker, Oberursel; Elisabeth Galas, Bad Breisig
Karten: Carlos Borrell, Berlin; Dr. Volkhard Binder, Berlin
Bildassistenz: Christina Sandig
Gesamtgestaltung: Heimann und Schwantes, Berlin
Technische Umsetzung: zweiband.media, Berlin

Das Umschlagbild zeigt das Schloss Dornum in Ostfriesland.
© mauritius images/imagebroker/Hans Weißer.

www.cornelsen.de

Die Links zu externen Webseiten Dritter, die in diesem Lehrwerk angegeben sind,
wurden vor Drucklegung sorgfältig auf ihre Aktualität geprüft. Der Verlag übernimmt
keine Gewähr für die Aktualität und den Inhalt dieser Seiten oder solcher, die mit ihnen
verlinkt sind.

1. Auflage, 1. Druck 2013

Alle Drucke dieser Auflage sind inhaltlich unverändert
und können im Unterricht nebeneinander verwendet werden.

Druck: Stürtz GmbH, Würzburg

ISBN 978-3-06-064460-5

 Inhalt gedruckt auf säurefreiem Papier aus nachhaltiger Forstwirtschaft.